古希腊献祭仪式
与神话人类学

文 明 起 源 的 神 话 学 研 究 丛 书

HOMO NECANS
Interpretationen altgriechischer Opferriten und Mythen

〔德〕瓦尔特·伯克特 著

（Walter Burkert）

吴玉萍 高 雁 译

社会科学文献出版社
SOCIAL SCIENCES ACADEMIC PRESS (CHINA)

‖ 引 言 ‖

　　与其说是人类的知识有限，不如说可探索的还太多，这使我们试图阐释人类的宗教行为几乎变成无望之事。现有的大量数据和阐释已超越了个体所能掌控和理解的极限。很多信息通过广泛使用计算机也许很快会得到统计，但只要智慧独立性占优势，个体必然会在他的世界里明确自己的方向。他可能（事实上，是必须）冒险建构一个符合自身情况的模型，并且把混乱的多样性简化为一种易于理解的形式。

　　从古希腊文本着手并且试图运用生物学、心理学、社会学知识为宗教现象寻求解释的语言学家自然得冒险同时驾驭很多学科但又不至于使自己的系统崩溃。如果说一位文学家冒险超越严谨的文本研究范畴的行为存在蹊跷之处，那么心理学家和社会学家可能也不愿意用可以追溯至古代甚至更久远的历史视角来分析当代现象。重大生物学、心理学和人种学的研究发现被忽视了，正如考古发现方面存在的问题一样，这让非专业人士为近东文化提供专业依据几乎不可能，而且也很危险。我们也不能假定所有话题都正好在特定学科范围之内，甚至语文学也要依靠由生物学、心理学、社会学所决定的环境和传统为其提供依据。生物学在进化论思想中获取历史之维度①，社会学与心理学则应接受这样一个观点：人类社会由历史塑成，只有在历史长河中检验其发展才能被接受。

---

　　① H. Diels，*Internationale Wochenshrift* 3（1909：890），根据达尔文的进化论讨论"被建构的自然"。

当然，认知行为本身已提出被广泛讨论的问题。假如我们所说的"认知"，是指外部世界与我们的期望值和思维结构大致相符，那么我们承认我们好似在通过预定的过滤器来感知世界的多样性，由于存在个体和集体的差异而有不同类型的认知。但如果现实不由社会形态或者至少不由智识决定，那认知从个体意义上讲基本是不可能的。可能性只剩下以我们的意识充分认识这些问题，从而走上已被接受的传统之路①，使认知结构适应我们所面对的现实，即适应不管喜欢与否都与人类紧密联系的现实。我们的任务便是寻找合适的角度，建构一个尽可能包括多个经验域的模型，同时易于不断进行事实验证。我们不奢望我们的模型是一件成品，因为这仅是在充分了解其实验性特点后进行的一次尝试。

每一种宗教都希求绝对。从内部看，它的主张都是自足的。它建构且解释，但并不需要被解释。在其范围内，任何关于宗教的讨论几乎都会自动变成一种宗教声明，特别是作为宗教的精髓，它是一种表达和交流的尝试。在这种情形下，宗教便变成交流的代理和媒介，而并非它的对象。这就是为什么关于宗教的讨论有效的原因，它几乎在每个人心中都能引起共鸣。因此，甚至在宗教实践的严肃性被感性认知的模糊性且不具约束力的"好像"所取代时，这种话语模式在世俗化社会亦普遍受到尊重。

宗教研究的另一个极端同样被大众接受，且毫无风险：那就是过去观察到并传承给我们的词典编纂内容和细节安排。假使语法不明或不被重视，讨论中的实践未被理解，那么词语便不能帮助我们理解这种语言。正因为宗教现象似乎越来越难以被现代世界所掌握，所以现有的材料已不能解析它们，更何况还有不受控制的感性认知共鸣。

特别是在涉及异教或已消亡的宗教时，一个局外人发现自己面对——正如过去那样——一种奇怪或未知的语言所感觉到的是：要理解它，就必须先翻译它。这首先意味着翻译的语言不能有歧义。在转化和模仿之间摇摆不定会产生种种误解，事实上，这些误解会在宗教研究中产生诸多争论。如果有人试图将一种宗教用另一种语言进行翻译，正像与有着不同语

---

① 关于基本的哲学讨论，参考 H. G. Gadamer, *Wahrheit und Methode*（1965）。

言的民族打交道一样，人们会发现这只能在有限的范围内实现。由于在宗教实践和生活中存在各种差异，对等措辞常常是匮乏的。就像我们看"图腾""禁忌""神力"等外来词语，它们的意思并不明确，或者随着译者的意图而发生了改变。如果我们创造的新概念，如"植被精神"或年度守护神①，关于它们的合法性仍存在争论，特别是如果某一点不明确，这个概念便变成了新的神话。

经证实，最能被大众理解和跨文化的语言是一种世俗化的学术。从广义的角度来说，其实践由科学决定，规则系统由逻辑法则决定。当然，要将宗教现象翻译成某种语言看起来似乎是徒劳的，宗教通过构建其自我概念，否认被解释和被翻译的可能性。但是，学术研究是自由的，一种宗教甚至可以拒绝和否定知识和独立思维。因为在认知世界方面，学术具有更广泛的视角，且不避开世界范围内的宗教事实。②不过，这并不是一项无望的事业。无论如何，讨论宗教必须虔诚。

我们视宗教为历史和社会现象，是传统和人类交流的媒介。如果不是现实，就与西方主流宗教传统，比如基督教的普遍设想相冲突。基督教视个人神遇及其后来的拯救为唯一相关事实。此观点认为宗教的一般定义为，"人和神的体验性相遇及其对神的回应"③。个别宗教之所以典型而持久地存在，正是因为它们很少有不可预见的自发性和创新性。从某种程度上说，"神遇"是根据传统方法和教学意图实现的。只有证明真正相遇才可以被接受。前基督教用最可信的话声明，只有祖先的传统能保证宗教的合法性。因此，根据德尔斐神谕，太阳神阿波罗通常依据"城市习俗"裁定仪式形式；皮奥夏人（Boeotian）在科派斯湖（Lake Kopais）讨论奇怪的鱼祭时对

① W. Mannhardt, *Die Korndämonen* (1868)；Harrison (1927: 331-334)；尤其危险的是"是"这个词，它混淆了翻译、寓言、分类和本体论或心理现实，参考 Nilsson (1906: 27)。

② E. E. Evans-Pritchard, *Theories of Primitive Religion* (1965)，提供了一项调查，并带有尖锐的批评，得出的结论是"有信仰的人"比"没有信仰的人"优越；更详尽的讨论参见 E. Durkheim, *Les fotmes elementaires de la vie religieuse* (1912)；精神分析公司——比如最近的 La Barre (1970)——也应该受到重视。

③ G. Mensching, *Die großen Nichtchristlichen Religionen unserer Zeit* (1954: 13)；RGG³ V 961；F. Heiler, *Erscheinungsformen und Wesen der Religion* (1961: 562)："Umgang mit dem Heiligen."

很多人讲道："我只知道一件事：那就是一个人必须延续祖宗的习俗，且不应于人前为自己辩解。"①

古希腊宗教既不凭悠久的历史，也不以丰富的资料而闻名。它远比埃及和苏美尔传统年轻，在可及性层面甚至不及亲历宗教。尽管这样，宗教研究的一般性问题还是一再与希腊宗教研究联系在一起。这不太可能是曾经无处不在的人文传统的一个巧合分支。更确切地说，如果同时考虑时间和可及性，古希腊宗教就会显示出独特的地位：在形式最古老的宗教中，它仍旧最易被理解，且能从更多元的视角进行观察，它从未完全消亡，而是处于持续活跃的状态，即便从迷信、文学传统、礼拜实践及基督教神学的角度来说，其形式有些奇怪。在繁荣且知识和艺术都未被超越的文化中，只有古希腊宗教才能让我们找到一个从未中断的古老传统。古希腊宗教所具有的古老和复杂性让希腊人首先对它提出了疑问。从距离和变动的角度来看，这种情况变得非常明确。

在本书的研究中，希腊传统将居于核心，当然我们也希望阐明人类历史发展中的主流阶段。我们不会试图通过积累"原始"材料来解释现象，只会抽掉背景，使较难理解的内容变得容易理解。确切地说，我们会从一个延续的历史角度着手追溯人类起源，不管希腊文化有多么值得称颂，我们都不会过多着墨于其个体性，因为我们认为人类学比人文学更重要。可以明确的是，上古渊源和希腊材料都将变得更加明确。它可以作为一面镜子，在镜中，基本的生活秩序在我们身后，既古典而又清晰可见。

我们会努力将这种一贯的历史观点和实用观点相结合。在历史事实中，宗教是社会秩序的第一稳定因素。正因如此，它好似一种永恒的存在，是屡次被修饰但从不会被新事物所取代的既定传统。正如在社会力量的多方博弈中，各种传统相联合，或者使自己不朽，或者因毫无生机而面临消亡。基于此，当宗教和社会现实相联系时，其并不是简单地反映现实；它几乎不记录社会的快速变化，特别是经济的变化。相反，它更关注人类生活的深层次以及它的心理条件，从古至今只有这些方面改变甚少。尽管宗教形

---

① Agatharchides, Ath. 297d；Eur. *Bacch*. 201-204；Plat. *Leg*. 738bd；Cic. *Har. resp*. 18-19.

式有时会成为新的社会和经济发展焦点，但它们更多的是这些发展的先决条件而不是结果。①

我们研究的核心是宗教仪式，以及与其相关的神话传统。我们的目的是确定和理解以各种形式出现，但总以同样的方式将特定因素结合在一起的关系和结构。②我们会有意识地摆脱用数学模型编排材料的方法。这些因素，一方面很复杂，另一方面又可以直接理解，以至于将其转化为是/否模式会发生谬误。杀戮、吃、处子、双亲，这些基本的人类生活结构更易通过经验而不是逻辑分析而得到理解，正如一种仪式和一个神话传说的结构更易以线性时间，而不是以可逆的数列系统展示一样。因此，祭祀仪式呈现了一种可以重复但不可逆的模式，即从准备阶段到"难以言说"的核心点，再到"建立"一种秩序的行为。

本书第一章主要讨论基本原理，尽管看起来有些教条且理论性较强，却是独立的，而且将接下来章节中呈现的各种案例串了起来。通过揭示结果，它为本书余下部分的框架奠定了基础。假说和应用相互支撑，尽管双方都不够独立。通过历史性地、功能性地解析狩猎、祭祀和葬礼仪式，我们呈现了希腊的节日仪式。一方面，考察公羊祭祀时不同个体和群体的分裂和互动；另一方面，研究从城市节日到酒神狂欢生命秩序的解体和恢复。在最古老的酒神节上，负罪感以及随后的补偿这种祭祀结构出现在喝酒的过程中。谷物女神得墨忒耳的传说似乎也是按祭祀礼仪的节奏创造的。我们不将这一连串的事实理解为历史地层学。从某种意义上说，区分地中海、近东和欧亚元素，区分希腊和前希腊的难度都日益增加。这些结构也许太基本而不能区分种族差异。

我们的目的是用明晰且可理解的形式理解此种现象。这需要对大量材料进行选择性的处理。要详细讨论所有问题或者涉猎所有专业的二次文献不太可能，我们打算应用基本的新材料。书中引用了很多重要的资料，但绝非毫无遗漏。我们建议读者参考普莱勒–罗伯特（Preller-Robert）、杜卜

---

① 马克斯·韦伯在其著名的研究论述中，论证了加尔文主义对资本主义的影响，但是加尔文主义反过来不能用资本主义来解释。

② 关于最近的结构主义探讨，参考 Burkert（1979：5-14）。

纳（Deubner）、尼尔森（Nilsson）、法内尔（Farnell）和库克（Cook）的著作，获得更完整的信息。

本研究中出现的关于希腊宗教和人类学的材料不是最具有启发性的，也不是非常理想的或具有最令人喜爱的希腊文化特点。但是，我们可以援引德尔斐神谕，"人类应该以绝对清晰的视角看待自己，而不是抱有幻想"。

┃ 目 录 ┃

第 1 章　献祭、狩猎和葬礼仪式

一　作为杀戮行为的献祭

攻击 ① 和暴力某种程度上标志了人类文明的进步，实际上，在文明发生和发展的过程中，两者相伴相生，因而也成为当下社会的一个主要问题。那些试图找出罪恶根源的分析常常充满浅见，最终都归咎为人类教养的失败抑或一种特殊民族传统与经济体制的错误发展。更有甚者，认为人类社会中所有权威的规则和形式都建立在制度化暴力的基础之上。正如康拉德·洛伦茨（Konrad Lorenz）所描述的，这无异于生物学中种内攻击的基本角色扮演。然而，从视攻击为邪恶到为救赎求助于宗教之人，在基督教精神的核心遭遇了谋杀——无辜圣子之死；更早一些，《旧约》只能在亚伯拉罕已经决定献祭自己的孩子之后出现。因此，血腥和暴力鬼魅地潜藏于宗教的核心中。

从崇尚古典的角度看，对有些人来说，希腊宗教从古至今都是无害且愉快的。不过主张十字架迷津的人都忽视了荷马所描绘的与诸神的安逸生活所伴随的更深的维度。一个人可以亲近诸神，比如像阿波罗的祭司克律

① 由 S. 弗洛伊德［*Das Unbehagen in der Kultur*（1930）］提出；*Ges. Schriften* XII（*1934*: 27-114）= *Ges. Werke* XIV（1948：419-506）；K. Lorenz（1963）提到的方法从行为主义的立场上说是基础性的，关于他的方法有激烈的批评——比如，M. F. Ashley Montagu（ed.），*Man and Aggression*（1968）；A. Plack，*Die Gesellschaft und das Böse*（1969）；J. Rattner，*Aggression und menschliche Natur*（1970）——确实纠正了一些细节但是有时也表现出一厢情愿和党派偏见；参考 Eibl-Eibesfeldt（1970）提出的防御性姿态；更多宗教研究参考 P. Weidkuhn，"Aggressivität，Ritus，Säkularisierung"，*Biologische Grundformen religiöser Prozesse*（1965）。

塞斯（Chryses）与阿波罗之间那样，或者像赫克托耳（Hektor）或奥德修斯（Odysseus）与宙斯之间那样，主要是因为他们已经"焚烧过很多公牛的股骨"（Il. 1.40；22.170；Od.1.66），这是一种虔诚的行为，涉及流血、杀戮和吃。有无神庙或者雕像没有区别，就像常发生的宙斯祭仪一样，没有神庙、没有雕像也照样进行。神在被供奉的地方出现，这个地方或者因为"神圣的"祭品经过长时间燃烧留下的灰烬堆而被区分开来，或者因为被屠宰的公羊和公牛的角和头骨而被区分开来，或者因为那些必须用鲜血喷洒的坛石而被区分开来。崇拜者最强烈地感应到神的时候不是在如祈祷、表演歌舞等虔诚的行为中，而是在斧头的致命重击中、在鲜血涌出的瞬间和在燃烧股骨的时候。神的领域是神圣的，但在这"神圣的"的地方由"神圣的"表演者做出的"神圣的"行为却包含了为祭祀而屠杀祭品。① 这在以色列也没什么不同，直到神庙被毁。② 按规定，每日的燔祭应设在祭坛旁的炉火边，并且持续一整夜（Lev. 6：9）。这些祭品——切成碎块的两只一岁小羊羔的残余，对上帝来说是合心意的。因此，塞琉古王朝国王安条克四世（Antiochos Epiphanes）对耶路撒冷犯下的主要罪行是他下令"移走连续的燔祭"（Dan. 8：11）。罗马帝国皇帝奥古斯都（Augustus）建造了一个祭坛来庆祝世界和平，他和家人一起，由携带祭祀斧头的仆人引领，以献祭者的身份被镌刻在和平祭坛的浮雕上。因此，这件奥古斯都时代最精致的艺术品为血腥的献祭提供了例证。

献祭杀戮是"神性"的基本体验，参与献祭者因此获得自我意识。确实，这正是"行动"要表达的意思，希腊文和拉丁文分别作 ῥέζειν 和

---

① 关于希腊的献祭参考 Stengel（1910；1920：95-155）；Eitrem（1915）；F. Schwenn, *Gebet und Opfer*（1927）；L. Ziehen, *RE* XVIII（1939：579-627），III A（1929：1669-1679）；Meuli （1946）；Burkert（1966）；Nilsson（1955：132-157）；Casabona（1966）；E. Forster, "Die antiken Ansichten über das Opferwesen", *Diss. Innsbruck*, 1952；图画传统参考 G. Rizza, *ASAA* 37/38（1956；1960，321-345）；Metzger（1965：107-118）；献祭参考 W. R. Smith （1894）；H. Hubert, M. Mauss, "Essai sur la nature et la fonction du sacrifice", *Année Sociologique* 2（1898：29-138）= M. Mauss（1968：193-307）；A. Loisy, *Essai historique sur le sacrifice*（1920）；R. Money-Kyrle, *The Meaning of Sacrifice*（1930）（psychoanalytisch）； E. M. Loeb, "The Blood Sacrifice Complex", *Mem. Amer. Anthr. Assoc.* 30（1923）；E. O. James, *Sacrifice and Sacrament*（1962）；Burkert（1981）。

② R. de Vaux, *Les sacrifices de l'Ancien Testament*（1964）；参考本节注释。

operari（由此可知"祭品"在德语里是牺牲的意思）——这个名字其实委婉地掩饰了杀戮行为的核心。① 遇到神的喜悦可以用语言来表达，然而祭祀中的参与者只会被迫目睹更多奇怪和不寻常的事情，因为这些怪事通常秘而不宣。

因为《荷马史诗》的描绘，我们才能完整地重现普通希腊人向奥林匹斯山众神献祭的全过程。通往神圣体验的路是曲折的。准备工作包括沐浴更衣②，戴上饰物和花冠；③ 有时节欲也是一个必要条件。④起初，尽管规模很小，但是队伍（宗教游行）⑤已经形成。节日的参与者脱离了现实的世界，移至一个献祭的情境中且重复单一的节奏并唱着歌。献祭的牲畜和他们一起进行了装扮——用装饰带绑缚，其犄角被上色镀金。⑥ 人们通常希望这些动物能够顺从地甚至是心甘情愿地跟随游行队伍。传说中经常会提到一些将自己贡献为祭品的动物⑦，它们被更崇高的意志控制着，让它们甘愿如此。队伍前行的最终的目的地是献祭石，即很久以前建立的神坛，它将被献祭中的鲜血喷洒。神坛顶部会有一个大火堆，会设置香炉使空气中浸润非凡的香气，同时有长笛吹奏的音乐。通常由处女引路，"提着篮子"（处女在

---

① θύειν 的基本意思是"冒烟"。就古人而言，普鲁塔克（Plutarch）写道，追随〔泰奥普拉斯托斯（Theophrast）？〕，"被刺激着并感到害怕，他们称为献祭，就如同他们在做的是某种大事，而祭品是有生命的"，*Q. conv.* 729f；"操劳"的现在时不定式（πονεîσθαι），II.2.409；同样地，在希伯来文和赫梯语中，动词"做"被用来表示"牺牲"；参考 Casabona（1966：301-304），他警告人们不要大肆宣扬这种行为。

② 例如，Od.4.759；Eur.E1.791；J. D. Dennistons Kommentar（1939），同上；Pollux 1.25：Wächter（1910：11-12）；R. Ginouvès, *BAΛANEYTIKH*；*Recherches sur le bain dans l'antiquité grecque*（1962：299-318）。

③ Xen. anab. 7.1.40；Aischines 3.77；J.Köchling, *De coronarum apud antiquos vi atque usu*（1913）；K. Baus, *Der Kranz in Antike und Christentum*（1940）；L. Deubner, *ARW* 30（1933：70-104）。

④ Fehrle（1910：155-158）；关于献祭给宙斯·普里尤斯（Zeus Polieus）的公牛的铭文参考 *SIG*³1025 = *LS* 151 A 41-44。

⑤ E. Pfuhl, *De Atheniensium pompis sacris*（1910）；Wilamowitz（1932：350-354）。

⑥ Od. 3.432-438，在民间习俗中一直存在至今；谚语"圣灵降临节的公牛"参考 U. Jahn, *Die deutschen Opferbräuche bei Ackerbau und Viehzucht*（1884：136-137，315-117）；Megas（1956：17）；有关 ἱερεîον ἰελειον 的含义参考 Arist. fr. 101；Plut. *Def. Or.*437a A-Schol.Il.1.66；Eust. 49.35。

⑦ "以被神驱赶着的牛的方式"，Aisch. Ag. 1297；Burkert（1966）。

敬神的节日游行中头顶盛放圣物的篮子）。① 同时，献祭石旁必须放置一把水壶。

到达圣地后，参与者首先划出一个圈，将献祭的篮子和水壶放在集合处的周围，如此这个神圣的领域就与世俗划分开来了。② 献祭者首先要集体做的事是洗手，为接下来将要发生的事情做准备，动物也要用水喷洒。"摇摆你自己"，阿里斯托芬（Aristophanes）借笔下的特律盖奥斯（Trygaios）说③，因为动物的"摇摆"被认为表示"自愿点头"，这是一种对献祭行为的肯定回答。公牛要再一次被冲洗④，这样它才会低下头。牲畜因此成为人们关注的中心。参与者从篮子里拿出最古老的农产品——未磨碎的大麦谷粒（祭祀时撒在祭坛上和牛羊等牺牲头上）。然而，这并不意味着它们会被磨碎或者做成食物。一阵短暂的沉默后，庄严肃穆（避免不吉言语——保持宗教性的沉默）的祷告声响起（在某种程度上，比起祈祷，更像自我肯定），与此同时，参与者将大麦谷粒撒到献祭的动物身上、神坛上以及地上。⑤ 集体投掷行为表明了一种攻击的姿态，就像开始一场战斗，尽管他们选择了最没有伤害性的投掷物。事实上，一些古老的仪式会用到石头。⑥ 藏在篮中谷粒下

---

① Mittelhaus，*RE X* 1862-1866；Nilsson（1955）.

② Aristoph. *Pax* 956-968；*Iph. Aul.* 1568；Eitrem（1915：7-29）.

③ *Pax* 960；"而后者是自愿的，那么必须将点头首肯……" Porph. Abst. 2.9 = Parke-Wormell（1958）；Plut. *Q. conv.* 729f. Def. Or. 435bc，437a；Schol. Il. 1.449；Aristoph. *Pax* 960；Meuli（1946：254，266）；Paus.10.5.7；Ginouvès（311-318）。

④ 为狂热的胜利而用公牛献祭，*ARV²* 1036，5；Stengel（1920）。

⑤ A. W. H. Adkins，《荷马史诗》中的祈祷行为、祈祷者与祈祷内容，参考 CQ 19（1969：20-33）："声称他的存在、他的价值和他的要求"（33）；这种特征，在荷马式的用法中被指出，恰恰符合祈祷在献祭仪式中的作用，尽管东方的文献显示祈祷作为一种请求可以得到更详尽的阐释。

⑥ "他们（为自己）捧起/撒上（祭祀开始时撒在祭坛上、牛羊等牺牲头上）粗磨大麦粉"，Il.1.449/421，同时参考 Od.3.447；"洗手、撒大麦粉，开始（献祭）"，Od.3.445；关于粗磨大麦粉作为最古老的谷物，参考 Abst. 2.6 和 Schol.Il.1.449b；Schol.Od.3.441；Suda o 907；Eust. 132.25,133.12；Eust. 1859.48；关于 πολυπληθεία（大量）和 εὐφορία（丰产）的表示，参考 Schol.Il.1.449，Schol.Od.3.441，"使用小石子……代替大麦粉"，参考 Paus.1.41.9；在地峡圣所的波塞冬神坛周围投掷石头的仪式参考 O. Broneer，*Hesperia*（1959：303）；L. Ziehen，*Hermes* 37（1902：391-400）；Stengel（1910：13-33）；Eitrem（1915：261-308）找到了"落下花梗花叶"和"撒圣果"的同义词；Burkert（1966：107）。

面的刀，在撒完谷粒后便暴露了出来。[①] 主持仪式的祭司——这一早期戏剧性事件的首领，拿着仍被盖住以使动物看不到的刀向献祭的动物走去。手起刀落，动物额头上的一撮毛被剪断并扔进火中。这个过程更严肃一些，并代表了一种开始（ἄρχεσθαι）[②]，就像前面喷洒水和撒大麦谷粒一样。虽然没有鲜血流出，也没有丝毫的疼痛，但是献祭动物的不可侵犯性就这样彻底消失了。

随后是令献祭动物死亡的一击。女人们发出刺耳的尖叫（"希腊献祭尖叫风俗"[③]，标志着这一事件达到令人激动的高潮），不管是因为害怕还是因为胜利，或者两者都有，尖叫声淹没了牲畜死前的喉鸣。要特别留意流出的血，它不可以洒在地上；相反，必须洒在神坛上、壁炉中或者祭坑中。如果献祭牲畜体型小，它会被举到神坛上方；另外血会被收集到碗里，并洒在坛石上，以便让坛石不断地滴下鲜血。[④]

这项"表演"结束了，接下来要关注另外一件事。动物被分切并取出内脏。动物的内脏现在是焦点，它们暴露在那，构成了一幅陌生、奇异而神秘的景象，然而对于见过伤兵的人来说这很平常，因为场景相似。传统习俗提到了如何处理每一种内脏或身体部件。[⑤] 首先是心脏，有时候即便在跳动着，也要放在神坛上。关于肝叶部分[⑥]，一位先知会在场进行解释。[⑦] 总的来说，处理这些内脏的方法是在圣坛上的火堆里快速烤一下并立刻吃

① Plat.com.fr.91（*CAF* I 626）；Aristoph. *Pax* 948 m. Schol.；Eur. El. 810；*Iph. Aul.* 1565；Philostr.V. Ap.1.1.

② Od. 3.446，14.422；Eur. Alk. 74-76；Eur. El. 811；Eitrem（1915：344-372）——错误地使"开始"变为"独立的牺牲"（413）。

③ Ἑλληνικὸν νόμισμα θυστάδος βοῆς（献祭中大喊的希腊风俗），Arish. Sept. 269；Od. 3.450；Aisch. Ag. 595；Hdt. 4.189；L. Deubner，"Ololyge und Verwandtes"，*Abh. Berlin*（1941：1）。

④ "血染祭坛"，Poll. 1.27；Porph. *Abst.* 1.25；Bacch. 11.111；Arish. Sept. 275；希腊瓶画参考前文注释；ἀμνίον（盛装祀所流血之碗），Od. 3.444；Schol.=σφαγεῖον，Poll. 10.65，可以用火炉（ἑστία，ἐσχάρα）或者祭坑（βόθρος）取代神坛（βωμός）来收集鲜血；参考第2章第2节注释；Stengel（1910：105-125）。

⑤ Stengel（1910：73-78）；Meuli（1946：246-248，268-272）；συσπλαγχνεύειν（参与分享献祭的肉），Aristoph. *Pax* 1115；Eupolis fr. 108（*CAF* I 286）；Ath.410b。

⑥ Galen *Plac. Hipp.* et *Plat.* 2.4 p. 238 K；Hsch. καρδιοῦσθαι，καρδιουλκίαι（"取出心脏"中的动词不定式及名词复数）。

⑦ G.Blecher，*De extispicio capita tria*（1905），近东传统参考 J. Nougayrol，"Les rapports des haruspicines étrusque et assyro-babylonienne"，*CRAI*（1955：509-518）。

掉。然后，位于由参与者所划定的神圣领域内的活跃的参与者们聚到一起共同就餐，将恐惧转化成喜悦。所有内脏中除了胆不能吃，其他的必须被吃掉。同样地，骨头也不能在随后的大餐中被享用，因为它们是奉献给神的。这些骨头，尤其是大腿骨（μηρία）和带尾巴的骨盆（ὀσφύς），"以特有的次序"被放在神坛上。① 从收集的骨头上人们仍能够准确地看出动物的身体构造，完整的动物骨架被保留并拼接，然后献给神。在《荷马史诗》中，"开始"，即最初的供奉，是四肢上的肉块，这些肉块被放在动物的骨骼上，象征性地保持被屠杀牲畜的完整性。② 然后用净化的火焚烧所有残骸。公牛和公羊的头盖骨和羊角在圣地保存下来③，作为献祭行为的永久证明。流血过后，献祭者们将祭酒倒进火里并烤制蛋糕。④ 酒精使火燃烧得更旺，更好的生活也似乎要来临了。随着篝火熄灭，令人愉快的盛宴渐渐地落下帷幕，人们回到现实之中，壮观的祭祀场景为日常生活所替代。⑤ 祭牲的皮通常被卖掉用来支援圣所买新的祭品和牺牲，通过这种方法，祭仪保持了延续性。⑥

仪式会引起部分人反对，早期就有人这么觉得了，因为它如此明确而直接地让人类而非神受益。向神献祭是否仅是举办节日盛宴的一个冠冕堂皇的借口？神得到的只有骨头、脂肪和苦胆。赫西俄德说狡猾的普罗米修斯——人类的朋友，为了欺骗众神才让仪式变成了这样，焚烧骨头在希腊

---

① Εὐνετίσας（正确排列的），Hes. theog. 541；Meuli（1946：215-217）证明了在《荷马史诗》中有规律地提到的 μηρία 是大腿骨；ὀστέα λευκά（死人变白了的骨头），Hes. theog. 540，557；喜剧诗人通常提到带尾巴的骨盆（ὀσφύς）和胆汁；瓶画（参考本节注释）描绘了神坛上的大腿骨和祭牲的尾巴。

② ὠμοθέτησαν［他们献上了（从牺牲的大腿上割下的）生肉］……Il.1.461, 2.424。

③ Theophr. char. 21.7；Eitrem（1917：34-48）；Nilsson（1955：88, 145）；位于克里特的德雷罗斯（Dreros）阿波罗神庙中羊角的积累参考 S. Marinatos, *BCH* 60（1936）。

④ Od. 3.459-460；他献祭半斗（阿提卡）大麦粉……LS 157 A，同时参考 151 A 20 ἐπιθύειν（献祭）。

⑤ 通常，每一样东西都要被吃掉（不带走），参考 Burkert（1966：103）；*LSS* 88, 94。

⑥ Stengel（1920：116-117）；*IG* II² 1496："用完之后剩下来的变成贡品"；*SIG³* 1044, 47 = *LSAM* 72, 47；*LSS* 61, 62-67, 236b4；*SIG³* 982, 23-28；LS 69, 85；一个例外：τὸ δέρμα ἁγίζετ［αι LS 151 D 16；LS 18 Γ 11 τὸ δέρμα καταγίς（εται），Δ 11 δέρμα καταγίζε（ται）意思是"（兽皮）被焚烧的"或者是"被撕开的"［Hsch. καταιγίσας 和 αἰγίζει（剧烈的；撕碎），Suda αι 44；G. Daux, *BCH* 87（1963：630）］？

喜剧中成了一个公认的笑话。① 谴责这种血腥行为的评论则更加犀利。查拉图斯特拉（Zarathustras）的咒骂适合送给所有喜欢血腥和屠杀牲畜的人。② "我已经受够了焚烧过的公羊祭品和喂养过的牲畜的肥肉；我不再喜欢公牛或者羊羔或者公羊的鲜血"，上帝通过以赛亚之口说。③ 在希腊世界，毕达哥拉斯派和俄耳甫斯教要求所有有灵魂的生物被宽恕，其中恩培多克勒（Empedokles）是攻击传统献祭仪式最激烈的人之一，他反对这种愚蠢的行为并渴望在"涤罪"之路上没有暴力只有爱。④ 哲学领域相继对鲜血献祭进行了批评——尤其是古希腊哲学家泰奥普拉斯托斯（Theophrastos）和他很有影响力的书《论虔诚》（On Piety）。这本书说明牲畜献祭已经代替了同类相食，而在困难的时候，这两者被强加于人类身上。⑤ 在这之后，任何关于献祭习俗的理论辩护几乎都是无效的。⑥ 瓦罗（Varro）和塞尼卡（Seneca）都认为众神不需要鲜血献祭。⑦ 犹太教教义在离散的犹太人中更容易传播，因为在耶路撒冷，祭仪集中到了一个神庙中，这几乎使耶路撒冷以外的犹太教成为没有牲畜献祭的宗教。⑧ 这也有助于形成基督教仪式，

---

① 参考前文注释；A. Thomsen, "Der Trug des Prometheus", *ARW* 12（1990：460-490）；J. Rudhardt, "Les mythes grecs relatifs à l'instauration du Sacrifice", *MH* 27（1970：1-15），评论的根据是"献祭是将东西奉献给诸神"（Plat. Euthyphr. 14c）；因此，人们为众神支起桌子（τράπεζαι，四腿桌）；他们向神献祭了最前面的牛的腿 *IG* IV 914 = *SIG*³ 998（厄庇道鲁斯，Epidauros，公元前5世纪）；L. Ziehen, *RE* XVIII 615-616；S. Dow-D.H. Gill, "The Greek Cult Table", *AJA* 69（1965：103-114），但"为宙斯和赫利俄斯"杀死一头野猪并把尸体扔到海里是可能的（Il. 19.197/268, 3.104/310）；有关拯救"祭品"的费解阐释，参考 Stengel（1910：19-23）；同样地，在拉丁语 mactare（给予荣耀）中，神的荣耀和欣喜来自对祭品的征服。

② Bes. Yasna 32.8, 12, 14；然而，原则上鲜血献祭被拒绝到什么程度仍不确定，因为在实践中，它仍在继续，参考 M. Boyce, *JRAS*（1966：110）；G. *Widen gren, Die Religionen Irans*（1963：66, 92, 109）。

③ 1：11；6：3.

④ 毕达哥拉斯传统被分裂成"使与生命分离"与"最恰当的献祭"（Iambl *V. Pyth.* 82），参考 J. Haussteiter, *Der Vegetarismus in der Antike*（1935：79-163）；W. Burkert, *Lore and Science in Ancient Pythogoreanism*（1972：180-183）；Empedokles B，136-139。

⑤ Porph. *Abst.* 2.27；J. Bernays, *Theophrastos' Schrift über Frömmigkeit*（1866：86, 116）.

⑥ 一条出路是设想有低等的、更嗜杀的魔鬼，参考 Xenokrates. fr. 23-25 Heinze.

⑦ "真正的神既不需要也不要求那（献祭）"，Varro, Arnob. 7. 1；神……并不需要以很多献祭仪式和血肉被崇拜，Seneca fr.123 = Lact. *Div. inst.* 6.25.3；参考 Luk. *Dem.* 11 中的 Demonax。

⑧ 逾越节的庆祝是个例外；H. Gaster, *Passover：Its History and Traditions*（1958）。

恢复希腊哲学的传统。此外，它为献祭这个概念赋予了重要的意义，并把它提到了比以往任何时候都更高的地位。① 圣子之死是一次古时的完美献祭，而且在共享圣餐时，在撕面包和喝酒时，它仍被重复。

然而，民间风俗一直在公然反抗基督教信仰，它只被现代科技文明所征服。德语 *Geschmückt wie ein Pfingstochse*（"装扮得像圣灵降临节的公牛"）保留了在教堂节日屠宰公牛仪式的记忆。在亚美尼亚，在教堂前屠宰羊仍是周日固定的特色仪式。在卡帕多细亚（Cappadocia）的希腊社区中，古老的献祭仪式延续到了 20 世纪：在基督教教堂里，传统的祭坛对面是一个献祭的祭台，人们在点燃蜡烛的同时会在祭台上焚香；祈祷时，人们用花环装饰祭台。献祭者将牲畜——一只山羊或绵羊——带进教堂，引领着它绕祭台转三圈，同时孩子们向它身上扔草和花。当牧师站在祭坛上，牲畜的饲养者会用刀子在牲畜身上做三个十字形的记号然后在祈祷中杀死牲畜，用鲜血喷洒祭台。之后，在教堂外面，牲畜会被分解，准备盛宴。牧师，像古时候他的同行一样，得到了牲畜的大腿和皮，还有头和脚。② 基督教仅仅是一个透明罩，遮盖了它背后的古老形式——鲜血献祭的行为。

牲畜献祭在古代是很普遍的。希腊人③ 看不出自己的习俗在本质上同埃及、腓尼基、巴比伦、波斯、埃特鲁斯坎以及罗马有多少区别，当然，从细节上看，希腊人的仪式有很大的不同。④ 希腊祭祀的一个特点给现代历史学家提出了一个问题：火和鲜血的结合，焚烧和进食的结合，直接与

---

① "因为基督，我们的逾越节羔羊，已被献祭了。"Kor.5：7，关于剩下的部分，建议读者参考 H. D. Wendland，E. Kinder，*RGG*³ IV 1647-1656；犹太基督徒仍然让保罗在耶路撒冷参加献祭（Num. 6：13-21）并为献祭提供经费；Apg. 21：23-26。

② Megas（1956：15，17，84，87，224（祭祀的名字，γουρπάνι，来自伊斯兰教，阿拉伯语是 qurbān），在阿尔巴尼亚向"宙斯"献祭，参考 Cook III（1940：1168-1171）。

③ 泰奥普拉斯托斯（Porph. *Abst.* 2）在关于献祭仪式发展的研究中，认为把埃及人、叙利亚人、迦太基人、埃特鲁斯坎人、色雷斯人和斯基泰人包括进去是很自然的。塞浦路斯人发明了献祭的传统观点可追溯到塞浦路斯的阿斯克莱皮亚德斯（Asklepiades）。

④ 奥林匹亚和地府的狂热信徒之间的对立经常被认为是基本的（Rohde，1898：148-152；Harrison，1922：1-31；Mueli，1946：188-211；Nilsson，1955：132-133），从埃斯库罗斯开始，天界的众神和地府的众神之间的对立就屡次被证明（*Hik.* 24，154，*Ag.* 89）；区别在于为英雄或死去的人献祭，"制造禁忌"，或者宰杀牲畜，（转下页注）

《旧约》①中的燔祭对应——尽管乌加里特和腓尼基的祭祀仪式细节仍无法确定，也并不与埃及、美索不达米亚、克里特－迈锡尼的仪式有很大的不同，这些地方的仪式都没有祭坛，也并不焚烧整只牲畜或骨头。② 然而，在文化传统中，任何复杂的阶层属性和变化都是个体特性的基础，不谈细节，我们从雅典到耶路撒冷再到巴比伦，可以观察到人们的行为和经验有着惊人的相似性。一份详细的巴比伦文本被复制了几份，它描述了人们为举行神秘仪式选择了一头强壮的黑色公牛，献祭公牛的皮被制作成神庙里扬琴的琴膜，③ 这个仪式在一间拉上窗帘的完全封闭的房间内举行。复杂的准备工作包括撒谷物，供奉面包和酒，献祭一头绵羊。公牛被链子锁着，站在草席上，嘴巴被冲洗之后，咒语慢慢地传进它的两只耳朵，然后人们在它身上洒水，用一圈谷物围绕它。祈祷和唱歌之后，公牛就被屠宰了，心脏

（接上页注④）"屠宰进祭坑"，和"向神献祭"（F. Pfister，1912：466-480；Casabona，1966：204-208，225-229）；关于屠宰的不同方式参考 Schol. Apoll. Rhod. 1. 587；但除了祭坑之外，还有不同种类的祭坛，同时斋祭（Stengel，1910：105）的复杂性与地府并不符合：我们从对冥界的神灵的狂热崇拜中熟悉了祭餐，尤其是从英雄崇拜的餐饮中（A.D. Nock，*HThR* 37，1944：141-166）；同样地，σφάγιον 和 θοίναμα 献祭和飨宴并不相互排斥，参考 Eur. Or. 815；在针对死者的祭仪中，死者被供奉鲜血（Il. 23. 29-34），〔葬礼献祭〕，祭餐是与焚烧仪式并列的（Il. 23. 166-176）；单独焚烧祭品很少发生，这一行为通常被作为准备工作，例如，*LS* 151 A 29-36（在 I Sam. 10：8，13：9 中焚烧的祭品或感恩祭品），只有当一个神庙既有英雄之墓又有祭坛时才会发生，即我们研究的是仪式中的对立，而不是两个根本不同并且相互分离的事物，参考 Burkert（1966：103）；同样地，在埃及学领域，对死者的祭祀和对神的祭祀有相同的起源，参考 W. Barta（1963：153）；关于烧烤或煮沸，参考第 2 章第 1 节注释。

① R. K. Yerkes，*Sacrifice in Greek and Roman Religions and Early Judaism*（1952）；R. Schmid（1964），*Das Bundesopfer in Israel*（1964），因此可以推测以色列的燔祭是经由乌加里特从迈锡尼传过去的（92），参考 D. Gill，*Biblica* 47（1966：255-262），其认为荷马所说的"焚烧大腿骨"行为并不存在于迈锡尼。

② 由 Yavis（1949）证明；关于美索不达米亚参考 G. Furlani。
来自阿拉拉赫（Alalach）的献祭清单参考 D. J. Wiseman，*The Alalakh Tablets*（1953：126）；塞浦路斯公牛献祭的纪念神坛，包括牛角的符号、牛喝水的地方和公牛雕像参考 *AA*（1962：338-339）；皮洛斯（Pylos）的公牛献祭参考 *The Palace of Nestor II*（1969）。"家灶"在希腊的青铜时代就已经出现了，希腊神庙正是由此发展而来：指的是迈锡尼时代炉台边的献祭。燔祭的野外地点——由灰烬堆和兽骨堆组成的灰烬祭坛——在与希腊青铜时代同时代的欧洲得到了有力的证明。这个时候把在"家灶"、石头祭坛和灰烬祭坛举行的各种形式的献祭组织进历史似乎是不可能的。

③ *ANET* 334-338，主要文本是塞琉古王朝的；其他文本是公元前 7 世纪从巴比伦更早的模型复制过来的，它们证实了仪式在几个世纪中存在；卡鲁祭司（苏美尔语，gallu），他们"用女人的语言""哀悼"，参考 E. Dhorme（1949²：207-209，217）。

立刻被焚烧，皮和左肩的筋用来扎扬琴。在奠酒和供奉后，祭司弯下腰对切断的牛头说："此乃众神所为，我没有做过。"另有一个版本说尸体会被埋葬；更早的一个版本提到至少要禁止祭司头领吃肉。十五天后，在一个与之类似的仪式上，随着仪式的预备和结束，新扎好的扬琴被放到了公牛所在的中心位置，并开始发挥它的功能。

即使近东的宗教革命——伊斯兰教的兴起，也不能取消牲畜献祭。穆斯林一生中最重要的事情就是去麦加①的朝圣之行，麦加至今每年仍吸引着成千上万的朝拜者。最重要的时刻发生在圣月的第九天，在从麦加到阿拉法特山的行程中，朝圣者在神前的祈祷从中午一直持续到太阳落山。接下来就是献祭日。到了第十天，在米纳城（Mina），朝圣者必须向古老的石碑扔七枚卵石，然后亲手屠宰一只绵羊、一只山羊或一匹骆驼，这些动物是贝都因人赶上山并卖给朝圣者的。朝圣者只吃掉牲畜的一部分，大部分会扔掉或者留在原地。这也导致了沙特阿拉伯需要依靠推土机来挪走这些残骸。之后，朝圣者被允许再次剪发，并脱下朝圣服。同样地，在朝圣者回到麦加后，性欲的节制也结束了。在仪式中，只有任圣职的人才可以屠宰牲畜，而屠宰行为本身被认为是神圣的。"以安拉之名"和"安拉是仁慈的"是穆斯林的准则，此准则伴随着世俗的屠宰。

日常惯例使献祭仪式不可避免地流于形式。②因此，为了强调它的重要性，尤其是在古代的近东，人们制定了法令来规范大大小小的仪式。希腊人好像给予了献祭仪式"初始"阶段（ἀρχεσθαι）太多的关注，试图把注意力从关键之处转移开来，但核心永恒不变。休伯特（Hubert）和毛斯（Mauss）③用"神圣化"和"去神圣化"这两个概念贴切地概括了献祭仪式的结构特点：一方面是准备的仪式，另一方面是结束的仪式。这构成了主

---

① 关于朝圣之行的基本元素出现于伊斯兰教兴起之前。

② 来自乌鲁克（Uruk）的献祭礼单记录了50只公羊，2头未阉割的公牛，1头阉割过的公牛，8只羊羔，还有许多其他动物，作为每日的献祭：ANET 344，吕底亚国王克洛伊索斯（Croesus）在德尔斐献祭了3000头牲畜：Hdt. 1.50；为提洛岛（Delos）的节日买了154头牛：IG Ⅱ / Ⅲ ² 1635. 35；塞琉古王为在迪迪玛（Didyma）的献祭提供了1000只祭品（绵羊）和12头牛：OGI 214. 63。

③ 参考本节注释。

要活动过程，刺耳的尖叫，"致命的哀号"，则清楚地宣示了情感高潮。然而，这是一种屠杀行为，是死亡的经验。因此，在献祭的过程中，三重节奏特征非常鲜明①，有一个压抑的、错综复杂的开始，经过一个可怕的中点，最终是严格齐整的结尾。蔬菜类祭品通常在开始时出现，在仪式的结尾再次出现，而奠酒也是非常典型的。祭品可以叠加，这使摆出的祭品规模不断变大，直到献祭节日的三和弦出现，重复着不变的节奏：准备阶段的献祭、可怕的献祭、胜利的献祭和值得肯定的献祭。献祭的核心一直是人类暴力带来的死亡经历，反过来，人类暴力又服从于既定的规则。这几乎总是与另一种过于本能化的行为——进食——在神圣行为中分享的节日餐联系在一起。

二　进化的解释：作为猎手的原始人

卡尔·穆利（Karl Meuli）1946 年关于"古希腊献祭习俗"的优秀论文② 为我们理解献祭仪式提供了一个新的维度。他注意到希腊的献祭和西伯利亚的狩猎聚集习俗在细节上有明显的相似之处。此外，他还指出史前的发现似乎证实了旧石器时代中期也有类似的习俗。从时间上往后倒推5000 年的有力证据似乎也无可否认地解释了"用更晦涩的说法解释更晦涩的事"这句话（obscurum per obscurius）。史前证据是否能用来表明人们对上帝——一种原始的一神论——存有信仰尚不能盖棺定论，但有一种说法似乎不那么冒险，"献祭是宗教行为中最古老的形式"③，尽管一些最古老的证据仍存有争议。

穆利依据的是尼安德特时代存在的"熊的埋葬"，就像巴赫勒

---

① 对应于人会秘仪的特殊情形，由 Harrison（1927：15）确立：养育子女 – 撕裂 – 重生。

② 尼尔森的观点只适用于解释历史变化的问题，不适用于讨论穆利的基本论证。诚然，后者直接连接了操印欧语的希腊人和欧亚的猎人和牧人，从而完全忽略了新石器时代近东的成分。Müller-Karpe 反对穆利所谓的神奇的解读，提出了一种宗教式解读，这种解读从"超越的力量"的体验开始；但这正是仪式所传播的，而且它的任何解读——甚至自我解读——都是次要的。

③ H. Kühn, "Das Problem des Urmonotheismus", *Abh. Mainz* 1950, 22. 17.

（Bächler）和其他人描述的一样：① 他们声称已经找到熊的头盖骨和其他骨头，尤其是大腿骨，这些骨头被小心地放置在一个洞穴里，并且这些现象与从西伯利亚猎人那里观察到的"用来献祭的头盖骨和长骨"的行为相符合，西伯利亚猎人过去经常把猎物的头盖骨和其他骨头存放在神圣的地方。② 在希腊仪式中，骨头，尤其是大腿骨，是属于众神的。熊的特殊性在欧亚北部部落的"熊节"中再次得到体现，从芬兰人到虾夷人再到美洲人都有这种特殊性。③ 然而巴赫勒的发现遭到了严厉的批评：他对熊葬的解释有很多疑点，骨头的组合可能只是凑巧而已。依靠旧石器时代晚期（智人时代）的证据会更稳妥些，因为在这个时期，猎人的习俗，包括对牲畜骸骨和头盖骨的处理，都已经得到了证明；尽管还有更古老的岩层仍未被发现，但穆利针对西伯利亚狩猎仪式古老性提出的见解基本得到了证实。某些地方有很多牡鹿的头盖骨和骨架，还有野牛和猛犸象的骨骼。④人们在西伯利亚的一处遗址发现了 27 个猛犸象头骨，它们围成一个圆圈，一个女性雕像被埋在一堆头骨和部分雕刻过的象牙下面。⑤ 这让人想起了一枚被多次复制的迈锡尼金戒指，它上面的纹饰是一排头骨朝向一支呈坐姿的女神祈祷队伍。⑥ 一对程式化的角是米诺斯 – 迈锡尼文化中常见的且无所不在的宗教符号。更早的时候，在卡托·胡玉克（Çatal Hüyük）的神龛里，人们发现了成列摆放或嵌入石膏头像里的角。⑦ 旧石器时代晚期

① E. Bächler, *Das alpine Paläolithikum der Schweiz*（1940）；Meuli（1946：237-239）；关于在弗兰肯中部、西里西亚和西伯利亚的更多发现，参考 Müller-Karpe（1966：228）。

② U. Holmberg, "Über die Jagdriten der nördlichen Völker Asiens und Europas", *Journ. de la Société Finno-Ougrienne* 41（1925）；A. Gahs, "Kopf, Schädel und Langknochenopfer bei Rentiervölkern", *Festschr. P. W. Schmidt*（1928：231-268）；I. Paulson, "Die Tierknochen im Jagdritual der nordeurasischen Völker", *Zeitschr. f. Ethnologie* 84（1959：270-293）；I. Paulson, A. Hultkrantz, K. Jettmar, *Die Religionen Nordeurasiens und der ameri- kanischen Arktis*（1962）。

③ A. I. Hallowell, "Bear Ceremonialism in the Northern Hemisphere", *American Anthropologist* 28（1926：1-175）；J. M. Kitagawa, "Ainu Bear Festival", *History of Religions* 1（1961：95-151）；I. Paulson, "Die rituelle Erhebung des Bärenschädels bei arktischen und subarktischen Völkern", *Temenos* 1（1965：150-173）。

④ Müller-Karpe（1966：225-226）。

⑤ Jelisejevici，参考 Müller-Karpe（1966：225）。

⑥ 它们是古代献祭结构更深层次的象征化发展（Simon）。

⑦ Mellaart（1967：140-141，144-155，181）。

的猎鹿人会把驯鹿的头骨附在一根杆子上，并在幼鹿身上绑缚石头将其沉到水底，这被称为"沉浸式献祭"①。在蒙特斯庞的洞穴里有一个与实物大小一样的泥塑熊像，上面覆盖着真正的熊皮和头骨。② 同样地，苏丹的猎人用狮子或豹子的皮来覆盖泥塑像，就像阿比西尼亚（Abyssinia）南部的农民处理一头年幼的献祭公牛一样。赫尔墨斯，神话中的偷牛贼和杀手，在一块石头上摊开被他杀死的牛的皮。这也是关于献祭起源的众多传说之一。③

当然，人们可以尝试用概念上的差异消除狩猎与献祭之间的联系，并且根据起源将两者分开。④ 在狩猎中，有人会争论说，杀戮不是仪式性的而是实用性的，它的意义和目的非常世俗，都是在于获取肉作为食物，而且必须将野兽和驯服的家畜对立起来看，只不过狩猎和献祭的相似点掩盖了它们之间的区别。即使在猎人那里，杀戮也是伴随仪式的，比如，一头被驯服的熊必须在熊节上表演节目。我们也听说过人们在一个高高的峭壁上发现了一副完整的猛犸象骨架，这只能说明它们是被人赶上去的。⑤ 而且，人类是有狩猎情结的，也正因为如此，一些狩猎情节常常会被搬上表演舞台。柏拉图在一个半野蛮的背景，即虚构的亚特兰蒂斯（Atlantis）⑥ 中将狩猎和献祭结合起来，而实际上公牛狩猎与献祭在希腊的边缘地带已经被证实。⑦ 一个阿提卡神话讲述了忒修斯（Theseus）是如何

---

① Müller-Karpe（1966：224-225）.

② Müller-Karpe（1966：205）；关于苏丹的对比参考 L.Frobenius, *Kulturgeschichte Afrikas*（1933：83）；阿比西尼亚参考 A. Friedrich, *Paideuma* 2（1941：23-24）；Meuli（1946：241）；I. Paulson, *Temenos* 1（1965：160-161；1933：83），熊雕像作为实际已死的熊的代替品，来自"心灵的住处"。

③ W. R. Smith（1894：306.2）；位于/正对着高大的岩石（*Hy. Merc.* 404），因此可能会被读成124 ἐπὶ（Cdd. ἐνὶ）πέτρῃ；在神话中，毛皮明显变成了石头，像玛息阿（Marsyas）的毛皮（Hdt. 7.26；Xen. anab. 1.2.8），仪式不再举行；参考第1章第1节注释。

④ 参考 Nilsson 的反对意见，见本节注释。

⑤ Müller-Karpe（1966：225）.

⑥ Pl. Kritias 119de；H. Herter Rhein. Mus. 109（1966：140-142）.

⑦ 关于色萨利（Thessalien）的猎牛，参考 *IG* IX 2528；*Arch. Deltion* 16（1960：185），*REG* 77（1964：176）；*AP* 9.543；关于小亚细亚的"斗牛"，参考 L. Robert, *Les gladiateurs dans l'orient grec*（1940：318-319），他也讨论了两个表示狩猎的词 κυνηγέσια 和 θηρομαχίαι（309-331）；有关雅典的"狩猎圣地"，参考 *Hypoth. Dem.* 25。

征服马拉松（Marathon）的野牛以使它自愿去献祭的，据说这是马拉松当地节日 Hekaleia 的传奇来源。① 在闪族人中，"野牛"被认为是最有名的献祭动物，即便它曾经在美索不达米亚绝迹了很长时间。卡托·胡玉克神庙中供奉的牛角也来自野牛，而且猎杀公牛和牡鹿的场景被搬上了壁画，令人印象深刻。② 一些壁画反映了豹与人围着公牛和牡鹿，那样子似乎更像是在跳舞而不是在狩猎。在埃及，公牛和河马的献祭由法老来执行，就像一场狩猎仪式被完全程式化地展演出来一样。③ 在希腊的很多地方，被选中用来献祭的牲畜"因神而获得自由"，好像它们原本只是存在于圣土上的野兽，直到实施血腥祭祀行为才会活起来。④

通过仪式细节来说明狩猎和献祭仪式之间的延续性更有说服力，虽然这些细节没有得到切实的考古学证据证实，但穆利还是把它们详细地列举了出来。从前期准备一直到结尾的仪式，都伴有涤罪和节欲的特征，包括股骨、头盖骨和动物皮这些祭品。根据可得的民族学研究资料，在狩猎社会中，猎人对被屠杀的牲畜已经明确表达了罪恶感。尽管经常呈现粗鄙的一面，但仪式还是进行了补偿，这促使穆利创造了一个词组——"天真的喜剧"。仪式为我们呈现了一种潜在的在死亡面前想要延续生命的焦虑。⑤ 血腥行为对生命的延续，尤其是新生命的开始是必要的。因此，收集骨头、举起头骨，或者伸展兽皮这些行为被理解成恢复生命力的努力，实际上具有复活的意义。对食物来源有保障的渴望和无法得到食物的恐惧，决定了猎人的行为，他们为了活着而杀戮。

这些习俗并不能用单纯的好奇来概括，因为旧石器时代狩猎是非常重要的活动。狩猎是人类区别于其他灵长类动物的决定性因素之一。人类实

---

① Soph. fr.25；希腊瓶画参考 Brommer（1960：192-196）。

② 苏美尔的野牛参考 Müller-Karpe（1968：II 338）；卡托·胡玉克参考 Mellaart（1967：200-208）。

③ H. Kees, "Bemerkungen zum Tieropfer der Ägypter und seiner Symbolik", *NGG*（1942：71-88）.

④ Babrios 37（祭祀用的小牛与耕牛相对立）；有关克罗顿（Kroton）的赫拉参考 Livius 24.3.2；有关米利都的"宙斯的牛"，参考 Hsch. *s.v.*；Kleitor 的"神的幼羊"，参考 Polyb.4.19.4；德尔斐神圣的绵羊、山羊、牛和马参考 *OGI*（345：15-19）。

⑤ Meuli（1946：224-252）；H. Baumann, "Nyama, die Rachemacht", *Paideuma* 4（1950：191-230）；R. Bilz, "Tiertöter-Skrupulantismus", *Jahrbuch f. Psychologie und Psychotherapie* 3（1955：226-244）.

际上可以被定义为"狩猎猿"（尽管"裸猿"这个名称更吸引人）。[①] 这个说法又证实了一个无可争辩的事实：狩猎时代也就是旧石器时代在人类历史上比其他任何时期都要漫长，据估算大约占人类历史的 95%~99%。而且，有一点毋庸置疑，人类在生物学上的进化是在这一时期完成的。通过对比可以发现，农业文明时期——最多 10000 年——只是沧海一粟。从这个角度来说，我们认为人类可怕的暴力源自食肉动物的行为，在进化为人类的过程中人们渐渐获得了食肉动物的特性。

我们对原始人及其社会的理解一直处于探索性构想阶段，根据已有的知识，我们知道，一些社会的和心理的先决条件不可能在旧石器时代存在。从生物学角度讲，灵长类动物不太可能适应新的生活方式。人类不得不通过发明独特的技术和构建特有的体系来弥补这种缺陷，也就是创造文化，尽管文化本身也很快成为一种选择方式。首要的是发明武器，没有它们，人类对野兽几乎构不成威胁。最早使用的在一定距离内有攻击力的武器是经火淬硬的木制长矛。[②] 这以火的使用为先决条件，更早的时候，人们用骨头当棍棒。[③] 人类的直立行走推进了武器的使用。比这更重要的是性别划分，这是社会秩序发展的产物，当然也是人类先天生物性的一部分。对于人类来说，狩猎是他们的工作——与其他食肉动物相比，这项工作既要求速度又要求力量，因而促使男性形成健硕的大腿。对比之下，因为女性必须生育头骨更大的孩子，因此，她们的身体更加圆润、柔软。人的青春期较长，这允许他们通过学习完善心智，同时传承复杂的文化。男性承担起了养家糊口的责任——这是人类文明共有的习俗，但与很多哺乳动物的

① Morris（1967：19-49），对照 C. F. Hocket, R. Ascher, "The Human Revolution", *Current Anthropology* 5（1964：135-147）；A. Kortlandt, *Current Anthropology* 6（1965：320）；La Barre（1970：69-92）；有组织的狩猎和分享肉在黑猩猩群体中也曾被观察到，参考 G. Teleki, *Scientific American* 228/1（1973：32-42），以及 P. J. Wilson, *Man* n.s.10（1975：5-20），黑猩猩比人们想象的更接近人类——但是它们不使用武器而且不攻击大型猎物。

② Müller-Karpe（1966：148）；Burkert（1967：283-287）；总体参考 K. Lindner, *La chasse préhistorique*（1950）。

③ R. A. Dart, *Adventures with the Missing Link*（1950：91-204）；另外，参考 "The Antiquity of Murder", 109-119。

行为相反。①

"狩猎猿"的成功应归因于其合作能力，即在共同的狩猎活动中与其他人联合起来。因此，自狩猎行为出现，人类就开始从属于两个相互融合的社会结构——家庭和男性团体（Männerbund）。人类的世界由截然对立的事物构成：室内和户外，安全与冒险，女性的工作和男性的工作，爱与死亡。这种新型的男性组织的核心，在生物学上类似于狼群的攻击、捕杀和猎食行为。男人游移在狼性和人性中间，他们的子孙也在某一天从母系制完成向父系制的转变。父亲必须抚养他们的儿子，教育并照顾他们——其他哺乳动物是无法完成这一切的。当一个男孩进入男人的世界，他终将面对死亡。

黑猩猩的亲戚——人类最终成功地拥有了死敌——豹的力量，从猎物变成了猎人，这是一次多么伟大的经历！同样，成功也带来了危险。人类用最早的技术制造了杀人工具，即使木矛和木楔这类简陋的武器也远比人类自身更具有杀伤力。一旦能够远距离搏击，人类的杀人欲望就控制不住了。为了狩猎，人类甚至被教育不要压抑这种欲望。而且，杀死一个人和杀死一头逃跑的野兽一样容易，甚至更容易，所以人类很早就陷入了同类相食的泥潭。② 因此，从一开始，自我毁灭就是人类自身面对的一个威胁。

人类存活了下来，并因为空前的成功而变得更强大，这主要是因为他们制定了文化规则，人为地塑造了文化并与本能区别开来。生物学的选择而非有意识的规划在人类的教育过程中发挥了重要作用，使他能够更好地适应自己的角色。人类不得不勇敢地进行狩猎，勇气永远是定义"完美的人"必不可少的要件。人类必须是可信赖的，要有耐力，能够为了长远的目标而抑制一时的冲动。他必须坚毅而信守诺言。在这些方面，人类构建

① Morris（1967：37-39）；La Barre（1970：79-83）；男人作为养家糊口的角色参考 M. Mead, *Male and Female*（1949：188-194）。

② 关于旧石器时代的"仪式杀人的既定事实"，参考 Müller-Karpe（1966：240）；食人风俗问题，参考 La Barre（1970：404-406），M.K. Roper, "A Survey of Evidence for Intrahuman Killing in the Pleistocene", *Current Anthropology* 10（1969：427-459）。

了类人猿所没有的行为模式，而且更接近猛兽的行为。[①] 最重要的是，武器的使用由最严格的规则来控制：在一个领域被允许和视为必要，在另一个领域就是绝对禁止的；在一个方面属于辉煌的成就，在另一个方面就是谋杀。决定性的一点是，很多人可能会为了社会的可预测性而服从钳制个人发展和适应性能力提升的法规。传统教育试图以一种不可逆的过程来约束人类，这种过程类似于生物学上的"烙印"。[②]

从心理学层面来说，狩猎行为主要由攻击性和性情结的相互影响决定，这也部分奠定了人类社会的基础。关于生物行为的研究，至少在对食肉动物的研究上，攻击行为和捕食行为被区分开来[③]，这种区分显然不适用于人类。相反，当人类无意识地表现出了食肉动物的特性时，这两者便产生了重叠。人类在向狩猎者演化的过程中不得不超越自己，并且需要调动所有的精神储备。这种行为是男性独有的，也就是说，是"男人的工作"，所以男性能更容易适应自己的角色，并因为求爱和性挫败而与同类竞争。

对于成年男性来说，合作并不容易，尤其是"裸猿"，两性为了结合，性欲都比较强烈，从而使家庭得到维系。[④] 因此，正像康拉德·洛伦茨描述的那样，由此引起的更强烈的性欲可以通过重新定向的方式转化为社区服务的动力[⑤]，因为正是集体对外界的攻击行为激发了一种亲密的个人社区归属感。男性团体通过内部积蓄的潜在攻击性成为封闭的阴谋团体。这种攻击性在危险而血腥的狩猎行为中被释放。攻击性的内在和外在影响共同提升了成功的概率。团体由参与血腥工作的男人们定义。早期的猎人很快

① A. Kortlandt, *Current Anthropology* 6（1965：323）："特定人类文化类型的进化要求将吃树生水果者灵巧的前肢和食肉动物的深谋远虑和毅力结合在一起。"关于人类服从权威的倾向，参考 Eibl-Eibesfeldt（1970：120-123）。

② 生物学事实参考 K. Lorenz, "Über tierisches und menschliches Verhalen", Ges. *Abh.* I（1965：139-148, 270-271）；E. H. Hess, *Science* 130（1959：133-141），他发现"给予惩罚或痛苦的刺激会提升烙印体验的有效性"，并与人类学习过程做了比较；适应性的问题参考 H. Thomae, "Entwicklung und Prägung", *Hdb. d. Psychologie* III（1959：240-311）（当涉及世俗的人类问题时，忽略了宗教仪式）。

③ Lorenz（1963：40）；Eibl-Eibesfeldt（1970：7-8），他与 R. A. Dart 的争论；此外，La Barre（1970：130）谈到了"狩猎的必要攻击性"。

④ Morris（1967：50-102）；他在论文里设定了一些限制；Eibl-Eibesfeldt（1970：149-187）。

⑤ Lorenz（1963：251-318）；Eibl-Eibesfeldt（1970：187-190）。

征服了世界。

因为狩猎者的活动被原本针对人类同伴的行为强化了——也就是说这种内生的攻击性代替了生物学上固定的与野兽及猎物的关系，神奇的事情发生了：猎物成了准人类的对手，像人类一样体验一切，也像人类一样被对待。狩猎行为通常是大型哺乳动物才有的，它们与人很相似，包括它们的身体结构和动作，它们的眼睛和脸，它们的呼吸和声音，它们的逃跑方式和恐惧感，它们的攻击和愤怒，等等。更重要的是，这种与人类的相似性表现在了杀戮上：肉是一样的，骨骼是一样的，生殖器是一样的，心脏是一样的①，而且最最主要的，流淌着的温热的血也是一样的。或许在动物死亡的时候人类才会清楚地理解它与自己的相似性。因此，猎物变成了献祭的牺牲品。许多观看献祭仪式的人都曾讲述过猎人从他们的猎物身上感到的近似兄弟般的关系②，而且除了希腊以外，人类和动物在献祭中的可互换性作为神话主题一再地出现在其他很多文化中。③

在由看到流血④ 而引起的震惊中，我们清楚地体验到了生物学上的维持生命的那种紧张感。但这恰恰是必须被克服的，因为男人最起码要承受"流血"的后果，并且因此受相应的教育。恐惧感和愧疚感是战胜自我约

---

① 人类和动物的内脏（σπλάγχνα），从最早的时代就有相同的名字，但是动物的内脏由于宰杀众所周知，人类的内脏只有在那些战斗中受伤的人身上或在人类献祭期间才看得到。它们可见的存在对于人自身的"主体性"意识是基础，如希腊语中的心脏膈膜和胆汁等词语，还有其他语言中的肝脏和肾脏，参考 R. B. Onians, *Origins of European Thought*。

② Meuli（1946：248-252）；参考 H. Baumann, *Paideuma* 4（1950：198, 200）；Meuli（1967：160）。

③ 关于用牲畜代替人的示例参考《创世记》第 22 章第 13 节中亚伯拉罕和以撒的故事；伊菲革涅亚（Iphigenie）在奥利斯（Aulis），Apollod. *Epit*.3.22；穆尼基亚（Munichia）的处女和山羊，参考 Zen. Athous 1.8, 350；Paus. Att. ε 35 Erbse；有关"母山羊在仪式中被献祭"，参考 Gell. 5.12.11；相反的情境，即人类死亡而不是祭牲，是悲剧喜爱的主题，参考 Burkert（1966：116）；然而，替代在仪式中也出现了：在萨拉米斯／塞浦路斯，人们看到的不是人类献祭，Porph. *Abst*. 2.54；关于迦太基经常用儿童和牲畜作为献祭品，参考 G. Charles-Picard, *Les religions de l'Afrique antique*（1954：491）；指定儿童和小牛献祭，参考 Luk. *Syr. D*. 58；像儿童一样被对待并被献祭的小牛，参考 Ael. *Nat. an*. 12. 34（Tenedos）。

④ 民间传说的资料参考 H. L. Strack, *Das Blut im Glauben und Aberglauben der Menschheit*（1900⁷）；F. Rüsche, *Blut, Leben und Seele*（1930）；J. H. Waszink, *RAC* II（1954：459-473）；从心理学角度研究由流血引起的震惊，参考 G. Devereux, *Mohave Ethnopsychiatry and Suicide*（1961：14, 42-45）。

束的必然后果，但人类的传统，根据宗教的惯例来看，明显并不旨在消除或者战胜这些不安。相反的是，它们有目的地被强化了。秩序必须从团体内部建立，因为外部的需要会与内部的需要相抵触。内部要遵守秩序，如果没有秩序，一些负面的情绪就会被无序地释放出来。在外界，一些事例完全不同，活在有限世界中的芸芸众生经常会遇到超出常规、令人恐惧又痴迷的事情。日常世界由需要被打破的界限围绕，以一种复杂而稳定的方式与事件的矛盾性相对应：神圣化和去神圣化都围绕一个中心点展开，因斗争、流血和死亡，人类建立了一种共同体意识。参与者模式化的体验引起了害怕和内疚的感觉，也强化了做出补偿的欲望和重建秩序的探索。人类更乐于承认以前被打破的界限的存在。规则在与它们相反的紧张感里得到证实。这种不稳定的平衡成为人类文化传统的一部分，它是一种能包容其对立面的秩序，总是处于危险之中，又能适应和发展。杀戮的力量和对生命的尊重相互阐释。

神话以惊人的一致性讲述了人类在堕落中的起源，以及他们的一项罪行，即血腥的暴力行为。[①] 希腊人推断，人类曾经度过了一个温和的素食主义黄金时代，这个时代以"谋杀"耕牛而告终。人类学家曾经研究过爱好和平的采摘者，甚至是种植者，这是人类文明最原始的形式。史前史研究改变了这一图景：人类通过狩猎和杀戮行为而成为人类。"生命最大的危险是人类的食物完全由灵魂构成"[②]，一名因纽特萨满说，就像波菲利（Porphyrios）概括的人类的特点一样：与众神分离，依赖食物。引用恩培多克勒的一句话："这些是从你出生就有的冲突和呻吟。"像《圣经·旧约》中的一个神话告诉我们的一样，人类是该隐的孩子。然而，如果杀戮是一

---

① 人类是由叛逆神的血液创造出来的……人类的"古老的提坦神起源"，参考柏拉图《法律篇》701c，可能追随了俄耳甫斯神话；亚拉国（130-134）将过渡到黑铁器时代、正义女神狄刻的缺席和耕牛的献祭联系在一起，参考 W. R. Smith（1894：306-308）；B. Gatz, *Weltalter*，*Godene Zeit und sinnverwandte Vorstellungen*（1967：165-171）。

② 引自 Meuli（1946：226）；Empedokles B 124.2 in Porph. *Abst.* 3.27；Plut. *conv. sept. sap.* i59c-d："而以这种方式，神已使他的另一个自身若无灾祸就不可能得救，从而人一出生就处于不公平当中"；A. E. Jensen，"Ober das Toten als kulturgeschichtliche Erscheinung"，*Paideuma* 4（1950：23-28）= *Mythos und Kultbi naturvolkern*（1951：197-229），他认为，这是人类对有机食物基本认识的表达，从历史的角度看可以更加具体：这是猎人的意识形态，仍然保留在种植文化中；参考 Straube（1955：200-204）。

种罪行的话，那么它同时也是一种救赎。"你通过流血拯救了我们"，密特拉教教徒们对他们的救赎之神——屠牛者密特拉之神如此说。[①] 这个神秘的悖论在最开始的时候就是事实。

三 仪式化

虽然献祭始于狩猎，但它最辉煌和灿烂的时代是古代的城邦时代，最可怕的献祭出自阿兹特克文明中，它保留了原始的形式，甚至在杀戮对生命来说是必需的这一语境下还获得了纯宗教功能。对于杀戮行为来讲，为了使其维持下去，必须对其进行重新界定，并实现仪式化转换。

"仪式"的概念在很长一段时间内被用来描述宗教行为规则。然而，生物学领域最近使用了这个术语，混淆了这个概念，将超常的事物和非人的事物混为一谈。这两者在确立生活基本规则方面确实发挥了作用，因此，我们从仪式的生物学概念谈起，并将深入宗教的本质。

自朱利安·赫胥黎爵士（Sir Julian Huxley）和康拉德·洛伦茨的工作开始[②]，生物学界就把"仪式"定义为一种行为模式，它失去了其在非仪式中的最主要功能，但产生了一种新的交流功能。这种行为模式反过来又会引起相应的行为反应。洛伦茨所举的最主要的例子是一对灰雁的凯旋仪式，这种仪式行为不是由击败真正敌人的欲望所引发的。战胜不存在的对手是为了向外界展示，同时吸引人们关注夫妻团结的行为。这种仪式行为通过伴侣的互动得到确认，因为伴侣理解仪式交流的固有模式。在凯旋仪式中，交流是相互的，并且通过双方的反应被强化了。交流也可以是单向的，比如，当用仪式

---

① "而他拯救了我们……用洒出的鲜血"，罗马：M. J. Venmasezen, C. C. van Essen, *The Excavations in the Mithraeum of the Church of Santa Prisca in Rome*（1965：217-220）。

② 朱利安·赫胥黎爵士，关于凤头鸊鷉的"仪式"；Lorenz（1963：89-127）；"A Discussion on Ritualization of Behavior in Animals and Man"，*Philos, Trans, of the Roy. Soc.* London B 251（1966：247-526），由赫胥黎爵士和洛伦茨等撰写；Eibl-Eibesfeldt（1970：60-70）；P. Weidkuhn, *Aggressivität, Ritus, Säkularisierung*（1965），在将仪式定义为"重新施行或者提前施行的行动"时，J. Hairrison〔*Epilegomena to the Study of Greek Religion*（1921：XLIII）〕指出了行为而不是交流功能发生了移位，比如 E. R. Leach，发现仪式中的"交流行为"和"魔力行为"并无根本不同。

性的屈服行为来回应一种威胁性的手势时，等级制度就得到了维护。相互的交流揭示了仪式行为的两个基本特点，即重复和戏剧化的夸张。从本质上讲，一成不变的模式不能传递差异化的和复杂的信息，并且每个模式只传递一条信息。这条信息是非常重要的，以至于被不断重复并加以强化，从而避免被误解或误用。理解这一行为比被理解本身更重要。毕竟仪式创造并肯定了社会互动。

攻击行为能够激起高度积极和兴奋的反应，假意的攻击在仪式交流中也起着特殊的作用。举手、摇动树枝、挥动武器和火把，从攻击转向战斗的时候跺脚，祈祷时双手合十或者举起手、下跪或俯伏，在仪式中这些动作不断被重复和夸大，由此个人宣布了其成员资格和在团体中的地位。此外，人们还从不断的重复中创造了节奏，伴随手势而来的听觉信号能使人们不自觉地哼唱和跳舞。这些也是人类团结的原始形式，但是它们不能掩盖这样一个事实，即它们是从紧张局势中发展而来的，伴随着噪声、攻击和逃跑。当然，有许多表达模式没有这样的起源，也可以实现仪式化转换。但从个体生态学的角度看，人们认为即使笑也是对牙齿的正面展示。[1] 表示厌恶或"净化"的姿态与犯罪和毁灭的冲动关系密切。一些手势甚至可以从灵长类动物身上找到源头，如从挥舞树枝到有节奏地敲鼓再到展示生殖器和祈祷时举手。[2]

关于何种仪式行为是先天的或者习得的仍存在争议[3]，这有待进行更深入的行为学研究。甚至有一种可能性，某些学习或成长经历会激活先天行为。人类普遍的行为模式暗示了有一种将他们吸引到一起的与生俱来的力量。基于这些理论，我们知道文化教育也非常重要，它创造了独特的区分个人和团体的模式，就好像它们是"伪物种"。幸运的是，研究仪式在社会交流中的作用时，它们的生物学根源问题相对来说并不那么重要。

自埃米尔·涂尔干（Émile Durkheim）以来，社会学家一直对仪式的作用大感其趣，尤其是宗教仪式的作用。人类通过共同的行为建立了自我意识，而"共同的情感和观念决定了社会的一致性和各种特征，这些情感

---

① Lorenz（1963：268-270）；Eibl-Eibesfeldt（1970：197）.

② 敲鼓参考 Eibl-Eibesfeldt（1970：40）；生殖器展示参考第 1 章第 7 节相关内容。

③ 灵长类动物的社会习得行为参考 L. Rosenkötter, *Frankfurter Hefte* 21（1966：523-533）。

和观念必须定期得到确认。A. R. 拉德克利夫－布朗（A.R.Radcliffe-Brown）
在丰富这一功能性观点方面研究得最深入：社会只能通过共同的观念和情
感存在，反过来，这些观念和情感是从社会对个体的影响中发展而来的。
"一个社会的礼仪习俗为我们提供了一种途径，通过这种途径，个体的情
绪在适当的场合得到了集体表达。"① 现在也有人会用"思维架构和行为模
式"来代替术语"情绪"，但是总的来说，行为学已经巩固并强化了这种
观点。仪式促使社会实现了互动，使现存的秩序更加戏剧化了。我们可
以称它为"身份戏剧化"②，当然这并不是说仪式不能建立并定义一个新的
身份。

　　除了功能—行为主义方法，与之有明显冲突的是基于对强迫性行为的
经验观察而发展起来的心理分析概念。我们也发现这些行为有固定的行为
模式，但它们已经不具有最主要的实用功能。以此看来，神经症是一种私
人的宗教，而神圣的仪式则是集体神经症的表现。通过仪式，灵魂试图逃
避焦虑，逃到一个在现实中他不能接受又予以否定的自我创造的世界中。
因为被现实压抑和伤害，所以人们试图逃离而实现完全的疯狂。因此，宗
教被看作一种非理性情绪的爆发，被称为一场"鬼魂舞"③。

　　然而，对这些行为的对比更多的是观点性的，而不是实质性的。比如
在生物学中，一方面，人们可以从因果关系角度观察突变的形成及其生理
影响；另一方面，又可以从环境不同的角度估计相对优势和劣势。因此，
在研究个体仪式的形成时，社会—功能学方法为心理学提供了一个必要的
补充。如果宗教仅是个人性的，我们就不能将其视为一种固定的形式，它
只有通过一代代的传承和发扬才会形成一种固定的结构。无论如何，献祭
仪式对延续了数千年的宗教来说都是最有力的证明，即使它只是因为某些
心理影响而存在，当然延续也有其他因素参与，比如生物和社会选择因素
在发挥特定的作用。

---

① A. R. Radcliffe-Brown, *The Andaman Islanders*（1933：234）.

② F. W. Young, *Initiation Ceremonies*：*A Cross-cultural Study of Status Dramatization*（1965）.

③ 参考 La Barre（1970）的综合研究就足够了；S. Freud, "Zwangshandlungen und
Religionsübungen", *Ges. Schr.* 10（1924：210-220）=*Ges. Werke* 7（1941：129-139）.

第一个因素就是否定。只有在不威胁到某个团体的延续性时仪式才会在这个团体中存在，而一些宗教确实在向这个方向发展。大多数诺斯底教派运动的迅速衰落和摩尼教最终的衰亡无疑是由其对生命的否定引起的。再比如，阿托斯山的僧侣，他们依靠罪恶得以延续，现在也渐渐消亡了。如果说所有的人类文化都有宗教因素，则说明宗教仪式在自然选择的过程中发挥了作用，即便对个人没有好处，起码对群体认同的构建有利。① 宗教团体比所有非宗教团体存在的时间都长，可以说，献祭仪式在这个过程中起了特殊的作用。

　　而且，那些非先天的仪式只有通过学习才能延续下去。人类，尤其是儿童有强烈的模仿冲动，这种冲动起决定性作用，仪式的戏剧性恰恰能够强化这种冲动。然而，仅靠这些并不能使仪式延续下去，仪式的模式在很长一段时间内是固定不变的。因此，仪式一定是神圣的。宗教仪式几乎总是"严肃的"：一些危险因素引发了焦虑感，从而使人们凝神聚力并将一些日程从多彩的日常经验中脱离出来。因此，学习过程给人留下了不可磨灭的印象。迄今为止，令人印象最深刻的是由恐惧造成的，也正是因为这一点，攻击性仪式才变得举足轻重。

　　即便如此也不能够保证仪式的永久存在，偏差由淘汰来纠正。仪式对人类社会的延续如此重要，所以它成为无数代人的选择之一。那些不会或不能遵守社会仪式的人在选择中没有机会，只有那些不断完善自己的人才能发挥作用并影响社会进程。宗教仪式的严肃性成为个体面对的真正威胁。个体在心理上不能正确对待严肃性就会引发灾难。比如，在严肃的场合经常大笑的孩子就很难为宗教团体所容。提亚那（Tyana）的阿波罗尼奥斯（Apollonios）曾经说这样的男孩是魔鬼附身，但幸运的是，魔鬼很快离开了这个受惊的小淘气鬼。② 在中世纪，修道院的长老们用木棒与恶魔搏斗。直到现在，一条神圣的"恶魔的鞭子"一直在某个地方整齐地摆放着。这有助于说明为什么攻击性仪式能存在这么长时间。

---

　　① 集体选择是不被现代进化理论接受的，参考 R. Dawkins, *The Selfish Gene*（1976），但是"怨恨的策略"仍是"稳定进化的"。
　　② "女巫的孩子"的故事。

认为仪式具有生物—功能特征的观点有其内在的缺陷，即持这种观点的人其想法很少能实现，因为它似乎与人文学研究的意图背道而驰，而人文学的使命是追求心灵和灵魂的融合，发现一个观念和概念的世界。自威廉·曼哈特（Wilhelm Mannhardt）和罗伯森·史密斯（Robertson Smith）以来，宗教研究的焦点就是仪式。传统的书面证据已经不够用了，因为它们明显是不那么重要的，是后期"写"出来的。因此，学者们在"更深的"和"更原始的观念"中寻找根源。① 仪式，尤其是宗教仪式，必须依赖先于书面的"观念"②，这原本就是不证自明的，直到现在仍是如此。当"观念"概念中的理性主义偏见被揭露后，学者们转而将目光聚焦于"经验"或者"深刻的感觉"③，作为一种创造性的回应，仪式产生了。然而，社会学家认为，很久以前历史学家就彻底改变了这种观念。观念不会产生仪式；相反，是仪式本身产生并形成了观念，甚至是经验和情感。④ "具体的实践或信仰……从不代表个人对外界的直接心理反应……信仰或实践的来源是……史前的传统。"⑤ 正是因为人类社会将传统作为习俗来传承，才产生了观念，形成了经验，激起了欲望。

当然，观念上的这种转变，使我们联想到原始宗教的基本设想，而宗教研究一直试图超越这种设想：宗教习俗的根源是"我们的祖先一直保有的方式"⑥。自前苏格拉底时代以来，人们就固执地询问宗教观念是如何形成的；有史以来的所有人类，包括史前的几代人，都被他们的上一代教导要有宗教信仰，即便如此，他们仍然非常好奇宗教是如何来的。柏拉图这样解释：孩子们开始相信众神的存在是在观察献祭行为和进行祈祷时，即"他们的父母是怎样代表自己和孩子们用最严肃的态度对待

① 例如，曼哈特这样陈述其结论："作为人类心智发展原始状态的残留，人与树相似的观念被保留了下来。'树像人一样有灵魂'的信念和像树一样成长并膨胀的欲望，催生了广泛的信仰和众多习俗"，而史密斯谈到了仪式传统，还提到了仪式中概念的基本观点（439）。

② Nilsson（1955：2）.

③ 相似地，穆利在他的书中已经意识到了仪式的展示性特征。

④ C. Lévi-Strauss, *Das Ende des Totemismus*（1965：93）.

⑤ A. I. Hallowell, *American Anthropologist* 28（1926：19）; M. Mead, *Male and Female*（1949：61），强调儿童时期的经验有成人世界的印记，这是"传播的过程，而不是创造的过程"。

⑥ 参考引言注释。

献祭和祈祷的"[①]，可以说宗教历史上最激进的革新也是基于这个基础展开的。

可以这么说，人类的所有行为都有观念伴随，也有图像和话语围绕。传统伴随着语言和仪式行为。心理分析学家甚至提到了"无意识的观念"。这些观念最终被纳入语言学的范畴，但是它们在什么程度上是解释学的附属物或条件是一个较难回答的问题，最多只能在心理学的范畴内回答。通过解读，人们可以把观念归因于任何行为。仪式在社会中总有一个能被广泛理解的功能，尽管它的功能是多变的，就我们所知，生物选择也倾向于多种功能的观点。人类一般喜欢凭直觉理解仪式，至少在理解仪式构成方面如此。因此，仪式有两个方面的意义。谈及"观念"或者"洞察力"是正确的途径，"观念"和"洞察力"内含于仪式中并可以表达和传播，比如，它们是更高级的、是超常的力量，体现了生命的神圣性。然而，说仪式有"目的性"并不准确，因为我们知道它是预先设定的，附加的目的不会改变它的本质，反而会使其更具有整体性。即使在语言层面，也没有理由认为"观念"先于仪式或具有决定性。在人类历史中，仪式远远早于语言交流存在。无论是通过解释仪式而部分呈现的观念和洞察力，还是仪式参与者表达出来的情感和进行的解读，这些都不是仪式的基础和起源，而是仪式的伴生物。仪式所具有的夸张、模仿的特征以及其神圣庄严性，产生了深刻的影响，正因如此，仪式自身是永续存在的。

四 神话和仪式

仪式，作为一种交流形式，其本身也属于一种语言形式。那么，人类最有效的交流系统——语言自然应该与仪式联系在一起。虽然语言的功能在于交流一些内容和反映现实，但它也成就了一种特殊的社会现象：它促使人们相互交流并保持联系，又使人们归属于不同的团体。确实，语法和语音的特殊性在于使人们的圈子保持适度的规模。在很多情况下，人们实

---

① Pl. Ley. 887d.

际上要说的比所说的更重要吗？① 默不作声地待在一起几乎是无法忍受的。

毫无疑问，出于这个原因，自语言出现以来，仪式和语言就一直密不可分。对这样的组合来说，任何表现形式都是可以想象的，而且许多已经得到了证实。从仪式举行期间富有表现力的哭声和应答，到给所涉及的环节命名②，再到对仪式过程的描述，这些都将我们引向了神话这个主题。

神话和仪式主题仍然备受争议。有人把仪式归因于神话，并认为这是唯一可接受的，可以解释那些看起来荒谬的事情，而另一些人支持自由幻想和推测。罗伯森·史密斯认为"神话依赖于仪式"，简·哈里森（Jane Harrison）对这一观点进行了引申解读，提出神话只是"被误解的仪式"③的理论，而 S. H. 胡克（S. H. Hooke）在古代近东材料和《圣经》的基础上假定神话和仪式之间存在一致性和一种必要的联系，即神话是"仪式的口头部分"④。如果某篇论文声明已经解决了这个难题，肯定会引发种种强烈的反应⑤，然而这已经不能削弱神话—仪式理论的魅力了。因为神话的概念比

---

① "语言训练"，参考 Morris（1967：202-206）。

② 神圣名字帕依安（Paian），L. Deubner，"Paian"，*NJb* 22（1919）；参考迈锡尼的呐喊 pa-ja-wo-ne 和来自祭仪上的酒神呼唤。

③ W. R. Smith（1984：17-20）；"荒谬的神话"被视为"被误解的仪式"，J. Harrison，*Mythology and Monuments of Ancient Athens*（1890：xxxiii）；Harrison（1927：327-331），在这本书里，神话的意义被再次认可："神话是迷宫的阴谋"（331），而神话和仪式间的联系已经被 F. G. Welcker 和 Wilamowitz 着重强调过了。

④ S. H. Hooke ed., *Myth and Ritual*（1933：33）：神话是"仪式的口头部分"，"是仪式导演的故事"，早在 1910 年，A. van Gennep 说生命神话是"一个故事（eine Erzählung）……"，*Internationale Wochenschrift* 4，1174；同时，经验行为学也提到了这一情景，参考 B. Malinowski，*Myth in Primitive Psychology*（1926）；关于这方面的综述参考 D. Kluckhohn，"Myths and Rituals：A General Theory"，*HThR* 35（1942：45-79）；以及 S. H. Hooke，*Myth，Ritual and Kingship*（1958）；Gaster，Thespis. *Ritual，Myth and Drama in the Ancient Near East*（1950，1961）；Lord Raglan，*The Origins of Religion*（1949），这本书甚至谈到了重建植根于古代近东王权中的乌尔仪式。

除了这场辩论——几乎无一例外地都是讲英语的学者参与的——在 G. Dumézil, *Le crime des Lemniennes* 的早期作品中也有相似的探索，这是一方面；另一方面，在德国，W. F. Otto, *Dionysos*（1933）谈到了"邪教和神话"（Zusammenfall von Kultus und Mythos），而 O. Höfler（1934）认为野人部落和狼人的冒险故事源自仪式。

⑤ Fontenrose（1959）；Kirk（1970：12-29）；J. de Vries，*Forschungsgeschichte der Mythologie*（1961）；K. Kerenyi，*Die Eröffnung des Zugangs zum Mythos*（1967）.

仪式的概念还要模糊，令所有人满意的解决方案几乎是不存在的。

同传奇、童话、民间故事相比，神话的最典型特征是它和仪式具有更紧密的联系。[①] 但经验主义提出了反对意见：明显完全相同的故事有时候伴随着仪式，有时候却不伴随。同样地，在古代和现代文化中都不存在相应的、解释性的神话仪式。[②] 尽管有人认为古代遗迹中缺乏一致性是因为缺少保存完整的文献，但他们很难去攻击民族学提出的证据。[③] 当然，有人会争辩说没有仪式的神话仍然源于失落的仪式，认为神话更容易口口相传而且花费更少，所以它能自己传播和发展。但这种假设不能被证实。从进化史的角度说，仪式更久远，因为它甚至可以追溯到动物身上，只有随着语言的出现神话才成为可能，而语言是人类所具有的一种特殊的能力。神话不能在书写出现之前被记录，虽然它在此之前就存在了。不为我们所知的某些领域也许正是神话的"起源"。我们所能知道的是，故事是与从生物学上可观察到的仪式有关的新事物。从这个意义上说，神话不是直接从仪式中产生的。当然，甚至评论家也不否定仪式和神话是密切相关的。

根据最广义的定义，神话是传统的故事。[④] 这已经足够推翻从色诺芬尼（Xenophanes）到现代古典主义学者的观点，即神话是由诗人的幻想创造出来的，或者是在有历史以来，或者是在史前。[⑤] 姑且不论神话的起源，本质上说，它是由其适合讲述和再讲述的特点来决定的。尽管它不是来自经验观察或者个人经历，而且只有一部分得到了证实，但神话是非常易懂的。神话的主题通常都惊人的稳定，虽然偶尔也有奇幻的和荒谬的主题，即使稍微有所偏离，它们也能回归母题。为此，心理分析学把神话看

---

① Harrison, Hooke, Kluckhohn, E.R.Leach, *Political Systems of Highland* Burma（1954：13）；反对的观点参考 Kirk（1970：28）："神话和仪式是相互融合的而不是相互独立的。"

② 古代的埃及，参考 E.Otto, "Das Verhältnis von Rite und Mythus im Ägyptischen", *SB Heidelberg*（1958：1）；C. J. Bleeker, *Egyptian Festivals, Enactments of Religious Renewal*（1967：19）。

③ Kirk（1970：25-28）。

④ Kirk（1970）认为，无论如何，"传统故事"都是"神话"植根的结构（28，73-75，282）；神话和"民间故事"的区别仍是模糊的。

⑤ 更确切地说，研究神话的独特个体表现合乎逻辑，而研究历史上已知的每个诗人涉及的潜在主题更是合情合理的。

作心灵中特定结构的投射和对与生俱来的心理倾向的阐释。① 然而，严格地从进化论的角度来说，我们必须假设，这些原型，就像溪流长年累月冲刷山谷一样，是由旧石器时代人类对多种生活方式的选择造就的。如果人类的生活方式是由仪式决定的，那么从一开始人类就塑造了神话的模式。

这只是推测。我们可以确定的是，神话和仪式作为一种文化传统成功地结合在了一起。没有必要让神话成为仪式的一部分，虽然神话—仪式学派已经这么做了。系列故事出现在仪式中只是巧合。可以抛开背景对仪式展开讨论，或者在准备阶段，或者在过程中。通过这种方式，希腊人几乎把每种仪式都和一个故事联系起来，在每个案例中解释为什么一种奇怪的习俗能延续下来。② 唯一与之相对的问题是，所有的希腊神话是否都涉及仪式是值得争论的。有人曾经试图把有关祭仪的病原学神话与"真正的"神话区分开来③，但只要有人能举例说明最古老的神话来自狂热的崇拜行为，比如珀罗普斯（Pelops）的神话起源于奥林匹亚的节日，这种区分就会失效。认为希腊人只从秘仪中知悉了语言和行动的对应关系（λεγόμενα 和 δρώμενα），这也不准确。④ 虔诚在希腊人看来确实是一种仪式，但神话也

---

① C. G. Jung Eranos-Jb（1938：403-410），关于"功能形式"（Funktionsformen）的原型；*Man and His Symbols*（1964）；J. Jacobi, *Komplex, Archetypus, Symbol in der Psychologie C. G. Jungs*（1957）；关于神话和历史的问题，W. F. Jackson Knight 认为："神话……是被用作承载一些新事件的精神容器。这种容器可以被称作原型模式。"参考 *Cumaean Gates*（1936：91）。

② 最早的例子是赫西俄德提供的普罗米修斯的故事（《神谱》556-557），可能被篡改的诗《伊利亚特》2. 546-551，《荷马史诗》主要是献给阿波罗、得墨忒耳和赫尔墨斯的诗；悲剧中的祭仪参考 W.Schmid（1940：705.7，776.8）；Nilsson（1955：27-29）。

③ A. E. Jensen, "Echte und ätiologische（explanatorische）Mythen", Kerényi, *Die Eröffnang des Zugangs zum Mythos*（1967：262-270）=*Mythos und Kult bei Naturvölkern*（1951：87-91，97-100），在这本书中"神话的真实"是真实事物的标准；参考第 1 章第 2 节注释。

④ Nilsson（1955）；实际上，一般术语（神圣的）故事（Hdt. 2.47，2.51，2.81）或者说 λεγόμενα 和 δρώμενα（Paus. 1.43.2，2.38.2，2.37.2，9.30.12，9.27.2），恰恰是在这种情况下出现的，即故事和仪式的内容不能被描述，处于神秘之中；Euseb. *Praep. Ev.* 15.1.2，仪式和秘仪与较早的神话传说是和谐一致的；Lact. *Div. inst.* 1.21.39，一切都在藏男孩这种行为中实现了，即通过想象在献祭中实现；Steph. Byz. *s.v.*，狩猎……是对有关狄俄尼索斯（神话传说）的模仿，但一致性并不限于这些例子；关于献祭的一般情况，参考 Firm. *Err.*16.3；为了回归原初状态，祭品痛苦死亡，流血和杀戮发生了。

无处不在。这两者会被一起传播是因为它们能够相互解释和强化。

这并不是说仪式是神话的戏剧化版本①，也不能因为带着所谓的目的就认为神话是由神奇的想法产生的。如果接受仪式的本质，如果接受它的功能是让生活的规则戏剧化，并且在基本的行为模式尤其是攻击性行为中表达自己，那么仪式和神话间的关系就清楚了。神话也用它自己的方式阐明了生活的规则。② 众所周知，神话经常解释社会秩序和制度并为其辩护③，因此它与仪式产生了密切的关系。神话中最激动人心的主题来自性欲和攻击性，在仪式交流中性欲和攻击性的作用也非常显著。最引人入胜的故事大多是关于死亡和毁灭的，这两者在献祭时的杀戮中也有对应。

"神话是建造迷宫的阴谋。"④ 神话故事，呈现了在一个单一仪式传统中参与者之间交流的形式，但不对所发生的事情进行客观描述，它命名了仪式的本质。仪式是一种被重新命名的行为模式，有一个被取代的参照物。神话命名遵循了仪式原本的模式并填补了空白，因此创造了一种不能被感官感知而只能在仪式中直接体验的准现实。人类的语言会涉及某些主题，而仪式交流也会产生某些神话主题。在狩猎和献祭时，人类的攻击性行为转向了动物。但是，在神话中，人类是受害者。⑤ 在仪式的准备阶段，人们表现出了恐惧，正因如此神话命名了敬畏的对象。仪式是由愧疚和谦恭的手势塑造的；神话讲述了某种更强大的存在以及它所具有的力量。神话丰富了某些手势的内涵，威胁性的手势对应着谋杀，悲伤对应着真正的伤痛，色情动作对应着爱和死亡的故事。仪式中的"好像"在神话中成为现实；反过来，仪式证明了神话中某些事实的存在。可以说，神话和仪式即使起源不同但是能相互肯定，在缔造文化传统的过程中，形成了一股强大的力量。

---

① 参考 Fontenrose（1959：464），他正确地阐述了一个事实："神话早于仪式、戏剧而产生。"

② 仪式和神话的相似功能参考 Kluckhohn，"Myths and Rituals"；Leach，*Political Systems*。

③ Malinowski，*Myth in Primitive Psychology*；"宪章神话"参考 Kirk（1970：154-157）。

④ Harrison（1927：331）.

⑤ 参考第 1 章第 2 节注释和本节注释。

神话在某种意义上甚至可以取代仪式，尤其是在表达共同体意识和发挥组织功能方面。语言能够更精准地表达，并且具有灵活性，在这两方面比仪式要出色得多。一个词语、一声喊叫就能代替一场复杂的战斗舞。正因为语言非常有弹性，它也是易变的，很容易被滥用或者用来欺骗他人。基于此，社会总是求助于仪式，即使它与理性的交流背道而驰。[①] 某种想法可以用语言快速而清晰地表达出来，同时仪式手势能强化它：向对方伸出手、在握手时紧紧抓住对方，这些都是攻击的表现，恰恰说明了仪式手势的重要性。同样，可以设想一种宗教没有神话，但是无法设想一种宗教没有仪式。然而，没有仪式的团体仍旧存在。

五　仪式杀戮的功能和转换

狩猎活动得到认可，并通过仪式不断递延，在原始狩猎者时代结束后被传承了下来。习俗的继承和发展，不能用模仿和烙印的心理机制进行简单解释。仪式因能完成特定的任务而不可或缺，我们能证实的是史前和历史上著名的团体都是通过杀戮的仪式力量团结在一起的。最早的男性团体也因集体猎杀活动而形成利益集团，通过团结和合作，建立不可侵犯的秩序。因此可以说，神圣仪式影响了社会的形成。

正如道德体系所体现的，社会感情来自集体攻击行为。微笑当然能建立联系，孩子的哭泣亦能触动人心，但在人类社会，"庄重"的地位要高于友好和同情。[②]一个通过誓言组织起来的社会由可怕却让人欲罢不能的"神圣战栗"感团结在一起，这是让人毛发竖立的攻击性思维的产物[③]，自愿和反抗并存。这些感觉必须通过某种"行为"得到释放：祭祀仪式中的杀戮和流血正相符合。不论在以色列、雅典还是罗马，没有任何协议、条约和联盟是可以不通过牺牲就能达成的。在誓词中，被"杀死"或"砍死"的

---

① A. Portmann, *Das Tier als soziales Wesen*（1964：340）："仪式仍然是超个体的社会生活中的强大工具"；握手参考 Eibl-Eibesfeldt（1970：203-206）。

② Lorenz（1963：249-318）；Eibl-Eibesfeldt（1970：145-148, 187-190），他所举的在战争中微笑的影响的例子（113-114）体现了其他联盟是多么不牢固。

③ "神圣战栗"可怕的一面参考 Lorenz（1963：375-377）。

受攻击对象实际上与协议本身一样，都是指立誓时的祭品。① 家庭和协会 ②
都将人们组织起来成为献祭群体，庆祝节日、举办大的政治团体集会都少
不了献祭，比如伯罗奔尼撒半岛，也就是珀罗普斯岛的居民聚集在珀罗普
斯的墓前为奥林匹亚竞技会而献祭；提洛岛的岛民也在庆祝；爱奥尼亚居
民在米克利（Mykale）宰牛并将其献给海神波塞冬。③ 西塞罗时期（公元
前 106 年 ~ 前 43 年），拉丁联盟中的各城市仍有权索要献祭给保护神朱庇
特的公牛中属于 "他们进献的部分" ④。雅典人领导的爱奥尼亚部落联盟的第
一次集会在提洛岛举行，不久，雅典人为雅典酒神节的游行队伍准备了阳
具，为泛雅典娜节（Panathenàen）准备了一头母牛。⑤ 正是在献祭游行中，
权力才得到体现。

　　人们之间的联系越紧密，仪式就越可怕。宣布誓词的人必须涂上祭品
的血，甚至踩着被阉割者的睾丸。⑥ 他们必须吃祭品的肉，或者至少吃动物
内脏。⑦ 人们普遍认为，密谋者将受到人祭和食人的惩罚。⑧ 在雅典社团的

---

① Il. 3.73，19.191；Od.24.483；R.Hirzel, *Der Eid*（1902）；Stengel（1920：136-138）；
　　Nilsson（1955：139-142）；闪族人契约中的 "切割" 参考 E. Bickermann, "Couper une
　　alliance", *Archives d'histoire du droit orientale* 5（1950，1951：133-156）；受伤、被切成
　　一半的祭品正遭遇死亡，参考 S. Eitrem, *Symb. Oslo* 25（1947：36-39）；赫梯帝国参考
　　O. Gurney, *RHR*, 137（1950：5-25）；在外交上代表罗马的祭司用圣石祭祀，参考 Latte
　　（1960：122-23）；R. M. Ogilvie, A *Commentary on Livy* I（1965：112）；Burkert（1967：
　　287）；祈求诅咒〔Livy 1.24；Nilsson（1955：139）〕解释不了仪式的细节，重点是行动，
　　在行动中宣布自我牺牲的人是不可撼动的。
② 在阿帕托里亚（Apaturia），羔羊 / 绵羊（为新加入家族联盟 / 乡党的男孩提供并享用）作
　　为祭品被献祭，从而形成家族联盟 / 乡党，参考 Deubner（1932：232-234），埃及国王阿
　　马西斯（Amasis）允许希腊商人在瑙克拉提斯城（Naukratis）为诸神构建 "祭坛和神圣
　　的区域"（Hdt. 1.178），使贸易集团得以永久性建立，例如在希腊晚期的提洛岛。
③ Hdt. 1.148；Strabo 8：384，14：639；珀罗普斯参考第 2 章第 2 节。
④ Livy 32. 1. 9，37. 3. 4；Cic. *Planc*，23；Latte（1960：144-146）；A. Alföldi, *Early Rome
　　and the Latins*（1965：19-25）.
⑤ 阳具参考 *IG* II/III² 673；（牵出）牛、（取出重装步兵的全副武装），在泛雅典娜节展示，
　　参考 D. Lewis, *A Selection of Greek Historical Inscriptions*（1969：41）；参考 *IG* I² 10 =
　　SIG 41；Schol. Aristoph. *Nub.* 386.
⑥ Stengel（1910：78-85）；*Hermes* 59（1924：311-321）；"踩在被阉割的祭品身上"，Demosth. 23.68.
⑦ 因此，德马拉托斯（Demaratos）在祭祀中恳求他母亲（Hdt. 6.67）把内脏放在（他的）手中。
⑧ Sall. *Cat.* 22；Plut. *Cic.* 10.4；Cass. Dio 37.30.3；公元 172 年在埃及反叛的牧牛人 Boukóλoι，
　　参考 Cass. Dio 71.4.1；由 Lollianos 写的小说《腓尼基故事》，有关于骇人的祭祀的描述；
　　Henrichs, "Pagan Ritual and the Alleged Crimes of the Early Christians", *Kyriakon*, *Festochr. J.
　　Quasten*（1970：18-35）。

世俗活动中，集体杀戮是忠诚的表现。①

祭祀的时候，参与者与外部世界隔离。参与者在仪式中扮演的不同角色体现了复杂的社会结构，仪式从准备活动开始，然后是祈祷、屠杀、剥皮、切块、烘烤，最重要的是分肉。在此过程中，会有一位祭祀主持宣布他所具有的"生杀权力"，实际上只是一种消亡的权力，但看起来却正好相反，好像蕴含了生命的力量。接下来，按照固定的顺序，每个程序都有特定的动作，也发挥着特定的作用。因此，祭祀团体象征的是整个社会的模式，有一定的秩序和等级。统治阶级在仪式中担任要职，受到重视。史诗《忒拜战纪》（*Thebais*）就讲述了俄狄浦斯因被错误地分配了祭肉而诅咒他的儿子。②哈尔莫狄欧斯（Harmodios）谋杀了庇西特拉图家族的希帕尔科斯（Hipparchos），因为他妹妹拒绝成为泛雅典娜节上的"提篮者"③。科林斯人反对科基拉人，不仅因为"科基拉人不允许他们作为创立者在节日享受特权，还因为在祭祀过程中，科基拉人没有为科林斯人表演仪式的准备活动"，这最终导致了伯罗奔尼撒战争。④

神圣法律对祭肉进行了规定，包括分配、给予和获取。"吃"成为仪式中的事实，这使人类行为与动物行为得以明确区分。一旦致命的刀子用在祭品身上，种内攻击就要搁置一旁。能够引起不安和罪恶感的仪式有激发食欲的作用。在狩猎社会，男人必须养活女人和孩子，禁欲或禁食便有了正当的理由：猎杀是为了他人。因此，有一条规定：猎杀者以及献祭者自己，必须克制不吃任何东西。不仅在人祭时如此⑤，而且即

---

① Thuk. 8.73.3，他们杀戮……在他们中间建立信心；Plut. Apol. 32c，三十寡头召唤苏格拉底去议事厅，"（他们）想要将罪责推给尽可能多的人"；刻有赫尔墨斯头像的方形石碑的毁坏是一个类似的事件——也是一种象征性的阉割，Aristoph. *Lys*. 1094。

② *Thebais*. fr.3, Kinkel/Allen——甚至引用这一段（Schol. Soph. O.K. 1375）的语法家，都发现这个动机完全是原始的，"全然低贱"；斯巴达国王"在公餐上（领取的）双份"，参考 Xen. *Ages*. 5.1。

③ Thuk. 6.56.

④ Thuk. 1.25.4；Stengel（1910：44-46）。

⑤ 墨西哥参考 E. Reuterskiöld, *Die Entstehung der Speisesakramente*（1912：93）；同类相食参考 E. Volhard, *Der Kannibalismus*（1939：443-444）；G. Devereux, *Mohave Ethnopsychiatry and Suicide*（1961：42-43）；J. P. Guépin, *The Tragic Paradox*（1968：161-162）；Hy. Merc. 130-133；阿提卡的祭祀，参考第 3 章第 1 节注释；大祭坛的祭祀，参考 Latte（1960：213-221）；珀罗普斯在奥林匹亚的祭祀，参考第 2 章第 2 节。（接上页注⑤）

便是赫尔墨斯这个杀牛者也必须遵守这个规定。类似地，祭司皮纳里依（Pinarii）在祭祀时也要遵守这条规定。也有一项规定，祭肉必须立刻被卖掉。[①]这样一来，仪式上的禁食便有了经济原因，但这一禁忌使社会关系更加紧张。

猎杀行为引起的震惊通过仪式化解了，罪恶感产生后需要补偿，毁灭后需要重建。最简单的表现形式是收集骨头，拾起颌骨、牛角或鹿角，并因此建立一种秩序，其力量在于与以前的秩序形成对比。在猎杀时，猎杀者体会到生命的神圣；死亡滋养生命，使生命永存。这一矛盾通过仪式得到体现、表达并被归纳。任何一种可以持久并发挥作用的力量，都必须经过一场打开并封印毁灭深渊的献祭得到。

因为众所周知的原因，比如，在房子中、桥下或堤坝下宰杀动物，这些建筑会一直坚固地矗立，祭祀建筑受到广泛关注。一篇介绍祭品的拉丁语文章详细地描绘了边界石的建造问题。[②]献祭的动物在祭祀坑中被宰杀，然后与香膏、水果、蜂蜜、白酒混合，并被一起烧掉，未等灰烬冷却就要放上石头。此后，人们会在每年的这一天这么做。类似地，也可以在祭坛和雕像下放置祭品。[③]任何新作品，就连音乐作品都有祭祀仪式的参与。骨制笛、龟甲琴和牛皮扬琴的使用基于同一理念：音乐的伟大力量来自

[①] *IG* I² 188＝*LS* 10 *C* 18，21；*Serv. Aen.* 8.183，这头已被赫拉克勒斯献祭的公牛，其肉曾因宗教原因被高价出售，随后其中一块被买了回来，这不止扩展了维吉尔使用的术语 "永恒之公牛"，参考 Latte（1960：217）；这是习俗曾经存在的证据，功能是同时确保交换与连续性。摩尼教将交换原则和无罪宣告移置于全部食物，甚至蔬菜上：我既不曾收割你，也不曾研磨你，也不曾揉捏你，更不曾将你投入烘焙的陶罐中，而是别的人做了这些事，将你递给了我。我无罪地吃了，参考 A. Henrichs, L. Koenen, *ZPE* 5（1970：146-154），把图腾制度解释为互相合作和补充的社会系统。

[②] Gromatici ed. Lachmann I 141：他们曾在坚固的地面上垒起坚固的石堆……用香膏、袍子和花环装饰着。在沟渠中……献祭在举行，祭品被宰杀，并有燃烧的火把，这些都被深埋于沟渠中（Lachmann；-i Codd.）。他们曾滴血并投掷染了血的香膏和谷物，还有蜂巢和酒……火燃尽后，所有人都在他们垒起的石堆上享用美味的剩余物。有关节庆情况，参考 Ov. *fast* 2.639-678。

[③] 神谕要求塑一座阿波罗雕像以抵御瘟疫，Kaibel, *Epigr.* 1034；公羊和绵羊在祭祀坑中被宰杀和焚烧，然后人们用酒和海水将火熄灭，在灰烬上建造雕像。

死亡的转化和胜利。①因此，死者很容易被人们当作英雄甚至神，这当然要归功于其可怕的结局。②在任何情况下，神圣化总是发生在死亡之后。

献祭仪式改变了人们的生活。经历了不可改变的"行为"，人们的精神到达了新层面。无论何时，人们清醒地走出无法挽回的一步，必然会和献祭有联系。因此，穿过边境或河流时，会有越境或过河的献祭；③开始集会时会有奇怪的洗礼；④到达一个新年龄段或加入一个专门的社团也会有祭祀。祭祀开始前会有一个禁欲期，如果之后作为补偿制定了新规则，那么这种规则就会重新定义生命。祭祀之后仍然恢复之前的生活，祭祀仪式也就成了入会仪式。死人会被免罪，献给神灵。新的生活方式和祭祀几乎是互补的，食肉之后再吃素。杀戮证明了生命的存在，使新秩序得以建立并发挥作用。

宗教学常用以下词语描述神圣经历：害怕，狂喜，认识绝对权威，体验可怕而又令人敬畏的神秘（mysterium tremendum），着魔（fascinans），体会神圣（augustum），伴随着致命的打击、流动的血液、生食带给肉体和灵魂的喜悦，遵循严格的秩序，这些构成了最伟大的祭仪的全部内容。最重要的是，年轻人必须不断经历这一神圣仪式，使祖先的传统成为自己的传统。

尽管我们能从社会功能的角度理解献祭仪式得以持续的原因，但这无

---

① *Hy. Merc.* 38，如果你死了，那么你将在弹奏极美的旋律；Soph. Ichn. 281-293；扬琴（Tympanon）参考第 1 章第 1 节注释；以蛇发女怪发出的嘶嘶声命名的"曲调"，参考 Pind. *Pyth.* 12.4-24；俄耳甫斯的头，见第 3 章第 7 节。七弦竖琴师的死——不管是俄耳甫斯还是利诺斯（Linos）——是希腊艺术中一个最受欢迎的主题（Brommer，1960，84-85）；弹竖琴的埃癸斯托斯（Aigisthos），参考 E. Vermeule 著作。

② 因此，阿伽门农被杀后，成为"神圣的人"：Aisch. Ag. 1547；而瑞索斯（Rhesos）变成"半神"，Eur. *Rhes.* 962-973；在赫梯族人中，"上帝来了"是国王驾崩时的表达，参考 *Otten*（1958：119）；恺撒的死和神化是历史上最重要的实例，参考 Burkert，*Historia* 11（1962：356-276）；H. Gesche，*Die Vergottung Caesars*（1968）。

③ 对于斯巴达人来说，祭祀的重要环节参考 Thuk. 5.54-55；在穿越达达尼尔海峡时，薛西斯（Xerxes）烧香、祭酒，并把贵重物品沉入大海；亚历山大为了同一目的进行了无数次献祭。

④ Demosth 54.39，取自每当他们打算进入时就杀戮的那些小牛的睾丸……净化（καθάρσιον）；Schol. *Aischin*. 1.2 3；Schol. Aristoph. *Ekkl*. 128。

论如何都与变化无关。仪式是为交流服务的，这意味着语言可以用符号替代，甚至昆虫世界也是如此，例如昆虫界某个强壮的雄性会送给它的"新娘"一种覆盖物而不是食物作为"结婚"礼物。[①]这种交流是象征性的，因为没有用到便于交流的实物，而是用熟悉的符号替代。如果交流双方，即发送者和接收者都很了解彼此，那么符号的复杂性就大大降低了。但是，在交流活动涉及竞争时，符号就会被夸大、强化。因此，替代符号，不管是自然物还是人造物，例如图片、声音或文字，都有隐含意思。这些符号不是被随意挑选的而是取自一个延续的传统；它们既不相互独立也非不证自明，而是与起作用的系统联系在一起。它们的丰富含义与交流达到的复杂效果一致。

在攻击仪式中，攻击的目的和手段可以互换。在引发和推迟战斗的攻击仪式中，哺乳动物甚至会撕碎草皮或树干。[②]灰雁对着想象的闯入者发出胜利的叫声。同样，在进行人祭时，攻击动作变得非常重要，而攻击对象则没那么重要了。最野蛮的毁灭形式是把物体撕成几块，对象通常是常春藤[③]而非坚硬的大棒，没有危害的柔韧花茎也可以作为对象。[④]因此，精神力量在无害的游戏中得到释放，社会秩序感通过戏剧化的方式得到增强。

然而仪式中戏剧化的角色也许因为太过明显，反而影响了其功能的发挥。在好攻击的年轻一代中，有很多人在质疑传统。固执压抑了模仿的冲动。因此，除了戏剧性，人类仪式必须有非常严肃的气氛，这其实意味着从象征主义到现实的退化。人类传承的仪式只有在真正有利于应用时才能发挥交流作用。

在狩猎仪式中，男人间的攻击性转到了猎物身上，从而使猎物具有人格性，甚至像父亲一样。[⑤]正因为如此，狩猎仪式变成"天真的喜剧"，而食物的重要性使这种"戏剧的存在"不容置疑。当人类迈出最重要的一步，

---

① Lorenz（1963：99-101）।

② Morris（1967：153-155）。

③ Plut, *Q. Rom.* 291a.

④ 关于众持杖者的模拟战斗，参考 Xen. *Kyrup.* 2.3.17；在神话中，手杖成为一种可怕的武器。

⑤ 参考第 1 章第 2 节注释、第 1 章第 8 节内容。

即一万年前发明农业，开始新石器时代革命时，这些都改变了。[1] 从此，狩猎不再是必需的。然而，即使在后来的先进文化中，狩猎仍具有较高的仪式地位。[2] 巴比伦和尼尼微的法老被誉为狩猎者；波斯王保留了狩猎场用来打猎；亚历山大也追随前人的脚步。当然，这绝不仅是一个获取食物的问题，而是体现了统治者所拥有的生杀大权。因此，最好的猎物是猛兽，捕猎猛兽这项运动是严肃而务实的。手持利剑的赫拉克勒斯被作为一名杀狮者而不是驯牛师而获得广泛赞誉，并且广受欢迎。

考古学家根据卡托·胡玉克遗址的文档发现了一个过渡时期。[3] 在长期驯养山羊和绵羊的村镇中，最重要的宗教标志却是一对野牛角，而且壁画清晰地呈现了一群猎豹人的狩猎仪式，我们甚至可以考察卡托·胡玉克野牛是如何逐渐灭绝的：当野生动物逐渐减少时，驯养动物就成了祭品，以此保持了传统仪式的约束力。当然，动物必须脱离日常生活而变得神圣。比如，有时动物会先被放走，然后经由狩猎活动再被捕回来。[4] 因此，准备活动中有香膏，有音乐，还有许多其他程序。除了危险和复杂的"活动"外，其他程序会用文字记录下来，一方面祈祷获得力量，另一方面讲述神话。死亡、流血是不折不扣的现实存在，人们反应更加强烈也许是受了家

---

[1] 早期的文化历史学家认为牧羊人是猎人和农民之间的过渡，但根据之前的历史发现，特别是近东新石器遗址的发现，人们对此提出了疑问。牧民更像是农业和城市文化的分支，参考 Müller-Karpe（1968：20-21）；同样，没有考古方面的证据证明这一说法，但其仍然获得一些人的支持，并常与母系社会理论联系在一起被争论。球根植物的培养肯定早于谷物；Müller-Karpe（1968 Ⅱ：21-22, 249）；P. J. Ucko, G. W.Dimbleby, *The Domestication and Exploitation of Plants and Animals*（1969）；G. Childe 创造了术语"新石器时代革命"，*Man Makes Himself*（1936）；S. Cole, *The Neolithic Rerolution*（1959, 1963），但这一术语很矛盾，参考 P. J. Ucko, G.W. Dimbleby。

[2] 埃及，参考 E. Hornung 1960 年著作；亚述帝国／波斯，参考 B. Meissner 著作；亚述巴尼拔的信仰参考 *ANEP* 626；动物公园参考 Xen. Anab. 1.2.7；亚历山大的大理石石棺等，参考 F.Orth, *RE IX*（1914：558-604）。

[3] Mellaart（1967：268）；祭祀参考 F. E. Zeuner, 引自 C. Singer, E. J. Holmyard, A. R. Hall, *A History of Technology* I（1954：327-352）；F. E. Zeuner, *A History of Domesticated Animals*（1963），*Geschichte der Haustiere*（1967）；Ucko, Dimbleby, *Domestication*；最早的驯化动物，除了狗，还有山羊和绵羊。不久以后，有了猪，7000 年前牛出现了。E. 哈恩认为牛的驯化与祭祀有关，参考 E. Isaac Science（1962：195-204）；C. A. Reed 认为，人祭在动物祭祀开始前发展到什么程度，依然是一个开放性的问题。人类在旧石器时代进行祭祀的证据很多，参考第 1 章第 2 节注释。

[4] 参考第 1 章 2 节注释。

畜的刺激，因为它们已经是家庭中重要的一员。在献祭仪式上，生食不再那么让人兴奋了。家畜是必须献出的财物。[1]因此，在祭祀中，除了生和死这一对古老而永恒的矛盾外，新的矛盾产生了，即放弃和满足。

同样重要的是，农业中新的食物来源——大麦、小麦和葡萄——丰富了仪式杀戮的主题。令人印象深刻而又稳定的仪式形式使节日餐远离了死亡的恐惧，因此也不再是节日了。农夫必须像猎手一样诚实、坚强、有远见。更特别的是，禁食比种植谷物并希望其尽快生长要难得多。醉心于眼前利益的个人需要受狩猎仪式的神圣传统制约，这是在新情境下保留的旧秩序：为在新秩序下取得更大的胜利而放弃或者禁食。因此，要在节日和祭祀活动中庆祝丰收吗？[2]在圣地，采集和储存就有了新的意义。最重要的是，种子一旦被存放在神圣的谷仓并神秘地半埋在地下就不能再动。[3]同时，必须寻找新的攻击对象。结果，农具就有了武器的性质。毕竟，犁、镰刀以及杵这些农具都可以用来砍、切和拆。因此，割小麦代替了阉割；磨小麦、榨葡萄酒代替了撕碎动物；耕耘、播种也可以看成是一种仪式性的克制。[4]

我们已经说明，在狩猎仪式中，死亡是怎样让位于新的生命秩序的。在农业活动中，人们更能体会到生命的力量。修剪过的葡萄树可以结出更

---

[1] 通过这种方式，买卖仪式建立了起来。主人把祭牛献给宙斯·普里尤斯以及赫斯提亚（Hestia）（女灶神），相当于城邦的供品直接进入销售流程。"今天，克里特岛的牧羊人会把他们的牲畜献给村里的圣人，在圣人节那天通过竞拍获得利润，然后把利润献给神庙。"S. G. Spanakis，*Crete，a Guide to Travel，History and Archeology，Iraklion*（291）。那些在白岛献祭山羊的人必须把购买山羊的钱存在阿喀琉斯神庙，参考 Arr. *Perip*.22，以及本节注释。

[2] 威廉·曼哈特的研究在《狼和狗》（*Roggenwolf und Roggenhund*）中发展了有关植物精灵（Vegetationsdämon）的基本观点。事实是，"植物精灵"在仪式上一再被杀死，并以不同的方式得到解读：淹死是为了祈求下雨（1875：214，417），宰杀是为了净化，埋葬是为了播种和发芽（419-421）。整个过程推动了每年植物的生死轮回。事实上，在这种情况下，仪式不可能来自任何被证实的或假设的故事。祭祀仪式是一种给予，不论增产和收获的希望有多大，仪式只能以死亡和毁灭的形式呈现。

[3] 有关 Arpachija 以来用作谷仓的神圣圆形建筑，参考 Müller-Karpe（1968：336）；特罗丰尼乌斯（Trophonios）和阿伽莫德斯（Agamedes）的神话（Telegonie，109 Allen；Charax，*FGrHist* 103F5；Hdt. 2，121）涉及只能伴随祭祀打开的"宝库"；参考 Messene 的地下宝库，Plut. Philop. 19；Livy. 39.50.3。

[4] 参考第4章和第5章。

多的果实；埋在土里的谷物迎着阳光发出了新芽。祭献仪式的约束力也在这一层面得到保留。签约时要喝酒，这时会有专门奠酒的职司。举办婚礼时要切蛋糕或面包①，就像吃肉前要先宰杀牲畜一样。如果没有反作用力将其带回可怕的现实，象征主义很容易脱离实际。这首先发生在神话中，因为在最可怕的故事中，食肉族将人撕成碎片是与文明生活的成就结合在一起的。但仅有神话还不够，血祭必须在丰收时节举行，而且要进行精心准备，以此驱除文明外表包裹下的野蛮力量。远古时期，希腊的祭品就是动物。热带地区虽然有适宜的气候，但种植者还是进行人祭，吃人肉。据说，这种方式可以使种子生长、果实成熟。② 只有将人们心中的野蛮力量转化为一种仪式，文明才能延续下来。

因此，攻击的矛头又一次指向人类。人们不再狩猎后，男性开始回归家庭，男性社团在表面上失去了作用并需要功能重建③，这种功能重建主要发生在种植者内部，即进行一种秘密祭祀。两性差异——男权与女权——开始出现，并且更明显了，妇女承担主要责任，运用新的农业方法养活家庭。代际矛盾在启蒙仪式中变得高度戏剧化。没有了猎物，秘密祭祀仪式将传递秘密的人自己变为牺牲品。④攻击集中在这个人身上，然后他被立刻杀死——当然，只是象征性的，最后一刻会用祭牲进行替换。为了保持仪式的庄重性，流血和精致的酷刑都相当逼真。在仪式中，可怕的"邪恶"发挥了功能，目的在

---

① 当然，分配是以分割为前提的，并且之后的行为不断被强调：索取—祈祷—分割（1. Kor. 11. 24）；在赫梯人中，分面包是最常见的祭祀仪式之一（*ANET* 345-351）；在阿提卡的婚礼上，新娘将芝麻蛋糕分成几份（Aristoph. *Pax* 869）。

② 在波利尼西亚神话中，特别是来自西塞兰岛的海奴韦莱（Hainuwele）神话中有一个被杀死的人，一株可食用的植物从他身上长了出来，"德玛"（Dema）让人印象深刻，参考 J. van Baal, *Dema.Description and Analysis of Marind Anim Culture*（1966）；A. E. Jensen, *Hainuwele*（1939）；*Das religiöse Weltbild einer frühen Kultur*（1948）；*Die getötete Gottheit. Weltbild einer frühen Kultur*（1966）；C.G. Jung, K. Kerényi, *Einführung in das Wesen der Mythologie*（1941：183-190）；古代神话和仪式参考 A. Brelich, "Quirinus", *SMSR* 31（1960：63-119）。这一概念说明了前农业时期的情况，参考本节注释。

③ H. Schurtz, *Altersklassen und Männerbünde*（1902）；H. Webster, *Primitive Secret Societies*（1908）；Höfler（1934）；W. E. Peuckert, *Geheimkulte*（1961）.

④ Aristoph. *Nub.* 257；Livy. 10.38.9，在入会秘仪中"（他）被带上有魔力的祭坛，更像祭品而不是祭祀的参与者"，加入萨莫奈人的"亚麻布衣军团"；关于入会秘仪的一般情形，参考 M.Eliade, *Birth and Rebirth*（1958）。

于传承一种社会结构。在面对死亡的危险中生命再次得到升华。实际上，人们会在自己的经历中意识到，遭遇危险后，生命会再次复活和重生。

从某种程度上来说，这也只是一场游戏、一种表演。随着文明意识的增强，人们开始要求严肃性——不再假装将人杀死。因此，死刑成为统治权的最有力体现①，就像我们常看到的那样，在公共节日处决罪犯与祭献仪式中的杀人情节很类似。在古代，亵渎神灵的杀人犯不一定都会被判死刑。相反，那些进入"不可侵犯"的神圣之地，进入非神圣的秘密之所或者错误地将树枝放在祭坛上的人②，更可能被判死刑。为了找到能够释放神圣的攻击冲动的牺牲品，禁忌几乎成了借口。

还有一个将攻击性转移到外部世界的更重要的方法：纠集一批有战斗思维的人，发起战争。③我们所能追溯的历史其实是征服史和战争史。自修昔底德以来，历史学家一直在试图弄清楚战争的必要性，并尽可能使战争可预知。显然，我们今天面对的战争行为中非理性的、强迫的成分比以前更多。战争是一种仪式，是男性社会的自我刻画和自我肯定。男性社会通过直面死亡、勇于牺牲、蔑视伤痛、庆祝幸存获得稳定性。战争与今天的政府机构和社会的价值体系是密切相关的。今天，即使现代化军事科技使战争发生的可能性变小了，而且更加凸显了它的荒谬，即使人们开始密切关注纷争源头而不是团结源头时，摆脱战争的束缚仍然遥不可及。

---

① 古代证据，参考 K. Latte, *RE Suppl.* Ⅶ 1599-1619；祭祀人物，参考 Th. Mommsen, *Römisches Strafrecht*（1899：900-904，918）；相反观点，参考 K. Latte, *RE Suppl.* Ⅶ 1614-1617；一位被考验者死去，根据"罗慕路斯法则"，如同地下神的祭品，Dion. Hal. *Ant.* 2.10.3。

② 吕卡翁圣域，参考第2章第1节注释；厄琉息斯参考 Livy 31.14；火炬手卡利色诺斯（Kallias）声称它是"世代相传的……习俗，把凡是来祈求的人置于秘仪中，业已消亡"，Andoc. 1.110-116。

③ 例如，L. Frobenius（1903）努力完成但至今没有完成的"世界战争史"；西班牙旧石器时代的壁画，参考 F. Cornelius, *Geistesgeschichte der Frühzeit* I（1960：54）；关于战争问题的许多社会学和心理学研究，例如，B. L. Richardson, *Arms and Insecurity：The Causes of War*（1960），G. Bouthoul, *Les guerres*（1951），K. R. Eissler, *Psyche* 22（1968：645）；有人声称战争是"上一代对年轻一代的报复"；希腊，参考 J.P. Vernant, ed., *Problèmes de la guerre en Grèce ancienne*（1968）；现代历史学家和修昔底德的差距，参考 A. Momigliano, "Some Observations on the Causes of War in Ancient Historiography", *Studies in Historiography*；F. Schuenn, *ARW* 20（1921）；希伯来术语"聚焦战争 = 开始战争"，参考 W. R. Smith（1899：122-123）；埃及和阿兹特克人的仪式战争，参考 E. Hornung, *Geschichte als Fest*（1966）。

在古代，狩猎、祭祀和战争，可以象征性地转换。法老和赫拉克勒斯可以是狩猎之王、祭司主、勇士，在一些墓穴的浮雕上，希腊的年轻人以猎手、勇士或运动员的形象出现，侧重点视具体情况而变。比如，农夫更重视祭祀仪式，牧民更重视饲养动物，而小心宰杀自己骄傲的财产的则是勇士。

希腊的军费开支是通过祭祀筹集的。军人在出发前会举行献祭活动，他们佩戴装饰了花环的王冠，像过节一样。在荷马时代，被杀戮的祭牲引发了一系列行为，人们称其为"劳作"。战争结束后，人们会在战场上建一座纪念碑，成立战争和历史永恒与神圣的见证者。接下来是庄重地埋葬死者，胜利者不得轻视失败者。葬礼和战争一样重要，并不会因战争的结束而结束，它在人们心中树立了一座永恒的"纪念碑"。尽管战争的目的好像是收集死者，就像阿兹特克人发动战争的目的是要用战俘来祭祀一样①，但笔直、神圣的纪念碑将永存下来，激发下一代的责任心。战争虽必不可少但也要加以控制，它是一种仪式，尤其是可以让年轻人有爱国心。因此，元老院决定，年轻人必须去打仗。每一代都有权利和义务打仗。

六　葬礼仪式

人类的特别之处在于关注死亡。因此，葬礼成为史前最重要的仪式之一。工具和火的使用，证明葬礼仪式最早开始于旧石器时代，人类因此而成为人类。许多人试图描述这一过程蕴含的精神和灵魂意义，有时甚至把它解释为迈向形而上学和达至超然境界的第一步。② 可以肯定的是，虽然不同社会的葬礼存在文化差异，但每个社会都坚定不移地按其模式展开葬礼

---

① 参考第 1 章第 7 节；装饰，参考 Hdt. 7.208-209；"祭品" σφάγια，参考 Stengel（1910：92-102，1920：132-122），Casabona（1966：180-193），Pritchett（1979：83-90）；"劳作"，参考 Il. 4.470；葬礼，参考 Thuk.2.34；阿兹特克人的人祭，参考 Hornung，*Geschichte*，43；祭祀的隐喻用在战争上，参考 Pindar fr.78；阿波罗在德尔斐神庙给斐利普国王的神谕，参考 Parke 和 Wormell 1956 年著作。

② Müller-Karpe（1966：229）说过"形而上的层面"；Pavianes 不承认死亡，参考 Derereux 1967 年著作，85。

仪式，代代相传，而且每一场葬礼背后都有一种仪式。[1]

　　然而，葬礼仪式发生演变的旧石器时代也是狩猎时代。因此，从一开始，葬礼、狩猎和献祭就相互影响。人种学相信史前时期人们为死去的人和动物举行的葬礼仪式是相似的[2]：两种仪式在本质上都涉及死亡，很难说清楚两者的区别，究竟是猎物被当成死人还是死人被当成献祭的猎物。当然，两种仪式都很复杂，我们并不想细究每种细节的起源。但我们可以发现葬礼仪式的重要环节来自狩猎和祭祀，因为其主要功能与狩猎而不是成员的死有关。[3] 人类从屠杀的矛盾性中理解死亡了吗？对于个人来讲，死看起来是遥远而未知的。但当其他人死亡时，与死亡的可怕对抗以及幸存的快感却让人印象深刻。

　　葬礼仪式上最主要的环节是吃，也就是葬礼餐，这太显而易见了，似乎根本不值一提。人类学和宗教学主要针对那些并不成功的怪诞的祭祀死人的尝试进行研究，但真正重要的是生者为"纪念"死者而准备的节日大餐。因此，即使悼念帕特洛克罗斯（Patroklos）的死，阿喀琉斯也允许他的同伴"享用令人愉快的葬礼餐"[4]。这种公开的许可虽然冒犯了任何与死者有关的人，但融合了悲伤、痛苦、泪水和喜悦的节日餐仍盛行至今。最初，死亡和进餐的结合只出现在狩猎活动中。几乎从那时起，仪式食物就成为

---

① 对那么多复杂的葬礼仪式，我们只能做一个简单介绍；史前历史，参考 Maringer 1956 年著作；Müller-Karpe（1966：229-242，1968：348-371）；雅典，参考 Rohde（1898：216-258）；Nilsson（1955：174-199，374-384）；火化，参考本节注释；一个特别复杂的问题是，信仰和仪式在葬礼习俗中是怎么联系在一起的，参考 R. Moss, *The Life after Death in Oceania and the Malay Archipelago*（1925），他说二者可以共存，但没有太多相关性。仪式会影响信仰，反之亦然。

② Meuli（1967：160），树祭；同样引人注目的是类似的骨头，并用红色赭石对头骨进行了特殊处理，参考 H. Baumann, *Paideuma* 4（1950：198，200）。

③ Müller-Karpe（1968：367），火化；在野外，尸体被食腐动物吃掉；关于死人在地下被吃之谜，帕萨尼亚斯（Pausanias）写到海底神女欧律诺墨（Eurynome）吃人的情节。而希腊瓶画上的吃人者是赫卡特式（Hecate）；有关现代的猎手有"伟大的狩猎"之说，打猎结束听上去像葬礼结束；参考 W. Frevert, *Das jagdliche Brauchtum*（1969：76）。

④ Il. 23.29, 24.801-804；Ov. 3.309，在迈锡尼的"几何时代"，在坟墓旁进食的情节，参考 J. Boardman 1966 年论文。纳西盎（Nazianus）的格列高利（Gregory）反对在殉难者的坟墓旁的教堂里吃喝，参考 *AP* 8.166-169, 172-175；葬礼之后，人们为了仪式后第三天、第九天、第三十天、周年的大餐而聚会，*An. Bekk.* 268.19，因为在第三十天……全体到达者……聚集到了一起，为纪念死者，共同享用大餐。这在过去被称为"会坐"（καθέδρα）。

社区内部联系的纽带。① 这并不是说同类相食是纪念死者的最早形式②，而是说狩猎仪式使一种相互转换成为可能：死者代替了猎物——一种更严肃的替代物——但是在后来的宴席中，他又被动物替代了。③

从帕特洛克罗斯的葬礼食物清单上可以清楚地看到尽管宴会是在他死亡后举行的，但宴会前必须进行宰杀仪式。悼念者绕着死者转三圈，一边悲伤痛苦，一边发誓为死者报仇，许多牛、羊、猪被宰杀，然后将"杯中的血洒在死者周围"④。血腥的行为很显然是围绕遗体进行的，同时也意味着一万名阿喀琉斯的追随者的大餐即将开始。因此，在雅典，在墓地吃东西是一种传统，而梭伦是第一位禁止在墓地杀牛的人。⑤ 没人想过在死者的墓地焚烧或埋葬一整头牛，因为它的肉属于生者，而死者可以尽情享用鲜血。死者可以从鲜血中得到快乐，而这明显来自仪式的启发：狩猎用"流血"代替死亡。杀戮和杀手与死亡相伴相生⑥，死亡本身成为遵从意愿的行为，需要被表演和重复。正因为这个原因，节日餐克服了死亡的恐惧，证明了幸存者愿意活下去。

葬礼的步骤如下：先是准备阶段，死者静静躺着，人们为他清洗、装扮；送葬的长长的游行队伍喻示着死者将完成从人世到外部世界的转换。然后是疯狂的行为，人们杀猪宰羊，享用丰盛的大餐。⑦ 葬礼的举办地将永久地保持其神圣性，人们会在这里立一座墓碑，而在家里，一种严格的秩

---

① 除了这些，还有心理学方面的解释，失落感可以通过吃来弥补，这是反向的口腔获取慰藉的形式。但是，这种意义上的失落感，也可以通过斋戒缓解；仪式约束使得《伊利亚特》中的尼娥柏（Niobe）在十天后进食，Il. 24. 602-613。

② 有关马萨格泰人习俗的传说，参考 Hdt. 1.216。

③ S. 弗洛伊德在《图腾与禁忌》中，进一步拓展了爱和攻击等行为与死者有联系的想法。

④ Il. 23. 34，蒙斯坦瑞恩（Moustérien）的葬礼献祭，参考 Müller-Karpe（1966：231-233）；克里特岛阿卡尼斯（Archanes）皇家墓地的马祭和牛祭，参考 Archaeology 20（1967：278-279）。

⑤ Plut. Solon 21.5，参考本节注释；"血的祭品"参考第 2 章第 2 节相关内容。

⑥ 在婆罗洲达亚克的重大葬礼上，重要活动是杀死一头水牛，而在更早的时期，每个参与者都要用矛刺水牛，参考 F. Grabowsky, Internat. Archiv f. Ethnographie 2（1899：199）；H. Schärer, Der Totenkult der Ngadju Dajak in Süd-Borneo I（1996：20）。

⑦ 有些不同的是，尽管不是那么独特，希罗多德在《历史》（5.8）一书中，罗列了色雷斯人在葬仪式上处理尸体的程序：他们先将尸体停放三天，接着宰杀祭品，在公开场合放声哭泣，然后进行盛宴招待。在焚烧或用以土覆盖的方式处理了尸体后，人们会为死者举行入葬仪式，修筑墓地后还会举行赛会。关于赛会，参考本节注释。

序得以重建。

狩猎仪式和葬礼仪式的惊人相似之处在于对骨头的处理。四肢在葬礼中通常更重要。人们将骨头收集起来，然后庄重地摆放。狩猎仪式的程序因此得到重复：死亡—撕开—重组。在卡托·胡玉克，帕西人死后，尸体先被鸟啄食，然后人们将骨头小心地存放在女神山脚下的家族圣坛中。[1] 尸体会被切成几块，为的是能再重组在一起。埃及木乃伊的制作方法大致与此相同。[2] 在新石器时代，将死者的头颅切下来保存在圣坛中的风俗很流行，而在乌加里特（Ugarit），头和大腿骨则分开埋葬。[3] 直到现代，欧洲的一些地方还有专门埋葬死者某些部位的房子。随着工匠技术的发展，头盖骨可以用其他东西来替代。例如，在罗马的神龛中，可以只有先人的面具。

在希腊和罗马，采取火葬的方式[4] 甚至是为了尽快得到骨头。直系亲属最神圣的责任是收集骨头。焚烧尸体的火被描述成掠食的妖怪，用"锋利的爪子"[5] 将死者"撕成几块"，骨灰被收集后存放在骨灰盒里，这一行为暗示着拼接和重建。早在荷马对阿喀琉斯之死的描述中，我们就发现酒神的酒壶被当作骨灰盒[6]，这不过是献祭仪式延伸到了农业社会中。农民收获的粮食代替了猎人的猎物，因此，收集骨头有了新的意义。

当然，葬礼的许多内容不是从狩猎演化而来的，但仍在祭祀中不断再

---

① Mellaart（1967：241-245）.

② A.Hermann，"Zerliedern und Zusammenfü gen"，*Numen* 3（1956：81-96）.

③ 埋人骨，参考 Maringer（1956：67-70，78-86，122-128，220-222）；Müller-Karpe（1966：231-234，239-240；1968：365-366）；前陶器时代堆砌头盖骨的现象令人印象深刻，参考 *Arch. f. Orientforsch.* 16（1953：384）；Müller-Karpe（1968：349）；阿卡尼斯（克里特岛）的头盖骨掩埋，参考 *Archaeology* 20（1967：276-277）.

④ 希腊后迈尼锡时代的火化，参考 Müller-Karpe（1968：351，366-367）；G. Mylonas，*AJA* 52（1948：56-81）；V.R.d'A. Desborough，*The Last Mycenaeans and Their Successors*（1964：71）；Schnaufer，*Totenglaube*，36-45；火化在赫梯族、胡里安人、特洛伊四期文化等处皆有发现。时代约为公元前两千纪，参考 Otten（1958：5）；U. Schlenther，*Brandbestattung und Seelenglaube*（1960）.

⑤ "正在吞噬"，Il. 23.183；"凶猛的火"，Aisch. Cho.325；"收集骨灰的演说"，Il. 23.239，252；"放到了一起"，Eur. *Hik.* 1126；赫拉克勒斯在特洛伊首先使用火葬，为了把"他们"完整地带给"他们"的父亲，死亡的阿尔戈斯人的尸体被火化了，参考 Il. 7.334-335，Thuk. 2.34.

⑥ Od.24.73-75，酒神的青铜盒，发挥了骨灰盒的作用；在新石器时代的勒拿，（未烧的）骨头被保存在土罐里，参考 Müller-Karpe（1968：365）.

现。痛哭①、掩面哭泣、哀号，撕扯衣服和头发，抓脸，捶胸；把自己弄脏或者把脸弄脏；在头发上撒上尘土或灰尘；等等。很明显，很多动作有攻击性表演的性质。②通过打斗保护处于危险中的成员免受攻击，这属于一种本能反应。当面对死亡时，这种本能的攻击性行为是无意识的，呈现了本原的状态。如果没有攻击对象，举起的手就落到了自己头上。

人们经常会用一些替代品来发泄愤怒，因此很多葬礼几乎是毁灭性的。例如，一位赫梯国王去世了，祭品是一头耕牛，而这位国王的话被援引："你已经成了这样，也应该是这样。"③阿喀琉斯在帕特洛克罗斯的棺材前宰杀了大量献祭品：4匹马、9条狗还有12个特洛伊人。当悼念者成为杀戮者时，死亡再次被掌控了。因此，毁灭性献祭和有葬礼餐的祭献几乎无明显差别。

盛怒可以通过打仗、竞赛这些肯定生命的形式发泄出来。卡尔·穆利研究了葬礼和竞赛的边界及其内在的必然联系。④在竞赛中，不仅有对人骨宣誓的仪式，还有动物祭品。希腊竞赛的历史时刻就是祭祀。在罗马，祭祀十月马后是两个队伍之间的战斗仪式。同样，在洗礼节上，马其顿人用狗祭祀后假装打仗。⑤有关狩猎的神话也是如此，同时有卡吕冬野猪被杀死后亚该亚人和库瑞忒斯人发生战争这样的悲剧。⑥一旦猎物被杀死，勇士们积聚的能量就无处释放，忏悔心理使他们愿意为其"行为"付出代价。

与献祭相比，自愿承担和发现非事实的模式在葬礼仪式中更重要。自

<hr />

① E. Reiner 1938 年著作等；关于"弄污自己"，参考 Iulis（Keos）的法律，*SIG* 1218 = *LS* 97，24-31；Hdt. 6.58.1。

② 葬礼习俗中毁灭性的愤怒，参考 Meuli（1946：201-207）；*Antike* 17（1941：193-197）；*Schweiz*，*Archiv f. Volkskunde* 43（1946：106-108）。

③ Otten（1958：19）；Il.23.166-76；Od.24.65-66；葬礼上的血祭和埃及习俗中的"张开嘴"，参考 A. Wiedemann，*ARW* 22（1923/24）。

④ "奥运会的起源"，*Antike* 17（1941：189-208）；*Der griechische Agon. Kampf und Kampfspiel im Totenbrauch*，*Totentanz*，*Totenklage und Totenlob*（1968，Habilitationsschrift Basel 1926）。

⑤ 奥林匹亚，参考第 2 章第 2 节；伊斯米亚（Isthmia），参考第 3 章第 7 节；"十月马"，参考 Latte（1960：119-121）；为头颅而战，参考 Festus 190 L；Nilsson（1907：404-406），将斯巴达青年在普拉塔尼斯塔斯（Platanistas）比赛做了正确比较（406-407），它的发生也和狗祭有关，参考 Paus. 3.20.8，14.8-10。

⑥ "野猪的头和皮毛"，Il. 9. 548；Apollod 1.70-71；H. Usener，第一位为仪式战斗收集证据的人认为，这是一场冬夏之争；Nilsson 也提出了类似的看法（1906：413-414）；赫梯人中的模拟性大战，恰恰发生在献祭的环境中，不过提到这些仪式大战的作者，没有对此展开讨论。

愿行为主要通过祭酒，也就是施舍食物的形式来体现。牛奶、蜂蜜、油和酒，这些在物资匮乏、食不果腹的时代被视为珍宝的食物被倾倒；谷物被捣成汁液以便能渗透到土地中。在西方宗教中，水也很珍贵。因此，水在一些祭酒仪式中也很重要。像献祭仪式一样，祭酒仪式也发生在日常生活之外。首先有列队游行的队伍，其次祈祷者要表明谦虚的态度，最后是祭酒时人们迷狂地大喊。[①]没有其他破坏行为可以用如此高贵、伟大的姿态来表达。阿喀琉斯将酒洒在他死去的朋友帕特洛克罗斯身上，给人一种难忘的、充满诗意的印象。[②]造型精美的酒器突出了仪式的宏大。通过放弃个人利益，人们可以提升自己；通过抑制自我需求并且表现得谦逊有礼，人们展示了自己的富有或者至少是自由。亚历山大大帝在穿越格德罗西亚沙漠时就是这样做的，他将头盔中的水全部倒进了沙子中。[③]

　　因此，禁欲仪式和葬礼仪式的社会重要性是显而易见的。人为地净化空间，或者至少假装这样做，可以阻止贪婪、好斗的人之间发生冲突。继承遗产的快乐必须加以掩饰，至少要放弃死者的部分财产。人们通过表现某种社会秩序被破坏，甚至是很容易被制止的恶劣行为，再次确定一种新的秩序。这样的行为维持了社会的基本结构，因为死亡并不意味着结束。人类文化需要延续，而且为了延续，必须有一种得到几代人认可的权威。一个人要花费很长的时间学习，在此过程中，年轻人和老年人，尤其是在儿子和父亲之间，形成了一种新的关系，其中死亡的灾难尤其令人不安。葬礼仪式从狩猎仪式和献祭仪式中继承的部分能够修补裂缝，把死亡转变为杀戮，将庆祝活动转变为对攻击性行为的补偿。通过这种方式，一种对人死后的责任便产生了。此消彼长，象征性的弑父行为转变为对先人的崇敬。因此，父亲、首领、国王死后都享有最盛大的葬礼仪式，一堆石头或者用石头砌成的纪念碑最终会变成一座金字塔。[④]

① Aisch. Cho. 22-163；其他证据参考 Stengel（1910：178-186；1920：103-105）；Casabona（1966：231-297）。

② Lucr. 3.434 f.

③ Arrian anab 6.26……从而，那从（献给）亚历山大（的头盔里）倒出来的水，甚至使士兵们感觉好像为每个人都提供了一口水。

④ 在卡波来人中，伟大的猎手被埋在石头堆下。新的石头，通常被放置在石堆上，参考 H. Baumann, *Paideuma* 4（1950：192）；Plat. Leg, 873b；B. Schmidt, *NJb* 39（1893：369-395）。

事实上，人们通过葬礼仪式就能确认并且确保社会的持续性。人们在比较中发现，在一些民族中除了葬礼，其他的都不值一提。在希腊人中，统治者通常将他们的奴隶是否参加葬礼作为忠诚的标准，斯巴达人要求美塞尼亚人这样做，科林斯人要求墨伽拉人这样做。① 葬礼取决于环境和机会，而仪式需要重复和常规。因此，葬礼仪式可以通过葬礼献祭重复。杀戮行为重现了死亡的场景②，死者再次成为人们关注的焦点，他的力量因此得到认可并恢复。相反，雅典人在祭祀时几乎在每一个地方都树立了纪念碑，坟墓可能是真的也可能不是，祭祀时英雄们在神旁，祭坑位于祭坛旁，地府位于奥林匹斯山神旁。③ 由此，我们可以看到祭祀和葬礼是如何相互渗透的。生者一起纪念死者，特别是年轻人开始融入社会，并教育下一代将传统延续下去。献祭仪式、葬礼仪式和启蒙联系如此紧密以至于它们可以用相同的神话来解释，甚至有部分是重叠的。神话讲述死亡和毁灭，而献祭时动物也会被宰杀。下一代在文字和仪式中面对死亡，从而被塑造成接班人，社会也因此得到巩固和更新。

古希腊历史学家普鲁塔克为我们提供了关于希腊葬礼仪式最详细的描述④，其中涉及那些在普拉塔亚去世的人。对葬礼的狂热追逐直到中世纪仍未改变，普鲁塔克很显然目睹了一切：黎明前，送葬队伍出发，从市中心一直绵延到城外，从集市一直到墓地，到处弥漫着挑衅、争斗的气氛；号手发出了宣战的信号，车上满载桃木枝和花环；一头黑色的公牛在队伍中间；年轻人拿着装了酒、牛奶、油和香膏的双耳细颈瓶；城市的执政官走在最后，作为人民的领导，他平时总是穿着白袍，被禁止

---

① Tyrtaios fr. 5.4; Schol. Pind. *Nem.* 7155b=Demon，*FGrHist* 327 F19；Hippias von Erythrai，*FGrHist* 421 F1.

② 正如"血在血中得到净化"，因此葬礼（有战斗）是为杀戮赎罪，参考 Hdt. 1.166-67；克吕泰涅斯特拉（Klytaimestra）在胜利之际，独自祭祀父亲的祭日（Soph. El. 277-281）。另一方面，更深刻的矛盾隐藏在对死者的安抚动作中，如"安抚、使平静"。有时确实使敌人成为英雄，参考 Hdt. 5.114.2。

③ 例如，珀罗普斯－宙斯（参考第2章），皮洛斯（Pyrrhos）－阿波罗（参考第5章），厄瑞克透斯－雅典娜（参考第3章第1节），帕莱蒙（Palaimon）－波塞冬（参考第3章第7节）。

④ Plut. *Aristides*，21；Thuk. 3.58.4；Paus. 9.2.5；Nilsson（1906：455-456）；Philostr. *Gymn.* 8.24.

携带武器，但是献祭那天，他披着紫色的披风，腰间别着剑。某种不同寻常的东西替代了日常秩序，杀戮即将发生。执政官从议事厅拿来水壶，队伍向墓地行进。这一次，执政官亲自从附近的井里打水，然后清洗死者的墓碑，将香膏涂抹在上面。这些仪式活动都不允许由奴隶代劳：桃木枝和花环显然是用来装饰墓碑的，因为这些墓碑属于在战争中牺牲的战士，战死的人在神圣的仪式中得到贵宾的待遇。① 其他参加者也要沐浴、涂抹香膏、把花环放在墓前。修昔底德时期，死者的袍子会在烧毁前置于石碑上，火葬堆位于中心，帕萨尼亚斯还提到过一座祭坛和宙斯的神像。祭酒时先倒牛奶——这种属于儿童的食物与其他食物不同。② 执政官迅速拔出剑，割断黑牛的喉咙，让血洒在火葬堆上，让阵亡的勇士用餐，尽情享用鲜血。其余的人大概吃了属于他们自己的那份葬礼餐，但普鲁塔克没提到这点。不管最终在火葬堆中烧的是什么③，祭酒总是在最后。执政官将带来的双耳细颈瓶中的酒和其他液体混合，洒在已经烧成灰烬的火葬堆上。他边做这些动作边宣布："为所有为自由而战的希腊人。"正是以这样的方式，主持人将酒洒在燃烧的祭坛中，阿喀琉斯熄灭了帕特洛克罗斯的火葬堆。

战争和葬礼都要在血腥的仪式中重现。死亡和胜利同样存在于杀戮行为中。普拉塔亚人因为献祭在当年的战斗中胜利了，为了还愿，他们于公元前479年在德尔斐献祭了一头牛。④ 因此，庆祝波斯人战败的仪式不是历史的创造而只是与很多历史事件相似的传统。一个独特的事件因而被赋予普遍的意义，并转化为持续几个世纪的传统。当然，这不能阻止公元前427年普拉提亚的毁灭，但胜利者为他们建了一座用来祭祀的圣所。⑤ 演员可以更换，但仪式保留了下来。

---

① 参考 *AP* 11.8；参考第1章第5节注释。

② 关于牛奶祭酒，参考 K. Wyss, *Die Milch im Kultus der Griechen und Römer*（1914）；Eisler（1925：357-393）；W. Deonna, *Deux études de symbolisme religieux*（1955：21-31）。

③ 有关服装和时令水果（ὡραῖα）参考 Thuk. 3.58.4；Od. 10.523=11.31。

④ Paus.10.15.1, 16.6.

⑤ Thuk. 3.68.3.

七　仪式杀戮的性别化：处女祭献和阳具祭仪

杀戮和吃的主题在仪式中得到如此强烈的体现，以至于它们能够控制、形塑和改变人的个性，如果这种说法成立，那么毫无疑问的是，人类最强大的冲动——性——将毫无作用；相反，性总是与仪式密切相关。没有性秩序就没有社会秩序；即便如此，性也总是保留着一些与众不同和奇怪的特质。

即使在灵长类动物中，性行为也决定了权力和等级差异。在一些灵长类动物中，雄性通过向外界展示勃起的阳具来划定自己的领地。露出屁股邀请配偶交配体现的是一种服从的姿态，可以避免较强伙伴的攻击性行为。[①]令人震惊的是，相应的行为在人类仪式中也反复出现：阳具具有"辟邪"的功能，巴比伦人把他们的界石做成阳具的形状；希腊人用刻有赫尔墨斯头像的方形石柱界碑标记他们的领土。[②]

即使从外在的角度来看，人类的性行为也不是唯一经历过过度增长的行为；[③]相反，它是人类生存的两面性所带来的一种新的张力的一部分。男人不得不在情感上和他的妻子联系在一起，尽管他经常要离开她去未知的地方打猎。因此，分离和结合是同一情况的两个方面。性行为就像狩猎和战争行为一样定义了男性角色。首先，在社会期望和教育发展中，女性扮演着重要的角色；其次，男性在这一背景下形成了一种独特的心理结构。当然，狩猎在某种程度上是由攻击性的力量推动的，这种力量在求偶过程中具有原始的功能。也就是说，从一开始，它就包含了性动机的暗流。男性的攻击性和男性的性行为是紧密联系在一起的，在受到刺激时几乎总是同时被抑制。

---

① 关于臀部展示，参考 Lorenz（1963：203-204）；Morris（1967：158, 167-168）；Eibl-Eibesfeldt（1970：201-202）。

② F. X. Steinmetzer, *Die babylonischen Kudurru*（1922：114-115）；关于雌雄同体，参考 H. Herter, *RE XIX* 1688-1692；阳具，参考前引书，1733-1744，介绍的是有辟邪作用的阳具。

③ Morris（1967：9）.

因此，击打①、刺杀、猛刺和刺穿都变成矛盾行为，就像在语言表达中一样。没必要列举军队中无处不在的关于性器官和性行为的比喻。在古代文学中，罗马作家奥索尼乌斯（Ausonius）所写的《婚宴集句》（*Lento nuptialis*）占据了非常重要的地位，除了将维吉里安的战斗序列拼凑在一起外，它不值一提，其实通篇都在非常详细地描述一个强暴的故事。从石器时代图像②到现代广告，不管是棍子还是棒子，矛还是剑，枪还是炮，武器作为男性的象征已经等同于性器官，而且几乎可以相互替代。

因此，当男人的激动、攻击的紧张情绪达到顶峰，特别是在成功的时候，就会突然变成性行为。如果对手被打败了，这种紧张就进入虚无状态，必须找到其他方式释放出来。因此，在狩猎仪式、祭祀、战斗，甚至在丧葬仪式中，经常会允许有一个放纵期，先前被激发的性冲动可以得到自由的释放。③这样的做法已经被民族学家观察到，当然在当下希腊的城市文化中已经被抑制了，但是一些例外的暧昧不可能被一并抑制。在献祭节日中失去童贞的女孩是喜剧和小说基本的主题④——一种几乎可以预见的堕落。据说，皮奥夏的官员在离职时都要祭祀阿佛洛狄忒（Aphrodite）——战神阿瑞斯（Ares）不完全合法的妻子。⑤在描述特洛伊的沦陷时，古代艺术家讲到斯巴达王拔出剑刺向海伦时，每个人都知道当他看见裸体的海伦向他祈求时便立刻扔掉了剑。这样，死亡的结局变成了一段幸福婚姻的开始。⑥另一个大家特别喜欢的情节是全副武装的埃阿斯（Aias）把裸体的贞女卡

---

① 参考 Ov. fast. 2.425-46，以及 Manndardt（1875：251-303）在"生存空间的影响"名义下收集的例证。

② 关于男性／矛，女性／受伤的联想模式，参考 A. Leroi-Gourhan, *Préhistoire de l'art occidental*（1965：119）；La Barre（1976：78，170）；在现代的原始部落中，打猎就像"和动物做爱"，非洲猎手担心将死的动物会影响他们的阳气——他们遮住自己的阳具，将启蒙仪式上象征性的阉割作为对猎物的祭祀，参考 L. Frobenius, *Kulturgeschichte Afrikas*（1938：71-79）。

③ 关于太瓦节（Tiwah）的可怕献祭，参考第 1 章第 6 节。

④ 例如，Men, *Sam.*（Adonia）；*Epit.*（Tauropolia）。

⑤ Xen. Hell. 5.4.4；参考第 3 章第 1 节注释。

⑥ 米克诺斯（Mykonos）（公元前 670 年）的陶缸浮雕中描述的，参考 Schefold（1964：T.35b）；Aristoph. Lys.155；Brommer（1960：291-297）。

珊德拉（Kassandra）从祭坛和女神雅典娜神像前掠走。一个杜撰的版本讲述了他如何强暴了她。勇士和处女之间的对抗矛盾成了绘画和叙事文本中最激动人心的情节。①

圣所的祷告者是不可侵犯的，特别是圣坛的祷告者，因为那是流血的地方。不同的地方流着相同的血液，但希腊人严格禁止"在圣坛交谈"②。这个不同寻常的仪式也在控制着各地的行为。

这样的禁令与祭祀仪式的开始和结束相符。正是因为杀戮行为受性的制约，禁欲通常是为祭祀、战争和狩猎做准备的一部分。阿耳忒弥斯既是狩猎女神也是处女，她的仆人希波吕托斯（Hippolytos）将纯洁作为生活的指导原则。然而，阿佛洛狄忒在仆人的堕落中胜利了，她的庙宇矗立在祭坛和坟墓的旁边。③ 在个体成长的过程中，生命中必然的分歧，即在放弃与追求中的摇摆不定，使人常常处于片面和绝对的矛盾之中。竞赛也是一个祭祀节日，在竞赛之前，运动员既要吃素也要禁欲。根据神话故事，

---

① Iliu Persis 108, 2-6, Allen; Alkaios, *ZPE* 1（1967：81-95）; Schefold（1964：41-42）; Brommer（1960：282-284）; 关于库普塞鲁斯（Kypseloslade）（古希腊科林斯城邦的第二位僭主，公元前7世纪——译者注）的胸部，参考 Paus. 5.19.5; *PR* II, 1266-1274; 关于强暴，参考 Kallim. fr. 35; Lycophr. 348-362; Apollod. *Epit.* 5.22; *PR* II, 1267-1268; C. Robert, *Röm. Mitt.* 33（1918：35-42）。

② Hdt. 2.64, 神话中经常有令人吃惊的意外发生，如阿塔兰忒（Atalante）和墨拉尼昂（Melanion）, Apollod. 3.108, 或者是石窟中的希波墨涅斯（Hippomenes）, 参考 Ov. *Met.* 10.686-704; 阿耳忒弥斯神庙中的墨拉尼波斯（Melanippus）和 Komaitho, Paus. 7. 19. 3; 阿波罗神庙中的拉奥孔（Laokoön）, Euphorion fr. 70 Powell; 雅典娜神庙中的波塞冬和美杜萨, Ov. Met. 4.798-803; 忒修斯是在雅典娜神庙由波塞冬和埃勾斯（Aigeus）所生，参考 Hyg.*Fab.*37; 其背景部分是由神圣婚礼仪式决定的，关于该礼仪的近东传统，参考 H. Schmökel, "Heilige Hochzeit und Hohes Lied", *Abh. f. d. Kunde des Morgenlandes* 32/1（1956）; S. N. Kramer, *The Sacred Marriage Rite*（1969）。

③ Paus. 2.32.1-3; 雅典有为希波吕托斯而建的阿佛洛狄忒圣坛，参考 Eur. Hipp. 30, 还可参考 W. S. Barrett, *Euripides Hippolytos*（1964：3-10）; 素食主义者希波吕托斯和俄耳浦斯教，参考 Eur. Hipp. 952-954; 事实上只是对一个猎人使用的双关语的特殊强调。猎手的性禁欲，参考 *GB* III 191-200; 关于猎手和迷人的女人间的必要联系，也通过珀琉斯（Peleus）神话里的波提乏（Potiphar）主题得到表达; 在克法罗斯（Kephalos）和普洛克里斯（Prokris）神话中有一个不成功的间歇——猎手杀死了追求他的女人而不是怪兽。恩启都（Enkidu）和妓女做爱后，野兽逃走了, Gilganěs-Epos I, *ANET* 74-75; 关于战争前的性禁欲，参考 I. Sam. 21.6; W.R.Smith（1899：123）。

比赛胜利，并且进行祭祀后通常是举办婚礼。① 许多仪式都要求在开始前的一段时间内禁欲，某种形式的性活动伴随着仪式结束后的幸福冲击。②

预备赛与闭幕仪式中重建的秩序相对应。正因为狩猎、祭祀和死亡，这些非凡体验被性别化了，所以日常生活的秩序在文明的工具，即仪式的作用下实现了去性别化。在所有的人类社会中，甚至在原始社会中，都存在某种性禁忌，尽管外来文明研究者最初可能只注意到他们对禁忌的违反。最重要的是，禁止乱伦是人类普遍认可的，是家庭概念的基础。③

此外，攻击性在设置障碍、提供动机（主要是嫉妒）以及规范这些动机方面发挥了重要作用。嘲笑也起着重要的作用。人不能把自己置于一个好斗的社会中，像失去控制的无助的"双背兽"。因此，所有被允许和必要的性活动都限制在一个特定的区域内，反过来，这个区域又是神圣的、有禁忌的，它的外在形态承载了内在本质，比如奥德修斯用橄榄树做的不可移动的婚床。④ 婚姻是一种制度，一旦建立，就神圣不可侵犯，不可废除。

当然，这个秩序会一再被打破，并不断得到重建。老一代死亡，年轻一代取而代之。因此，祭祀仪式也是重建重要秩序的手段，甚至婚姻也是祭祀仪式的产物。⑤ 仪式在维系新关系的祭祀餐中得到体现，新娘和

① 关于禁欲，参考 Philostr. *Gymn*, 22；关于斗争和婚礼，参考利姆诺斯岛的 Argonauten，Simonides 的著作，Pind. *Pyth.* 4.253；关于达那伊得斯姐妹（the Danaids），参考 Apollod. 2.22；关于珀涅罗珀（Penelope），参考 Paus. 3.12.1；关于玛尼尔珀萨（Marpessa），参考 Bacch. 20；关于底比斯（小亚细亚），参考 Dikaiarchfr. 52W。

② Fehrle（1910：137-138）〔得墨忒耳 / 刻瑞斯（Ceres）〕，159（Bacchanalia），136-137（Isis，伊西斯）；Schol. Nik. *Alex.* 410；Diod（Διόδωρος）4.6.4，在入会秘仪中——不仅狄俄尼索斯的，而且几乎所有神的——这个神（也就是 Πρίαπος Ἰθύφαλλος）都在祭典中引入的欢笑和嬉戏中获得某种尊崇。

③ La Barre（1970：69，559）。

④ Od. 23.184-204，296，"婚床的古老礼法"；这种"礼法"（θεσμός）同样也是沉淀下来的祭祀名字，参考 *LS* 154 B17=Abh. Berlin（1928）：8，22；Deubner（1932：44），按照后一种意思推断 θεσμοφόρος（立法者，某些神的别名）这一名字的由来，而在古代传统中则用其前代的意义，然而在确保秩序的行为中，两种意义几乎重合了。

⑤ 关于结婚仪式参考 K.F. Hermann, H. Bluemner, *Lehrbuch der griech. Privatalterthümer*（1882：268-278）；V. Magnien, "Le mariage chez les Grecs", *Mél. Cumont*（1936：305-320）；M.P. Nilsson, "Wedding Rites in Ancient Greece", *Opuscula* III（1960：243-250）；L. Deubner, "Hochzeit und Opferkorb", *JdI* 40（1925：210-223），在这没有更多讨论；参考第1章第5节注释。

新郎成为假装被攻击的靶子。通过扔鲜花①和打碎花盆，其他人开始了解这对夫妇的新身份。最重要的是，新娘必须忍受新郎的性行为。破处变成了祭祀，主要是因为人类只有在第一次进行性行为时会流血。新娘的疏离感和不安可以通过临时的仪式替代品来缓解。例如，在罗马，人们用一个杀过人还滴着血的长矛分开新娘的头发。②希腊新娘要进行一场名为"前置献祭"的祭祀，她们显然要平息处女神阿耳忒弥斯的愤怒，为她的生命献上另一个生命。③祭祀阿佛洛狄忒时，渎神行为就发生在圣地——诚然，这对希腊人来说确实是一种陌生的习俗。④在这种情况下，处女要和陌生人度过初夜，实际上，这是人们又一次以一种为我们所熟悉的方式从祭祀仪式中放弃了责任。有时是新郎伪装成陌生人。婚礼祭祀后是补偿，就像普通祭祀那样。仪式结束后，丈夫带来礼物，开始养活新家。⑤所以，新秩序是以祭祀为基础的。仪式并没有缓和紧张感，而是通过产生抑制力和罪恶感来加强它。只要有持久的结构保证社会的发

① 关于"撒向新娘 / 新奴隶、欢迎他们进入家庭的坚果 / 无花果"καγαχνσματα 和相关的话题，参考 E. Samter, *Familienfeste der Griechen und Römer*（1901：1-14）。然而，他的富有生机的解释，说服力不强；参考第 1 章第 1 节注释。

② 关于"天之矛"（caelibaris hasta）的观念，参考 Festus（62-63）；Ov. *Fast*, 2.560；Plut. *Rom.* 15.7；Q. *Rom.* 285ad；Arnob.2.67。

③ Poll.3.38；而婚礼之前的献祭和前置仪式…… 参考 Pl. *Leg*.774e；Men. fr. 903 Koerte；Hsch. "婚礼的习俗"；阿耳忒弥斯参考 Eur. *Iph. Aul*. 433，718，"进行杀戮的前置仪式"；根据地方习俗，赫拉、阿佛洛狄忒、水中仙女和当地女英雄，也可以成为婚礼祭祀准备的接受者。贡献新娘的头发很常见。例如，在特洛曾（Troezen），参考 Eur. Hipp. 1423-1427；提洛岛，参考 Hdt. 4.34，Paus.，1.43.4。同样，献给布劳隆（Brauron）的阿耳忒弥斯女神的小熊 ἀρυεια，以及穆尼吉亚的类似仪式，都是婚礼祭祀的准备。ἀρυîεvv=*FGrHist*（342 F 9），参考 Brelich（1969：240-279）；把山羊作为祭祀替代品，参考第 1 章第 2 节注释。典型的，"前置献祭"πφîξλεια 一词，也可以泛指"预备的献祭"，特别是入会秘仪。

④ 在希腊以外，只有在南部意大利的 Lokroi 有此现象，参考 Klearchos fr. 43a W.，Iustin. 21.3；H. Prückner, *Die Lokrischen Tonreliefs*（1968：8-13），将还愿的浮雕（公元 5 世纪）与对阿佛洛狄忒的崇拜联系在一起，还考虑了路德维希的王座是否属于这座阿佛洛狄忒神庙（89-91）。还可参考英雄泰莫萨（Temesa）的传说，Paus. 6.6.7-11：塞浦路斯的情况，参考 Hdt. 1.199，Iustin 18.5.4，Nilsson（1906：365-367）；Fehrle（1910：40-42）；关于对陌生人的表示，参考 S.Frend, "Das Tabu der Virginitä", *Ges. Schr.* 5（1924：212-213）。

⑤ "新娘首次揭开面纱时从新郎处获赠的礼物及相关庆祝仪式"ἀνακαλνπîύρια，参考 Pherecydes VS 7 B 2；A. Brückner, *Anakalypteria 84. Winckelmannsprogr*（1909）；*AM 32*（1907：79-122）。

展，个人的生活便无关紧要，正是因为人类具有抑制力和顺从能力，才能适应这种社会结构。

为了成功处理外部世界和内部世界的冲突，人们必须学会放弃。放弃爱情，这种挫败感也许会转化成攻击力。[①] 在狩猎社会，任何情况下都不能放弃的活动只有狩猎，然而狩猎能力不是与生俱来的，必须通过学习获得。新一代必须去打猎，就像后来随着文明的发展，人们要去服兵役一样。人们认为打猎和打仗是对男性的考验，并且优先于恋爱和婚姻。人类放弃爱情是为了杀戮，这一点最生动地体现在仪式中对"处女"的屠杀中，这是一个群体中幸福的结合和破坏性冲突的源泉。在处女祭中，所有的矛盾——年长者的嫉妒、青年人的努力——都得到了释放。一种不可弥补的行为将色情游戏变为战争的愤怒。绝望的"寻找"变成"捕猎"。在准备阶段，处女献祭是放弃性欲的最有力表达。它出现在战争开始前，出现在农业祭祀中，也就是丰收节前。[②] 在狩猎神话中，祭献的处女成为猎物的新娘，不管猎物是熊、野牛还是鲸鱼；[③] 在农业神话中，她与种子联系在一起，种子必须深埋地下，才能保证庄稼的丰收。在任何情况下，作为一个准备活动，处女祭祀与供应食物的主祭祀之间都会形成对比，并实现了一种平衡。这是一种为了得到而给予的仪式：在主祭祀中，满足来自"肢解"，来自切割和吃；然而，在准备过程中，预先的自我否定需要通过其他毁灭形式——淹没在水中、悬挂在树上——来表达。[④]

民族学家发现从墨西哥到波利尼西亚，处女献祭的频率高得让人不

[①] J. Dollard, ed., *Frustration and Aggression*（1939）；L. Berkowitz, *International Encyclopedia of Social Sciences* 1（1968：168-174）.

[②] 关于钓鱼前用处女献祭的习俗，参考 *GB* II 147［阿尔衮琴人（Algonkins）和休伦人（Huronen）]，II 158（几内亚）；II 149（印度）；II 151-152（埃及）；在丰收前用处女祭祀，参考 *GB* VII 237（墨西哥）；处女被送去拉努维乌姆（Lanuvium）的龙那里，参考 Prop.4.8.3-14；处女献祭具有重复性，特别出现在饥饿和干旱时，也许会象征性地进行，或真的进行，参考 Mannhardt（1875：327-333）；Ov. Met. 13.692-699.

[③] 北美野牛的新娘，黑脚族印第安人有一个神话讲述野牛舞的起源，参考 J. Campbell, *The Masks of God. I：Primitive Mythology*（1959：283-286）；鲸鱼的新娘，参考 I. Trencsényi-Waldapfel, *Untersuchungen zur Religionsgeschichte*（1966：28-29）.

[④] C. Gallini, "Katapontismos", *SMSR* 34（1963：61-90）；吊死的女人变成赫卡忒，参考 Kallim；有关仪式中吊着的山羊，有神话讲述是处女［墨利忒（Melite）]的自杀，参考 Ant. Lib. 13.7.

安。也许希腊人还不知道这些，尽管他们也使用象征性的动物替代品。这可能就是旧石器时代早期的沉水祭祀①：一头年轻的母鹿被杀死并绑上石头，在春天被推入水中。在希腊，处女由山羊和猪替代分别献给阿耳忒弥斯和得墨忒耳。②在一些神话中，山羊和猪被称为伊菲革涅亚和科尔（Kore），至少在有的仪式（入会仪式和神秘仪式）中，替代物是明确的。

在接下来的大祭祀中，人们为了狩猎和打仗而离开，可以将此看作惩罚性的远征或为处女之死复仇而带来的心理刺激。处女献祭为后来的杀戮提供了依据和借口，随后的补偿主要指她的"消失"：她象征性地回归了，仪式性地复活了，从而成为聚在一起进行双重祭祀的年轻人的焦点。因为这个原因，城市女神也可以是"处女"。③

在希腊，准备阶段的处女献祭多是战争的序曲。④比如，入伍前，阿提卡男青年们组成队伍游行，为纪念"大自然女神"阿耳忒弥斯举行祭祀。⑤他们在阿格劳洛斯（Aglauros）（国王刻克洛普斯的女儿，遭遇了神秘之死）的圣坛前宣誓。⑥我们不知道伴随着宣誓进行的祭献的任何细节。另外，在出发打仗前，军队会在Hyakinthiden（在神话故事中她们通常被描绘为已经被杀死的国王的女儿们）的圣坛祭祀。在雅典第一任国王厄瑞克透斯（Erechtheus）和厄琉息斯城的战争中，厄瑞克透斯的女儿们自愿进行献祭。⑦她们的死，在出征前的祭祀中被重复，以确保战争的胜利。在战争发生之前，在敌人的注视下，大批动物再一次被屠杀。

---

① Maringer（1956：138-142）讲到狩猎前的序曲；Müller-Karpe（1966：224-225）。

② 参考本节注释、第1章第2节注释以及第5章第2节相关内容。

③ Paus. 3.16.8.

④ 关于处女祭祀的神话主要涉及特别圣坛及其仪式，参考 Xen. Hell 3.4.33；关于用小公马代替处女，参考 Xen. Hell 6.4.73；Eur. Heracld. 408-601；底比斯的处女祭祀，参考 Paus. 9.17.1；迈锡尼战争，参考 Paus. 4.9.4.

⑤ 为（兵役）登记献祭后……他们为狩猎女神阿耳忒弥斯进行了游行，II/III²，"在狩猎女神阿耳忒弥斯面前起誓"；Deubner（1923：209）。

⑥ Philochoros, *FGrHist* 328 F 105；Plut, *Alkib.* 15.7；关于男青年的誓言，参考 L.Robert（1938：296-307）。

⑦ Eur. *Erechtheus*；关于每年牛祭祀上的处女们在战争前被烧死，参考 Phanodemos, *FGrHist* 325 F4；Philochoros, *FGrHist* 328 F12；他们愿意献祭的动机是一场瘟疫；参考本节注释。

斯巴达人把母山羊献祭给阿耳忒弥斯①，由此开始了一场致命的战争，人类的厮杀还在继续。胜利意味着必须补偿，所以要支起橡木桩，上面放置缴获的头盔、盾和矛。这个由战利品组成的纪念碑②象征着敌人的溃退，并且战败者以此见证对手的胜利。因此，猎手通常将他们的"狩猎战利品"——动物头骨和皮——挂在树上或桩子上。③有一种仪式，即在木桩上挂上战前被屠宰的山羊的皮，以此象征戴着头盔、手持盾牌和宙斯盾的女神雅典娜。"处女"通过战争产生，就像她的替代品在献祭开始时被宰杀了一样。同样，也有传说讲述了雅典娜的雕像是怎样在天神和巨人④的原始战争中从天上掉下来的，以及雅典娜是如何以一种动物的名字命名的，这种动物的皮成为她的衣服。⑤在狩猎之神和战争之神都是处女的悖论中，我们观察到了性紧张、沮丧和象征性的替代品，而狩猎和战争行为则以此为基础。

如果这次大祭祀的准备工作和结果相符，罪恶感和赎罪的顺序就可以颠倒，也就是说，处女或女人献祭可以发生在战争之后。这种情况主要出现在葬礼中，尽管祭献仪式中也有类似的情况。例如，死人的要求可以通过不可改变的放弃行为实现，这一行为可能有一个象征性的替代品。这样，罪恶和赎罪的感觉都可以表达出来，就像死亡已被赋予了杀戮的形式、赋予了攻击性的形式一样，它是受性欲驱动的行为。伊菲革涅亚的祭祀在特洛伊战争之前，波吕克塞娜（Polyxena，特洛伊公主）的祭祀在其后。这解释了阿喀琉斯是如何得到被俘的女人的。死去的父亲可以要求儿子给予

① Xen. Lak. Pol. 13.8；Hell. 4.2.20；Plut. Lyk. 22.2；这份简略的报告甚至没有提到神。在此背景下，预言家的预言术非常重要，参考 Hdt. 9.38.1，41.4，45.2；Eur. Phoin.（173-174）；Stengel（1910：92-102）。

② K.Woelcke, Bonn, *Jbb*. 120（1911：127-235）；F.Lammert, *RE* Ⅶ A（1939：663-673）；Cook Ⅱ（1925：108-113）；A.J.Janssen, *Het antieke tropaion*（1957）；关于技艺的描述，参考 Metzger（1965：115-617）；宙斯的木雕神像，参考 Eur. Phoin. 1250。

③ Meuli：（1967：159-160）；Kallim. fr. 96；Verg. *Aen*. 9.407.

④ Phylarchos, *FGrHist* 81 F 47.

⑤ 女妖戈耳工（Gorgon）在巨人和天神的搏斗中被杀死，有关她的皮肤"山羊皮"，参考 Eur. *Ion* 987-997；雅典娜杀死了想强暴她的父亲帕拉斯（Pallas），披上他的皮，参考 Cic. *Nat. deor*.3.59。

补偿，他的愿望由年轻人实现。①关于处女火葬最详细的内容由伏尔加河上的阿拉伯使者告诉了俄罗斯人。在被勒死在棺材前，受害者，也是自愿者，必须把自己献给所有参加葬礼的人。②波吕克塞娜这个名字指代的是类似的事件吗？③一段时间的默许给了人们发泄特殊情绪的出口；另一种杀戮行为结束了，从而建立禁欲的秩序。

带有性色彩的战斗和杀戮引发了另一个毁灭周期和补偿周期。受性嫉妒刺激，战争中产生的熊熊怒火会毁灭敌人的阳具：一个战士被杀死，要立即被阉割。这种情况经常在战争中发生④，它成为人类的战斗天性之一。无须多说，猎人和猎物之间的"战争"也是如此。⑤在哺乳动物中，雄性生殖器的重要性显而易见，它们能激发攻击性，因此，猎物被分成几块时，生殖器的待遇却非常特殊。可以肯定的是，阉割仪式在祭祀中起重要作用⑥，但因为它们大多是"不可提及的""唯以言说的"，我们只是偶尔听到有关它们的话题。例如，通过一个令人生厌的军事笑话⑦，我们知道献祭给狄俄尼索斯的山羊在受到致命一击的那一刻被一个助手阉割了。一个虚伪的解释是，羊被阉割后，肉就不会有腥膻气，从而更好吃，这只是简单地表明，无论是向狄俄尼索斯还是向阿佛洛狄忒献祭，过程都是一样的。亚历山大的克莱门（Clement）重点讲述了一个虚构的关于公羊阉割的神话⑧，一只公羊和赫尔墨斯的阳具通常联系密切，

---

① *PR* Ⅱ 1276-1279；Ibykos fr. 2075 Sinnorides fr. 557；Sophokles fr. 522-528；Eur. Hek. 107-582；Brommer（1960：298-299）.

② Ahmad ibn Fodlān，由 Jāqūt 引用，翻译为英语，参考 *Antiquity* 8（1934：58-62）。

③ "被许多客人访问的少女们"，Pind. fr. 122.1。

④ 与折磨和死刑相关的阉割，参考 Pl. Gorg. 473c；与私刑相关的情况，参考威廉姆·福克纳的小说《八月之光》。

⑤ "大型动物的捕猎者知道，雄性动物死时性器官会肿起来，还会分泌精液"，G. Devereux，*Mnemosyne* IV 23（1970：299），尽管没有详细证据能证明这一点；在俾格米人的大象祭祀中，切下并烧毁的性器官起重要作用，R. P. Trilles（1954：80-82，88-90，109-110）；Meuli（1946：247-248，256），在马克·勃兰登堡公牛节举行期间，被宰杀的牛的生殖器从楼顶悬挂下来，参考 A. Kuhn，*Märkische Sagen und Märchen*（1843：368-369）。

⑥ Stengel（1910：78-84）；关于净化仪式的献祭方面，参考第 1 章第 5 节注释；祭祀牺牲者的内脏被保存在一个容器之中。

⑦ 关于提洛岛酒神节上与公羊腿在一起的阳具，参考 *BCH* 31（1907：500-501）。

⑧ Clem. *Pr*.2.15.2；参考第 5 章第 4 节注释。

这肯定不是偶然的。因此，当十月马被当作祭品，在它的尾巴上还沾着血时，人们可能会怀疑"尾巴"代表生殖器官；而这种怀疑由于马尾血液太少而无法在仪式中使用这一事实，停留在一个仅有一点可能性的维度。驴子被献祭给生殖之神普里亚帕斯，一个病因学故事清楚地讲述了驴子的死亡是由它众所周知的强烈欲望造成的。品达将这种联想融入了对北极驴祭祀的描述中：阿波罗嘲笑说他看到了动物"直立的傲慢"。

与阉割仪式相补偿的仪式很显然暗含了一个特别引人注目的、具有鼓动性的习俗。阳具在全城展览，像胜利游行一样，显示了人们对其的崇拜。如果这种崇拜表示顺从，那么崇拜者就要被迫扮演女性角色——在身下垫上垫子，展示他的臀部。[1] 学者根据丰富的仪式已经为表现阳具崇拜的游行队伍找到了一个简单的解释，无论这种代表多产的阳具是属于动物的还是属于植物的，或者两种都有，答案都是开放性的。唯一能结出果实的行为，即两性的结合，正是阳具无法展示的：它们不是在土里埋着，而是直立着。它们是"竖直的""被激起的"[2]，令人印象深刻但并不多产。它们已经引起了一些困惑，那些抬阳具的人不是天生没有阳刚气，而骑着好色的驴子的狄俄尼索斯软弱且温柔。这个两面性是可以理解的，甚至是必要的，因为祭祀仪式中包含着紧张和压抑。阳具勃起以祭祀阉割为前提，其恢复和补偿的特征与从严肃到快乐的过渡相协调，这也可能代表了默许时期。

病因学神话清楚地表明竖起酒神节的阳具代表了某种死亡后的复活。作为崇拜者的膜拜对象，狄俄尼索斯本人向地狱向导普罗辛诺斯

---

① 阿提卡绘有男性阳具的黑色碗，参考 Deubner（1932：T.22）；Nilsson（1955：T.35）；Pickard-Cambridge（1962）；阳具上的人物，在做类似森林之神的动作，参考 Soph. *Ichn.*22；Luk. *Syr* D.28，"他们正竖起那些阳具，像狄俄尼索斯的那么大，并且在那些阳具上，他们让木制男人坐上去，因为，任何人我都不想问"，此处明显暗指的是女性角色，但这并不意味着人物都是坐着的，参考 Herter，*RE* XIX，1673-1681，1701-1723。臀部垫垫子的舞者（并不是猥亵之人）的"魔法"很快代替了生物－物理因素。在有大象阳具的仪式上，俾格米人的首领穿得像个新娘；参考第 1 章第 8 节注释；在阿尔泰山的马祭仪式上有阳具祭仪，参考 D. Zelenin, *Internat. Archiv f. Ethnographie* 29（1928：1-83）：一部分发生在马祭之前，另一部分发生在马祭之后。

② "正使阴茎勃起"，参考黑色饰瓶，雅典 9690；Metzger（1965：51-52，T.26）；绕着阳具跳森林之舞好像为了上升的女神，参考 Metzger（1965：50）。

（Prosymnos）承诺他会像女人一样顺从。当狄俄尼索斯完成地狱之旅回归后，普罗辛诺斯已经死去，狄俄尼索斯为其竖起了一个用无花果木制作的阳具。亚历山大的克莱门再一次在争论中提及了这个神话①，但希腊讽刺作家卢西恩（Lukian）做了非常明确的暗示，他的暗示在 6 世纪的阳具瓶画中得到了证明。

提洛岛上狄俄尼索斯的铭文为我们呈现了一个关于阳具仪式的相当详细的画面。巨大的阳具要用橡木建造并打上蜡、装上硕大的木翅膀。阳具鸟已久为人知，它源自经常被复制的提洛岛的祭品和阿提卡瓶画家的作品。然而在提洛岛的仪式上，它被一辆铅锤大车运至河边沉入水中，阳具鸟飘到海上，不见了踪影。②这显然是个结束仪式，崇拜行为包括处理崇拜对象。在神话故事中，狄俄尼索斯的儿子托阿斯（Thoas）和利姆诺斯岛国王的命运相同。利姆诺斯岛的女人们消灭了所有男人后，托阿斯被游行队伍带到海滩上，他被装进木棺中漂进大海。③希腊神话中甚至还有关于阳具在海上漂走的更早的故事。克洛诺斯（Kronos）受大地唆使，阉割了天宫之父，他把割掉的部分扔进了大海，这显然是一个神话的仪式动作，但我们不能使仪式地方化。④

① Clem. *Pr.*2.34；Paus. 2.37.5；关于阿尔基洛科斯（Archilochos）传说中阳具可以驱病的内容，有不同的病理学观点（阿尔基洛科斯纪念碑，E'Ⅲ）；Ikarios，神惩罚那些轻视先知，并把先知变得猥琐的人，只以人造阳具之物结束。人无意识中产生的压倒一切的、攻击性的东西，在仪式中被人当作"可以做的"，因此能被克服；第三个是埃及化的病因学：因为伊西斯找不到奥西里斯（Osiris）的器官，她竖起人造的阳具，让它恢复原状，然后再把它撕烂。

② 具有决定性贡献的是 R.Vallois, "L'agalma des Dionysies de Délos", *BCH* 46（1922：94-112）；G.M.Sifakis, *Studies in the History of Hellenistic Drama*（1967：7-13），他在描述神灵的"显现"（12）时只用了草草几笔，忽略了游行的阳具等细节。该描述清楚地表明手推车被保留，时不时要被修理，但带有羽翼的塑像每年都要重新制作。

③ Val. Flacc. *Arg.*2.242-302；一只刻画着红色人物的碗，编号为柏林 2300=*ARV*²，409.43；Burkert（1970：7-8）；Megas（1956：117-118）；对 Tyrnabos/ 色萨利的一个描述是：在山上的节日大餐几等过后，一位"国王"被奉为神，反坐在驴背上，拿着阳具通过村子，阳具在晚上被扔进水中。在对古埃及女神伊西斯的崇拜仪式中，也有类似情况，很可能这是同一仪式的升华版。

④ 安那托利亚和塞浦路斯仪式可能有这样的背景；预先为阿佛洛狄忒献祭一只公羊，就像骑在公羊上的阿佛洛狄忒，参考 Simon（1969：252）；阿尔戈斯的古代描绘，参考 *BCH* 93（1969：999）；H. Payne, *Perachora* Ⅰ（1940：231-232）。

阳具越大，笑料就越多。对于人类这个杀伤性武器的发明者来说，随意进行威胁而做的下流动作根本不起任何作用。挑斗会引发笑声。仪式的严肃性再一次告诉人们可以象征性地用某种武器代替阳具——可以是捕获的动物，如山羊或牛的角。例如，在神话故事中，大力神赫拉克勒斯在为了他的新娘得伊阿尼拉（Deianeira）而战时，折断了化身为公牛的阿刻罗俄斯（Acheloos）的角。[1] 折断的牛角变成了"聚宝角"，盛开着鲜花和充盈着果实（几乎不是偶然的，有一次，赫拉克勒斯手中的大牛角中呈着的是阳具而不是水果）。[2] 从来自旧石器时代晚期的"持角杯的维纳斯"雕像上可以看到，女神的手中也拿着一只牛角。[3] 也许在科林斯人的花瓶上它是重要的，因为酒神节上踮着脚的舞者常拿着盛酒的牛角喝酒。这也是"聚宝角"，献祭一头公牛毕竟也是酒神赞歌的一部分。[4]

繁殖和死亡是生命的基本事实，在祭祀仪式中相互影响、相互交织，都在放弃和满足、毁灭和重生的紧张关系中发挥作用。坟墓旁的石碑也可以是阳具的形状。[5] 狂欢和死亡是近邻。因此，在这个过程中，社会通过死亡获得永续发展，而仪式发挥着巨大的作用。

八 父神和大女神

试图重建史前时代的观念或概念是一个无法被证实的游戏。最早的图像让我们对早期的视觉概念只能得出不确定结论，而这些结论并不比旧石器时代晚期更古老。但考古学家发现早在旧石器时代晚期的狩猎和葬礼习俗中就有仪式活动的证据。在这种情况下，试图发现神的起源，只简单反映了个人的猜想，但这是一种信仰。唯一可以确定的是，从一开始，狩猎

① Archilochus fr. 181；Apollod.2.148；Ov. *Met.* 9.1-92.

② *Gazette Archéologique* 3（1877）；P. Baur, *AJA* 9（1905：159）；Furtwängler, *RML* I 2176．

③ Müller-Karpe（1966：252）.

④ 关于祭祀公牛，参考 Pi.*Ol*.13.19；Simonides, fr. 79.Diehl；Burkert（1966：98）。

⑤ 有关小亚细亚，参考 Perrot, Ch. Chipiez, *Histoire de l'art* V（1890：48-51）；Herter, *RE* XIX 1728-1733；F. Poulsen, *Delphische Studien*（1924）；AA（1939：171-174）；斯堪的纳维亚，*Rea llexikon der germanischen Altertumskunde* III 415.

仪式、献祭仪式以及葬礼仪式就发挥着决定性作用。

宗教领域的学者一直试图理解并重建无神的宗教时期，即前自然神论时期：对神的信仰先于万物有灵论，而这又是一种以无形的超自然力量为特征的前万物有灵论和"简单的"魔法仪式。"上帝是宗教历史中的迟到者。"[1]可以肯定的是，关于这个理论的猜想是以现代先入为主的思想为基础的。学者把他们自己的宗教看成发展的顶点，好像它不包含原始成分，假设这种发展经历的是从简单到复杂的过程，就像最初的生命系统是一个巨大而复杂的平衡系统一样。与这些趋势相反，威廉·施密特（Wilhelm Schmidt）[2]收集了大量令人印象深刻的证据米支持他的理论，即人类在进化之初有一种父神信仰，这种信仰植根于最原始的猎人中。人们不知道这一理论是如何与西格蒙德·弗洛伊德的理论不谋而合的，他们的理论几乎在同时代产生，弗洛伊德也认为在人类发展之初有一位父亲般的神。当然，施密特认为这是原始的秘密，弗洛伊德则认为其涉及一场灾难，即弑父。

弗洛伊德引人入胜的构想，构成了他的著作《图腾和禁忌》（*Totem and Tabu*）[3]的大部分内容，他一方面从达尔文的理论出发，另一方面从罗伯森·史密斯（Robertson Smith）对神圣祭祀的描述出发。在原始游牧部落中，兄弟们会一起杀死并吃掉他们的父亲，因为他嫉妒地阻止他们分享他的女人。这涉及人类兄弟间内在冲动性报复的原罪。服从死者的要求，他们会遵守新建立的秩序和性禁忌。父亲变得比以前更强大，并且被尊崇为神。弗洛伊德在祭祀仪式和葬礼仪式上都见证过这种原始犯罪的重现。因

---

[1] G. van der Leeuw, *Phänomenologie der Religion*（1933：87）；对比 Nilsson（1955：36-67）的调查，万物有灵论最早出自 E. B. Tylor 的 *Primitive Culture*（1871）。前万物有灵论是 R. R. Marett 提出的，参考 *ARW* 12（1909：186-194）；这一主张为瓦尔特及其学派所反对。近期，La Barre（1970）仍认为对神的信仰出现较晚，在萨满教出现之后（10.439）。

[2] 由 H.Kühn 应用于史前历史，"Das Problem des Urmonotheismus"，*Abh. Mainz*（1950：22）；受到 R.Pettazzoni，"Das Ende des Urmonotheismus?" *Numen* 3（1956：156-159）的批评。原始一神教的观念虽然受到质疑，但是一种对至高神的信仰要比进化说流传更广，也更加古老。

[3] Ges. Schr. 10（1924：1-194）=Ges. w. 9（1940）；也可参考 Karl Meuli 1968 年著作（写于 1926 年）；同时受到美国人类学家 A. L. 克鲁伯的批判，见《美国人类学家》22（1920：48-55）。

此，受潜意识约束的灵魂产生了想要犯罪的欲望，即俄狄浦斯（Ödipus）之罪的欲望——弑父娶母。

无论俄狄浦斯情结的心理学意义如何，弗洛伊德的体系一直被看作神话，令人印象深刻，但弑父情结无论如何都无法考证。[①]即使有人认为弑母或杀婴是原罪，同样的根本问题出现了：一个特殊事件，不论多可怕，都不足以有影响数千代人的力量，而且如果没有遗传上预先确定的印记证明这种倾向存在，就只能从生物学角度理解为长期进化过程中的一种适应性。弑父体现了父亲的身份和父子关系，而两者都是人类文明特有的产物。现代偏见使弗洛伊德和他的学派都没有考虑到一个领域，在这个领域杀戮有一个重要功能，并且实际上决定了进化的进程。正是在南方古猿残杀并食用狒狒甚至是自己的同类的时代[②]，精神和社会结构开始进化，杀戮成为文化秩序的基础。

在狩猎中，种内攻击集中于被猎杀的动物，因此与人不同。但是为了让这种攻击达到目的，必须释放攻击本能，也就是必须对女性化行为和婴儿行为加以制止。[③]在狩猎者的想象和相互鼓励中，猎物不可能像女人或孩子一样柔弱，它们似乎"很大"而且是"雄性的"，哪怕只是一只兔子。事实上，最好的猎物是最大的哺乳动物——牛、熊、猛犸象，最大的虽然并不最美味但往往是雄性的，这一点很重要。[④]在狩猎过程中，狩猎者的攻击性发生了很大的转变。他并不是要赶走或杀死猎物，而是要抓住它，把它据为己有。因此，从某种意义上说，"大"和"雄性"的猎物是群体的一

---

① R.Money-Kyrle，*The Meaning of Sacrifice*（1930：194）；A. L. Kroeber，"Totem and Taboo in Retrospect"，*American Journal of Sociology* 45（1939：446-451）；R. Fox，"Totem and Taboo Reconsidered"，E. R. Leack（ed.），*The Structural Study of Myth and Totemism*（1967：163-175）。有意违背生物遗传学原理，弗洛伊德发现自己［（*Ges.Werke* 16（1950：200-208）］受到人类古老遗产的限制；J. W. M. Whiting 认为弑母的欲望比弑父的欲望更重要（Fox a.o.，173），而 G. Devereux 则声明"父母的同类相食之冲动"［*The Psychoanalytic Forum* 1（1966：113-124）］与杀害婴儿的案件相关。这种攻击冲动更持久，莫非早于他们的攻击对象吗？

② 参考第 1 章第 2 节注释。

③ Lorenz（1963：180-195，201-204）；Eibl-Eibesfeldt（1970：135-138）。

④ 古希腊花瓶上的动物带状装饰通常表示捕猎者（主要是狮子）和猎物之间的冲突；猎物（牛、绵羊、山羊、公猪）常被描述为雄性的，而捕猎者没有性别。

部分，"爱"表示的是最基本的字面意思。① 猎物拥有雄性之气、个头大，既成为家里的一员又注定要死，因此猎物成了父亲，即一个父亲的象征和替代品。

这种程式化的狩猎行为变得非常重要，因为外在的社会活动和内在的紧张关系以一种特别的方式结合在一起。人类天生的弱小、长期的依赖并且需要不断学习，导致了巨大的紧张，特别是产生了雄性攻击性。然而，如果要铭记传统文化的成就，男孩就必须向他们的父亲学习并认同父亲。人类尊重权威的倾向抵消了攻击性冲动，正如老一代首领（至少是暂时性的）致力于维护自己的权力。不过，年轻一代潜在的叛逆性和俄狄浦斯弑父倾向在狩猎、祭祀和战争中被转移，并通过仪式得到消解。因此，弗洛伊德的直觉，即弑父是人类发展的起点，在某种程度上得到了证明，尽管从某种意义上说弑父不是历史上常见的罪行，而是来自仪式符号的功能和心灵中相应的结构。

仪式强调且指引着个人想象。在猎手表演的"天真的喜剧"中，猎物常常像"父亲"一样祈求和求助。② 仪式补偿包括个人对其良心不安的表达、重新开始、放弃、服从和膜拜这些行为，准备仪式包括放弃和赠予，希望取得成功。这些动作——跪拜、双手合十、庄严地讲演、叹息、大叫和痛哭——都来自人类活动，它们的特别作用在于与同伴相关，而誓言体现的是团结和信任而不是相互攻击。在仪式中，誓言作为公开表露感情的一种交流，与一切真正的对象分离，只转向想象的事物。在模仿的驱使和传统压力的作用下，人们的行为得到强化并不断演化，促使他们一起表演，好像有一个他们必须崇拜的、看不见的类人生物在场一样。③ 超自然力量受社会调节。同时，在崇拜这种力量时个人获得了一种特殊的自由和独立，因为自私自利导致的无法逃避的对抗性被具体目标取代。当用语言来命名这一想象的事物且试图描述它时，至少该有个基

① 关于"亲爱的"（φίλος）用作物主代词，参考 M. Landfester, *Das griechische Nomen "philos" und seine Ableitungen*（1966）。

② 例如，俾格米人中的大象；参考第 1 章第 7 节注释。

③ Morris（1967: 178-181）认为合作性捕猎社团削弱了父亲个人的权威，它创造出全能的父亲概念，一种替代性的概念，这无异于对弗洛伊德观点的再造，而且并无害处。

本的"神的概念"，且要以仪式形成的体验为基础。

然而，通过语言来描述仪式体验，并有意识地将其具体化，就产生了较大的问题。可以肯定的是，神与献祭紧密地联系在一起。古典时代，在复合词"牺牲－献祭"中，祭祀的含义是不言自明的。人们可能会认为神和献祭动物是一样的，神也会被杀害、吃掉①、毁灭，但不久后，当再次举行仪式时，神又奇迹般地出现了，结束仪式就意味着复活和重生。②一些希腊神话确实暗示神和祭献动物一样。例如，宙斯把自己变成一头牛③，酒神狄俄尼索斯则变成一个小孩。④帕西法厄（Pasiphae）与一头特别的献祭牛交配的故事反映的也是仪式，在这种仪式中一个女人会将自己奉献给献祭品。⑤帕西法厄是否被视为与变身为公牛的宙斯交配的欧罗巴呢？伊利斯（Elis）的女人要求狄俄尼索斯以牛的形象出现⑥，这毫无疑问代表真正的牛成了献祭食物。但是，父神与祭祀中的弑父角色有联系的说法遭到了强烈的质疑，特别是在父权至上的社会，如古希腊。尊敬父亲是道德意识的核心，弑父几乎是不可想象的。因此，克洛诺斯对乌拉诺斯（Uranos）的罪行只是希腊文学受东方潮流影响的反映。⑦反常行为与普通行为的互补只能在秘密社会和秘密神话的语境下得到表达，即在神话中得到体现。因此，把祭祀动物当作"神的敌人"有些简单化了。有人为了酒神杀山羊，因为山羊啃葡萄藤；而愤怒的赫拉赶走了化为母牛的伊娥（Io）。但是与埃及人相反，希腊人并没有将祭品当成敌人：伊娥同时也是赫拉的女祭司，代表着女神自己，阿耳忒弥斯杀死了被认为是"最美丽的"的卡利斯托

① 神成为圣餐的想法，主要由 J. G. Frazer 推广（GB VIII 848-108），处于这一情境下的主要问题当然是与基督教团体的关系。

② 神话和仪式以死亡为特点，也就是祭祀，而"复活"几乎不明显：杜木兹（Dumuzi）/ 阿提斯（Attis），以及阿多尼斯（Adonis）/ 奥西里斯；有关 Aqat，参考第 2 章第 4 节注释；有关杜木兹，参考第 5 章第 2 节注释，甚至在《福音书》中，关于复活的内容几乎是有关"激情"的附录。

③ 关于欧巴罗神话，可从 Cook III（1940：615-628）中找到大量相关内容，也可参考 W. Buhler, *Europa*（1968）。

④ Apollod. 3.29；斯巴达的"孩子狄俄尼索斯"，Hsch. εἰραφιώτης（酒神巴克斯的别名）。

⑤ Eur. Kreter；Apollod.3.8-10，海神波塞冬自己从海中变出一头牛献祭给自己；这个情节可参考印度《吠陀》中的马祭；参考第 1 章第 7 节注释。

⑥ 有关牛－狄俄尼索斯，参考 Eur. Bacch. 100, 920, 1017；Soph. fr. 959。

⑦ 库马尔比（Kumarbi）－克洛诺斯，参考 *ANET* 120；Hes. Theog. 154-200。

（Kallisto）变的母熊，因此卡利斯托也可以与"最美丽的"阿耳忒弥斯相提并论。①在展现神和他的祭祀动物进行内部交流的图画中，我们意识到祭祀激起的矛盾使希腊人创作了大量的悲剧。②奇怪的是，神话经常颠倒俄狄浦斯的罪行，由于某种可怕的疯狂，父亲牺牲了自己的儿子甚至吃了他。在现实中，孩子祭献作为可怕但简单的替代形式，作为由代沟引起的冲突的解决方法被证实有令人恐惧的节奏。③神话本身有时看起来象征着不确定性：阿塔玛斯（Athamas）或佛里克索斯（Phrixos），父亲或儿子，这两者谁是宙斯的祭品？④事实上，根据神话故事，一只完美的金色公羊作为替代品献给了"暴食者"宙斯。

男性后代的继位充满着冲突和死亡，但文化需要一种在灾难中幸存下来的延续性。为了实现这种延续性并证明它，人们从旧石器时代晚期开始的仪式中明确发现了一个特殊方面：女性的象征。

除了献祭和葬礼仪式，女性雕像也为狩猎时代和农业时代的持续性提供了显著证明，这类雕像被叫作"维纳斯的雕像"，尽管这个名字长期以来被认为不太合适。她们在旧石器时代晚期出现，从西伯利亚到西班牙，并在整个新石器时代和高级文化中延续，有时是进一步发展的变体，有时是相当"原始"的简单形式。⑤

---

① 关于伊娥，参考第3章第2节；有关被谋杀的处女＝女神主题，参考第1章第7节注释。

② E. Buschor, *Phidias der Mensch*（1948：47-50，52-56）.

③ 参考 Derereux，"同类相食的冲动"。Empedokles（*VS* 31 B 137）具体描述了吃掉儿子，而不是父亲的细节。

④ 参考第2章第4节注释。

⑤ Müller-Karpe（1966：249-52，216-219；1968：289-301，380-395）；F. Hančar, *Praehistor. Zeitschr*.30/31（1939/40：85-156）；K. J. Narr, *Antaios* 2（1961：132-157）；R. Levy, *The Gate of Horn*［1948=*Religious Conceptions of the Stone Age*（1963：54-63，78-81）］；Maringer（1956：193-201）；关于希腊新石器时代，参考 C. Zervos, *Naissance de la civilisation en Grèce* II（1963：565-568，575-579）；关于近东，参考 E. D. van Buren, *Clay Figurines of Babylonia and Assyria*（1930）；J. B. Pritchard, *Palestinian Figurines in Relation to Certain Goddesses Known through Literature*（1943）；J. Thimme, "Die religiöse Bedeutung der Kykladenidole"，*AK* 8（1965：72-86）；B J. Ucko, *Anthropomorphic Figurines of Predynastic Egypt and Neolithic Crete with Comparative Material from the Prehistoric Near East and Mainland Greece*（1968），对塑像的母亲－女神之理解进行争辩，认为它具有多重的意义和作用；W. Helck, *Betrachtungen zur Großen Göttin*（1971），则把她当成性欲女神。

有关这一点并不容易解释，在旧石器时代，更是很难假设它们的意义和功能是统一的或清晰的。在西伯利亚，这些雕像是女性领域的一部分，但也与猎物有关，因为考古学家曾经在用猛犸象头骨围成的圆圈中发现了一座小雕像。① 此外，在卡托·胡玉克的圣坛中人们也会看到在死人头骨的上方有一个或两个大型的石膏女神雕像。女神双腿分开，好像在生产，她旁边满是牛角和野猪头骨。② 牛头骨最多，也有少量的羊头骨在她大腿中间。③ 她是被猎杀和献祭的猛兽的母亲④，象征着一种控制死亡并给予生命的力量。在壁画中，身着豹皮的男人成群结队地围着一头牡鹿或牛；但在雕像中，女神身边各有一头豹子。⑤ 女神由狩猎团体照顾，杀人后，将自己化为一头捕食的野兽。在卡托·胡玉克，与伟大的女神关系亲密的年轻男孩会是阿提斯/阿多尼斯的前身吗？⑥

在新石器时代和青铜器时代，女性雕像在很多方面有了更大的发展和分化。人们不能简单地将来自塞斯克罗（Sesklo）和勒纳（Lerna）的小雕像、寇克拉登坟墓上美丽的大理石雕像，以及克里特宫殿圣坛上辉煌的女神像等同起来。但无疑她们反映了来自共同基础的延续性和差异性。希腊多神论中的女神，各不相同又相互补充，虽然早期面相一样，但是她们或在圣所或在城市中成为主导，每一个都是掌管男性社会的伟大女神。每个女神都被描绘成野兽的女主人和祭品的女主人，甚至包括赫拉和得墨忒耳。阿耳忒弥斯与狩猎的关系最为密切，而位于以弗所（Ephesos）中的阿耳忒

① 参考第 1 章第 2 节注释；关于女性领域的说明，参考 I. Paulson, A., Hultkrantz, K. Jettmar, *Die Religionen Nordeurasiens und der amerikanischen Arktis*（1962：309-310）。

② Mellaart（1967：133-134，139，144-145，236）。

③ Mellaart（1967：116-133）（圣所，VII 1），140-141（VI B 7），144-146（6 B 14），147-148（VI B 8），148-150（6 B 10，公羊），宝座上的女神生下一名男孩；Müller-Karpe 忘记了动物的来源，因此质疑这一形象是女神。

④ 在因纽特人中，有一位猎兽之母，名叫赛德娜（Sedna），海豹之母，神话中是被献祭的处女，参考 F. Boas, *Sixth Annual Report of the Bureau of Ethnology, 1884-1885*（1888：583-591）；K. Rasmussen, *Thulefahrt*（1925：69-73）。也是驯鹿之母，参考 Rasmussen, *Thulefahrt*, 245-246；I. Paulson, *Schutzgeister des Wildes（der Jagdtiere und Fische）in Nordeurasien*（Uppsala, 1961：266-269）。

⑤ Mellaart（1967）。

⑥ 女神雕像和来自哈吉拉尔（Hacilar）的男孩，参考 *Anat. Stud* 11（1961：59），并没有表现性交的内容；参考 Mellaart（1970：170）。

弥斯雕像非常像亚洲的库柏勒（Kybele）。阿佛洛狄忒使我们想起东方起源——裸体女神，她自己就是古代"维纳斯雕像"的变形，在文明的进程中变得更加性感，危险性也不断降低。然而，战争女神仍然是战争女神，维纳斯可以给苏拉（Sulla）或恺撒带来胜利。

巴霍芬（Bachofens）关于史前母系社会的新奇而怪诞的理论阻碍了人们对这些女神的理解。在新石器时代的农耕文化中，女性不可能比在旧石器时代晚期的狩猎社会中更占优势。[1]此外，这些女神都是典型的野蛮和危险的化身：她们杀人、要求被祭祀，并为祭祀辩护。

养家糊口是猎人的职责。他为他的妻子和母亲着想。当这种感觉与焦虑和愧疚感交织在一起时，将责任转移到另一个更高的意志上是令人欣慰的。猎人开始做他致命的工作："为了母亲"。这个长期的目标迫使他禁欲。性挫败感以及猎人的攻击性，使他觉得似乎有一个神秘的女人居住在户外。因此，他所信奉的这种更高的意志在观念和艺术的再现中，甚至在语言中不断得到巩固，并化身为伟大的女神的形象：妻子和母亲、养育孩子的人、给予生命的人，也是要求死亡的人；她手中拿着折断了的"聚宝角"[2]。原始人观察并意识到神秘的分娩过程，即一个女人的子宫既可以带来新的生命，也意味着敞开死亡的大门。血祭和死亡提供了必要的补充。女神旁边是她垂死的伴侣——献祭的动物。在卡托·胡玉克和米诺斯克里特岛，人们除了发现了人格化的女神外，还发现了代表男性气概的公牛——必须死亡的公牛。伊西斯代表着王位的永恒，法老以荷鲁斯（Horus）的身份上任，而总是以奥西里斯的身份死去。[3]男人，男性社会中人类的典范，以一个年轻人的身份进入永恒的秩序，在仪式中象征性地转变为"他母亲的公牛"，正如我们从法老的一个绰号中了解的那样，他迟早会死，就像祭祀的动物一样。因此，神话为大女神精选了一个伴侣，他既是她的儿子也是她的情

---

[1] 参考第 1 章第 5 节；S. Pembroke, "Women in Charge: The Function of Alternatives in Early Greek Tradition and the Ancient Idea of Matriarchy", *Journal of the Warburg Inst.* 30（1967: 1-35）；F. Cornelius, *Geistesgeschichte der Frühzeit* I（1960: 67-71, 78-79），父系制下农民的优先权，但作为后期过渡阶段要适应母系关系（83-86），我们应该记住，尽管他们对上帝之母有极大的敬意，但无论东方还是西方的宗教组织都以男性为主体。

[2] 参考第 1 章第 7 节注释。

[3] Mellaart（1967: 215）.

人；他被称为"父亲"阿提斯①，女神爱他，阉割他，并杀死他。

按照大女神的意愿，与难以言说的献祭紧随的是处女献祭，并且是同一个处女的复原。母亲和处女科尔并肩站着，在原始的男性部落举行的秘密仪式上见面。在神话中，这两人可能变得不易区分并且相互融合②，而大女神就再次融处女、爱人和母亲为一体。但是这位少女也有自己的祭品，一只被认为是父亲的代表的动物公羊，被献给了科尔。③因此，如果按照逻辑继续创作神话时，将引起最复杂的矛盾。实际上，在人类社会的戏剧中，家庭关系和男性活动的对应物都有其必要作用。

在宗教仪式和由此产生的对神的崇拜仪式中，一个群体及其文化的凝聚力持续存在，并通过一种高高在上的永久性权威得到保证。仪式为人们指明了将对抗转变为联合的方向。在历史的风暴中，一般是那些有宗教基础的社会组织最终能维护自己，如罗马帝国留下的全部遗产是罗马天主教堂，在那里举行的重要活动至今仍让人觉得不可思议。在自愿牺牲的古代祭祀中，父亲的意愿成为儿子的意愿。在神圣大餐中重复的祭祀，通过承认有罪带来救赎。一种永恒的秩序因此产生——尽管这样的文明保留了人类暴力，但文明最终还是前进了。所有试图创造新人类的努力都失败了。如果人类能够意识到他还是像很久以前的那样，能意识到他的存在是由过去决定的，那么未来的机会也许会更多。

---

① 伊西斯和王座参考 H.Frankfort, *Kingship and the Gods*（1948：48-45）；*The Intellectual Adventure of Ancient Man*（1946：26）；塞拉匹斯（Sarapis）的祭司每年都要换届，而伊西斯的女祭司却终身任职，L. Vidman, *Isis und Sarapis bei den Griechen und Römern*（1970：48-51）。

② 月亮与狩猎女神阿耳忒弥斯把自己的装饰物放在一个被绞死的女孩身上时，赫卡忒（在以弗所）出现了，参考 Kallim。所以，在因纽特人的神话中，赛德娜被塑造成被献祭的处女。以处女献祭大女神，见 Steph 的著作。

③ 参考第 5 章第 4 节注释。

第2章　三脚锅边的狼人

在第1章中，我们从生物学、心理学和社会学的角度对人类的基本情况进行了介绍，这些在古希腊献祭仪式中均有所体现。然而，尽管史前和民间传说均提供了与此有关的证据，我们仍需要补充提出我们的假说和概括，以继续对此进行探讨。此外，虽然我们是有选择性地挑选案例阐明观点，我们的研究方法还是可能会引发质疑。接下来的章节将写作顺序颠倒了一下。我们将尽可能详尽地探讨多种不同的狂热献祭仪式，接着考察这些仪式细节与第1章所述角度的吻合程度。若在这一探索过程中我们仍可以不断感受到献祭仪式中面对死亡和肯定生命之间的张力，以及包括各种准备工作、恐怖的关键时刻和补偿在内的仪式之外的形式，那么我们的假说也便得到了证明。

希腊古老的宗教仪式与长居于此的当地族群是密不可分的，因此仪式也总是与某些特定地点联系在一起，比如自古便建立起来的神庙和祭坛。但在研究这些仪式的时候，我们总是可以发现它们与其他地区的某些仪式有着相似之处，正如不同的神话体系常常反映同一种仪式结构一样。所以，各个相关的仪式是可以归结在一起的。所谓仪式相似并不意味着它们一定要祈求或崇拜同一个神。通过对一些相似的现象进行比较，我们发现这些仪式的各种细节是可以相互阐释、相得益彰的，在传播的过程中我们可以串联起仪式细节，推测某些传统做法并不总是与民族或语言范畴相一致。

我们首先研究一种相当古老的仪式，因为它反映了扎堆于祭祀餐边的食肉动物群对它的祭祀餐的思想意识，尽管祭祀餐是在锅中烹煮，但这是一项明显的文化成果，而且是仪式的一个重要步骤。对立和不安是仪式所内含的，因此个别仪式不能以其一时的目的进行解释；相反，必须将其放在大背景中理解。我们要研究的不仅是宗教崇拜，而且是在献祭仪式中形成的社会秩序本身。

一　吕卡亚（Lykaia）和吕卡翁（Lykaon）

当海洋民族和多利安人（Dorian）的移民浪潮将迈锡尼文明破坏殆尽时，只有一个作为退隐之地的阿卡迪亚（Arkadia）山区保持了前多利安时期的一些文明特性。后来，它也逐渐融入城市文明兴起的进程中，公元前371年以后便在新建的超级大都市中发展出了一个城市中心。阿卡迪亚人与他们的邻居一样，也意识到自己种族和传统的古老性，即远在希腊化时代之前，田园式的阿卡迪亚就被发现是阿卡迪亚人浪漫向往的环境，阿卡迪亚人也被称为"吃橡子的人"和"比月亮还古老的民族"。①

关于可怕的原始活动的传闻，更多的是有关阿卡迪亚人纪念宙斯的节日。② 在位于阿卡迪亚中心的吕卡翁山区，流传着人祭、食人族和狼人的传说。柏拉图是我们所知的第一个提到这个故事来源的人，"故事与宙斯·吕卡奥斯（Zeus Lykaios）在阿卡迪亚的避难所有关，具体是这样的：谁只要吃了一点与其他祭品的剁碎内脏相混合的人体内脏，他就一定会变成一匹狼"③。柏拉图将这个怪诞的变形记比作一旦开始杀人便无法停手的暴君养成之路。杀戮是会带来恶果的。伪柏拉图式的米诺斯④ 称吕卡亚节

---

① 吃橡子的人，参考 Hdt. 1.66 的神谕 [Parke-Wormell（1958）]；比月亮还古老的民族，参考 Hippys, *FGrHist* 554 F 7; Eudoxos fr. 41 Gisinger = Schol. Apoll. Rhod. 4.264; Schol. Aristoph. *Nub.* 397; Kall. fr. 191.56, Pfeiffer *ad loc.*; Lyk. 482, Schol.。

② W. Immerwahr, *Die Kulte und Mythen Arkadiens*（1891：1-24）；Nilsson（1906：8-10）；（1955：397-401）；Farnell I（1894：41-42, 144-146）；Cook I（1914：63-99；Schwenn（1915：20-25）；Joh. Schmidt, *RE* XIII（1927：2248-2252；G. Piccaluga, *Lykaon*, *Un-tema mitico*（1968）.

③ 565d.

④ 315c.

上的人祭是某种事实，而泰奥普拉斯托斯①则将阿卡迪亚吕卡亚节上的祭祀与迦太基人献给摩洛神的祭祀做比较。

帕萨尼亚斯目睹并描述了在吕卡翁山顶的宙斯圣坛上举行的一个仪式，但是他本人并没有参与该仪式，因为那次祭祀是秘密举行的。为此，帕萨尼亚斯说："我认为对这一祭祀活动进行深入研究并没有什么乐趣，就让它保持原来的样子，正如它一开始那样。"②帕萨尼亚斯还提及并描述了其他对宙斯有着狂热信仰的地区：在吕卡翁山的一个山坡上，有一个无人造访的神秘区域——任何进入该区域的人都会死去③，而且人一旦进入，在里面是没有影子的；还有瑞亚（Rhca）洞穴和山上一个叫克里塔亚（Kretaia）的区域，据说宙斯·吕卡奥斯在那里出生，并由阿卡迪亚女神喂养和照料长大④；最后，山下还有体育场、竞技场和潘的圣所⑤，这是吕卡亚节举办期间各运动竞赛的场地。其他相关的文献资料对帕萨尼亚斯的叙述进行了补充，考古发现在证实我们现有知识的基础上也拓宽了我们的视野，主要是可追溯到公元前7世纪的献祭物，它们在宙斯圣坛附近的一个小土灰堆中被发现。⑥

但关于宙斯圣坛的叙述中被部分隐瞒了的内容，帕萨尼亚斯在讲述帕累西亚（Parrhasia）的达玛科斯（Damarchos）的故事中有所提及。达玛科斯是公元前400年奥林匹亚竞技会拳击比赛的冠军。⑦据说，在对宙斯的祭祀中，他变成了一匹狼，又在此后的第十年变回了人。这种变身又还原的离奇事件的发生是有条件的：总是有人在对宙斯的祭祀中变成狼，但不是永生如此；如果他在做狼的过程中克制食用人肉，据说就可以在变成狼后的第十年再变回人；但是如果他吃了人肉，他将永远是一只野兽。帕萨尼

---

① Porph. *Abst.* 2.27.

② 8.38.7；Kallisthenes，*FGrHist* 124F23；Pi. Ol. 13.108.

③ Paus. 8.38.6；Theopompo，*FGrHist* 115 F 343=Polyb. 16.12.7；Architimos，*FGrHist* 315 F 1（另见 Jacoby Ⅲ B）。

④ 宙斯的圣地（Κρηταία），Paus. 8.38.2；瑞亚的洞穴，Paus. 8.36.3。

⑤ Paus. 8.38.5；*RE* XIII（2237-2240）；Cook I（1914：82）.

⑥ K. Kourouniotis，*Eph. Arch.*（1904：153-214）；Praktika（1909：64，185-200）；Cook I（1914：63-99）；E. Meyer，*RE* XIII（1927：2235-2244）；G. Mylonas，*Classical Studies in Honour of W.A. Oldfather*（1943：122-133）；W. Krämer，"Prähistorische Brandopferplätze"，*Helvetia Antiqua*（1966：111-122）.

⑦ 6.8.2；L. Moretti，*Olympionikai*（罗马，1957）。

亚斯可能是在当地的希腊史料中发现了达玛科斯的传说；如果这与奥林匹亚的胜利有关，那么要早于柏拉图。

《赫西俄德选集》①中有与此相关的神话，并非常明确地反映出了这种仪式。原本只在柏拉图时代流传的一个含糊的传闻，在后来的讲述中演变成阿卡迪亚先祖国王的罪行，这位国王的名字与狼有关，叫吕卡翁（Lykaon）。很久以前，包括宙斯本人在内的诸神前去拜访这位国王时，都会享受一顿平常的祭餐款待。但本该是圣餐，最后变成了食人，因为吕卡翁在山顶的圣坛屠杀了一个小男孩，并将他的血倒在圣坛上，然后吕卡翁和他的刽子手将男孩的内脏与祭肉混合在一起呈上了餐桌。②当然，此举招致了神明的惩罚。宙斯愤然掀桌，向吕卡翁的府邸劈下一道闪电，终结了这个新成立的部落。最重要的是，吕卡翁本人由此变成了一匹狼。在另一个常被讲述的故事版本中，这次可怕的献祭引来了一场足以毁灭人类的洪灾。③然而，吕卡翁的后嗣——阿卡迪亚人存活了下来，一次又一次聚集在圣坛举行秘密祭祀。

关于被切碎内脏并与祭肉混合的男孩的身份，一直众说纷纭。阿波罗多罗斯在《书库》（The Library）中认为这是一个当地的无名男孩；奥维德则称其为"人质"；吕科弗龙（Lykophron）称其为"尼卡提马斯"（Nyktimos），并说他就是吕卡翁的儿子。与此相反，埃拉托色尼的散文援引赫西俄德的说法为其前例④，认为这个男孩是"阿卡斯"（Arkas），与阿卡迪亚的英雄同名，也是吕卡翁的孙子。而男孩的母亲叫卡利斯托，是吕卡翁的女儿，她在与宙斯邂逅并坠入情网的过程中被变成了一只熊。⑤因此，这个男孩既是阿卡迪亚最卓越的"熊之子"，也是宙斯圣坛上的受害者。故事并没有随着男孩的死亡而结束，因为阿卡斯和尼卡提马斯均被列入阿

---

① Hes. fr. 163 M.-W.；fr. 354；Apollod. 3.96-97；Eumelos, *FGrHist* 451 F 8 = Apollod. 3.100；Lyk. 480-481；Xenokles 的悲剧，*TGF* p.770；Ov. *Met.* 1.198-239；Clem. *Pr.* 2.36.5；Nonnos 18.20-24；*RML* II 2165-2168；*PR* I 127-129；Piccaluga, *Lykaon*, 29-98.

② Apollod. 3.98；Nikolaos, *FGrHist* 90 F 38.

③ Apollod. 3.98-99；Tzetz. Lyk. 481；Ov. *Met.* 1.240 ff.；Hyg. *Fab.* 176.

④ Fr. 163 M.-W.= "*Eratosth.*" *Catast. Fragmenta Vaticana*.ed Rehm（1899）.p.2.

⑤ R. Franz, "De Callistu S fabula", *Leipz. Stud.*12（1890：235-365）；*RML* II 931-935；*RE* X 1726-1729；W. Sale, *RhM* 105（1962：133-141）；108（1965：11-35）.

卡迪亚王的古老宗谱。① 在神话中，宙斯使他的祭品复活了②，但是仅让他回到原处，即回到祭祀现场。阿卡斯最后由一个牧羊人抚养长大，他一成长为青年便开始狩猎。有一次，在吕卡翁山，他找到了母亲的足迹。根据某文本所述，他捕获了她；而根据另一文本，他们交媾了。③ 这些神话变体又一次证实了武器与性在狩猎活动中的矛盾性。这一不伦行为发生在人迹罕至的山区。为此，按照习俗，阿卡斯和这只熊必须再次于宙斯·吕卡奥斯的圣坛上作为祭品。神话结束，祭祀的受害者升上天国化成星座。但是，这一仪式却在当地流传，随着时间的推移成为阿卡迪亚人生活中的一个重要内容。

瓦罗（Varro）读到了一位名叫伊恩提斯（Euanthes）④ 的希腊作家所提供的一些奇特细节。必须承认，作家所关注的并不是作为整体的阿卡迪亚人，而是起源于安托斯（Anthos）的一个单一族群，作家似乎认为这个族群是他的祖先。该族群会通过抽签的方式定期选出一个小男孩，将其引至湖边。小男孩必须脱去衣物，将衣物挂在橡树上，然后游过这个湖，最后消失在旷野中，变成狼。他将会在狼群中以狼的身份生活八年，八年后，如果他戒食人肉，便可以回到湖边，游过该湖，从橡树上取下他的衣物，再变回人，尽管此时已经过去了九年，而他也已长大成人。伊恩提斯仅提供了这么多细节。这个故事与之前的作家提供的版本并不一样。⑤ 这与阿卡迪亚的节日吕卡亚没有任何关联，抽签代替了祭餐的说法。但是两者之间也有相近之处：变身成狼、九年的时间和戒食人肉。阿卡迪亚的狼人惯例和家族习惯是否能同时存在呢？随着大都市的建立，阿卡迪亚人接触了城市文明，人们在广场上为宙斯建起了最雄伟的神庙。⑥ 吕卡亚节从此就在此举行，正如帕萨尼亚斯所说，虽然阿卡迪亚人仍然保有在山上的圣坛举行献祭仪式的传统，但是可以肯定祭祀的某些方面已经发生了变化，而

① Paus. 8.3-4，8.24.1.

② "*Eratosth.*" *Catast*：（宙斯）重制之后，他健全了。

③ "*Erat.*" *Cat.* 1 52-53，罗伯特的梵蒂冈残稿"而被她自己的儿子追逐着……；没认出他的母亲，想要娶她"（参考本节注释），最后一个字带隐含之意；Schol. Germ. 64.21 Breysig.

④ *FGrHist* 320= Varro in Pliny *N.H.*8.81；Aug. *Civ.* 18.17；有关阿卡迪亚人源自橡树的说法，参考 Lyk.480；Plut. *Q. Rom.* 286a；有关 Dryas 是阿卡斯妻子的说法，参考 Paus. 8.4.2.

⑤ Nilsson（1906：9）强调过此点；Cook I（1914：73）。

⑥ Paus. 8.30.2.

且从某种程度上说，被文明化了。改革之后，旧有的仪式无法进行了，只在格外保守的家庭中延续。柏拉图的证词出现在这之前，有关拳击手达玛科斯的传说亦然。无论我们如何看待家族传统与泛阿卡迪亚仪式之间的关系，伊恩提斯的文字至少给我们介绍了狼的变形是如何形成的。

帕萨尼亚斯和普林尼（Pliny）都认为这些狼人故事清楚地显示了大众无耻的自吹和可耻的轻信①，而当柏拉图在使用 mythos（神话）这一词时，也表现出了某种怀疑。矛盾的是，现代的研究者没能采取同样的批判性和启发性立场。毫无疑问，狼人确实是存在的，就像豹人和虎人一样，并且他们作为一种秘密的男性组织，一种地下团体，游走于鬼神附身与闹剧之间。在 16 世纪的欧洲利夫兰（Livland）至少有一个"狼人"的案例留有记录。在那里，狼人的活动包括在夜间闯进人们的酒窖，喝光能发现的所有的酒。②更危险且可能更古老的是非洲的豹人团体，他们密谋刺杀行动，并且吃人肉。豹人也曾在卡托·胡玉克古城的壁画上出现③，他们的服装让人联想起希腊后期的半人马和半羊人——那些像利夫兰的狼人一样落入酒桶的"野人"。作为一种猫科动物和攀岩高手，豹是灵长类动物的天敌。通过依循狼的方式进行自我训练，人可以成为猎手和大地之王。那么有没有可能，这些豹人团和狼人团就是这一决定性事件的结果呢？无论如何，关于狼人的古老传说不仅在神话故事中得到证实，而且得到了医生临床报告的验证。西顿的马克卢斯（Markellos）认为有关"狂狼症"的案例其实是一种精神障碍④，是忧郁症的一种特殊形式，只能通过放血这种万灵方法去

---

① Paus. 8.2.6；Pliny N.H.8.80.

② Höfler（1934：315ff.）；L. Gernet，"Dolon le loup"，Mél. Cumont（1936：189-208）= Anthropologie de la Grèce antique（1968：154-171）；W.E. Peuckert，Geheimkulte（1961：100-117）；R. Eisler，Man into Wolf（1951）；B. Linskog，African Leopard Men（Uppsala，1954）；有关 18 世纪沃利斯的狼人，参考 H.G.Wackernagel，Schweiz. Arch. f. Volkskunde 35（1936：1-12）；有关赫梯仪式文本中的"狗人"，参考 ANET 360；有关 Hirpi Sorani，参考 Serv. Aen. 11.785.

③ 参考第 1 章第 2 节注释以及第 1 章第 8 节注释；有关印第安人着狼皮狩猎，参考 F.E. Zeuner，Geschichte der Haustiere（1967：54）。

④ Aet. Amid. 6.11（Oreibas. 8.9；Paul. Aig. 3.16；Physiognom. Graeci II 282）；W.H. Roscher，"Das von der Kynanthropie handelnde Fragment des Marcellus von Side"，Abh. Leipzig 17.3（1897）；Galen XIX 719 Kühn；Paul. Aeg. 3.16；"狂狼症"不再存在于现代精神病学中（与 Piccaluga 的 Lykaon 58 相反）：它是由文化决定的。

解救他们。他认识一些病人在半夜跑出去通过各种方式装成狼和狗,然后大多在墓地游荡到天亮。他们的腿上往往留有狗咬的疤痕。奇怪的是,这种疯病发作起来带有较强的规律,会根据日历出现,通常会在二月——牧神节的举行月份,甚至到了古代晚期,这种所谓的精神障碍也会随着仪式的举行而出现。

通过将阿卡迪亚献祭和当地的神话结合起来,我们可以十分清晰地描绘出一个制度化的仪式。仪式的中心是在宙斯·吕卡奥斯的祭坛上举行的秘密祭祀。根据尼卡提马斯这个名字,我们可以知道仪式发生在夜晚。如他们所说,许多献祭动物的内脏与人的内脏剁碎混合在一起,因此能吃到似乎是偶然的。显然,所有食物都在一个大大的三脚锅里搅拌①,每个人用叉子捞出属于自己的那一份。②所有的人都必须吃光这些祭餐,任何人不得拒绝食用。祭餐将“狼”与“熊之子”——阿卡迪亚人分离开来,就像吕卡翁将自己与诸神分离开来一样。然而,考古学家没在吕卡翁山上的祭祀化石中发现任何人骨。但这也不是绝对的,因为即便在白天都很难将人的心脏、肝脏或肾脏碎片与同等大小的哺乳动物的内脏碎片区别开来,现代外科医生甚至考虑过是否存在器官移植的可能性。在夜晚跳跃的火苗间,只有最里圈的祭祀仆人才清楚漂浮在锅中的到底是什么。不过,可以从传统、社会约束中获得强烈的暗示。人的内脏很有可能是存在的。证据在于仪式对参与者的影响上:

① 因为荷马在有关祭祀以及大部分关于花瓶的描述中仅提及在铁叉上烘烤的行为,熬煮这一点大多被忽略了;甚至没有提供有关这一点的任何信息,比如 Stengel(1910;1920)的版本;圣锅的重要性也得到了研究,参考 K. Schwendemann, *JdI* 36(1921:151-185);P. Guillon, *Les Tréspieds du Ptoion*(1943:87-174),但是没考虑其作为烹调锅的作用;Caeretan 提到了用铁叉烘烤肉和锅内熬煮肉的行为,Villa Giulia, *ASAA* 24/26(1946/48:pl.4);雅典卫城,Graef-Langlotz nr.654,米利都乐师行会法令中的“内脏烧烤,鲜肉烹煮”……*Molpen SIG* 57 = *LSAM* 50.35;有关荷赖祭祀上的熬煮传统,参考 Philochoros 328 F 173;“半熬煮半烘烤”是吕卡翁可怕盛宴故事的典型主题,Ov. *Met.* 1.228-229;Thyestes Accius 220-222, Sen. *Thy.* 765-767; Harpagos, Hdt. 1.119; Tereus, Ov. *Met.*6.645-646; Dionysos, *OF* 35=Clem. *Pr.* 2.18; Eur. *Kyklops* 403-404;俄耳甫斯禁忌:被煮的,不可烧烤,Arist. *Probl*, *ined*.3.43 Bussemaker(Paris 1857);Isambl. *V. Pyth.* 154, Ath. 656b;有关熬煮公羊,参考 *IG XII* 7, 515.78;有关德国在进行祭祀时煮肉的传统,参考 J. de Vries, *Altgermanische Religionsgechichte* I(1956²:416-420)。

② 有关将三叉戟用作肉叉的传统,参考 AT I. Sam. 2.13(Exod, 27.3);E. D. van Buren, *Symbols of the Gods*(1945:138);三叉戟还以鱼叉的形式出现,Bulle, *RML* III 2855;Simon(1969:82);J. Boardman, *CR* 21(1971:143);参考第3章第8节注释。

每次都有一个或是更多的人染上"狂狼症"无法自拔，无论是发自内心或是因为出于无法获知的原因而走火入魔。"食者"和"屠夫"是两回事。这些"狼"消失在黑暗中，并且远离人类聚居地数年。待到曙光照射到圣坛东面圆柱顶端的金雕上时，这种祭祀活动才画上了句号。

伊恩提斯所描述的狼的"变形记"应被视为一种成年仪式，因为脱下衣物游过湖明显是一种成长仪式。如果说达玛科斯在变成狼后获得了奥林匹亚竞技会的胜利，那么他变形时可能不超过 16 岁。现在可以肯定的是，新手，即首次参与夜间仪式的人，最容易受他人建议的影响，因此也最容易在认清自己竟吃了人肉这一令人震惊的事实后被操纵。我们从中推测，"狼"与"熊之子"的分离反映了一种年龄的分化。神话故事中说的是一个"小男孩"被献祭，这恰好代表了男青年必须告别某个年龄段。若要成为成年男子，这个男孩就必须死，即成年之前首先要经历流放的过程。正如我们所见，作为狼在野外生活一般在 16 岁到 25 岁之间，这与后来的斯巴达秘密警察组织很像。[①] 米隆（Myron）在有关美塞尼亚战争的史料中认为[②]，阿卡迪亚的勇士背的不是盾，而是狼和熊的皮。这种行为尽管很野性和原始，但是足以使阿卡迪亚保持独立。

在谈到祭祀节的准备活动时，与此有关的神话提及了那个被称为"人间禁区"的山区。因为阿卡斯和那只熊都闯入了禁区，因此他们必须成为祭品。[③] 打破禁忌的人当场就被诅咒和献祭，注定要成为祭品。据说肉食动物在追捕它们的猎物时，都不会越过那道防线。[④] 虽然被囚禁在一个无法逃脱的地方，但猎物在这个小小的区域内是自由的，狼只会在这个禁区外等待。很明显，这一禁忌只是这种祭祀性杀戮存在并且合理化的一个借口。这些祭物如果"出于自愿"越过那道防线获得"自由"，最后的结果可能也是被杀。阿卡迪亚这个名字本身就带有"熊的节日"之意，与节日非常

---

① Jeanmaire（1939：550-569）.

② Paus. 4.11.3；Verg. *Aen.* 8.282.

③ "Erat." *Cat.* 1. pp. 52-53 Robert.

④ Ael. *Nat. an.* 11.6，其提及了吕卡翁山上的潘神；据推测，它是库里翁山（Kurion）（塞浦路斯）上的阿波罗·许拉塔斯（Hylatas）神庙的同类物；Ael. *Nat. an.* 11.7：无论谁，只要触碰了阿波罗的圣坛，就要被丢下峭壁；Strabo 14 p.683；任何进入吕卡翁山的人都被认为是一只"鹿"，参考 Plut. *Q. Gr.* 300 a-c.

符合。① 当然，历史上熊是否生活在阿卡迪亚是值得商榷的问题，也许公羊曾经被当作替罪猎物。

很明显，女性是被阿卡迪亚的夜间祭祀仪式排除在外的。但是，有一类女性例外，只有"圣化的女性"能进入瑞亚生下宙斯的那个洞穴②，因为她们代表着曾照料过宙斯的阿卡迪亚女神。男性聚集在一起从事祭祀和杀戮行为，而女性参与照料新生命的活动。因此，可以说，两性的分化伴随着生命的历程，在面对死亡时共同守护永恒。

因此，一定有一个新的团体填补因从事祭祀活动而产生的空缺，在山顶的圣坛举行完祭祀活动之后，山下也展开了一场竞赛活动。根据色诺芬（Xenophon）所言，希尼亚斯（Xenias）的阿卡迪亚人甚至在外国的土地上"举行了宙斯·吕卡奥斯祭祀和一场竞赛"③。在罗列希腊竞赛节时，品达几次提到"宙斯·吕卡奥斯的节日聚会"和"宙斯的赛马场"④，它甚至被认为是希腊竞赛中最古老的。⑤ 奖品是一个青铜器物，也可能是一个三足鼎，它们不断提醒着这是夜间节日。已变身为"狼"的人当然是不被允许参加这一竞赛的，但是在九年肉戒之后变回人身的人被允许参加。因此，对于达玛科斯来说，为狼的 9 年时间是在为竞赛做准备，甚至也是在为他所取得的奥林匹亚竞技会的胜利——助他超越阿卡迪亚、蜚声整个希腊——做准备。在这场祭祀后的竞赛中，人们的社会角色得到重新界定。有人被排除，有人获得准入。成长的年轻一代成员被迫离开到野外，而到了适婚年龄的25 岁成人可以参加运动竞赛。⑥ 他们如今是真正的阿卡迪亚人，是与食肉猛兽相对的"吃橡子的人"。他们已经找到了自己的路，可以在不面临危险的情况下参与祭祀活动，从圣坛上取下花环，投到青铜三足鼎内。

说来奇怪，除了宙斯之外，还有一个神——长得像山羊的好色的神潘

---

① 参考第 1 章第 2 节注释；出现于 *LSS* 115 B 16（公元前 4 世纪），而并不只是出现于 Septuagina。

② Paus. 8.36.3.

③ Xen. *Anab.* 1.2.10；（他）进行了吕卡亚祭典，并举办了赛会。

④ *Ol.* 9.96；*Nem.* 10.45-48；*Ol.* 7.83-84, 13.107-108.

⑤ Paus. 8.2.1；Pliny *NH* 7.205；Pind. *Nem.* 10.45；Polemon Schol. Pind. *Ol.* 7.153d（153c）；Pind. *Ol.* 7.84；Arist. fr. Imhoof-Blumer（1886：105）.

⑥ 竞争和婚礼，参考第 1 章第 7 节注释。

（Pan）也参加了竞赛。他的神林和圣所在体育场附近①，与他同名的那位组织吕卡亚竞赛的官员曾是宙斯的轮替祭司，也是当时潘的祭司。②而且，当时阿卡迪亚的硬币上一面是宙斯的头像，另一面是潘的头像。③在神话宗谱中，阿卡迪亚的潘神是宙斯的儿子，也就是阿卡斯的同胞兄弟或同父异母的兄弟。④同样，阿卡斯是由"牧羊人"抚养长大的说法⑤明显反映出，对潘神的狂热信仰在一个正在成长的男孩的生活中所具有的分量。因此，这与阿卡斯的母亲克利斯托所属的女猎手阿耳忒弥斯的世界完全相反。宙斯和潘几乎代表着侵略与性之间的对立，或至少是规则与野性生活之间的对立，而划分各个团体的那场严肃的祭祀活动代表着在获得许可期间统一的对立。但是有关这项活动的具体细节和发生的时间顺序尚不清楚。

　　因此，阿卡迪亚仪式上的主持者面对着许多奇怪的对立面：肉食动物和祭牲，狼和熊，狼和牡鹿，吃肉的人和吃橡子的人，黑夜和白天，祭祀和竞赛，宙斯和潘，老与少，男与女，杀戮和新生。从特性上说，这些对立面并不都存在统一的二重性，一般会互相转化，就像黑夜会变成白天，狩猎者会变成猎物，食人者会变成禁欲者，活着的人被杀，死去的人复活，等等。总之，这场"秘密的祭祀"反映了狩猎的原始性。

二　奥林匹亚的珀罗普斯

　　由于阿卡迪亚人是最古老的族群之一，因此吕卡亚节基本上还是一个纯属于阿卡迪亚人的地方性活动。它的光芒明显被奥林匹亚竞技会遮蔽了。奥林匹亚竞技会每四年举办一次，举办地点在阿菲欧斯河（Alpheios）岸

---

① Paus. 8.38.5［"Zufall"，Nilsson（1906：444.2）］；……潘神的谕所，Schol. Theocr. 1.123c。

② *IG* V 2.550.

③ Cook I（1914：68-70）；宙斯·吕卡奥斯神庙的潘雕塑，参考 Paus. 8.30.2-3；宙斯·吕卡奥斯圣坛和帖该亚城（Tegea）的潘圣坛，参考 Paus.8.53.11。

④ Epimenides，*FGrHist* 457 F 9=Schol. Theocr. 1.314c；Schol. Theocr. 1.123b；Aristippos，*FGrHist* 317 F 4；潘是埃忒尔（Aither）的儿子，Ariathos，*FGrHist* 316 F 4；有关潘是赫尔墨斯的儿子的说法，参考 Pind.fr. 100；有关潘神是天文学创造者的说法，参考 Schol. Lyk. 482。

⑤ "Eratosth." *Catast*., p.2=Hes. fr. 163；根据另一版本（"Erat." Cat. p.52 Robert），母熊及其子被……捕获。

边，克洛诺斯山脚下，宙斯的圣林里。① 运动会不仅在伯罗奔尼撒是团结的最重要体现，在整个希腊亦是如此。众所周知，它从运动和政治上，甚至从精神上赋予希腊人一种认同感，这是其重要性所在。在品达的时代之后，希腊人依然很清楚运动会也是一种宗教节日，这从著名的雕刻家菲狄亚斯（Pheidias）创作的宙斯雕像中亦可得知，因为菲狄亚斯创作的宙斯雕像被认为是希腊人关于神的概念的最重要表现。但是很少有人注意到这种宗教体验和运动会是以宗教仪式为载体的，而这种宗教仪式又与吕卡亚节这一发生在珀罗普斯地区和宙斯圣坛的祭祀仪式有着惊人的相似之处，然而有关这一问题的史料非常零碎。②

尽管有迹象表明前多利安传统存在，但奥林匹亚神庙③的历史似乎从几何时代就开始了。从那时起，这场运动盛事就变得越来越重要。胜利者的名单开始出现于公元前776年可能不是偶然，因为也就是在那时希腊字母表产生了。④ 通过与伊利斯（Elis）城邦的斗争，比萨（Pisa）获得了这项盛事的举办权长达好几代，直到公元前6世纪比萨城被毁，泛希腊组织裁判所成立，总部设在伊利斯。⑤ 我们从考古资料中发现这一圣殿有着辉煌的建筑史，它于古代晚期开始衰落，直到狄奥多西（Theodosios）大帝最终废除这项赛事。⑥ 但要了解奥林匹亚的宗教祭祀和竞赛活动，考察遗迹比看文字资料容易得多，因为考古现场有着最多元化的传统：前多利安和多利

① E.N.Gardiner, *Olympia, Its History and Remains*（1925）；W. Hege, E.Rodenwaldt, *Olympia*（1936）；L.Ziehen, J.Wiesner, *RE* XV Ⅲ（1939：1-174）；A.Mousset, *Olympie et les jeux grecs*（1960）；E.Curtius, F.Adler, *Olympia*（1890-1897）；W.Wrede, E.Kunze, *Bericht über die Ausgrabungen in Olympia* 1-5（1944-1964）；E.Kunze, *Olympische Forschungen* 1 ff.（1944ff.）；胜利者的名单参考 L.Moretti, *Olympionikai*（Rome 1957）。

② A.B. Cook, "Zeus, Jupiter and the Oak", *CR* 17（1903：268-278）；L.Drees, *Der Ursprung der Olympische Spiele*（1962）。

③ F. Mezö, *Geschichte der Olympischen Spiele*（1930）；U. Kahrstedt, "Zur Geschichte von Elis und Olympia", *NGG*（1927：157-176）；F. Jacoby, *FGrHist* Ⅲ B：Kommentar 221-228.

④ L.H.Jeffery, *The Local Scripts of Archaic Greece*（1961：20-21）。

⑤ 传统是迟缓的、令人迷惑的，参考 Paus. 6.22.3-4（比萨城 588 年被毁）；Strobo 7 p.355（F.Bölte, *RE* UⅡ A 196-197）；比萨被伊利斯和斯巴达在美塞尼亚战争中所毁；Aeist. fr. 533；Jacoby, *Apollodoros Chranik*（1902）。

⑥ 反异教祭仪的禁令参考 *Cod. Theod.* ⅩⅥ 10.10-12（391-392）；最后一届奥林匹亚竞技会发生在 393 年。

安的，比萨和伊利斯的，地方和泛希腊的。而且，它们常常被当地的爱国情怀和政治热情扭曲，或因为族谱已经成体系①，因为我们往往只能按功能将那些同类的传统拼接起来。

在这样做的时候，我们不得不忽略奥林匹亚竞技会最重要的神话底蕴。虽然珀罗普斯在赛车比赛上将希波达弥亚（Hippodameia）从其父亲俄诺马诺斯（Oinomaos）的手中拐走及俄诺马诺斯坠车身亡的故事已经写入伪赫西俄德式的希腊族谱诗中，并且该诗于约公元前570年出现在雅典的居普塞洛（Kypselos）的木箱中，虽然位于宙斯神庙东面的山花饰雕绘也描绘了关于这场赛车比赛的准备工作②，但是只有当赛车成为最有声望和最奢侈的运动，并因此成为竞赛的重要项目时，这个神话才确立了其在奥林匹亚的重要地位。然而，根据保存下来的奥林匹亚竞技会胜利者的名单可以看到，赛车首次进入奥林匹亚竞技会是在第二十五届，也就是公元前680年。③在此之前，仅记录竞走胜利者的名单。诚然，与希腊其他的圣殿一样，早在公元前680年的还愿献礼中已有双轮战车的复制品，也许诡计多端的战车御者弥尔提罗斯（Myrtilos）的名字可追溯到赫梯——可能与双轮战车于公元前2000年的引进有关。④但是这些丝毫未触动奥林匹亚竞技本身。相反，根据希波达弥亚神话的具体内容，它反映了埃利亚畜牧仪式的奇怪禁忌⑤；而它对奥林匹亚的渗透则证明了公元前7世纪伊利斯不断提升的影响力。但是赛车竞技场离阿尔提斯（Altis）的宙斯神庙十万八千里远，它在阿菲欧斯河的平原上，而运动场则正好就在这片圣区里，面向宙斯圣坛。⑥

---

① 以下的讨论不触及构成恩底弥翁（Endymion）游戏基础的那种传统，Paus.5.1.4，5.8.1，5.13.8，5.14.7；或者宙斯战胜克洛诺斯之后，Paus，5.7.10，8.2.2。

② PR. II 206-217；Hes. fr. 259M.-W.；Paus. 5.17.7；M. L. Säflund, *The East Pediment of the Temple of Zeus at Olympia*（1970）.

③ Paus，5.8.7；被L.Deubner所质疑，参看其1936年著作，第26~27页。

④ H.R.Hall, *JHS* 29（1909：19-22）；F. Schachermeyr, *Anzeiger für die Altertumswissenschaft* 19（1966：16）.

⑤ G. Devereux, "The Abduction of Hippodameia as 'Aition' of a Greek Aniaml Husbandry Kite", *SMSR* 36（1965：3-25）；Hdt.4.30；Plut. *Q. Gr.* 303b；Paus. 5.5.2.

⑥ E. Kunze，5. *Bericht über die Ausgrabungen in Olympia*（1956：10-12）；*AJA* 52（1948：492-493），除了赛跑，其他种类的项目都是新加进去的，Plut. *Q. conv.* 675c；Paus.5.8.6，8.26.4；Philostr. *Qymn.*12.

奥林匹亚竞技会的著名竞赛是在运动场内举行的竞走比赛，它一直以来都带有祭典功能。

宙斯圣坛、运动场和珀罗普斯的圣地都是奥林匹亚圣所的祭祀中心。不用说也能知道祭祀活动一定包含献祭。当然，在这样一个常用的圣所里，无论何时都有非常多样的仪式活动：私人性质的、偶尔举行的祭祀仪式；日常的和年度的国家祭祀仪式——这是非常重要的，因为伊利斯的城市管理层积极参与奥林匹亚竞技会的筹备活动；还有在每四年一次伟大的奥林匹亚竞技会上举行的所有祭祀活动。但是，鉴于它们在同样的地方与同样的英雄或神相关，我们可以推测，小型的祭祀活动和大型的祭祀活动之间、偶尔举行的祭祀活动和频繁举行的祭祀活动之间，都有相似之处。从本质上说，它们要表达的是同样的内涵，无论仪式是简单的还是复杂的。

"伊利斯人最敬重的英雄是珀罗普斯，就好比他们最敬重的神是宙斯一样"，帕萨尼亚斯说。[1] 品达也表明了自己与众不同的立场："而如今，他已融入荣耀的葬礼祭典中，躺在了阿菲欧斯河的浅滩，在访客极多的祭台旁拥有喧闹的墓冢。"[2] 宙斯圣坛曾是阿尔提斯真正的中心，最终成为一个简陋的土堆，尽管它也曾因无数访客到此祭祀而创造了令人瞩目的辉煌。[3] 离宙斯圣坛西边不远的地方是珀罗普斯的地盘，四周围着一圈石头。人们往往会在给宙斯献祭之前先给珀罗普斯献祭[4]，尽管祭祀规模都不大，但他确实获得了同样多的献祭。无论是给宙斯还是给珀罗普斯的献祭都需要用到白杨木，这种木头一般是由一名经过特别任命的祭司提供的，他被称为樵夫。[5] 珀罗普斯所在区域的入口在西边，而宙斯圣坛可从运动场的方向进入，也就是东边。在对珀罗普斯的献祭中，血被倒入祭祀坑[6]，也就是说，对珀罗普斯的祭祀是向下的，而宙斯圣坛则越来越高。因此，这两个

---

① 5.13.1.

② *Ol.* 1.90-93.

③ Paus.5.13.8-11, 14.1-3；Thuk.5.50.1；关于土堆形状，参考第 2 章第 1 节注释。

④ Schol. Pind. *Ol.*1.149a，且在宙斯之前，先献祭给伊利斯人的诸位先王。

⑤ Paus.5.13.3, 14.2；关于铭文中的"白杨木砍伐者"，参考 *Olympia* V（1896：62，64，121，122，124）。

⑥ "进入（祭祀）坑中"，Paus. 5.13.2。

祭祀对象因一种对立的张力而联系在一起。英雄和神就像黑夜和白天。珀罗普斯的名字意为"阴暗面"①，与神的光明之意相反。竞赛在白天举行，而且不能持续到天黑。② 当赛程拉得过长时，五项全能和赛马提前，接着是祭祀活动③，最后才是竞走比赛。因此，对珀罗普斯的祭祀准备活动放在夜晚。伊利斯人根据他们的传统屠杀了祭牲以后，供奉的部分会先放在圣坛上，稍后再燃烧。竞走运动员站在离圣坛一个赛道的地方，圣坛前有一名祭司用火炬发出开始信号。胜利者将点火燃烧部分供奉的祭品，然后以奥林匹亚竞技会胜利者的身份离开。因此，根据古代资料，斐洛斯特拉托斯（Philostratos）④ 描述了以圣坛为目的地的竞走比赛的赛程有一个赛道那么长，运动员则集中于大型露天运动场。事实上，早期运动场的起点就在圣坛。斐洛斯特拉托斯还将二次赛跑与祭祀联系在一起，"伊利斯人结束祭祀后，所有在场的希腊使节都要献祭。为了不耽误祭祀活动的进行，跑步运动员在距圣坛一个赛道远的地方开始奔跑，把那些希腊人喊来，然后转头返回，仿佛在宣示在场希腊人高兴的心情。这就是所谓的二次赛跑"⑤，从圣坛开始，并在那里结束。帕萨尼亚斯对圣坛的描述更加细节化："按照传统，要在圣坛的底部屠杀祭品，即在所谓的圣餐台。然后把屠杀后的成果搬到圣坛的最高点，在那燃烧……只有男人才能从圣餐台爬上高处。"⑥因此，竞走比赛前要有一次血腥的杀戮行为；同样，珀罗普斯在此之前"受到血祭"。人们在比赛的终点，也是得分点，在那古老的土堆顶端点火燃烧股骨。这场比赛标志着从血到净化的火的转变，从遭遇死亡到体验生存的喜悦的转变，这体现在胜者的力量上。因此，奥林匹亚这一最重要的竞赛是从珀罗普斯圣地到宙斯圣坛的祭祀活动的一部分。

向宙斯献祭最适合的祭品就是公牛⑦，而向珀罗普斯献祭最合适的则是

---

① J. B. Hofmann, *Etymologisches Wötrerbuch des Griechischen*（1950）；*RE* Suppl.VII 849.

② Paus.5.9.3.

③ Paus.5.9.3.

④ Gymn. 5.

⑤ Gymn.6.

⑥ Paus.5.13.9-10.

⑦ Dion Chrys. Or. 12.51；奥林匹亚公牛的献祭参考 Ath.412-413a；Phylarchos, *FGrHist* 81 F 3。

黑山羊——这也突出了仪式黑暗的一面。帕萨尼亚斯这样形容伊利斯官员每年举行的珀罗普斯祭祀仪式："这个祭祀没有先知的份儿；惯例是仅给所谓的樵夫山羊的颈部……任何人，无论是伊利斯人或外地人，只要吃了献祭给珀罗普斯的肉就不得再参加宙斯献祭"①——也就是说，他不能进入宙斯圣区或靠近圣坛。帕萨尼亚斯对这条规则阐释得比较笼统，它肯定不是用在每年一度的祭祀活动上，而是适用于所有在宙斯献祭之前举行的对珀罗普斯的献祭，尤其是在特定节日期间举行的。

从特征上说，公羊献祭也出现在与珀罗普斯、俄诺马诺斯和希波达弥亚有关的神话中。据说，俄诺马诺斯也屠杀公羊作为祭品，然后让求婚者开始比赛，直到祭品的"供奉部分"燃烧殆尽。若有求婚者逃跑，他便在求婚者后面追，一旦追上杀无赦。②有一系列的瓶画根据这一悲剧场景描绘出了公羊献祭的情形。③应当说明的是，这些公羊是白色的，也有可能是因为出现了干扰因素而使艺术形象发生了变化，甚至传说也从仪式中抹掉了。但是在公元前7世纪时，那些讲述神话的人开始将珀罗普斯与竞赛和公羊献祭联系起来，正如它们在帕萨尼亚斯和斐洛斯特拉托斯出现前也与仪式联系在一起一样。

珀罗普斯的神庙不是一座普通的坟墓。据说，他的骨头被保存在距离阿耳忒弥斯·寇达克斯（Kordax）圣所④不远的一个箱子中，而他的一块特别粗壮的肩胛骨则单独保存以供展示，但是这块肩胛骨在帕萨尼亚斯的时代就不复存在了。⑤当然珀罗普斯被割裂的肩胛骨与其他可怕的神话故事有密切的关系，品达在其《奥林匹亚赋》中提及了这一可怕的神话故事，并对其进行愤怒的拒斥，认为这只是诗人恶意的捏造。⑥这个神话与吕卡翁

---

① Paus.5.13.2；神职人员和那些屠宰者必须离开巴比伦，*ANE* T 333。

② Diod. 4.73.4：一方面，俄诺马诺斯［Οἰνόμαος，希腊伊利斯地区比萨（Πῖσα）地方的国王］过去一直献祭公羊……另一方面，那个时候他们通过焚烧祭品使祭典圣化，然后开始比赛。

③ Brommer（1960：370）；*ARV²* 1440.1，fr. Ⅲ 151，Harrison（1927：218）；Cook I（1914：408）.

④ Paus.6.22.1.

⑤ Paus. 5.13.4-6；Lykophr. 52-56，Schol. 54；Apollod. Epit. 5.10-11；Schol. LV II. 6.92；Dionysos，*FGrHist* 15 F 3；Firm. Err. 15.1；珀罗普斯的肩胛骨保证了珀罗普斯家族在特洛伊的胜利。

⑥ Pind.*Ol*.1.26-27，47-53.

的神话同时出现，大意是这样的：在宙斯的带领下，诸神前去拜访坦塔罗斯（Tantalos）并参加节日盛宴。但是坦塔罗斯不知为何将原本的圣餐变成食人餐，他屠杀了自己的儿子珀罗普斯，并将他当作食物献祭给诸神。陷入对科尔深深哀悼的得墨忒耳在不知情的情况下拿起了那块肩胛骨，吃了下去。宙斯及时展示了他的正义感，但至于他是如何处置这件事的至今尚未有定论。总之，珀罗普斯的四肢在祭祀用的锅中复原了，他再一次复活。只是那块缺失的肩胛骨由一根象牙代替了。①

在品达之后，希腊人常认为这场诸神食人宴发生的地点是在小亚细亚的西皮洛斯山（Sipylos）。② 现代神话学者认为，坦塔罗斯和吕卡翁的神话一定是相互影响的。因为二者都描述了一场祭祀活动，从剁碎祭品到在锅内烹煮，再到通过将骨头拼凑回去使之复活的典型结局，二者的仪式过程也都与某个特殊的地方有关。珀罗普斯的肩胛骨在奥林匹亚，而不是小亚细亚展出。与珀罗普斯神庙一样，宙斯圣坛与运动场也非常近，因此，唯一能进入运动场的女人是得墨忒耳神庙的女祭司，她在裁判席（Hellanodiken）对面圣坛的竞赛场地上就位。③ 因此，奥林匹亚仪式将神话中出现的每一个神都联系在一起，包括珀罗普斯、宙斯和得墨忒耳。令品达大为震惊的那个有关珀罗普斯的食人神话明显指的是奥林匹亚节。

很奇怪，这位英雄在神话中的命运竟和在珀罗普斯神庙被屠杀的公羊联系在一起——因为同一块肩胛骨的缘故。希腊与其他地方一样，羊的肩胛骨在羊祭中扮演着特殊的角色。在米克诺斯岛人举行的对波塞冬的献祭仪式上，"将后背骨和肩胛骨剁碎，还要在肩胛骨上淋点酒"④ 这一做法是相当明确的，这体现了先毁灭后赋予其神圣荣誉的意思。在斯拉夫和德意志的民间宗教中，羊的肩胛骨可以用于预言⑤，而奥林匹亚的预言家也会参与对珀罗普斯的献祭。我们不清楚古代具体是如何处置羊骨的，斐洛斯特拉

① *PR* II 290-292；Bacchl. fr. 42；Eur. *Iph. Taur.* 386-388；Lyk. 152-155.

② Pind.*Ol.*1.38；*PR* II 286.

③ Paus.6.20.9，6.21.1；8. *Bericht über die Ausgrabungen in Olympia*（1967：69-74）.

④ *SIG* 1024.5 = *LS* 96.7，背部（νῶτον?）和肩胛骨被敲击着，肩胛骨被（用于）祭奠；Eur. *Bacch.* 1125-1127；Theocr. 26.22；Hdt. 462.

⑤ F. S. Krauss，*Volksglaube und religiöser der Südslaven*（1890：166-167）.

托斯仅以"他们根据传统"①这个简单的说法将这个问题一笔带过，我们所知道的是，无论是在羊祭还是在珀罗普斯的神话中，古代狩猎和祭祀传统中都有对羊骨进行特殊处理的痕迹。

有一点是可以肯定的，那就是大三脚锅在祭祀传统中扮演着极其重要的角色，并且体现了奥林匹亚的献祭与吕卡亚之间的联系。虽然一开始没有火，但至少有一部分祭肉会集中在锅中熬煮。庇西特拉图（Peisistratos）时代流传的一个传说明确提到这一点，该传说后来也为希罗多德重述：当未来的雅典暴君之父希波克拉底（Hippokrates）"在奥林匹亚观看比赛时，虽未担任任何公职，但是一个伟大的奇迹发生在他身上，在他祭祀后，盛满了肉和水的三脚锅在没有任何火助燃的情况下开始沸腾并溢出"②。根据斐洛斯特拉托斯所言，希波克拉底显然是在二次赛跑后进行祭祀的人之一。锅的自燃象征着希波克拉底身上散发出的获胜的力量，预示着他即将出世的儿子将成为暴君。这就是在奥林匹亚举行的泛希腊节上烹调用的三脚锅的重要之处。正如考古所发现的，自公元前10世纪起就有大量供奉用的三脚架也就不足为怪了。③而且，当宙斯大神庙于公元前5世纪建成时，建筑师们选择奥林匹亚献祭的标志——三脚架——作为雕塑的底座④，这些三脚架见证过拉庇泰族（the Lapiths）和半人马之间的战斗，也见证过珀罗普斯和俄诺马诺斯之间的四轮马车比赛。

正如阿卡斯是阿卡迪亚的祖先一样，珀罗普斯也是与整个"珀罗普斯岛"（伯罗奔尼撒）齐名的英雄，正如阿卡迪亚人会聚集在一起庆祝宙斯·吕卡奥斯节一样，"珀罗普斯岛"的居民也会聚集在一起举办奥林匹亚节，后来整个希腊的人也都在"克洛诺斯-珀罗普斯的土地上"⑤庆祝这一盛事。正如向宙斯·吕卡奥斯的献祭使阿卡迪亚社会实现了分化一样，奥林匹亚的祭祀仪式也突出了社会分工。这一区别在为珀罗普斯进行山羊献

① Philostr. Gymn.5.
② Hdt. 1.59；献祭的公羊在比赛结束后会被烹煮且分食。
③ F. Willemsen，"Dreifusskessel von Olympia"，*Olympische Forschungen* 3（1957：161）；H. -V. Herrmann，"Die Kessel der orientalisierenden Zeit"，*Olympische Forschungen* 6（1966）.
④ Paus.5.10.4.
⑤ Pind.O*l*.3.23.

祭的人中最为明显。这一神秘、阴暗的夜间祭祀活动允许进食，但是食者必须在进食后避开光明天神宙斯，对食者的驱逐堪比对吕卡翁狼人的驱逐。当然，同龄人和初加入者不再是这一泛希腊节的一部分。因此，祭肉便给了任何碰巧在场的流浪者。一个有着神圣地位的人也吃了一些羊肉，那就是"樵夫"。因此，他被永远地排拒在宙斯圣区之外。其他人可以在沐浴后再回来，正如帕萨尼亚斯援引的一个相同的例子——帕加马净化浴。[1] 但是，"樵夫"是为燃烧宙斯的祭品提供木柴的，正因为如此土灰圣坛才会越来越高，他是纯真喜剧中的典型分配角色。在羊祭中，预言家必须进行斋戒，运动员也是如此。我们能确切知道的是至少在公元前 6 世纪晚期之前，运动员要经过三十年的准备期，其间只能吃奶酪和无花果等素食，同时要禁欲。[2] 这种"断念"和集中力量注定会使他们实现最终目标，赢得竞争，获得胜利，然后参加献祭仪式。许多献祭仪式在胜利后举行，如国家出资举办宴会，胜利庆祝会上会有一次夜间游行。在阿耳忒弥斯·寇达克斯（一种粗野舞蹈）的名字由来的故事[3]中，由于珀罗普斯的伙伴是在阿耳忒弥斯圣区内进行游行，因此，我们可以从中推测当时人们内心积累的性冲动已经迸发并表现在公开的节日庆典中。但是，珀罗普斯的遗骨保存在阿耳忒弥斯·寇达克斯圣区，可以这么说，献祭是这种放纵不羁的庆典的基础。在这以后，军队象征符号的使用标志着秩序的回归：小号代替了笛子，穿盔甲取代了裸体的运动员[4]，这是对所有希腊男性的规范。

即使不是处女，女性也不得参加奥林匹亚竞技会，否则将面临死亡的威胁。[5] 这一节日将家庭成员分隔开来以突出他们之间的关系。奥林匹亚的女性在竞技会前和竞技会后均有要做的事情。在节日开始前的一个晚上，女性会哭泣、哀号着在体育场集中，等待献祭。据说这么做是为了纪念阿喀琉斯[6]，但这也许并不是祭祀前的"天真喜剧"发生的首要原因。运动会

---

① 5.13.3，关于"白杨木砍伐者"参考本节注释。

② 那些（用于滴滤乳清的）编织篮里的乳酪，参考 Paus. 6.7.10.

③ Paus. 6.22.1；Schol. Aristid. III 564，……在对珀罗普斯的屠杀中，潘神起舞。

④ Philostr. Gymn.7；Plut. *Q. conv.* 639e；Artemidor 1.63.

⑤ Paus.5.6.7，6.7.2；Ael. *Nat. an.* 5.17；Philostr. Gymn.17.

⑥ Paus.6.23.3.

过后，她们将举办一场属于自己的节日庆典，称为赫拉运动会。① 赫拉神庙比宙斯神庙建造的时间要早得多，这不是因为宙斯的地位不如赫拉重要，而是因为男性聚集的地方是杀戮发生的地方——土灰圣坛，而赫拉这位女性之神则守在自己的家园。从另一方面说，男性也被禁止进入宙斯·索西波利斯（Sosipolis）和厄勒提亚（Eileithyia）位于克洛诺斯山山坡上的神穴中。② 每年会有一名年迈的女祭司和一名处女用"双耳长颈高水瓶"负责在厄勒提亚的房内执行对圣婴的崇拜。圣婴姓甚名谁似乎不是太重要。尽管品达提到过"伊达山洞穴"③，公元前5世纪时也曾为神之母建过庙，但奥林匹亚仍不足以被认为是宙斯的出生地。通过这种仪式活动可预料到，在珀罗普斯浸血的男性领域，不断发生的杀戮势必在洞穴里神秘的出生中有女性领域的对应物，但这一问题与圣婴的名字一样，也不太重要。那么正如索西波利斯的名字所示，"城市被拯救"是如何发生的呢？这样，位于吕卡翁山山坡上的瑞亚洞穴一定在奥林匹亚有对应物。通过把由节日分隔开的各个方面，即男权和女权连接在一起，生命之环便完整了。

当比赛变成高度组织化的商业活动，而且当运动本身变得重要时，男性和女性之间的联系变得不那么重要了，然而两者互相牵绊着存在了数千年。在奥林匹亚竞技会上获胜是一个特殊社会事件，但是胜利者的地位和在城市中的排名主要体现在祭祀活动中。竞走胜利者将是第一个点燃祭祀之火的人，之后使节们将按希腊的法官特别设定的顺序献祭。个人成绩带来的荣耀和圣坛周边的神圣光辉紧密相融。在每次的节日竞赛中，参与其中的团体都展示他们重新焕发的力量，珀罗普斯的黑暗祭祀和宙斯之火之间的竞争，超越了死亡，建立了至高无上的生命秩序。

三 堤厄斯忒斯和哈尔帕格斯

伯罗奔尼撒神话中最著名的并且众所周知的一个是食人餐，在文学资

---

① Paus.5.16.2；Nilsson（1906：62）；Simon（1969：36-38）.
② Paus.6.20.2-4，6.25.4；R. Hampe，*Studies for S. M. Robinson* I（1950：336-350）.
③ Pind.*Ol.*5.18；Schol. 42a.

料和文献中得以保存：这是堤厄斯忒斯（Thyestes）的盛宴。① 堤厄斯忒斯和阿特柔斯（Atreus）都是珀罗普斯的儿子，他们犯下的和坦塔罗斯相同的罪行均在悲剧中被刻画过。遗憾的是，索福克勒斯（Sophokles）笔下的阿特柔斯及欧里庇得斯（Euripides）笔下的堤厄斯忒斯悲剧都没有留存下来，恩尼乌斯（Ennius）与阿齐乌斯（Accius）② 的摹本也没有留存下来，只有塞内卡（Seneca）的堤厄斯忒斯版本以及与流传的悲剧相关的典故保留了下来，尤其是与埃斯库罗斯（Aischylos）的阿伽门农及欧里庇得斯的厄勒克特拉（Elektra）和俄瑞斯忒斯（Orestes）有关的故事。③ 根据援引可以清楚地知道，这个神话已经在古代史诗阿卡玛尼斯（Alkmeonis）、早期神话集以及雅典的菲莱库代斯（Pherekydes）④ 的作品中出现过。

"食人行为"的关键部分在所有版本中都是一样的，不同的只是前奏和原因。为了争夺迈锡尼的王位，阿特柔斯杀死了堤厄斯忒斯尚在襁褓中的儿子，并将他们端上餐桌，因此堤厄斯忒斯在毫不知情的情况下食用了自己孩子们的血肉。这两兄弟，一个是凶手，另一个是食者，但最大的受害者是食者。这一餐过后——所有版本对这一细节都有相同的阐述——堤厄斯忒斯不得不永远地放弃王位并远走他乡。因此，阿特柔斯成为迈锡尼的国王，并稳坐宝座。这个故事的另一个版本是这样的：堤厄斯忒斯与自己的嫂子埃涅珀（Aerope）通奸，阿特柔斯一怒之下将妻子投入海中。而阿特柔斯做出如此可怕的事情的原因就是：食者也不能抑制自己的性欲。⑤

这再次清楚地表明神话是如何在重复祭祀仪式进程的同时又新增了一些可怕的细节。塞内卡的精彩描述中有多少古代传统的元素已经很难辨别了。根据仪式文献，那个孩子是在宫殿广场一个暗处的隐秘的祭祀树林中被献祭的。⑥ 所以说，剧场表演中能引起情感共鸣的悲怆台词来源于可怖的

---

① *PR* II 293-298；Cook I（1914：405-409）；Eur.Or.1008.

② Sophokles 91-94；fr. 247-269 Pearson，Eur. fr. 391-397；Ennius *Scaen.* 340-365 Vahlen，Accius v. 197-234 Ribbeck.

③ Aisch. *Ag.* 1090-1097，1185-1193；Eur. *El.* 699-736；*Iph. Taur.* 812-817；*Or.* 811-815.

④ Alkmeonis fr. 6 p.77 Kinkel，Pherekydes，*FGrHist* 3 F 133=Schol. *Eur. Or.* 995.

⑤ Soph. Aias 1295-1297，Schol. 1291=Euripides，*TGF* pp.501-502.

⑥ Sen.*Thy.*641-788.

神秘宗教。依照阿波罗多罗斯的说法，孩子们逃至宙斯圣坛，但是最终还是逃不了被撕裂和杀戮的结局。可以肯定的是，堤厄斯忒斯的盛宴与祭祀有着相同的形式，就像任何有肉的大餐一样。在埃斯库罗斯的版本中①，阿特柔斯在"庆祝快乐宴会节的借口下"给堤厄斯忒斯享用佳肴，宴会节这一说法明显是出于祭祀仪式。②在这场非同寻常的餐宴中，堤厄斯忒斯跟其他所有人一样独自坐在自己的餐桌边，人们相对而坐。这正是埃伊纳岛（Aigina）人作为"孤立的食者"向波塞冬献祭的方式，这种让参与者分桌而坐的方式也在雅典的水罐盛宴中出现过。③据阿齐乌斯和塞内卡所言，有些内脏被烘烤，还有大部分放在铜锅中熬煮。④因此，三脚锅就出现在了吕卡翁山和奥林匹斯山。据说吕卡翁也是将一部分献祭人肉进行烘烤，另一部分进行熬煮。祭品的头和脚保持完整，这为父亲后来意识到他吃了什么提供了证据。这种对头和脚进行特殊处理的方式后来也在希腊祭祀仪式中出现过几次⑤，这一点可以追溯到原始的狩猎传统。最后，堤厄斯忒斯掀翻了餐桌，正如吕卡翁犯下罪行后发生的一样。但参与献祭与享用过大餐的人之间最明显的联系，便是堤厄斯忒斯的名字，因为这个，堤厄斯忒斯也被人所熟知。

这场可怕的祭祀扰乱了宇宙间的力量，即太阳改变了它的轨道。在公元前5世纪对自然的探究达到顶峰之际，这个令人惊奇的改变被多方面重新思考并进行了合理化的解释。一些解读认为，太阳开始遵循其在今天所遵循的轨道运转，在这之前世界是以不同的方式被组织的。⑥因此，这一罪行还具有一个几乎引发了天体演化的功能。自从发生了那场令人惊愕的祭祀，也正是因为这场祭祀，太阳维持在了其惯常和稳定的轨道。正因如此，《旧约》中的盟约以罪行和洪水来保证"播种和收获，寒冷和炎热，夏

---

① Apollod. *Epit.*2.13.

② Aisch. *Ag.* 1595；参考第 2 章第 4 节注释。

③ Accius 220-222 Ribbeck；Sen. *Thy.* 765-767；参考第 4 章第 2 节注释。

④ A. Gahs, *Festschrift P. W. Schmid*（1928：240）；*UdG* IX 287.

⑤ Schol. Lyk. 212.

⑥ Oinopides, *VS* 41.10；柏拉图《智者篇》269a（似为《政治家篇》269a 之误）作为见证，神为了阿特柔斯的缘故，将天体运行的体系转换成现在的样子。

与冬，日与夜"的秩序。① 太阳使得迈锡尼的王位合法化，堤厄斯忒斯也不得不逃走。那场重要的盛宴发生在夜晚，而第二天一破晓，奇迹就出现了。夜晚向白天转变——希腊人的时间观总是遵循这一秩序——这又一次呼应了祭祀的暗与明。正如我们在奥林匹亚所看到的②，在夜间食肉的那个人必须离开，而另一个人——即使他是凶手——在破晓时会成为胜利者。

从一开始，这个神话就与两兄弟争夺一种祭祀动物——金色的公羊或金色的羔羊有关。自欧里庇得斯以后，这只羔羊指代的是阴性，反映了希腊语中的一种常见趋势。③ 按照奥林匹斯山的对应物，这可能指代的是一只山羊，一个古代的词。④ 是否获得王位的关键在于这只金色的羔羊。按理说，它应属于阿特柔斯，而且它被认为是阿特柔斯的羊群中最漂亮的一只。当然这只羔羊本是用于祭祀的，但是阿特柔斯秘密地把它勒死，并藏在一个箱子中。⑤ 然而，在不忠的埃涅珀的帮助下，这只羔羊落入了堤厄斯忒斯手中，他在那场重要的宴席上把它当作自己之物展示在众人面前。后来的版本力争将羔羊的故事与堤厄斯忒斯的盛宴联系起来，而在埃斯库罗斯的版本中，这使堤厄斯忒斯被放逐了两次。⑥ 自欧里庇得斯以后 ⑦，太阳运转的轨道发生奇迹性的改变开始被人们所重视。因此，想要通过盗窃羔羊的方式窃取王位的堤厄斯忒斯在太阳的见证下被打倒和驱逐，当他重返时，阿特柔斯用那可怕的一餐款待了他。但是根据一个更古老的版本以及神话的性质，太阳轨道的改变以及那次难以言说的祭祀是同时发生的。当祭祀仪式中的动物和人具有相似的仪式象征性得到认可时，故事中貌似接连发生的事件就变成了独幕剧。确实，两兄弟的行为在两种情况下是完全一致的。阿特柔斯杀死了金色羔羊并将其藏匿起来；堤厄斯忒斯贪婪地夺取了它，将本来隐藏之物暴露了出来。同样，我们可以发现坦塔罗斯的神话也反映了奥林匹斯山上羔羊的献祭，以及阿卡迪亚神话也有关于在吕卡翁山上举

---

① Gen.8：22.

② 参考第 2 章第 2 节注释。

③ Eur. *El.* 699-736；*Iph. Taur.* 813；Or.812.998.

④ Schol. Eur. Or. 998；*aries* Sen. *Thy.* 226；Schol. Stat. *Theb.* 4.306.

⑤ Apollod. *Epit.* 2.11；Schol. Eur. Or. 811.

⑥ Aisch. *Ag.* 1586/7.

⑦ Eur. *El.* 699-736.

行的一场可怕的、精心设计的祭祀活动的内容。这类祭祀中有两个角色是既严格分开又紧密相连的，如在阿尔戈斯神话中，这两个角色由两个互相仇视的兄弟扮演。夜间祭品的获得仅仅代表取得暂时性的胜利，而日出则决定了谁能最终取得成功。《伊利亚特》这部英雄史诗对仪式的暴行表示了憎恶，因此堤厄斯忒斯取得的统治地位也是暂时性的。虽然世人皆知阿伽门农是阿特柔斯之子，但是他并没有从父亲那里获得王权，而是通过堤厄斯忒斯获得的。① 因此，由祭祀活动引起的社会裂痕某种程度上促进了代际的顺利继位，吕卡翁山和奥林匹斯山上所发生的事情其实并无差别。

虽然阿尔戈斯神话很早就以文字的形式记载，但阿尔戈斯的宗教狂热却走向了没落。唯一能证明堤厄斯忒斯不止是阿尔戈利斯（Argolis）悲剧中的一个人物的是帕萨尼亚斯，他描述了从迈锡尼到阿尔戈利斯路上的堤厄斯忒斯之墓。一只石羊矗立在墓的顶端，因为堤厄斯忒斯占有了那只金色的羔羊。即使只有一只石羊，人们还是把那个墓址称为"公羊群址"。该名称中的群羊是否意含某种至今仍在沿用的风俗，包括在堤厄斯忒斯之墓反复进行的公羊祭祀呢？在同一个文本中，在通往阿尔戈斯的方向更远一点的地方，即伊那科斯河（Inachos）的拐弯处，帕萨尼亚斯提到了赫利俄斯（Helios）的一个圣坛。② 人们在夜间献祭一只公羊，过河，然后在黎明时向赫利俄斯献祭。探讨这些行为之间的关联将更加有趣，但尚未有任何可用的证据。

但是，其他文本还提及了一场以羔羊命名的阿尔戈斯祭祀节日，并且该名称还被引用为一个夏季的月份名：在 Arneos 月中的"群羊之日"③。该节日在妇女和女孩们的恸哭声中开始，正如那些在奥林匹亚竞技会开始前夜在体育场聚集唱哀歌的妇女和女孩一样。她们哀唱，宣告着男孩利诺斯之死神话的开始。根据传说，他是阿波罗和阿尔戈斯国王之女普萨玛忒（Psamathe）的儿子，在皇家羊群中长大，但他被外祖父阿尔戈斯王的猎犬

---

① *Il.* 2.106-108；Schol. A 106.

② Paus. 2.18.1-3；参考第 2 章第 1 节注释。

③ Schwyzer 90.3；*SEG* 3（1929：312.3）；Nilsson（1906：435-438）；Kallim. fr. 26-31；Konon，*FGrHist* 26 F 1G19；Paus. 1.43.7, 2.19.8；*Ov. Ibis* 573.

咬死了。妇女和女孩们在羊节上唱响哀歌就是为了纪念他，而羊节也是为了纪念他的名字和"他在羊群中度过的青春"①。这一节日上的主要祭品是一只羊羔只是一个有趣的推测，而一个古老的阿尔戈斯传统谈到一个"羊的歌者"，之所以这么称呼是因为他被授予祭祀用的羊作为奖励。② 因此，他并不是什么阿尔戈斯高官，而是一个食用了祭品的流浪者。至少，卡利马库斯（Kallimachos）明确地将这个"羊的歌者"和羊节之间联系了起来。③ 但是这个节日有更加令人印象深刻的一面，即"若有狗碰巧进入集会场地，人们就会杀死它"④。神话将其解释为利诺斯的复仇，寓言的支持者认为这是与天狼星西里斯（Sirius）散发出的炽热进行对抗的一种象征性斗争，"三伏天"正好与"群羊之日"吻合，而"群羊之日"也和奥林匹亚竞技会举办的时间非常接近。只要狗越过边界便会被杀，那么应如何理解集会场地边界的独特作用呢？从本质上说，这并不是一个事件，而是一项社会法令。阿尔戈斯的领地处于阿波罗的保护之下，阿波罗被崇拜为吕基俄斯（Lykeios）——意为"像狼一样"，索福克勒斯称其为"杀狼者"⑤，这可能是直接引用了"杀狗日"（狗与狼之间关系密切自不用说）的典故。"像狼一样"的阿波罗是利诺斯的父亲，男孩、羔羊被撕裂，贪婪的捕食者也由此被人类的国度所拒绝，即被拒绝在阿波罗的集会之外。同样，索福克勒斯在《厄勒克特拉》中说，在"像狼一样的"阿波罗的庇护下，俄瑞斯忒斯在阿尔戈斯杀死了堤厄斯忒斯之子埃癸斯托斯（Aigisthos），不孝的埃癸斯托斯也曾担任过阿伽门农和俄瑞斯忒斯之间的过渡性国王。

　　希罗多德在探讨波斯人的历史时以米底 - 波斯为背景讲述了一个故事，故事的所有细节均与堤厄斯忒斯的盛宴不谋而合。正如阿特柔斯对堤厄斯忒斯进行了可怕的复仇一样，米底王国末代君主阿斯提亚格斯（Astyages）也对米底国大将哈尔帕格斯（Harpagos）进行了报复，因为哈尔帕格斯没

① Konon，*FGrHist* 26 F 1.19.

② *FGrHist* 308 F 2.

③ Fr. 26.1-5.

④ Ael. *Nat. an.* 12.34；Ath. 99e.

⑤ Soph. *El.* 6.

有遵从他的指令去杀女儿芒达妮（Mandane）的儿子居鲁士（Kyrus）。因此，阿斯提亚格斯派人请来了哈尔帕格斯年仅十三岁的儿子，然后杀了他，切断他的四肢，将其一部分血肉进行熬煮，另一部分进行烘烤。然后，阿斯提亚格斯将这些烹制好的人肉端到专属于哈尔帕格斯的桌子上供他享用，其他人也食用了四肢。孩子的头、双手和双脚藏在一个篮子中，最后在餐宴快结束时由哈尔帕格斯自己打开。①故事的细节很可能取自堤厄斯忒斯的盛宴，因为我们知道希罗多德的故事出现在阿卡玛尼斯、菲莱库代斯和埃斯库罗斯的《阿伽门农》等版本之后。但是这个血腥的故事一般都与狗或狼联系在一起，甚至是在米底 - 波斯的背景下，国王之子居鲁士是由Kyno——也就是"母狼"——抚养长大，他几乎可以与古罗马城的奠基者罗慕路斯（Romulus）和雷穆斯（Remus）媲美。②而且，狼孩居鲁士在执行既定任务时受到了捕食者哈尔帕格斯的帮助，希腊人一定能明白他姓名的含义。希腊人知道居鲁士是一位波斯将军，无情地降服了小亚细亚的各个城市，与他相关的故事一定要非常符合这个可怕人物的人设。这个"像狼一样"的男人成为人肉食用者，餐宴无形中改变了他，披着忠臣外衣的他从此成为国王无情的敌人，阿斯提亚格斯一日不被推翻，他一日不罢休。根据希罗多德的描述，由于那场宴会，米底王国沦陷在波斯人手中。那顿祭餐将各方分成几大阵营，而他们的分裂决定了王朝的更迭。

四　阿里斯泰俄斯和阿克泰翁

在凯奥斯岛（Keos），有一种动物祭献仪式可以抵御天狼星西里斯强大的力量，这种动物就是狗。我们的论据可以追溯到公元前三四世纪，这些都是由亚里士多德和他的学生以及诗人卡利马库斯和阿波罗斯多尼斯提供的。③这种仪式不是来源于悲剧中的神话故事，而仅仅基于一个传说。从

---

① Hdt. 1.108-109.

② Hdt. 1.110-111；Iustin. 1.4.10-14；G. Binder, *Die Aussetzung des Königskindes*（1964：17-23；45-57）.

③ Theophr. *De ventis* 14；Arist. fr.511，611.27；Heraclides fr.141 Wehrli=Cic.*div*.

前，居住在爱琴海小岛上的人们受到旱灾的威胁，于是他们求助于神谕，神谕命令他们召唤祭司和太阳神阿波罗之子阿里斯泰俄斯（Aristaios）。到达的阿里斯泰俄斯带来了阿卡迪亚地区的祭司——吕卡翁的后裔[1]，他们在山顶上为雨神宙斯·吕卡奥斯修建了一个祭坛[2]，然后为天狼星和宙斯献上祭品。很快，刮起了凉爽的北风，这场地中海季风使得希腊炎热的夏季变得可以忍受了。

人们认为阿里斯泰俄斯拥有控制天气的魔力[3]，希腊的夏季既干燥又炎热，对凉爽和湿润的强烈渴望很容易让人产生共鸣。但是与之相关的膜拜仪式不仅是为了愿望的实现或是象征性地求雨；相反，它是由吕卡翁后裔举行的一种阿卡迪亚传统意义上的祭祀，这种特殊的祭祀来源于古时候流传下来的一种仪式。即使我们对凯奥斯岛的节日了解不多，也能意识到它与吕卡亚地区有很多相似之处。

就像吕卡亚地区一样，凯奥斯人的献祭仪式也有两面性：一方面针对那只危险的狗，另一方面针对宙斯；一方面带来灼热，另一方面带来凉爽和雨露。天狼星首次出现在七月的拂晓之前，祭祀者聚集在山顶上等待着最闪亮的那颗星升起来。[4]紧接着，祭祀活动在晚上开始并延续到清晨，持续一整天。第一项是祭祀狗，然后才是宙斯，但只有宙斯拥有一个祭坛。[5]相应地，对狗的祭祀采用祭祀坑。阿里斯泰俄斯被描述为牧羊人，具体地说，就像牧羊人阿耳戈斯和阿格努斯（Nomios）一样[6]，是猎人和牧人，杀手和保护者，因此我们必须假设人们用来祭祀天狼星的祭品是一只公羊。古希腊诗人农诺斯（Nonnos）提到了宙斯的祭坛上有公牛和蜂蜜混合物。[7]阿里斯泰俄斯在凯奥斯岛上发现了油和蜂蜜，这告诉我们，油和蜂蜜与祭祀仪式密切相关，尽管我们对祭祀中出现的能够帮助理解这些习俗的仪式一无所知。无论怎样，白天的祭祀活动承接着晚间的活动，这与住在奥林

---

① Apoll.Rhod.2.522；Schol.498：一个神坛组织。

② Apoll.Rhod.2.522；School.498.

③ Cook Ⅲ（1940：265-270）；GB Ⅵ 35.

④ "在升起之前"……Apoll. Rhod. 2.527；Schol. 498a.

⑤ Apoll.Rhod.2.522，对天狼星和宙斯的一场献祭。

⑥ Schol. Ap.Rh. 2.498，向台风祭献黑色羔羊，参考 Aristoph. Ran，847。

⑦ 5.270-73，油和蜂蜜的发现。

匹亚的珀罗普斯和宙斯处于两个极端很相似。正如吕卡翁的祭祀活动引发了一场洪灾，堤厄斯忒斯的盛宴使太阳改变了运行轨道，阿里斯泰俄斯的祭祀活动使得宇宙的力量开始移动，西里斯至高无上的权力被颠覆，刮起的大风延续了生命的力量。凯奥斯人等待着天狼星和太阳的出现。① 在这个祭祀节日中，成年男子意识到了团结和认同的重要性。他们自然会认同白天的秩序并驱散危险的风。他们认为他们居住的小岛就是世界的中心：凯奥斯人宣称他们拥护阿里斯泰俄斯为全希腊人创立的节日。②

吕卡翁献出的阿卡迪亚男孩，是他的儿子或是侄子，变成了一匹狼。同样，阿里斯泰俄斯——发现油和蜂蜜的牧羊人，开创了祭祀西里斯的仪式——是被狗撕成碎片的阿克泰翁（Aktaion）的父亲。这就引导我们从仪式回到希腊神话中最著名的一个故事，它自古代起就反复成为艺术领域的一大主题。③ 通常情况下，故事中的激励力量是不为人知的。唯一可以确定的是阿克泰翁所遭受的痛苦，以及阿耳忒弥斯对他所做的事：猎人变成了猎物；他变成了一只雄鹿，他的凶猛的猎犬与"狂暴的狼"决斗，把他撕成了碎片，就像它们对待雄鹿一样。由于阿耳忒弥斯受到了冒犯，震怒下的女神需要一个受害者。她震怒是因为人们对神圣法律的忽视，入侵"禁区"，也因为性欲被唤醒，或者，从道德层面讲，是因为人对神实施了大不敬的行为。④

雄鹿的变形暗示着所有进入吕卡翁山禁区的人都将会像雄鹿一样被捕获或屠杀⑤，即使德尔斐神庙的神也命令被捕获的雄鹿屈服于捕获它的人。根据神话作品，阿尔卡斯曾和他母亲在禁区交媾。⑥ 在杀戮行为上，相同的主题和相同的理由总会叠加出现。作为仪式的一种特征，在故事及艺术作品中这种雄鹿变形的情节通常由阿耳忒弥斯向阿克泰翁⑦扔一张雄鹿皮来表现。尽管不是那么合理，但是希腊神话写到一名男子乔装成一只雄鹿并被

---

① School.Apoll.Rhod.2.498b.

② Diod.4.82.2.

③ *PR* I 458-461；Hes. *Th.* 977.

④ Soph. *El.* 569.

⑤ Architimos, *FGrHist* 315 F 1=Plut. *Q. Gr.* 300ac；参考第 2 章第 1 节注释。

⑥ 参考第 2 章第 1 节注释。

⑦ Jacobsthal, *Marburger Jahrb.*

真正的猎犬袭击，壁画中也描绘了带着豹纹面具的男子处在雄鹿中间。①

　　事实上，阿克泰翁的猎犬也有独特之处。赫西俄德也许已经列出它们的名字，使它们真正成为独立的个体。②正如神话讲述者所讲的那样，这个神话的结尾带有独特的古典韵味：阿克泰翁死后，他的猎犬狂吠着找寻自己的主人。这些猎犬寻着轨迹来到了谢龙洞（Cheiron），赫西俄德制造了一个阿克泰翁的塑像来缓解猎犬的悲伤。③对猎犬行为的描写无疑具有超自然的特点，现实中狗是不会因为塑像而得到安慰的。相反，这些猎犬正实施着一种人类仪式，即寻找一个被撕裂的受害者，以象征性的修复而收尾。④阿克泰翁之死是对狩猎的一种祭祀仪式，它被野兽女神奉为神圣的活动并从旧石器时代固定下来，一直延续下去。表演者是一些被野性凶残的狼袭击的猎犬，这些狼的神庙位于一个山洞里。一个神话学家甚至把阿克泰翁的猎犬等同于罗德岛具有魔力的冶金匠忒尔喀涅斯（Telchines）⑤，这样做其实是把一个神秘的团体与另一个神秘的团体混为一谈了。

　　神话的古典文学文本也许结合了当地的各种传统习俗。例如，阿克泰翁死于基塞龙山（Mount Kithairon）附近的加加斐亚山泉；⑥然而，谢龙洞则位于色萨利的珀利翁山（Pelion）上。几乎是偶然的机会，有关色萨利谢龙洞的信息在希腊文化中被记录并流传了下来。在珀利翁山的山顶上有一个山洞，就是所谓的谢龙洞，它是宙斯·阿克泰欧斯的神庙。当天狼星升起的时候，也是一天中最热的时候，一些壮汉爬进了洞穴。他们是由祭司选来的，全身裹着修剪一新的羊皮。这也足以说明山上非常寒冷。⑦很明显，智慧的作者将自然奇观看作是麦格尼西亚的统治阶层所奉行的神圣仪式的一个环节。这是由把绵羊或公羊作为祭品引起的，每个参与者必须屠杀一只动物。然后就是献祭仪式最奇特的部分了：每个人穿上他所捕获的猎物的皮，然后向宙斯神庙和谢龙洞所在的山上行进。祭祀者穿上他所杀害的

① 参考第 1 章第 2 节注释，第 1 章第 8 节注释。

② Apollod.3.32；Aisch. fr. 423 Mette；Ov. *Met.* 3.206-224；Hyg. *Fab.*181.

③ Apollod.3.31；*Pap.Ox.* 2509.

④ 参考第 1 章第 2 节注释以及第 4 章第 6 节相关内容。

⑤ Armenides，*FGrHist* 378 F 8；Eust.771.59.

⑥ Apollod.3.30.

⑦ Herakl.2.8；猎人用动物的皮伪装参考 Baudy（1980）。

动物的皮是为了赎罪，实际上他只是披着羊皮的狼。带着赎罪的特征，献祭者的谢龙洞之行与阿克泰翁的猎犬来到神秘的山洞寻找自己的主人的情节非常相似，在看到牺牲品的复原图像时得到了安慰。如果流传下来的关于"宙斯·阿克泰欧斯"的文本可信的话，那么与阿克泰翁有关的联系就是直接的。珀利翁山附近的麦格尼西亚碑文仅仅提及了"宙斯·阿克泰欧斯"和"宙斯的高度"①。一种在谢龙洞对潘的膜拜仪式也流传下来，在那里流传着人类祭祀的谣言。②因此，这与吕卡亚的对比更加近了。

从诸神拥有呼风唤雨的神力的角度讲，吕卡翁山、凯奥斯岛及珀利翁山的祭祀几乎可以联系在一起了。③据说在埃伊纳岛最高的山上宙斯的祭坛前，宙斯的儿子埃阿科斯（Aiakos）的祈祷引发了狂风暴雨④，而佛里克索斯的神话和用金色公羊对宙斯的祭祀同属这一类。为了预防洪灾，阿塔玛斯王想要将自己的儿子献祭给宙斯。当他站在祭坛前时，云神涅斐勒（Nephele）突然平静了下来，一只金色的公羊出现了，接下来佛里克索斯和这只公羊都消失了。公羊与阿尔戈英雄的联系、佛里克索斯的消失以及埃厄忒斯（Aietes）的公羊更可能反映了一种诗歌创作倾向而不是一种传说仪式。但是在这个版本的神话中，公羊仍被献祭了，所剩下的只有金色的羊毛。

希罗多德告诉我们，在他所处的时代，一种类似于人类祭祀的活动已经在色萨利被佛里克索斯（即阿塔玛斯）的后裔沿袭了下来。⑤最关键的一步在一部喜剧中象征性地呈现了出来：如果家里最年长的人跨进了城市公共会堂，他就会死。重申一遍：进入一个无人到过的区域会成为被当作祭品的理由。如果受害者设法逃离又碰巧被抓住的话，根据规则，他将被拖进城市公共会堂并参与祭祀活动。完全被羊毛发带包裹的佛里克索斯的后裔将被引进宙斯的神庙。公羊被同等对待就更明显了。正常情况下，一只

---

① *IG* IX 2.1103，1105.

② ARV² 550.1.

③ Nilsson（1955：395-401）.

④ 在哥斯岛有一块"献给雨神宙斯的公共场地"……色萨利的奥林匹斯山有"祭祀者的攀登"，参考 Lyk. 160.

⑤ Hdt.7.197；Plat. *Minos* 315c.

公羊代替一个人作为宙斯的祭品，就像祭祀其他神一样。但是，狼的主题也伴随着人类祭祀的神话：正如神谕所预言的，阿塔玛斯在登上色萨利王位之前成为狼的餐友。①

对于总是生活在洪灾阴影下的早期农业社会和城市社区，基于对风调雨顺的祈愿而进行献祭似乎更加可信。但考虑到天气变幻无常，狼人的传说不可能来源于此，更不可能来源于不断延续的仪式。只要能掌握细节，我们就能明白这个节日突出强调并重组了社会角色。佛里克索斯神话中的家庭悲剧隐含着这样的信息：女人对抗男人，父亲对抗儿子，兄弟姐妹互相对抗。真正让"难以言说的祭祀"持续下去的不是自然，而是社区的秩序和人们的精神生活。这种祭祀活动引起了震惊，以至于人们都认为宇宙最好还是按照神圣的节奏运转。②

学者们曾试着把宙斯这位具有天气魔力的神与一位印欧风暴神联系起来，但是可与之比拟的却是小亚细亚和闪语族区域。一种奇特的把羊作为祭品的祭祀活动已经成为罗伯森·史密斯不断研究的主题：献祭者把羊集中起来祭祀，他们自己身上也都裹着羊皮。③也有一种祭祀把野猪作为祭品，这被看作是替被野猪杀害的阿多尼斯复仇。因此，在最初的羊祭中，献祭者的装扮都非常奇特，很有可能是重复大女神的君主和爱人死亡的场景。在叙利亚女神的神庙（另一个产生阿多尼斯神话的地方）里，一个朝圣者最基本的祭祀活动包括杀死一只黑色的羊，然后俯卧到羊皮里，头和脚蜷缩在一起。④但伟大的神也可以导致狼的变形。吉尔伽美什（Gilgameš）对伊斯塔（Ištar）的抱怨很久以前已经为人熟知："因为你爱那个牧羊人，看守人……你惩罚他并把他变成了一匹狼，如今他被自己同族的牧羊兄弟们捕获，就连他的狗也撕咬他的脚踝。"⑤尽管职责的分工有点不同，这种情境还是让人想到了阿多尼斯和阿克泰翁。在乌加里特神话中，就有关于猎人阿迦特（Aqat）的故事，这个猎人在女神阿娜特（Anat）的要求下被猛禽

---

① Schol. Plat. *Minos* 315c；Apollod.1.84.

② Seneca，*Thy*.696，在阿特柔斯的献祭中发生地震。

③ Lydos *De mens*.4.65p.119-122 Wuensch；R. Smith（1894：469-479）.

④ Luk. Dea *Syra*.55；Porph. *V. Pyth*.17.

⑤ Gilgames VI i，58-63，*ANET*84.

撕碎，主要因为阿娜特想要他的弓。他的父亲想方设法从秃鹰之母的腹中取回他的残骸将其埋掉。① 那么，将阿克泰昂、阿克泰恩、阿克泰翁这些名字等同于阿迦特将会很吸引人②，但是即使在巴比伦和乌加里特的神话中我们也找不到该神话的起源。前文已经提到过卡托·胡玉克的壁画③，在那里，我们发现了一个场面：在大约4000到5000年前一个原始的男性团体中，大女神的仆人——豹人正围绕着他们的猎物——一只雄鹿载歌载舞。在旧石器时代，人们通过把自己变成食肉动物和猎人，勇敢地延续和发展下来。人类以这种生存方式经历了改变整个社会的新石器时代，并伴随着牡鹿和狼人的神话以及祭祀仪式迈进了古希腊时期。

五 德尔斐三足鼎

当提到神圣的三足鼎时，首先映入脑海的圣所就是皮托（Pytho）——德尔斐圣所，即久负盛名的阿波罗神谕产生的地方，它同时也是所有古希腊近邻同盟的中心和皮提亚竞技会的场址。德尔斐在希腊宗教、文化及政治生活中扮演着十分重要的角色，用短短几页文字就解释整个德尔斐现象是根本不可能的。④ 此外，正如奥林匹亚一样（或者不止这些），由于它的知名度，这个圣地频繁地陷入政治和军事混乱中。每次圣战都会确立新的社会管理方式，这些都会影响阿波罗仆人们的身份认同和正常的工作。因此，在奥林匹亚，各种各样的传统融合在一起，要想解析它们相当困难。也许最重要的分化是第一次圣战带来的，它发生在公元前600年之后不久。在圣战中，安西利（Anthela）的近邻同盟从克律塞城（Krisa）居民的手中接管了德尔斐城的

① *ANET* 149-155.

② Astour（1965：163-168）.

③ 参考本节注释。

④ Nilsson（1906：150-162，283-288，461-462）；Farnell IV（1907：179-218，291-295）；H. Pomtow，*RE* IV 2517-2700；*RE* Suppl. IV 1189-1432；F. Schober，*RE* Suppl. V 61-152；G.Daux，*Pausanias à Delphes*（1936）；P. Amandry，*La mantique apollinienne à Delphes*（1950）；J. Defradas，*Les thèmes de la propagande Delphique*（1954）；M. Delcourt，*L'oracle de Delphes*（1955）；Parke-Wormell（1958）；G.Roux，*Delphi. Orakel und Kultstätten*（1970）；Fontenrose（1959）；挖掘结果参考 *Fouilles de Delphes*.

管理权，除此之外还在公元前 586 年举行了皮提亚竞技会。① 然而，危机并没有削弱神谕的权威。对德尔斐祭司的膜拜没有受到影响，就像它在希腊化后期并未因圣地的地位突然下降而衰落一样，斯特拉波（Strabo）称德尔斐为其所在时代"最贫穷的圣地"②。然而，我们最初在普鲁塔克的文字里发现的有关德尔斐膜拜的详细信息始终与更古老的暗谕相关。因此，可以说，德尔斐仪式至少在 800 年间在同一个地方保留了相同的形式。

德尔斐和普通的希腊城邦是截然分开的。自它被隔绝在 600 多米高的普雷斯托斯山（Pleistos）的一个陡峭的山崖，被卡斯塔利亚（Castalian）圣泉包围，它就不再是一个农业聚居区。《荷马史诗》中的《献给阿波罗的赞歌》③ 曾说德尔斐人从古老的时代起就为圣殿而活，也来自圣殿。有关德尔斐人最初来自吕喀利亚（Lykoreia）的传统观念可能有些道理④，因为早在公元前 600 年在帕尔纳索斯山（Mount Parnassus）和克里克山洞之间的大平原上可能有一个群落存在过。德尔斐在科林斯湾被克律塞统治，因为它处在偏僻的斜坡上，想要寻求神的忠告的使节都是乘船来的。德尔斐是希腊唯一把宗教作为核心的聚居地，宗教的本质就是神谕在希腊及希腊之外获得的盛誉。正因为如此，德尔斐促使了近邻同盟的介入。皮提亚竞技会因和圣地有关而显得十分荣耀。阿波罗在德尔斐说：虔诚深深地植根于这个超验的世界。实际上，寻求神谕的世俗行为某种程度上说是一种祭祀仪式。神谕所在的地方是涤罪的地方，也是一个祭祀场所，位于高山上。

神圣之地的挖掘者发现，"地球上含有大量由烧焦的骨头和灰烬混合而成的有机物，并且有数不清的迈锡尼黏土碎片"⑤。在德尔斐，房屋甚至建在通常被认为不适合人居住的地方。《荷马史诗》中的《献给阿波罗的赞歌》描写了阿波罗如何在帕尔纳索斯山的峭壁上建造自己的圣殿，并且靠海豚从克里特把他的祭司吸引了过来。"我们现在该如何生活呢？"当他们看到斜崖上的那座宫殿时惶恐地问道。但是阿波罗微笑着安慰他们说："你们每

---

① 最精确的传统在假设中被发现，并以亚里士多德的研究为基础。

② Strabo 9，p.420；至少目前，德尔斐圣地在财货方面无论如何都是最穷的。

③ 参考本节注释。

④ 参考本节注释。

⑤ Nilsson（1955：339）.

个人应当右手持刀杀掉一只绵羊，因为将会有很多只绵羊在那里……但是记着要守卫我的圣殿，接待来自各个部落的人。"①接着，阿波罗的朝拜者把他们的羊群从肥沃的平原带到了山上，准备在祭司的帮助下杀掉它们。阿波罗允许这些祭司尽情享受盛宴，可以说，祭祀活动以一种独特的方式完成了。"无论何时，只要有人跨进这神圣的地方朝拜阿波罗，德尔斐人就会持刀围着祭坛。当总祭司杀掉了祭品，剥了皮，去除了内脏，站在周围的人就尽可能地给自己多切一些肉然后离去。因此，祭祀者自己往往什么也没剩下。"②因为这个原因，流传着一首众所周知的来自喜剧的诗："当你在德尔斐祭祀的时候，你必须为自己多买些肉。"③德尔斐的刀是以一种特别的方式制造的，尽管有一些讽刺典故提到过它大概的样子，但我们还是不能很准确地将其复原。④无论如何，德尔斐人用绵羊作祭品并不能说明他们有超验的虔诚，而只是展现了人类的某种特质。"围绕着牧羊人的小飞虫或是祭祀中的德尔斐人"⑤，这是一幅伤风败俗、咄咄逼人的画面。但是从未有人尝试过改变发生在那个神圣之地的一切，因为它是一种神圣不变的习俗。

实际上，这种形式的德尔斐祭祀，在视这种行为为人类悲剧的英雄神话中时有体现：涅俄普托勒摩斯–皮洛斯（Neoptolemos-Pyrrhos）——阿喀琉斯的儿子，在德尔斐阿波罗的壁炉前悲惨地死去，他位于德尔斐的墓穴总是被提及。⑥不同的神话对皮洛斯的呈现有所不同，在不同的版本中其行为动机也不尽相同。有人认为他是神庙的抢劫者，所以阿波罗要惩罚他；⑦有人认为他是一个虔诚的朝拜者，却被俄瑞斯忒斯残忍地杀害。⑧事

---

① *Hy. Ap.* 528-538；巨蟒皮同，参考 Pind. *Pyth.* 3.27。

② *Pap. Ox* 1800 fr. 2 col. II 32-46=*Aesopica.* ed. B.E.Perry（1952），p.211；Schol. Flor. Kallim. fr. 191. 16-25；Schol. Pind. *Nem.* T.62a；Pherekydes，*FGrHist* 3 F 64；Achaios fr. 13，*TGF* p.749=Ath. 173d；Burkert，*Gnomon* 38（1966：439- 440）。

③ Com.*adesp.*460；*CAF* III 495=Plut. *Q. conv.* 709a；App. Prov. 1.95，*Paroem.* Gr. I 393।

④ Arist. Pol. 1252 b 2.

⑤ Kallim.fr.191.26-27.

⑥ Fontenrose，*The Cult and Myth of Pyrrhos at Delphi*（1960）；M. Delcourt，*Pyrrhoset Pyrrha*（1965）.

⑦ Strabo 9 p.421，Schol；Pind. *Nem.*7.58；150a；Paus.1.13.9，4.17.4.

⑧ Eur.Andr.995-98.

实上，这里所发生的"行为"本身没有改变。涅俄普托勒摩斯在阿波罗神庙的壁炉前向阿波罗献祭，他被德尔斐人包围，在争相取肉和切肉的混乱之中他被德尔斐人杀害了。① 因此，在这场特别的德尔斐祭祀中他本人变成了祭品。谱系学称被害者为"Machaireus"、"刀人"或"筵席者"，而不是把他看作一个罪犯，人们给予他一种祭祀地位。他的后裔是 Branchos——靠近米利都的迪迪玛成为阿波罗的另一个著名神谕的创立者。② 对于涅俄普托勒摩斯－皮洛斯来说，他因为死而被永久地纪念，现在在德尔斐圣地也有他的一席之地，他"看到了英雄们在被祭祀时的法律和正义"③。品达让我们确信很有必要把这样一位英雄放在圣所里。挖掘者在那里并没有发现为尊崇涅俄普托勒摩斯－皮洛斯而设立的墓穴，而是发现了一个迈锡尼坛子，里面填满了灰烬和碎骨头。④ 这是一个祭祀场所，富有杀戮和重生的双重含义。正如宙斯与珀罗普斯有关，德尔斐的阿波罗与他选择的祭品有关，而诗人正好把这个人描述为阿喀琉斯的儿子。他死于这个圣地的一次暴力祭祀中，而这样的事情在德尔斐经常上演。

再一次，两类人在祭祀中相遇了，一类是来自远方的阿波罗的崇拜者，另一类是当地的德尔斐人。一方带来了祭祀的动物并宰杀了它，另一方"偷"肉吃。因此，人们在荒野中追寻神，远离寂静的聚居区和农场，在那儿他们遇到了神的野蛮仆人们——一群贪食者。在希腊文学中，被发现的第一个帕尔纳索斯山的居民不是别人，正是狼人奥托吕科斯（Autolykos）。他教他的孙子奥德修斯打猎，而且不可避免地遭受了解开身世之谜的创伤。⑤ 德尔斐人指出了捕获野猪的地方以及奥德修斯遭受创伤的地方，就在他们的体育场 ⑥，离卡斯塔利亚圣泉不远。

这个早期的传说并不是德尔斐和狼之间唯一的联系。"德尔斐人膜拜狼"是埃里安（Aelian）关于德尔斐人在大祭坛旁设立狼的青铜塑像作为

---

① "用短剑"，Pind. *Nem*.7.42.

② Asklepiades，*FGrHist* 12 F15；Kallim.fr.229.7；Strabo 9 p.421.

③ Pind. *Nem*.7.44-47.

④ Pouilloux，*Fouilles* II，57-59.

⑤ Od.19.393-466.

⑥ Paus.10.8.8.

献祭礼物的简洁声明。① 此外，流传着这样一个故事：一匹狼捕获并杀掉了一个抢劫神庙的人。如果涅俄普托勒摩斯－皮洛斯抢劫神庙，他会在德尔斐人那里遭受同样的命运。无论如何，德尔斐人偷祭品的行为都和狼十分相似。狼的名字主要与吕喀利亚有关，据说这是德尔斐人的发源地。这个名字的意思是"狼的号叫"，尽管从语源学上来讲翻译成"狼山"一词更贴切。根据传说，人类的始祖——丢卡利翁（Deucalion）和皮拉（Pyrrha）在大洪水退去后登上帕尔纳索斯山，他们在"号叫的狼"的指引下，建立了他们的城邦并为之命名。② 德尔斐人，或者至少是最有名的德尔斐家族，他们的祖先可以追溯到丢卡利翁。③ 从一定程度上说，他们还是追随狼的脚步，抢劫了祭品。甚至有故事说阿波罗是由一只母狼所生。④ 当代学者争论的是阿波罗·吕基俄斯是否与吕卡亚或者狼有关。⑤ 总之，大多数希腊人认为它的名字与狼有关。

与母狼之子相对的是公羊之子。一个传统的说法认为，之所以举办皮提亚竞技会，是因为阿波罗在埃维亚岛（Euboea）杀了一个强盗——克利俄斯（Krios）的儿子。⑥ 在阿波罗圣地把羊作为祭品的祭祀已经几乎毫无悬念地成为传说的一部分。相比之下，在流传较为广泛的神话中，在至迟于586年举办的第一届皮提亚竞技会上⑦，在萨卡达斯（Sakadas）表演的"皮提亚的诺姆"中，巨蟒皮同是作为阿波罗的敌人和猎物出现的。⑧ 虽然普鲁塔克发现，与巨蟒的斗争几乎和德尔斐的仪式没什么关系⑨，但它却是希腊东方化时代很受欢迎的一个主题，在这个时期人们对巨蟒这样的怪物有着明显的偏爱。也许它是诗人在不影响膜拜或是不完全取代对立传统的情况下转用到德尔斐的。更古老、更有名的故事是赫拉克勒斯与阿波罗之

① *Nat.an.*12.40；Paus.10.14.7；Plut. *Perikl.*21.
② Paus.10.6.2；*Marm. Par.*，*FGrHist* 239 A 2；Andron，*FGrHist* 10 F8；Kallim. fr. 62；Strabo 9 p.418；*Hy.*2.19；Apoll. Rhod. 4.1490；Euphorion fr.80.3 Powell.
③ 参考本节注释。
④ Arist. Hist.an.58 a 18.
⑤ Cook I（1914：63-68）.
⑥ Paus.10.66.
⑦ Paus.2.22.8-9；Poll.4.78；Strabo 9 p.421.
⑧ 最详细的讨论参考 Fontenrose（1959）；在献给阿波罗的赞歌中，龙是女性化的和无名的。
⑨ Plut. Def.

间为争夺皮提亚三足鼎而发生的战斗。[①] 这也许反映了多利安人入侵和接管前多利安时代祭祀场所的记忆；无论如何，在德尔斐仪式中出现了两极分化的群体，每个群体都在为争夺祭肉而斗争，当然，这个仪式中的"强盗"是那些真正服从神的人，这一事实很清楚地表明，这个仪式不仅提供了故事的基本结构，而且它也不仅仅是偶然的产物。最终，阿波罗占了上风。

三足鼎、切割公羊的行为把德尔斐、吕卡亚以及奥林匹亚联系在一起。在奥林匹亚的体育场举行的竞走运动也同样如此。然而，就像为膜拜阿波罗而作为祭品的女人皮提亚一样，神庙的特殊功能对德尔斐来说是独一无二的。神庙里有著名的壁炉，被称为"永久火焰之家"[②]，这是一个很古老的特征[③]，与普通的希腊神庙不同。三足鼎被放在神庙最里面的区域，这个区域一般称作"adyton"[④]，只对极少数人开放。那些来神庙寻求神谕的人也许只能在远处目睹里面发生的一切，他们只能看到被用作祭品的女子坐在三足鼎上，听到她的声音发生变化，才知道阿波罗的咒语是从她的嘴里传出来的。斯多葛（Stoic）学派的元气理论（由唯理主义者提出）阐释了这一现象，根据"adyton"地面上升起的烟雾可以推断皮提亚的迷狂状态以及她的预言能力。但这个说法没能经受住考古学的检验[⑤]，因为德尔斐神庙坐落的地方没有任何地表裂隙或火山活动的迹象。当然，当皮提亚走进"adyton"坐到神圣的三足鼎上时，三足鼎周围烟雾缭绕，月桂树叶在燃烧，也许还有大麦[⑥] 和其他种类的香气在弥漫。但这只来自主观推断和传

---

① 来自几何时代的浮雕和瓶画都有三足鼎的内容，但对赫拉克勒斯和阿波罗的认同仅在公元前 6 世纪才成为事实，参考 S.B.Luce, *AJA* 34（1930：313-333）；E.Kunze, *Olympische For-schungen* 2（1950：113-117）。

② Paus. 10.24.4；Plut. *Numa* 9.12；Aristid. 20.4.

③ Yavis（1949：59-70）；S.Marinatos, *BCH* 60（1936：239-240）；F. Oelmann Bonn. *Jb.* 157（1957：11-52）；E.Drerup, *Archaedogia Homerica O：Griechis he Baukunst in geometrischer Zeit*（1969：123-128）。

④ Paus. 10.24.5；άδυτον（圣所最深处）参考 Hdt. 7.141；Eur.；*Iph. Taur.* 1256；Aristonoos I 13 p. 163 Powell；庙宇，他们让那些神谕者寻求者坐在那里，Plut. De Def. Or 437c；寺庙里的细节安排不确定，参考 Roux（1971：91-115）。

⑤ Cic.*Div.*1.115；Diod.16.26（希腊化时代后期，E.Schwartz, *RF V* 682）；Strabo 9 p.419；Lucan 5.159；Ps-Long. 13.2；Kallim. *Hy.*4.178；Nilsson（1955：172.3）。

⑥ Plut. *Pyth*；*De E* 385c；有人提到咀嚼月桂树叶，参考 Lyk.6, Tzetz. zd. St., Luk. Bisacc 1。

统信仰，即认为当三足鼎在昏暗的房间晃动时，当皮提亚讲话、唱歌或喊叫的时候，有一种来自深处的力量开始发挥作用。[①] 在任何情况下，三足鼎与从火中升起的烟雾都是密切相关的；在奥林匹亚，人们也曾遇到过三足鼎开始神奇地沸腾起来的情况。[②]

德尔斐的三足鼎有个盖子，皮提亚就坐这个盖子上。[③] 毫无疑问，关于三足鼎内的神秘物质流传着各种各样的谣言，但这些谣言基本上趋于一致：根据在德尔斐流传的关于争斗及死亡的神话，里面是一些被屠杀的动物残骸——巨蟒皮同的骨头和牙齿。[④] 相比之下，一个不足为凭的传说混淆了"胜利者"和"受害者"：阿波罗是西勒诺斯（Silenus）的儿子，他被巨蟒皮同杀害，他的残骸埋葬在这个所谓的三足鼎下。[⑤] 然而，大多数非正式的与宗派主义有关的神话都谈论了狄俄尼索斯之死：泰坦在将狄俄尼索斯粉身碎骨后，把他的四肢扔进了一个水壶，并把它们给了他的兄弟阿波罗，阿波罗将它们藏在离三足鼎很近的地方。[⑥] 这当然不是卡利马库斯自己的发明，我们发现他的这一说法被普鲁塔克所证实。德尔斐人相信狄俄尼索斯的残骸葬在神庙的旁边，无论何时狄俄尼索斯被吵醒，祭司荷西俄伊（Hosior）都会在阿波罗的神庙里举行秘密的祭祀活动。[⑦] 因此，普鲁塔克把这个传统放在祭祀仪式的背景中。

自希腊诗人埃斯库罗斯撰写了《复仇女神》（*Eumenides*）一书，就有大量的事实证明不仅阿波罗，而且狄俄尼索斯在德尔斐也受到崇拜。[⑧] 藏于圣彼得堡、绘有阿波罗在德尔斐向狄俄尼索斯伸出手的瓶画经常被用来

---

① 皮提亚坐在三足鼎上剧烈晃动，Luk. *Bis acc.*1；Schol. Aristoph. *Plut.* 213；皮提亚——阿波罗的女祭司每当说出神谕的时候，就摇晃那棵位于三足鼎旁的月桂树……（她）对希腊人歌唱着、叫喊着，Eur. *Ion* 92.

② 参考第 2 章第 2 节相关内容。

③ Ὄλμος（皮提亚所坐的圆柱形中空椅）Zenob.Par.3.63。

④ Serv.auct.*Aen.*3.360, 3.92, 6.347；Eust. zu Dion. Per.441，巨蟒皮同在三足鼎下嘶嘶作响，Luk, *Astr.*23。

⑤ Porph. *V. Pyth.*16.

⑥ Kallim.fr.643=Schol.Lyk.207；Kallim.fr.517=*Et.M.*255.14-16；Philochoros, *FGrHist* 328 F 7；Euphorion fr. 13 Powell；Clem. *Pr.* 2.18.2.

⑦ Plut. *Is.*365 a；*De E* 389c.

⑧ Aisch. *Eum.*22, 24；Soph. *Ant.*1126；Eur. *Ion* 550-553, 714-718, 1125 *Iph. Taur.* 1243；Phoin. 226；*Hypsipyle* fr. 752；Aristoph. *Nub.* 605；Philodamos p.165 Powell.

作为例证。公元前 4 世纪神庙里的三角楣上的图案反映了阿波罗在东方的缪斯神中间出现，而狄俄尼索斯位于西面[1]，这正反映了研究的对立面：早晨—晚上，光明—黑暗，实际上这两者被认为是兄弟。普鲁塔克[2]证明，冬季三个月的时间被用来祭祀狄俄尼索斯，但是阿波罗在春季就恢复了权力。这种配合被看作宗教历史进程演化的结果，是一种合理的平衡，它不仅允许德尔斐祭司同化 6 世纪的宗教运动，与此同时也削弱了宗教运动的影响。[3]毫无疑问这是有道理的，但这不是妥协让步的问题，而涉及极端对立中的两个事物是如何互相影响的，就像东方和西方、白昼和黑夜一样。它包含着野蛮和纯洁、僭越和自制、女人和男人、接受死亡与肯定生命的对抗：这些是祭祀仪式不断绘制的循环轨迹，通过遭遇死亡来获得新生。狼人围绕着三脚锅转圈就是一种仪式，富有对照意义。在德尔斐的语境下，狄俄尼索斯更像是一个新名字或是对极端的强调，而非外来的闯入者。在祭祀仪式中，两极的张力从一开始就存在。

　　普鲁塔克提到了两个同时进行并相互影响的仪式，他把它们同狄俄尼索斯的肢解联系起来。祭司荷西俄伊会在神庙中举行一种难以言说的祭祀，摇动的扇子会惊醒孩子。[4]祭司荷西俄伊在德尔斐是最受人尊敬的一个群体，他们是丢卡利翁的后裔。通过参与一场特别的、看似古老的祭祀，他们获得了"净化"的地位，因此能够在常规的基础上处理一些难以言说的事情，也许涉及肢解。欧里庇得斯把相似的献祭与克里特岛食生肉的现象联系了起来。[5]原始的男性团体与迷狂的女人并置起来，神庙中的杀人行为与在女性领地照顾新生儿有关，这是在荒山野地里进行的神秘活动，就像在帕尔纳索斯山或者奥林匹斯山一样。在冬季，宁芙仙女们将会欣喜地漫步在帕

---

[1]　St.1807=*ARV*[2] 1185.7, Metzger（1951：T.25.3）；Paus. 10.19.4；P. de la Coste-Messeliere, *Art archäique: Sculptures des Temples* (1931：15-74)；J. Dorig, *Festschr. K. Schefold* (AK Beih. 4, 1965：105-109)。

[2]　Plut. *De E* 389c；Aisch. fr. 86；狄俄尼索斯第一次发出神谕见 Schol. Pind. *Pyth*. p. 2.7, 13 Drachmann。

[3]　Rohde（1989：II 54-55）；H.Jeanmaire, *Dionysos*（1951：187-191）.

[4]　Plut. *Is*. 365a；*Q. Gr.* 292d.

[5]　Eur. fr. 472.12-15；参考第 1 章第 5 节注释；暗指在德尔斐有一个秘密祭祀狄俄尼索斯的仪式。

尔纳索斯山。① 相应地，荷西俄伊也会在这个时候举行难以言说的祭祀活动。普鲁塔克认为这种祭祀活动与狄俄尼索斯的肢解有关。因此，这遵循着狄俄尼索斯神话的主线：撕成碎片，将碎片集合起来保存在一个神圣的容器里，这也与祭祀及狩猎活动中的仪式有关。神话告诉我们从祭祀的三脚锅中出现的阿尔卡斯和珀罗普斯复活了。在德尔斐，阿波罗的到来标志着狄俄尼索斯时代的结束。阿波罗的生日是春天第二个月的第七天②，这也象征着阿波罗重新获得力量。在古代，神谕是在这一天被下达的。正如前文的祭祀活动所体现的，当皮提亚坐在盖着盖子的三足鼎上时，死亡最终被新的神圣的生命所替代。进入迷狂状态是一种现象，但它发生的地点因祭祀仪式而受到限制。

然而，在皮提亚进入"adyton"之前，会举行另外一个祭祀，这次山羊是祭品。在山羊被屠宰之前，人们必须想方设法使它的整个身体颤抖③，因此会先用凉水浸泡山羊。当山羊开始颤抖时，并不是像喜剧中通常表现的情景那样，是允许的点头，其实是畏惧的颤抖。有传说谈及山羊埃克斯（Aix）如何哀悼它的父亲"皮同"④，也提到了山羊在预言的烟雾的驱赶下如何发现神谕的事。⑤ 因此，很明显这只山羊指的是皮提亚自身。当皮提亚坐上三足鼎时，她用一种哀悼之前死去的那些人的赎罪行为将自己置于死亡之地。受害者被叫作皮同、狄俄尼索斯或是阿波罗本身，已经没有什么区别了。皮提亚，一个成熟的女性，穿着打扮却像一个处女⑥，同时也被人喜欢。没有其他女性被允许接近神谕，皮提亚是男性社会唯一被允许的一个女性，几乎就像一个祭品一样被领到三足鼎那里。她自己也会颤抖，她整

① Plut. *Prim. frig.* 953d；*Mul. vitr.* 249ef；Paus. 10.4.2-3（每年一次）；10.32.7；Hdt. 7.178；Philodamos 21-23, p.166 Powell；Aristonoos I 37, p.16.3 Powell；Catullu 64. 390-393；Nilsson（1957：38-45）。

② Plut.*Q.Gr.*292ef.

③ Plut.Def, 435c, 437b, 那母山羊；献祭给神的母山羊……最美丽的母山羊，*LSS* 41.21；德尔斐金币上的山羊头参考 *AN²*340；Hsch. "爱琴海的中心"是曲解/讹误；Steph. Byz. Αἰγά；祭祀动物的战栗，参考第 1 章第 1 节。

④ Plut.*Q.Gr.*293c.

⑤ Diod.16.26；Plut. Def. 435d.

⑥ Diod.16.26；"妇女"，Eur. *Ion* 91；"老妇人"，Aisch Eum 38；"终生保持纯洁"，Plut. Def. Or. 435d, 438c。

个身体颤动着，但正是由于极度的痛苦和恐惧，神性才会涌现，阿波罗将会出现并发出神谕。

　　基督教的辩论术通过与性联系在一起，是试图诋毁坐在烟雾缭绕的三足鼎上的女性形象吗？① 甚至就连帕萨尼亚斯这样的异教徒也称西比尔（Sibyl，希腊女预言家）为神的神圣妻子，因为埃斯库罗斯认为阿波罗和卡珊德拉（特洛伊公主，女预言家）有过性关系②，同样的观点也适用于皮提亚，因为她与阿波罗结合过。③ 然而，在祭祀活动中，把自己献给神的同时也就相当于面临死亡。皮提亚唤醒了死去的以及那些拥有生育能力的人的生殖能力，并使新生命显示出活力。当这种冬天的祭祀在神庙的壁炉及三足鼎前完成后，在春天绽放的花蕾预示着阿波罗的到来，他是智慧和圣洁的化身，并且是十分重要的指引的源泉。

　　在壁炉和三足鼎的旁边，有更为著名的圆形石头，叫作"地球的肚脐"，是德尔斐神庙一种神圣的象征。④ 石头的确切位置也许在神庙 adyton 处三足鼎的旁边，用一块由生羊毛织的网状物盖着。⑤ 从古至今，对这一象征物有各种各样的解释。世界中心的观念拟人地用肚脐的形象进行了表达，并且特别选定了一个举行神圣祭祀活动的地方。每个圣所从某种意义上讲都是一个"中心"⑥。然而，德尔斐石头的功能是备受争议的。例如，它是皮同的墓穴纪念碑吗？⑦ 它是一个神秘的祭坛吗？⑧ 无论标准的解释和命名是什么，圆形石

---

① Orig.*Cels*.7.3，他在女性的私处获得生命气息；Ioh. Chrysost.，Migne *PG* 61.242，Schol. Aristoph. Plut. 39，Suda π 3140；Fehrle（1910：7-8，75-76）；K. Latte，*HThR* 33（1940：9-18）。

② Paus.10.12.2.

③ Aisch. Ag. 1203-1212.

④ Harrison（1922：396-406）；Cook Ⅱ（1924：169-193）；Fontenrose（1959：376-377）；H. V. Herrmann，*Omphalos*（1959）；J. Bousquet，*BCH* T5（1951：210-223）；W. H. Roscher 的论文有丰富的比较材料。

⑤ Poll. 4.116.

⑥ M. Eliade，*Das Heilige und das Profane*（1957：22-29）；圆形神石作为世界中心在两只来自世界尽头并在那里相遇的鸟的神话中出现；Pind.fr.54=Strabo 9. p.419；Paus.10.16.3；Plut. Def Or. 409e.

⑦ Varro L.l.7.17；*RML* Ⅲ 3407；Fontenrose（1959：375）；Harrison（1927：424）；*EAA* Ⅵ 335；"狄俄尼索斯的墓"，参考 Tatian 8 p.9.17 Schwartz（参考本节注释）。

⑧ Herrmann，*Omphalos*（参考本节注释）。

头在祭祀中都有一个最基本的功能：它是一个台子，羊毛网状物从上面垂下来。根据这种方式，旧石器时代的猎人在一个黏土模型上铺上一张熊皮，而赫尔墨斯在岩石上铺开一张母牛皮。① 作为祭祀用的纪念碑，这些圆形石头反映了一种从古代到希腊祭祀传统的沿袭。在壁炉旁屠杀祭品以及像狼一样把它们撕成碎片与把这些碎片收集起来放在三脚锅里，与把羊毛或羊皮在石头上摊开是联系在一起的：在德尔斐神庙里，神谕的象征包括赫斯提亚、三足鼎和圆形石头，祭祀用的石头是世界的中心。

德尔斐每 8 年就有一个节日，普鲁塔克详尽描述了这个节日。② 埃福罗斯（Ephoros）和特奥旁普斯（Theopomp）都间接提到过它，这使我们知道这个节日在公元前 4 世纪就已经存在。很明显，它要早于第一次圣战，因为它和皮提亚竞技会（最初每 8 年举行一次，直到公元前 586 年开始每 4 年举行一次）密切相关。仪式使德尔斐与色萨利山谷的神庙之间建立了一种引人注意的关系，就是在这里，人们用神圣的月桂树枝为在皮提亚竞技会中获胜的人加冕。在漫长的朝圣路途上，大批部落和城市的人被吸引来参与这个节日和竞赛，这个节日在普鲁塔克描述的 "Septerion"③（飞翔和恐惧的）节之前举行。有人可能会想这是不是一个近邻同盟的节日，因为它最初以靠近神庙的山谷为中心。然而，8 年的间隔④，在第一次圣战的时候不适用于德尔斐，因此从那时起 4 年的间隔习惯被确立下来。根据基本的仪式结构，可能存在更复杂的融合，特别的 Septerion 节与普通的德尔斐祭

① 参考第 1 章第 2 节注释。
② Plut. Def. Or.417e-418d；*Q. Gr.* 293c；De mus. 1136a；Ephoros，*FGrHist* 70 F 31b=Strabo 9 p.422；Theopomp，*FGrHist* 117 F 80=Ael. U.h. 3.1；Kallim. fr. 86-89，194.34-36；B.Snell，*Hermes* 73（1938：439）；Pind. Päan 10；H.Usener，*ARW* 7（1904：317-328）=Kl. Schr. IV（1913：451-458），Nilsson（1906：150）；Harrison（1927：425-428）；Jeanmaire（1939：387-411）；Fontenrose（1959：453ff）.
③ *Q.Gr.*293c Σεπτήριον Mss.，Στεπτήριον Bernardakis；Hsch. σεπτρία：净化、赎罪（错误地列在 σεσωσμένος 之后）；Hsch. 加冕的、用于加冕的；花冠，祈祷者戴着它们，它们来自橄榄枝；A. Mommsen 支持 σεπτήρια，Nilsson（1906）151.1 追随 W. H. Roscher，*Neue Jb* 49（1879）.
④ Plut. *Q. Gr.* 293c；Ael. U.h. 3，1；M. P. Nilsson，*Die Entstehung u. religiöse Bedeutun des griech. Kalenders*（Lund 1962：46-48；1955：644-647）.

祀仪式相适应，我们在这儿也发现了一个招致罪行的祭祀，标志就是射击（飞禽）、赎罪和神的回归。

为了这个节日，一座类似国王或僭主的宫殿的木屋建在了离神庙不远的环形打谷场上。① 我们不清楚木屋里面发生了什么，但当木屋被完全毁坏时，祭祀的高潮便来了。晚上，邻近族盟/乡党的成员悄悄地手举火把，让一个小男孩袭击木屋。在木屋里面，他撞翻桌子，放火点着了木制的器具，然后头也不回地逃走了，直逃到神庙入口处才停了下来。这场袭击被称作 Dolonia。② 这个危险和狡猾的名字让人想起了奥德修斯和狄俄墨得斯（Diomedes）在特洛伊奸诈和残忍的掠夺行为，他们靠从披着狼皮的多隆（Dolon）那里强夺的信息为指引杀害了瑞索斯（Rhesos）国王。因此，在德尔斐，一个父母尚在、从未经历过死亡的小男孩就成了毁灭的工具。神话讲述者试着把这种仪式和阿波罗战胜巨蟒皮同的故事联系起来③，但是，正如普鲁塔克所说，有些细节并不一致。如果在国王的宫殿里有张桌子，桌子上必然会有一顿祭祀的圣餐——后来被残忍地毁灭以至于没留下任何东西证明它存在过，不过祭祀中记载的打翻桌子的行为出现在吕卡翁和堤厄斯忒斯的神话中。④ 吕卡翁的行为伴随着洪水，而德尔斐是另一个与洪水神话有关的地方。在特别时期，一场无法言说的祭祀就这么突然在大火中结束了。

但是这里讲的仪式才刚刚开始，在它最终克服灾难在圣地重建神性纯洁前，必须走很长的"路"。因此，这个小男孩和他的随从们一起，踏上了通往 Tempe 峡谷的漫长道路。他的旅途是"悠闲的漫步"，是"奴隶的工作"，但同时也是一场狂欢的穿越⑤，就像背着武器跳舞或挥舞火把的行进一样。有关皮同的神话也提到过此事。受伤的怪物皮同从阿波罗手下逃

① Plut. Def. Or. 418a；德尔斐铭文参考 *SIG* 672＝*LS* 80.58；*LS* 81.7。

② 关于 διά 的含义，参考 Num. 8 经由粗磨大麦粉和奠酒完成的献祭。Λαβυάδαι 是 Pomptow 的推测（参考 *LS* 77）。

③ Ephoros，*FGrHist* 70 F 31b，引自 Plut. Def.Or.418a。

④ 参考第 2 章第 1 节注释和第 3 节注释。

⑤ Plut. Def. Or.418a，正被引入狂欢秘仪的城邦已将（温泉关）外所有希腊人驱赶到（奥林匹斯山与俄萨山之间）的 Tempe（Τέμπη）峡谷。

走了，阿波罗追赶它到了 Tempe 峡谷，然后在那里杀死了它。① 这是一次神圣的行进，把色萨利人、皮拉基人（Pelasger）、俄伊泰人（Oitaeans）、亚尼安人、马里人、多利安人和洛克里斯人联系了起来。最后，人们在 Tempe 峡谷派尼奥斯河（Peneios）的祭坛前举行了一次壮观的祭祀活动，伴随着洗礼习俗，好似一个可怕的污点或是一种无法饶恕的罪行被抹除了。② 在神话中，这个祭祀活动也是由阿波罗完成的。③ 净化之神本身也需要净化，因为他也曾经杀害过别人。祭祀结束后，那个小男孩会折断一枝月桂树枝，从 Tempe 峡谷带着它一路返回。伴随着笛声，这个男孩会处处受到人们的尊敬。④ 当行进的队伍到达德尔斐时⑤，竞技会就开始了。与此同时，妇女们也要表演属于她们自己的服饰礼仪。⑥ 阿波罗在仲夏时节从阿尔凯乌斯（Alcaeus）（古希腊抒情诗人）圣歌所赞美的北方乐土返回德尔斐。⑦ 音乐是表明德尔斐神灵显现的最初形式，正因为如此，音乐竞赛在德尔斐十分重要。曾经，在"堕落之地"——来自古代皮同的语源学⑧，这种激烈的行为通过清晰的秩序和艺术之美被克服和战胜了。但是秩序和艺术本身被悬置在恐惧的深渊之内，这种恐惧在内疚和祭祀的赎罪中不断被放大。阿波罗只能通过坐在盖着盖子的三足鼎上胡言乱语的女子来讲话。

六　略谈奥德修斯

在希腊文学中，奥德修斯（《奥德赛》中的主人公，曾指挥特洛伊战

---

① Plut. *Q.Gr.*293c.

② "圣路"，Hdt.6.34.2；Plut. *Q. Gr.* 293c；有关停驻地点和 Tempe 峡谷的祭祀清单参考 Ael. U.h. 3.1；Plut. Def. Or. 418b；Kallim. fr. 87, 89；Schol. Pind. *Pyth* 4.11-14 Drachmann。

③ Aristonoos I 17，p.163 Powell.

④ Ael. U.h. 3.1；Plut. mus. 1136a；Kallim. fr. 194.36.

⑤ 586 年之前，Schol. Pind. *Pyth* p. 4.14 Drachmann；Censorin 18；Schol. Od. 3.267；Plut. Def. Or. 410a, 418a。

⑥ 三个……九年周期，按照前后相继（的顺序），三个节日的顺序如下：Septerion, Herois, Charila，参考 Plut. *Q. Gr.* 293bf；普鲁塔克不准确的描述使以下猜测成为可能，虽然并不能确定，即 Herois 和 Charila 这两个节日是在皮提亚竞技会之前庆祝的,Fontenrose（1959：458）。

⑦ Alkaios 307 Lobel-Page=Himer. Or. 48.10-11.

⑧ *Hy.Ap.*363.

争，献木马计，使希腊获胜）与独眼巨人的一次冒险经历是食人族的最古老传说。这个令人经久不忘、简洁精辟的故事的受欢迎程度早在公元前 7 世纪通过一系列瓶画已经得到了证实。除此之外，民俗学家收集了大量类似的传说，大部分与奥德修斯有关，也在一定程度上表现出了更多的原始特征①，因此很难被忽视。有人可能会把这个食人族的传说看成一个很普通的民间传说，因而不会去探究其与吕卡翁、堤厄斯忒斯或者坦塔罗斯这些神话传说之间的紧密联系。但是，更进一步的研究向我们揭示了这一系列神话传说背后有着某种惊人的相似性，这促使我们认识到早期的希腊歌曲杰作有一种特殊的仪式结构。

首先，我们注意到，作为献祭动物的一只公羊扮演了重要的角色。披着公羊的皮，奥德修斯才可能逃离独眼巨人可怕的洞穴。他毫不迟疑地向宙斯献出他的救助者公羊可能严重冒犯了每一个动物爱护者，但是佛里克索斯也做出了同样的选择。把人绑在羊肚子下这个主意很容易让人联想到木马传说（尽管好像有点不切实际）。说到此，这一系列相似的故事版本似乎为我们呈现了一些更古老的传说。由于受到食人族的威胁，人们将自己藏在被屠杀动物的毛皮之下伪装成动物，进而逃脱瞎眼怪物的毒手。②在这种情况下，现实迫使他们必须在逃跑之前杀掉他们的救助者，并且，为了获得自由，人们必须将自己装扮成被屠杀的动物。如果我们相信奥德修斯冒险经历背后的故事，那么发生在珀利翁山谢龙洞里的祭祀，以及为塞浦路斯的阿佛洛狄忒③所进行的羊祭，都是十分相似的。事实上，奥德修斯是由他的祖父命名的，他的祖父在口头上一直说要尽量校正自己的本性，这一点很重要，因为他的祖父奥托吕科斯是一位来自帕尔纳索斯山的狼人。④

《奥德赛》的作者并不这样认为。但即使像奥德修斯、俄瑞斯忒斯这样

---

① 瓶画参考 Schefold（1964：p1.1）（厄琉息斯的双耳细颈瓶发现于 1954 年）；K. Meuli,
　　Odyssee und Argonautika（1921：66-78）；Cook Ⅱ（1924：988-1003）；D. L. Page, *The Homeric
　　Odyssey*（1955：3-16）。

② 到目前为止，我们看到的是大部分不同的变体，参考 Heckman（171-174：184）；狄俄尼
　　索斯洞穴中遇难水手的传奇故事参考 Paus. 2.231。

③ 参考第 2 章第 4 节注释。

④ Od.19.406-409.

的名字，也很明显不是希腊人名。①但奥德修斯的神话传说不仅将我们引领到了前荷马时代，而且其地域范围也超出了希腊。一位希腊研究者曾设想，《奥德赛》与萨莫色雷斯岛谜团之间存在着某种奇特的联系："他们说奥德修斯是新加入萨莫色雷斯岛的，所以戴着琉科忒亚（Leukothea）式的面纱，而不是一条带子。相反，萨莫色雷斯岛人的腹部一般会缠绕一条紫色的带子。"②人们普遍认为萨莫色雷斯岛的守护神会拯救岛上的人于水火之中。③尽管事实上并没有人知道有关这个秘密起源的一些细节，但以上两点告诉我们一个事实：故事的中心线索是一只用来祭祀的公羊④，披上羊皮是与浴室联系在一起的。除此之外，只有很少的神话传说与萨莫色雷斯岛有关。然而，这些事实揭示了其与奥德修斯的一系列惊人的相似性。正如达尔达诺斯（Dardanos）在大洪水时期从一个小岛上乘着一只竹筏⑤发现了伊利昂－特洛伊（Ilion-Troy）一样，奥德修斯离开了卡吕普索（Kalypso）困了他7年的"奥杰吉厄岛"（在《奥德赛》中，这个名字至今仍是一个谜）。然而，俄古革斯（Ogygos）这个众所周知的皮奥夏之王，其名字却出现在许多古希腊的洪水传说中。⑥从中可以看出，达尔达诺斯和奥德修斯乘竹筏这一经历更加相似了。自远古以来，皮奥夏的卡比里（Kabiri）圣所一直扮演着中心角色。人们很难将卡德摩斯（Kadmos）和卡德米罗斯（Kadmilos）分开⑦，而他的妻子哈尔摩尼亚（Harmonia）⑧则直接与萨莫色

---

① E.Wüst. *RE* XVII 1909-1913.

② Schol. Apoll. Rhod. 1.917；而且，他们说，甚至（？）已加入秘仪的奥德修斯也在萨莫色雷斯岛用面纱代替束腰带，请求神谕。因为那些已加入秘仪者，环绕其腹部的是紫色的腰带，Schol, Od. 5.381 提到一座"山羊岛"（Αἰγαί），靠近萨莫色雷斯岛。根据 Aristotle fr. 579= Schol. Apoll. Rhod.1.917，萨莫色雷斯被叫作 Λευκοσία。

③ 无神论者狄亚哥拉斯（Diagoras）和第欧根尼（Diogenes）的轶事，参考 Diog. Laert.6.59；萨莫色雷斯岛参考 N. Lewis, *Samothrace*: *The Ancient Literary Sources*（1958）；Hemberg（1950：49-131）。

④ Hemberg（1950：102, 109）。

⑤ Lyk.74-80；Schol.73；Schol. Plat. *Tim.* 22a.

⑥ Od. 6.172, 1.85, 7.244, 254, 12.448, 23.333；U. v. Wilamowitz-Moellendorff, *Homerische Untersuchungen*（1884：16-17）；俄古革斯参考 Korinna, 671；Paus. 9.5.1；卡德摩斯的父亲参考 Suda ω 12；奥杰吉厄岛的食物参考 Schol. Plat. *Tim.* 22a。

⑦ Hemberg（1950：95, 316-317）。

⑧ Hellanikos, *FGrHist* 4 F 23；Ephoros, *FGrHist* 70 F 120；*RE* VII 2379-2388.

雷斯岛相关。在皮奥夏的卡比翁发现的那些风格奇异的瓶画中，来自《奥德赛》的场景出现的频率高得惊人。其中，最出名的一个是"俄瑞斯忒斯"被拿着波塞冬的三叉戟的"Borias"所驱赶，乘坐一只简陋的竹筏在海上航行。① 波塞冬和奥德修斯，海神和他的受害者，在这一点上算是平等的吗？自远古时代起，关于奥德修斯的肖像画就有一种奇特的共同点，都戴着圆锥帽，赫菲斯托斯（Hephaestos）和他的儿子们——卡比里神都披着斗篷，甚至狄俄斯库里兄弟（the Dioskouri，双子神）也穿戴着。奥德修斯和卡比里有关吗？不管怎样，独眼巨人库克罗普斯三兄弟是与赫菲斯托斯为伴的。② 这些斗篷是由用祭祀的动物的毛皮做成的。③ 这些新加入者都穿戴着献祭的象征物。

　　不管这些特定的相似性证明了什么或者使什么变得更加可信，更重要的是奥德修斯的痛苦历程十分明显地与狼人从德尔斐到吕卡翁山一次又一次的出现相对照。当奥德修斯在洞穴里目睹了难以言说的同类相食场景后，他的人生轨迹出现了一个转折点，当时距人类的文明时代还很久远。在一系列类似的版本中，英雄被强迫食用人肉。④ 在这样连续不断的宴会后，由于火的发现和人类原始武器，尤其是经过淬火变得坚硬的矛的发明，可怕的盛宴才迅速走向了终结。⑤ 奥德修斯藏在公羊皮下逃跑了，但他的返乡之旅却被耽搁了。像德尔斐男孩一样，他也必须远走他乡，并且像阿卡迪亚狼人一样，必须在未知的土地上逗留长达 9 年，然后才能返回家园。奥德修斯的逃跑行为激起了独眼巨人的诅咒和波塞冬的愤怒，这是一个令人费解的悖论，不过这也建立在仪式基础上。奥德修斯乘竹筏到了新的海岸，并且最终漂洋过海奔向家乡。他的回归建立了一种新的秩序，结束了旧有

---

① 牛津的双耳大饮杯，Cook Ⅲ（1940：160）；R. Stiglitz, "Herakles auf dem Amphorenfloss", *Österr. Jahresh.* 44（1959：112-141）；在厄茹特莱（Erythrai），赫拉克勒斯的出现参考 Paus. 7.5.5。

② Hes. *Th.* 141，戴着圆锥帽的奥德修斯常常出现在奥林匹亚的一个三足鼎上，参考 Schefold（1964）。

③ Gell.10.15.32；Serv. auct. *Aen.* 2.683；Festus *s.v. albogalerus* p. 10 M.；E. Samter, *Familienfeste der Griechen und Romer*（1901：34-35）。

④ Hackman, *Polyphemsage.*

⑤ Burkert（1967：283-285）。

的混乱，"在旧月渐亏时，新的一切开始了"①，在阿波罗节期间②，奥德修斯用他的弓战斗，并重获权力。在转变的过程中，奥德修斯在对立的波塞冬和阿波罗之间左右摇摆。抵抗荒野和遥远土地的力量来自家乡；抵抗食人族的贪婪和残忍，仅仅是为了复仇；抵抗狩猎者对附近住处的袭击，可以使用远程武器。当然，在任何情况下都存在杀戮，不论是像波塞冬的儿子那样还是像在阿波罗的小果园那样。即使是与反文明相对立的文明，也存在牺牲。

爱德华·迈尔（Eduard Meyer）③很久以前就证明一系列宗教式的文化怀旧将奥德修斯和珀涅罗珀与阿卡迪亚联系在一起。在宗教仪式这一点上，我们也发现了波塞冬和阿波罗的对立，这种对立也出现在有关德尔斐传说的那个版本中吗？④这种联系也同样出现在卡比里圣域、萨莫色雷斯岛和特洛伊城，这些均指向前希腊文明时代。其他的研究者则坚持认为在萨莫色雷斯岛和利姆诺斯岛（Lemnos）存在非希腊式版本，并且阿卡迪亚和德尔斐是伪希腊式的。试着去判定一个更明确的民族起源几乎不可能，因为如果我们能找到像卡托·胡玉克时代那样久远的线索，或者比这还久远的线索的话，那么它本身一定会比学术界任何可知的民族分化的时间更加久远。我们所发现的是农业和城市文明与狩猎时代的对立，这些每天都出现在宗教场景中，只不过再次消失了而已。人类坚称其本身是和狼对立的，文明从堕落中崛起，就像白天紧随黑夜而至一样。正是由于这个原因，白天以黑夜的存在为先决条件。在文明的循环中，宗教仪式必须不断重建狩猎时代致命的户外领地，这既是对狩猎时代文明的质疑，也是对文明的更新，两者都是神圣的，也许是献祭的两个方向，对死亡的恐惧和对生命的肯定，都服从于神。

---

① Od.14.162，19.307.

② Od. 20.276，18.600，20.156，250，21.258-59；Wilamowitz, *Homerische Untersuchungen*, 111-114.

③ *Hermes* 30（1895：263-270）；E. Wüst, *RE* XVII 1910-1912；*PR* II 1050-1059；Paus. 8.14.5, 8.44.4.

④ Paus.8.25.4-5；Schol. A II. 23.346；Burkert（1979：125-129）；Paus. 10.5.6, 2.33.2；Kallim fr. 593；波塞冬在德尔斐的祭坛参考 Paus.10.24.4.

第3章 死亡和节庆

我们已经在一系列的仪式中回溯了献祭的两面性——直面死亡和对生的追求，这些仪式的开展一方面是通过在锅中煮一只公羊，另一方面是通过参与者之间的对立和排斥以及相互间的博弈。当两种情况相继发生时就会出现相似的引人注目的结构。符合秩序的令人恐惧的主要仪式必须是经常进行的。在一组以公牛祭祀为中心的仪式上，妇女和女孩扮演着特殊的角色，她们从活泼可爱转向忧郁哀伤。这里，献祭活动的三个部分——准备、活动、恢复——扩展为三种相关联的节庆，这些节庆有如下特点：（1）象征性地献祭一个女孩；（2）献祭"一种不会说话的动物"；（3）恢复性献祭。期望中的禁欲伴随着野蛮的行为，最后得到愉悦的满足，都反映了狩猎者一直以来的状况。但在城市文化中，这种仪式在经历了一段时间的分裂，也就是说，传统秩序被打破后，象征性地转变为一种新年节庆。相同的结构出现在酒神节狂欢中，是一种返祖回归行为而且让我们更进一步地领略了渔民的风俗。这些渔民生活的地方尽管还在从渔猎生活向城市文明过渡，但是他们已经适应了相同的传统。随着经济和社会条件的变化，仪式的基本结构保留了下来。

一 从杀牛节到泛雅典娜节

狄波里亚节（Dipolieia）

雅典城邦在希腊文学中占据着独特的地位。这个城市的人们热爱写作，迄今为止给我们留下了最多的文字。雅典曾一度吸引了最优秀的艺术家来此并主宰了彩陶生产好几个世纪。因此，没有一个地方的祭仪能有这样完整的记载。但是宗教现象的多样性迷惑了我们，也让我们更清楚地意识到我们知识的局限性。人们谈论到的远少于他们所经历过的，或许是因为他们认为那是显而易见的，不需要谈论；或许是出于某种顾虑。此外，那些存留下来的专门记载阿提卡祭仪的书仅有一些残篇。我们已有的关于雅典节日的图片比其他地方的节日图片更丰富和多样，但正是由于这个原因这些图片更加让人费解，并且这些图片仍然是不完整的。

在雅典，几乎每天都有节日或者祭祀活动。① 这些祭祀活动有一种比较突出，是因为它独有的甚至怪诞的特色。布弗尼亚（Buphonia），即"杀牛节"，这种祭祀活动发生在仲夏六月的第十四天，在雅典卫城最高处宙斯的祭坛上。② 这个节日尽管因为发生在六月中旬并且发生地位置较高，再加上以头神的名字命名而比较著名，但是它一点也不明快、虔诚。它的名字正暗示了接下来的仪式是预料中的：一种充满罪恶感的行径，但是并不能当真，因而成为一个闹剧，这个闹剧并不适合宙斯，不适合这座卫城，也不适合城内的一些公共场合，甚至不适合一幅远古时代的美好画面。其实人们知道并且能够感觉到这种风俗的古老。早在阿里斯托芬的时代③，年轻人就曾想要甩开旧习惯和过时的废话。但是（尽管细节上有修改）④ 狄波里亚节一直保留到了罗马帝国时期。⑤

---

① 雅典圣历由尼可玛可斯（Nikomachos）创建于公元前 15 世纪末，参考 S. Dow, *Proc. Massachusetts Historical Society* 71（1953/57：3-36）；Hesperia 30（1961：58-73）.

② O. Band, *De Diipoliorum sacro Atheniensium*（1873）；W.R. Smith（1894：304-306）；H. v. Prott, *RhM* 52（1897：187-204）；Farnell I（1896：56-58，88-93）；Nilsson（1906：14-16）；Harrison（1922：111-113）；Deubner（1932：158-174）；Cook 111（1940：570-873）；Meuli（1946：275-277）；W. F. Otto, *Paideuma* 4（1950：111-126）= *Das Wort der Antike*（1962：140-161）；U. Pestalozza, "Le origini delle Buphonia ateniesi", *Rend. dell'Inst. Lomb.* 89/90（1956：433-454）.

③ Nub. 984-985, 充满了真正古老的（观念）、像 Διπόλια（又作 Διπόλεια，早期雅典城市保卫神宙斯的节日）和（梭伦时代以前佩戴的）金蝉那般过时了的，像黄色染料和公牛献祭（那样古老）。神话将祭祀归因于雅典首任国王刻克洛普斯（Kecrops），参考 *Paus.* 1.28.10；*IG I²* 839 = *LSS* 2.

④ 参考本节注释。

⑤ *Paus.* 1. 24. 4.28. 10；日历参考 Deubner（1932：253）。

有一篇报道，大概可追溯到泰奥普拉斯托斯时代①，我们可以借此了解这种祭祀的详细内容。一群牛被赶到卫城。像往常一样，队伍中会有由年轻女孩们担的水、献祭用的谷物和刀。在圣地，祭祀的动物不会立即被驱赶到中心。相反，牛群要把祭坛②围起来，祭坛上还要放上由献祭的谷物做成的一种饭或者蛋糕。③ 有人认为这是在向神供奉农业的果实。确实有一段时期，人们减少了牛肉的进食，并且在祭祀中不再供奉动物而是供奉蛋糕和在蜂蜜里浸泡过的果实，还有其他类似的洁净的祭祀品④，这些都是柏拉图得出的结论，并且由泰奥普拉斯托斯在祭祀的开篇部分介绍。但是这种"洁净的供奉"仅仅是一个序曲，或者事实上是暴力行为的一种借口或说辞，因为放在神庙里的斧头已经用从杀牛节上带回来的水擦亮了。接下来很简单，只需等待其中一头牛转向祭坛并本能地吃掉谷物，那么这头牛就触犯了禁忌⑤并犯下了侵犯宙斯及其祭坛的罪孽。之后"杀牛者"就挥下斧头，牛倒下了。有好几种版本的传奇故事都讲述了虔诚的农民是怎样气愤于贪吃的牛打乱了神圣的仪式而自发成为第一个"杀牛者"的。杀牛者的名字各不相同——托伦（Thaulon）、索帕特鲁斯（Sopatrus）、迪莫斯（Diomos）——但是动机和行为是不变的，因为他们都在仪式上实施了

---

① Porph. *Abst.* 2.28-30；追溯到泰奥普拉斯托斯参考 J. Bernays，*Theophrastos' Schrift uber Frömmigkeit*（1866：121-124）；F.Jacoby，*FGrHist* 324 F 16；W. Pötscher，*Theophrastos ΠΕΡΙ ΕΥΣΕΒΕΙΑΣ*（1964：84-86，128-132）。

② 画家格拉（Gela）画的一系列黑绘陶瓶（公元前 510~ 前 480 年），参考 Cook III（1940：581-582）；G. Bakalakis，*Ak* 12（1969：56-60）；J.H. Oliver 在尼可玛克斯日历上读到的，*IG* I² 843 = *Hesperia* 4（1935：32），来自（被驱赶）成环形的前六头（牛）（有疑点，Sokolowski，*LS* 17），现在加上了"环绕驱赶"（现在分词），*Hesperia* 37（1968：267）= *LS* 179。

③ Paus. 1.24.4，指"大麦……混合了小麦"的祭坛；Porph. *Abst*，指一张"桌子，在这张青铜桌子上有（膳食、蜂蜜和油混合而成）祭品和（用研磨过的大麦粉制成的）蛋糕"2.30；Aristoph. *Nub.* 985；Suda β 474 = Androtion，*FGrHist* 324 F 16；Porph. *Abst.* 2.10；Stengel（1910：66-72）。

④ Plat. *Leg.* 782c。

⑤ 在哥斯岛（Kos）上，为城邦保护者宙斯献祭的公牛是从许多被驱赶着经过集市的公牛里挑选出来的（κριθείς，被选出来了的），*SIG* 1025 = *LS* 151 A 19：而（它）正被献祭，如果为赫斯提亚套上了轭，这通常被理解为是献给赫斯提亚的第二次祭祀〔（E. Farmer Graik，Par. del Pass. 22（1967：442）〕，但是宙斯节日的宏大暗示了"如果它向赫斯提亚低头就用它祭祀"，也就是把公牛头转向城邦壁炉。随后，"赫斯提亚被补偿"38（25），而献祭的动物是从女神那里买来的（参考第 1 章第 5 节注释）。

杀牛的行为。①阿拉托斯（Aratus）认为杀牛祭祀标志着白银时代的结束②，表面上的田园情调终结于"神圣"的血腥行为。今天我们知道了泰奥普拉斯托斯和其他浪漫派对于人类发展自欺欺人问题的讨论，这远不是一种旧式狩猎本能打破文明薄弱外壳的问题。祭坛的神圣背后是长期的攻击性行为——人们期待着血腥的祭祀并最终这样做了。

但是这个新的行为马上就报应在了这一行为的执行者身上。"杀牛者"在给予牛致命一击后扔下斧头逃跑，帕萨尼亚斯将此形容为正常的风俗，传说也是如此，不管是谈到索帕特鲁斯还是托伦。③自古以来，放逐就成为流血牺牲的替代行为，希腊人称其为"迁徙"。因此，攻击后的迁徙被制度化为法律。④在杀牛节上，执行祭祀"行为"的人会逃跑并不再回来。剩下的参与者在庆幸于驱走此人的同时就可以享受这个人所带来的成果了：动物倒下后，切肉者用刀剥其皮，再将其切开，取出内脏，将肉烤熟并立刻吃掉。如此一来，所有的参与者就都不可避免地牵涉进了祭祀中。但是病因学传说并未提供参与者用餐这一细节。在这个版本中，索帕特鲁斯"埋掉"整头牛，接下来才是不折不扣的冒犯：雅典人不必对所犯之罪进行补偿，甚至要重复罪行，吃掉献祭的动物。⑤通过将这一"行动"变成集体活动，索帕特斯就能够得到良心上的安慰。⑥因此，每个人都会根据所在的群体参与其中，每个群体代表一个古老的雅典家族："运水者"、将牛群赶

---

① Aristoph. *Ran.* 651.

② Arat 131-132.

③ Paus. 1.24.4；Porph. *Abst.* 2.29；Schol. T II. 18.483；祭祀后的逃避仪式，参考 Tenedos，III.4；Delphi，II.5；Tithorea，Paus. 10.32.17；Tegea，Paus. 8.53.3；Thesmophoria，Hsch.；Krete，Zenob. Ath. 2.7 = Zenob. Par. 5.50（*Paroem. Gr.* I 141）；III. 3/4。在绘画作品中，赫菲斯托斯在雅典出生后离开，参考 Cook III（1940：656-726）。希腊联军的神箭手菲罗克忒忒斯（Philoktetes）在点燃了赫拉克勒斯的柴堆后逃跑，参考 Cook III（1940）516 = *ARV* 1420.5；Meuli（1946：277）；Burkert，*Historia* 11（1962：368-369）。

④ 关于特里普托勒摩斯的仪式和雅典的帕拉迪昂（Palladion）队伍：Burkert，*Teitschrift fürkeligions-und Geistesgeschichte* 22（1970：356-368），反映了得摩丰（Demophon）的"北逃"和"净化"。

⑤ Porph. *Abst.* 2.29，（他们）品尝过已死的（祭品）并且不拘束——"约束自己"（κατασχεῖν，不定式过去时）或克制自己在这一祭典上是明确禁止的。杜卜纳觉得这是"令人难以置信的"（参考本节注释）。

⑥ 假如所有人一起做了这件事……牛必须由城邦肢解，Porph. *Abst.* 2. 29；2.10：合谋者获得其他部分。

到祭坛的"驱赶者"、"杀牛者"以及"切肉者"。^①所有人各尽其责，除了那个杀牛者，所有人都会吃牛肉。随后人们会将骨头在祭坛上烧掉，只有牛皮会留下来。

接下来的尾声强调了这一事件的社会关联。由于在祭坛所犯的杀戮之罪，在雅典的中心也就是城邦炉灶边会进行一场审判。"在这里，女性运水者会指控那些将斧头和刀子磨利的人比她们更加有罪，被指控的人会转过来指控那个把斧头递给他的人，这个人又会指控那个剖开牛的人，剖牛的人又会指控刀子。因为刀子不能为自己辩解，也就成为谋杀的罪魁祸首。"^②本该首当其冲被指责的"杀牛者"这时候已经逃之夭夭且找不到了。依据申诉，没有人认识他。据帕萨尼亚斯所说，斧头受到审判，但是会被无罪释放；新柏拉图主义哲学家普菲力欧斯（Porphyrios）说刀子被扔进了大海。这两种行为看上去更像是互补的而非抵触的，因为斧头和刀子都在祭祀中起了作用：^③仅有刀子杀不了牛，只靠斧头也剥不了牛皮。因为生命力似乎是随着血的流失而消退的，所以判定刀子比斧头更有罪似乎更自然一些。而且，刀子比较小，更容易获得。所以斧头要保管在神庙里，作为一种献祭暴力的原始符号。发明者发明的原始犁据说就是以这种方式保存在卫城的。最后，人们将填充后的牛皮铺在前面，这样献祭的动物就"从死亡中复活了"^④。表面上看，祭祀前的局面恢复了。即使城内重要餐宴上的人

---

① KHPYXΣIN OI ΔΙΠOΛIEI [O]Σ 不清楚这是哪个家族或仅是参与的传令官。安德罗逊（Androtion）提出了一个与之竞争的说法，*FGrHist* 324 F 16（Agallis Schol. TJL 18.483；Eust. 1156.59；Hsch. θαυλωνίδαι；Suda Θ 67），参考色萨利的宙斯 θαύλιος：Cook III（1940：277-283）；Hsch. Θαύλιος，Cd. Θαῦμος，或 Θαῦλος，马其顿的阿瑞斯。Θαύλια：节日。Tarentum 人……）两个家族之间的这一竞争将要如何缓和，仍是个问题，参考 A. Mommsen（1898：521-522）；Toepffer（1889：149-158）；Cook Ⅲ（1940：596-597）；Hsch. "βoύτης：为（早期雅典）保卫城市的宙斯节献祭公牛的做法"可能是跟 βoυτύπoς 混淆了〔Deubner（1932：162）；Cook III（1940：589）〕；剧场中的"城邦保卫者宙斯的祭司"的座位，参考 *IG* II/III² 5024。

② Porph. *Abst*. 2.30；Ael. v.h. 8.3（可能是摘自泰奥普拉斯托斯），参考 Paus. 1. 28. 10，而斧头被审判后立即宣告无罪，并且经历这一整年都被（这么）判决；βoυτύπoς "未知"，参考 Paus. 1.24.4。

③ Cook Ⅲ（1940：585）；Porph. *Abst*. 2. 30。

④ Porph. *Abst*. 2. 29, 30；雅典娜是犁的发明者，参考 Serv. auct. *Aen*. 4. 402；展开祭品的皮，参考 Scythians, Holt. 4. 72；马祭，参考 *UdG* IX 287；熊节，Meuli（1946：229）；Cook I（1914：185）。

都是素食主义者①，也没有人能忘记他们已经不再生活在黄金时代了。

这种非同寻常的祭祀节日似乎需要一种非同寻常的解释：这头牛到底是图腾动物还是在丰收时节必须杀掉的植物恶魔，或者甚至是宙斯本人？② 毫无疑问，所有这些解释都有其可取之处。但是认可其中任何一个，我们都有可能陷入什么是什么的宗教历史问题中，这难道不是相当于创造一个新的神话来解释旧的神话吗？神的身份以及献祭动物的证据可以在希腊之外的地方找到，甚至可以从希腊本身的经典中查到。但在这种情况下，只要雅典人讲希腊语，他们就会具体地提到一头为了"宙斯之城"而被杀掉的"牛"。

卡尔·穆利严重抗议将杀牛节仪式孤立起来以特殊的方式进行理解，因为他认为这个节日的基本节奏——从以水和谷物开始到处置献祭残留物结束——都与普通的祭祀很相似。仅仅是滑稽感更多一些罢了，这一事实似乎证实了那些古老、基础的东西正在显现，并不是一种"新的习俗"，而是一种优雅的感性的产物，这是杜卜纳针对宗教历史学家提出的大胆理论而做出的声明。

这个仪式仍保留着它的陌生性和奇特性③，但是我们可以通过查找雅典官方日历来更进一步地了解它。杀牛节在六月的第十四天，也是一年中最后一个满月，因此成为这一年中最后一个主要节日。由于雅典的日历是根据农历来规定的，就像在希腊和近东许多地方一样，新年在夏天开始，即在丰收和播种之间，狄波里亚节的庆祝活动预示了丰收的结束。④ 但是这种矛盾而神秘的特征，在一个满足和欢乐占主导地位的丰收庆祝节日里，是难以仅仅用"农作性"一词来概括的。我们必须正视"结束"这一严肃的概念。

---

① Ath. 137e；参考本节注释。
② "牛群的特殊神性"，参考 Farnell 1（1896：58）；素食精神，参考 W. Mannhardt, *Mythologische Forschungen*（1884：58-71）；GB VIII 4-7；牛等同于宙斯，参考 Cook Ⅲ（1940：605-606）；P. Philippson, *Thessalische Mythologie*（1944：51-53）。
③ 狩猎者和游牧民除了举行"普通"仪式外，也有非同寻常的节日，节日中上演招致罪恶再进行弥补的行为；这同样适用于俾格米人的大象节（见本节注释）、熊节以及印欧语系人阿尔泰和蒙古人的马祭（参考第1章第7节注释）。
④ 与丰收的联系更明显是在献给宙斯的公牛祭中，*SIG*³589= *LSAM* 32，公牛会在神"开始播种"前被带过来以便在初夏祭祀（在丰收之后？）；Nilsson（1955：155-156）。

即使对现代人来说，岁末之际，徘徊在短暂的过去和不确定的未来之间，都是一个特别令人激动的经历。作为一段短暂的、充满变数和危机的时间，它对古人的影响是非常直接的。日历被发明后，随着新年的来临，它也同时被用于城市管理。比如在近东的君主国，国王按时节退位。[①] 在希腊城邦，新的官员就任也是如此。法庭审判——法律界最激动人心的事件——不能隔年。[②] 新的执政官开始宣告说："任何人在进入政府之前所有的财产都将为他所有，直至他卸任。"[③] 这种保障声明将财产安全同时缩短和限制在了执政者的任期内。听起来几乎像是在新旧交替的时刻所有事情都是被允许的：只要是能迅速攫取到的，都可以立刻据为己有。这种习俗保留至今。[④]

甚至当市民的生活变得特别稳定以至于能允许这种法律上的变化时，新旧之间的裂隙仍然存在，事实上这都是仪式造成的。在《法律》中，柏拉图希望将一年的最后一个月献给死神冥王。他自己也要被授予荣誉，因为死亡同新生一样美好而且很有必要。[⑤] 柏拉图的话成为个人不朽的信仰并首先被应用于社会，因为社会是通过周期性的死亡来更新的。这种"死亡"的行为由部落在杀牛仪式上完成。在农历的年末，帮助农民劳作的动物成了牺牲品。这个仪式说明了杀戮的恐怖，为了摆脱这种恐惧感，人们试图逃跑或者把责任推给别人，同时也说明了神圣必需品的必要性。所有人都各司其职，直至共享一餐时刻的到来，因为生命只有靠剥夺其他生命得来食物才能维持下去。因此，鲜血要洒在最高处，以纪念宙斯之城。

斯基拉节

狄波里亚节产生的背景进一步延伸了。在雅典，一年中的最后一个月

---

① 巴比伦的新年伊始，*ANET* 331-334；S. A. Pallis, *The Babylonian Akitu Festival*（1926）。

② Antiphon 6.42.44.

③ Arist. Ath. Pol. 56.2.

④ 托勒密四世（Ptolemaios IV）在公元前 186 年的新年（10 月 9 日），免除了所有的债务并赦免了所有的罪，这是在取得胜利和王位继承人出生后的事。在古代王国中，新的法律秩序是在国王登基后开始的，在新年得到更新；L. Koenen, *Arch. f. Papyrusforschung* 17（1960：11-16）。

⑤ Leg. 828cd.

叫六月①，时间在斯基拉节（Skira）后。②这个节日在六月的第十二天举行，也就是刚好在杀牛节之前（杀牛节是六月的第十四天）③，而且如果仔细观察就会发现斯基拉节几乎是杀牛节的翻版。肯定地说，前者涉及的是雅典娜、厄瑞克透斯和得墨忒耳，而后者则涉及宙斯。但是我们不会根据神的名字把节日仪式分开来，因为只有仪式的总体程序才能传达自己的信息，就像要合众神之力才能创造世界一样。

斯基拉节最显著的特色依然是其奇特的游行队伍。在一个遮篷下面，"雅典娜的女祭司和波塞冬的祭司及赫利俄斯（Helios）从雅典卫城出发到一个叫斯基戎的地方。厄忒俄布塔人（Eteobutadai）搬运遮篷。"④这些祭司们都是雅典卫城的主神，如波塞冬－厄瑞克透斯和雅典娜－帕拉斯的祭司。相应地，女祭司和男祭司享有特殊地位，后者一般属于厄忒俄布塔家族。雅典娜和厄瑞克透斯共同的神庙在波斯战争中遭到损毁，最终被厄瑞克特翁神庙（Erechtheum）取代。在《奥德赛》中，雅典娜据说已经进入了"厄瑞克透斯家族"⑤。相比较而言，斯基拉节的游行队伍却很奇怪地颠倒过来了。它不是向着最神圣的神庙进发，而是离开神庙到斯基戎，沿着城市的边界朝向厄琉息斯进发。祭司走在遮篷下，很明显被遮盖着，同时也被隔离开来。雅典的国王和女神放弃了雅典，将其抛弃后。太阳神的祭司陪伴着他们。这种现象可能是希腊式的创新，甚至可以说表达了分离的意思：夏至日已经过去，赫利俄斯开始衰老，一年正渐渐结束。大约在同一时间，埃拉伽巴尔（Elagabal）大帝——一个叙利亚太阳祭司，也利用一

---

① *IG* XI 2.203 A 32，52；*IG* XII 5.842.1. 826.

② C. Robert，"Athena Skiras und die Skirophorien"，*Hermes* 20（1885：349-379）；A. R. van der Loeff，"De Athena Scirade"，*Mnemos.* n.s. 44（1916：101-112）；"De Sciris"，ibid.，322-337；E. Gjerstad，"Das attische Fest der Skira"，*ARW* 27（1929：189-240）；Deubner（1932：40-50）；Burkert，*Hermes* 94（1966：23-24）；Schol. Aristoph. *Eccl.* 18.

③ 在连续的节日之间通常会有空闲的一天，关于在罗马的这种原则参考 Latte（1960：199）；Deubner（1932：52）。

④ Lysimachides，*FGrHist* 366 F 3 = Harpokr.s.v；雅典娜的节日……也是得墨忒耳和她女儿的（节日）。厄瑞克透斯的祭司在这个节日带来白色的遮阳篷……厄忒俄布塔人提到厄瑞克透斯的祭司，参考 Toepffer（1889：114-117）；有关厄瑞克特翁的"牧（牛）人祭司"职位，参考 *IG* II/III² 5166.

⑤ Od. 7.81；迈锡尼卫城位于皇宫和公元 6 世纪的"古老的神殿"之间，480 年遭到焚毁。

个游行队伍来庆祝他的主要节日——即太阳神离开城中的主要神庙搬往城外的一个神庙①，在斯基戎有一座得墨忒耳、科尔以及雅典娜的神庙。在斯基拉节上一定曾有某种公羊祭祀，以科尔的祭祀为证，因为那些队伍的引导者厄忒俄布塔人搬运了神秘的"宙斯公羊皮"，其中罪恶和净化的情结似乎明确了。②

剩下的少数对这个节日的描述是一致的，因为它们都指向解体，是对正常秩序的颠覆。斯基戎是有名的骰子游戏地和淫乱地③，掷骰子自然是男人的游戏。男人们以此在斋戒期间打发时间。④斯基拉节对女人来说更是特别的时间，这是少有的女人们能在某一特殊的女神庙内根据古老的习俗⑤聚会的日子，她们建立自己的组织并担任对女性来说最高的职位，像男人一样祭祀和设宴。事实上她们因大量吃大蒜而使男人们憎恶，这带有一种邪恶的特点，但是又非常适合被颠覆的一天：废除国家和家庭秩序，暂别婚姻生活。⑥在阿里斯托芬的时代，妇女们抓住这一天的机会以"妇女集会"的名义计划摆脱男人的控制。⑦斯基拉这个名字就是与"白土"联系在一起的。⑧我们不知道"白土"是以何种方式"搬运"的，就像 Skirophorion 这个名字暗示的那样。最好的解释是可能在传说中有一条线索，传说中忒修

---

① Herodian 5.6.6（*Hist. Aug. Eliogab.* 8.3；*Aur. Vict. Caes.* 23.1）；赫梯人相似的游行队伍参考 O. R. Gurney, *The Hittites*（1954²：155）；这可能是一种古老的仪式，国王祭司倒着走在行进中的众神的马车前面，作为一种天真的喜剧，这可能与偷牛贼赫尔墨斯的诡计有一定的关系。

② Paus. Att. 8 18 Erbse（= Suda δ 1210）；Nilsson（1955：110-113）.

③ 斯基拉节日里的掷骰子游戏；Poll. 9.96（他们玩着掷骰子游戏，在斯基戎的斯基拉·雅典娜的神庙里）……Σκίρος：σκιροφόρος……它标志着放纵和掷骰子游戏，参考 Nilsson, ARW16（1913）。

④ Hdt. 1. 94；吕底亚人（Lydians）发明了掷骰子游戏。

⑤ 按照祖传的习俗，妇女们聚在一起……Thesmophorion；Aristoph. Thesm. 834-835；Men. Epitr. 522-523；Pherekrates fr. 231（CAF I 206）= Phot.

⑥ Philochoros, *FGrHist* 328 F 89 = Phot. τρόπηλις：而在斯基拉节上，为了远离性事，她们吃大蒜，这样（男人们）就可能闻不到香膏。

⑦ Ekkl. 18.

⑧ 解释这个地名，An. Bekk. 304.8："斯基拉·雅典娜……来自某个地方……在那里土地事实上是白色的"……雅典娜·斯基拉，以白色的一抔土涂抹自己（τῇ Cdd.）；但是……在斯基戎有雅典娜·斯基拉的另一座神庙。

斯离开雅典的时候制作了雅典娜的石膏雕像并一直随身携带。① 对古代评论家来说，这个名字已经是一个秘密了，他们突发奇想地认为斯基戎是指那个神奇的遮篷或者任何一种阳伞。② 不管那个名字是什么意思，斯基拉节的功能都是很清楚的：它标志着一年中最后一个月的终结。

杀牛节是斯基拉节的继续和补充，实际上它将已经颠覆的东西再次颠覆。厄瑞克透斯的祭司和雅典娜的女祭司各自代表老国王和他的女神，他们将要离开卫城。两天后，一场祭祀会在那里举行，并非为了厄瑞克透斯和雅典娜，而是为了宙斯。祭祀并不是在厄瑞克透斯结实的房子内举行的，而是在露天举行。但是卫城的祭司需朝着厄琉息斯的方向出发到雅典城的边界，那些两天后驱赶着牛群到卫城的人便属于伟大的厄琉息斯祭司家族——克律克斯（Kerykes）。根据某种传统，克律克斯家族与杀牛者和切肉者有关联③，这样厄琉息斯和雅典之间的互惠安排就更进了一步。在神话中，据说厄琉息斯的刻勒俄斯（Keleos）创建了城市公共会堂④，而且那里的著名一餐，一顿以得墨忒耳精神为主题的素食盛宴，是由厄琉息斯的祭司主持的，也是在那里举行了杀牛节后非同寻常的粗陋审判。从克律克斯可以追溯到众神的传令官赫尔墨斯，他们认为人类的祖先是刻克洛普斯的一个女儿，她与神结合了，这再次证明了厄琉息斯家族起源于卫城。⑤ 然而，仅凭现有的证据我们尚不知道雅典和厄琉息斯之间这种很深的关联是否由来已久，也不知道这种关联是逐渐形成的，还是始于一种有意识的行为。⑥ 不管怎样，当梭伦编撰祭祀日历的时候它已经存在了。就像节日和每月的名字是先于梭伦存在一样，两个相邻城市间的互动也可能在很早的时候就开始了。这两个城市确切来说是由祭祀联系起来的，通过祭祀才出现了年末的"死亡"。厄瑞克透斯背向厄琉息斯出发，在他的地盘上，厄琉息斯

---

① Schol. *Paus*. 1.1.4 p.218；Wilamowitz, *Hermes* 29（1894：243）.

② 参考本节注释；Poll. 7. 114；Schol. 7 II. 23. 231；Schol. Theocr. 15. 38/96；Phot；Suda δ 624；An. Bekk. I 304. 3。

③ 参考本节注释。

④ Plut. *Q. conv.* 607d；*IG* I² 77，II/III³ 678.12，1773-1776；参考本节注释。

⑤ Toepffer（1889：81-85）；Hellanikos，*FGrHist* 323a F 24，Androtion，*FGrHist* 324 F 1；Eur. *Erechtheus* fr. 65.113-114 Austin.

⑥ 厄琉息斯的历史参考 Myloans（1961）。

124

人将一头牛带到卫城的最高处进行一场非同寻常的祭祀。仅仅在斯基戎就恰巧有雅典娜神庙和得墨忒耳神庙。人们很容易假设牛是神圣的犁在斯基戎耕耘之后①直接从斯基戎带来的，但是并没有充足的证据。不管怎样，布塔得斯离开了卫城，杀牛者取代了他们的位置。这些都无知到有了喜剧的意味。

卫城和厄琉息斯之间的角色转换在厄琉息斯人的领导者厄瑞克透斯和祭司家族的第一位祖先尤摩尔蒲斯（Eumolpus）的战争传奇中有了神话式的表现②，在这场战争中厄瑞克透斯虽死犹荣。可以肯定的是，我们不能轻易地把仪式变换成连贯的准历史性叙事；此外，三个不同的节日——斯基拉·皮德罗米亚（Boedromia）和神秘游行③——中的细节交织在一起形成了一个看似统一的解释。但是诗人和当地史学家认为这是雅典人必须要赢的第一场战争，厄琉息斯人对雅典构成了严重威胁，而厄瑞克透斯在战争中离奇死亡，被波塞冬的三叉戟刺倒在地。雅典胜利了，但是尤摩尔蒲斯一定曾被这座城市深深地刺痛了，因为他儿子伊马哈多斯（Imarrhados）的坟墓就在卫城下方的厄琉息斯——祭神庆典路的高处。④ 有没有可能三叉戟的遗址，也就是厄瑞克特翁中那一小片"海"，就是厄瑞克透斯沉入地下的地方呢？但是也有一个故事讲述预言家斯基罗斯（Skiros），他和尤摩尔蒲斯一起领导了对厄琉息斯的袭击。他的坟墓朝向"斯基戎"⑤，因此战争肯定发生在那里，就像在温泉关（Thermopylae）能看到伟大预言家梅西亚斯塔的石碑一样。⑥ 这个地方和斯基罗斯这个神秘的名字都指向了斯基拉节的游行队伍。厄瑞克透斯从他在卫城的"房子"出发到此地与厄琉息斯人战斗，随后他就消失了。欧里庇得斯在悲剧《厄瑞克透斯》中写到了导致厄瑞克透斯死亡的

① 斯基戎的圣犁，Plut. Praec. con i. 144a。

② Lobeck（1829：205-214）；Engelmann, RML I 1298-1300, 1402-1403；Paus.1.5.2；Agallis Schol. l IL 18.483, Schol. Eur. Phion. 854.

③ Philochoros，*FGrHist* 328 F 13；Ael. Aristid. 22.12 Keil；Paus. 1.31.3；*Et. M.* 202.49；*PR* I 263.3.

④ Clem. *Pr.* 3.45.1.

⑤ Paus. 1.36.4；参考本节注释。

⑥ Hdt. 7.228.

事件，书的结局部分最近被发现写于一张莎草纸上。[①] 最后雅典娜为这出戏设计了结局，她对厄瑞克透斯的遗孀普拉西提亚（Praxithea）说："我下令为你的丈夫在城市的中心建一座神庙；他将因杀死他的人而知名，即以'神圣的波塞冬'的名义；但是在市民中，在屠杀献祭的牛时仍将称呼他'厄瑞克透斯'。但是对你来说，由于你已经重建了城市的基础"（普拉西提亚已经同意在战斗前献祭自己的女儿），"我有责任为城市引进火祭并称你为我的女祭司。"这样，厄瑞克特翁神庙的产生就和雅典娜的女祭司制度联系在一起了。

厄瑞克透斯和普拉西提亚的婚姻在对波塞冬－厄瑞克透斯和雅典娜的女祭司的共同崇拜中继续着。事实上，女祭司经常是一个成熟的、已婚的女性或是一个寡妇形象。[②] 她和厄瑞克透斯的关系在斯基拉节的游行队伍中是最明显的。游行队伍离开卫城，踏上了前往厄琉息斯的旅程，重复着厄瑞克透斯反抗厄琉息斯人之路，向着斯基戎和死亡进发。随着一年中最后一个月的"死亡"，出现了第一个神秘而暴力地消失的国王，即"国王之死"。在仪式中，这与杀戮行为一致，是带有颠覆色彩的严肃而喧嚣的祭祀，祭祀中奇特的分工尽可能地使每个参与者都有具体的工作。但不管怎么说这种祭祀都是一种杀戮行为，更准确地说是国王在年末象征性地杀戮。

波塞冬和厄瑞克透斯仅仅是两个神的名字，这个由欧里庇得斯强调的事实在拜祭中同样显而易见。神庙的一个祭台上供奉着波塞冬和厄瑞克透斯；只有一个祭司；献祭是给"波塞冬－厄瑞克透斯"的。[③] 历史学家可能会说这是把一个荷马式的希腊名字叠加到一个土著的非希腊名字上。神话中两人壁垒分明，一个是胜利者，另一个是被征服者：波塞冬用三叉戟将厄瑞克透斯深深地打入地下。但是在欧里庇得斯的戏剧中，冲突产生了相互矛盾的身份。牺牲者恢复了神的名字，毁灭成为赐福的行为。而神话讲

---

① Colin Austin, *Recherches de Papyrologie* 4（1967）；*Nova Fragmenta Euripidea*（1968）fr. 65. 90-97；关于厄瑞克透斯的日期（公元前 423 或前 422 年）参考 W. M. Calder, *GreckRoman and Byz. Studies* 10（1969：147-156）。

② Plut. *Numa* 9.11；Kerényi（1952：20-21）；Drakon, *FGrHist* 344 F 1.

③ Paus. 1.26.5；波塞冬和厄瑞克透斯的祭司参考 *IG* II/III² 3538, 4071；对波塞冬和厄瑞克透斯的祭祀参考 *IG* I² 580；Cook III（1940：12.3）。

述者在神和英雄之间设定了清楚的界线，悲剧作家在祭祀的两极对峙中找到了统一。更大的而且明确的权力仍然属于女神，也就是"城市女神雅典娜"。

端露节

仪式也扩展到了另一个节日，这个节日是六月的第一个节日，正好发生在六月伊始，这就是端露节（Arrhephoria）。[1] 这次献祭，神话中描述为国王和父亲的死亡，这是一出暗示着性和乱伦的戏剧：国王的女儿们是受害者。端露节的名字取自两个 7~12 岁的小女孩，她们是由"国王"亲自从显赫的家族中挑选出来的。在那一年中，她们住在卫城的一座房子中玩耍并编织雅典娜的圣衣。[2] 她们可能也承担一些祭祀工作并照看橄榄树。"但是当节日临近，她们要在夜里完成以下仪式。她们头上顶着雅典娜的女祭司要她们搬运的东西。城市不远处是'花园里的纹蛱蝶'的神圣辖区，这里有一条通往地下的天然入口：处女们就是从这里下去的。她们将运过去的东西放在那里并带上其他的东西遮盖起来带回去。然后她们就被送走，换上其他被带到卫城的处女。"帕萨尼亚斯在描述这个仪式的时候强调这是鲜为人知的。[3] 我们只能猜测被女孩子们用布遮起来的篮子带到地下的东西是什么，以及她们带回来的遮起来的又是什么。女孩们也被称为阿里赫霍洛伊，有人称她们为"运露水的人"[4]，但尽管有了这条线索也没有帮我们解开多少谜团。然而，年末的日期让我们弄清了一点：在这些女孩子，或者说是"处女们"在夜间被带到地下送给阿佛洛狄忒时，一整年中持续下来的过程就结束了；秩序被打乱了。

对卫城北斜坡处的挖掘使我们能够沿着阿里赫霍洛伊们走过的小径，穿过一段陡峭的阶梯，这个阶梯在迈锡尼时代后期通往一处温泉，但是在历史

---

① Harrison（1922；131-134）；Deubner（1932；9-17）；Cook Ⅲ（1940：165-188）；Burkert, *Hermes* 94（1966：1-25）；Brelich（1969；229-238）；M. Jameson, *BCH* 89（1965：157）；Et. M. 149.13.

② Kallim. fr. 520；*Et. M.* 149.18；*An. Bekk.* Ⅰ 202.3；Suda α 3848；Aristoph. Lys. 641；*Hermes*（1966：3-6）.

③ 1.27.3.

④ *Hermes*（1966：16-17）中有讨论。

时期它是经过一道斜坡通往爱罗斯的一座小神庙，这座神庙坐落在北边的峭壁上。① 神话讲述了刻克洛普斯的女儿们——阿格劳洛斯、赫尔塞（Herse）和潘多苏（Pandrosos）——如何抑制不住好奇心：一天夜里，她们借着雅典娜的灯光，打开了女神交给她们的篮子。她们在里面看见了神秘的小孩厄里克托尼俄斯（Erichthonios）和一条迅速扑向她们的蛇。惊恐之下，她们跳下了卫城北边陡峭的斜坡，死去了。② 随着国王女儿们的坠落，神话告诉我们阿里赫霍洛伊们在卫城职责的结束，就像她们通往地下的路途一样。蛇和孩童厄里克托尼俄斯的形象也预示了篮子里装的东西。厄里克托尼俄斯是以一种前所未闻的方式出生的：赫菲斯托斯在追赶雅典娜的时候，将一滴精液滴落在处子女神的大腿上，雅典娜用羊毛拂去精液后，将羊毛扔在地上，随后孩子就出生了。③ 厄里克托尼俄斯这个名字的语源就在这里——"羊毛"和"土地"——同样指向祭祀。代表火之力的赫菲斯托斯也出现在雅典娜的神庙里，控制着终年燃烧的油灯，雅典娜使羊毛灯芯终年不灭。④ 灯每年只重新点燃一次，一般是在年末新的灯油准备好的时候。在其他地方，羊毛和灯油是献祭品之一，它们被郑重地装在陶杯（kernoi）——一种边缘处装着很多小杯子的陶器——里搬运。⑤ 也许 kistai 中还有灯油和羊毛——圣灯净化后的残留物。仪式和神话为本应无害的东西增添了一丝恐怖的色彩——恐怕雅典娜的女祭司和处女们都未察觉。当然，火的生命力一次又一次地以性和阳具的方式呈现，而蛇这种连灵长类动物都恐惧的动物，可能出于本能，也代表了阳具的孕育能力。⑥ 这个迷人又可怕的动物曾经属于处子女神雅典娜，

---

① O.Broneer, *Hesperia* 1（1932：31-55）；2（1933：329-417）；4（1935：109-188）；8（1939：317-433）；G. P. Stevens, *Hesperia* 5（1936：489-491）.

② *PR* I 198-200；II 137-140；B. Powell, *Erichthonius and the Three Daughters of Cecrops*（1960）；*FGrHist* 328 F 105；关于瓶画的描绘参考 Brommer（1960：199-200）；M. Schmidt, *AM* 83（1968：200-206）；Eur. *Ion* 21-26, 1427；Apollod. 3.189.

③ *Danais* fr. 2 = Harpokr；Kinkel, *Epicorum Graecorum Fragmenta*（1877）= *IG* XIV 1292；Paus. 3.18.13；Eur. fr. 925 = Erat. *Cat.* 13；Amelesagoras, *FGrHist* 330 F 1；Kallim. fr. 260.19；Nonnos *Dion*；Cook III（1940：181-237）.

④ Paus. 1.26.6-7；Strabo 9 p. 396；Pint. *Numa* 9.11；Euphorion fr. 9 Powell；R. Pfeiffer, "Die Lampe der Athena", *Ausgew. Schr.*（1960：1-7）.

⑤ Polemon, Ath. 478d.

⑥ A. Kortlandt, M. Kooij, *Symp. Zool. London* 10（1963：70）.

有人强调并相信卫城里的那条蛇其实是厄瑞克透斯或者厄里克托尼俄斯；也有人说雅典娜让那条蛇与刻克洛普斯的女儿住在一起，或是让卫城中的一个女孩与那条蛇过夜。① 在强大的处子女神的领地，性事是带有恐怖色彩的。但是如果"篮子"没打开，里面的孩童又怎么能出现呢？年轻女孩的生命不得不结束，女祭司亲自把她们送到地下的厄洛斯（Eros）和阿佛洛狄忒那里。

让"处女"遭遇死亡，使其受保护的生命结束或许可以理解为一种仪式的开始：在城邦中央一个少女进行榜样性献祭。② 然而生命中必不可少的转变在这里演变成了致命的危机，而"处女"面临死亡源自社会中祭祀的更普通的功能。戏剧中少女开始的表演作为一种象征性的少女祭祀③开启了盛大的祭祀节日，在雅典迎接一年的结束和新的一年的开始。

毫无疑问，动物祭祀是节日夜间祭祀的一部分。瓦罗提到了卫城一次最不寻常的山羊祭祀，按照惯例："因为橄榄树的缘故没有一个山羊家族的成员献祭给雅典娜，因为据说任何被山羊啃过的橄榄树都会变得不能再生长；山羊的唾液对水果来说是有毒的。由于这个原因，除了每年一次必要的祭祀外，它们不会被赶到卫城。"④ 这个禁忌再次和它的危害性联系在一起。由于山羊本是不被允许到卫城的，这次的祭祀也就显示了令人担忧的庄严性，同时也强调了它的"必要性"。雅典娜的橄榄树伫立在潘狄翁圣所⑤，这是厄瑞克特翁神庙窗户下的避难所，它在神话里和刻克洛普斯的女儿潘多苏有关。橄榄树天敌的到来及其在祭祀中的死亡都与卫城的宗教仆人在端露节上经历的危机相似，在神话中这个危机反映在潘多苏的妹妹身上。羊皮盾是好战的处子雅典娜的可怕盔甲。显然，记忆中那张祭祀后挂在圣树或者杆上的真羊皮或是粗略雕刻的木头

---

① Paus. 1.24.7；Hyg. *Astr.* 2.13；Philostr. *V. Ap.* 7.24.

② Jeanmaire（1939：264-267）；Burkert, *Hermes*（1966：13-21）；Brelich（1969：229-238）.

③ 参考第 1 章第 7 节相关内容。

④ 雅典娜不吃奶酪（Strabo 9 p. 395；Ath. 375c），可能奶酪是由取自山羊胃里的凝乳酶做的。

⑤ Paus. 1.27.2.

形象是保存在圣所①，尽管真羊皮在历史时期已不再与雅典娜－帕拉斯的古老木头雕像有关。在端露节，即"清洗节"前几天，这个雕像的衣服被取下来清洗。之后，雅典娜得到了一件新的斗篷。②其实应该再给她一套新的护甲才更合适。在科林斯，来自显赫家族的小男孩和小女孩也要在赫拉·阿卡埃伊亚（Akraia）的神庙中侍奉一年直到献祭的黑山羊完成了使命。③在神话中，这就像美狄亚（Medea）的孩子的死亡。所有这些都暗示着——伴随着地下的旅途——每年一次，在阿里赫霍洛伊们的使命结束的时候，雅典都会有一次不同寻常的山羊祭祀。在神话中，雅典娜在杀死蛇发女怪戈耳工后，将她的皮剥掉并穿着自己新得到的护甲投身到对付巨人的战斗中。④山羊祭祀只是后来的更加伟大和致命的行动的序曲。早期雅典历史上的第一场战争是厄瑞克透斯和厄琉息斯之间的战争。也是在这里，厄瑞克透斯死前献祭了一个少女——他亲手献祭了自己的女儿。当然还有大量相似的神话形容一个女孩被作为祭品而死亡，而且神话和仪式之间的联系是灵活的。比如说，如果刻克洛普斯的女儿的死亡在神话中等同于端露节，欧里庇得斯可能会将厄瑞克透斯女儿的死亡转换为在其他地方诸如 Hyakinthides 的祭拜。⑤无论如何，少女祭祀对保证胜利的预期是确定的。⑥因此，端露节预示着一场更大的"杀戮行为"，由此年末的死亡就达到了高潮。也许当女孩们从地底深处带回来遮起来的像婴儿的东西时，就意味着成熟妇女的生子，以此来平衡男性的"杀戮行为"。

泛雅典娜节

泛雅典娜节（Panathenaia）在阿提卡历第一个月的最后一天举行，为

---

① 参考第 1 章第 7 节注释；用羊毛编织成的 αἰγίς（用花冠编织成的），参考 Harpokr. αἰγίς，Suda αι 60。
② Hesperia 4（1935：21）。
③ Burkert（1966：118.71）。
④ 参考第 1 章第 7 节注释。
⑤ 参考第 1 章第 7 节注释。
⑥ 阿提卡的青年在阿格劳洛斯的神殿宣誓，参考第 1 章第 7 节注释。

的是庆祝雅典城邦的诞生。①鉴于先前的一个月带来了死亡，泛雅典娜节主要是为了重建秩序。一个事实是，这个节日比较长：处在斯基拉节和新年节日的四十五天之间。而且，在克洛诺斯节上死亡是以另一种方式再次进行的，在百牛大祭月（Hekatombaion）的第十二天，在一个轻松的节日里主人和奴隶之间的地位被颠倒。但是这些也可能是不同来源的各种仪式在一个已经多元化的城市社会的转折中。只要发挥相似的功能，它们就能并存，尤其是仪式与生俱来就有重复性。

不得不说，泛雅典娜节的复杂性使我们很难再现它的全部细节。节日大概始于 570 年，每四年举行一次。大泛雅典娜节会不断地扩大规模，其中包括泛希腊式的竞技比赛，场面非常宏大。②这一庆祝活动的基本要素也一定适用于规模较小的一年一次的泛雅典娜节，它一般会举行一次祭祀游行和开展一场竞技比赛。

但是在这之前，应该会在夜晚有一个预备节，叫作午夜课（Pannychis）。相比较而言，庞大的主游行队伍是在"黎明时分"组建的。③在帕特农神庙的檐壁上，雅典城邦盛大的节日游行变成了一件经久不衰的艺术品。④从年轻的骑士到"拄拐"的老人⑤，从搬运祭祀工具的年轻女孩到已婚妇女，每个人在这里都有一席之地。即使是小泛雅典娜节上，祭祀游行队伍中也有超过一百头的牛羊，而且要在"大祭坛"旁被宰杀⑥，这样能保证在广场的节日大餐上所有人都能分到分量足够的肉。

这是新事物的开端。黎明开始时，将会有一个跑者举着新的火炬从阿卡德摩斯（Akademes）的小树林跑到卫城。⑦整个队伍中会有一艘装着轮子的大船，船上载着已经织好的女神的圣衣，就像一次航行一样到达卫

① A. Mommsen（1898：41-159）；Deubner（1932：22-35）；Ziehen, *RE* XVIII 2（1949：457-493）；J. A. Davison, *JHS* 78（1958：23-42）；82（1962：141-142）；H. A. Thomson, *AA*（1961：225-231）。

② Deubner（1932：152-155）。

③ 小泛雅典娜节的规则参考 *LS* 33。

④ G. Lippold（1950：148-151）。

⑤ Philochoros, *FGrHist* 328 F 9 = Schol. Aristoph. *Vesp.* 544；Xen. *Symp.* 4.17；Philostr. *V. Soph.* 2.1.5（II 59 ed. Teubn.）；参考本节注释。

⑥ *LS* 33（参考本节注释）B 16；41 个米纳伊可以买 160 多头奶牛。

⑦ Aristoph. *Ran.* 1090-1098.

城。① 新事物的来临以及女神乘船而来——这些都是原始的主题，可以追溯到几千年前，甚至至今仍作为降临的主题在歌声里回响。所有一系列的细节都显示了按次序发生的节日——端露节、斯基拉节、杀牛节——预示着泛雅典娜节的到来，泛雅典娜节回应并为之前的节日画上句号，甚至连献祭动物都不是随意选择的。山羊、公羊和公牛都不能参加到游行队伍里，但是母羊和母牛就可以。② 所有看过帕特农神庙装饰的人都不会忘记上面有荣光得意的马，但它们并不是祭祀动物。马是速度和力量的强大象征，体现了爆发力的核心。年轻人和少年们作为群落里的绝对支柱是很突出的。由阿里赫霍洛伊们（她们在当时已经被解散了）制作的圣衣上有巨人之战的编织画③，它能够唤醒人们对于雅典娜用蛇发女怪的山羊皮解救危机的记忆。厄里克托尼俄斯的神话也同样跨越了"死亡"深渊：它讲述了孩童厄里克托尼俄斯怎样将死亡带给了克罗庇得斯（Cecropids），以及成年后的厄里克托尼俄斯又是如何创建了泛雅典娜节。据说厄里克托尼俄斯发明了四马战车，他在第一次泛雅典娜节的竞技比赛上就乘坐了这种车。④ 这是泛雅典娜节上最有特色、最引人注目的运动项目：战车竞赛包括战车跳跃项目，即身着盔甲的武士不断从移动的战车上跳跃。⑤ 国王和武士就是以这种冒险的方式攻城略地的。

　　厄瑞克透斯和厄里克托尼俄斯显然只是两种称呼而已。在祭仪中只用厄瑞克透斯，因为这个名字是最初的而且可能是非希腊的。厄里克托尼俄斯这个名字是"属于土地的"，是一个希腊式的新词，从语源学来看有可能是取自阿提卡史诗。神话通过讲述厄里克托尼俄斯的出生和厄瑞克透斯

---

① *IG* II/III² 3198 = *SIG* 894；Strattis fr. 30（*CAF* 719）；Deubner（1932：32-34）；关于女神到达船上参考 Burkert（1967：295-296）。

② Schol. B Il. 2.550：他们向雅典娜献祭母牛和母羊，但我们不知道"公牛和公羊"在泛雅典娜节上对厄瑞克透斯来说意味着什么。

③ Eur. Hek. 466-474；Arist. fr. 637；F. Vian, *La guerre des géants*（1952：251-253）；自大泛雅典娜节确立，圣衣显然每四年织一次；Deubner（1932：30）；Davison, *JHS* 78（1958：25-26）。

④ 参考本节注释。

⑤ Dion. Hal. 7.73.2-3；Reisch, *RE* I 2814-2817；绘画传统参考 Metzger（1951：359-360；1965：71-72）；晚期几何时期阿提卡双耳细颈瓶参考 *AA* 78（1963：210-225）；Plut. *Demetr.* 10。

的死亡来区分两者。正因如此，宗谱上把厄瑞克透斯国王排在厄里克托尼俄斯的后面，因为"在土地上出生"的孩子应该是前面那个。在节日的循环中，在一年的最后一个月，神秘的孩童和牺牲的国王碰在了一起。在接下来的泛雅典娜节上会举行新国王的就职典礼：厄瑞克透斯死去了，厄里克托尼俄斯永生！在端露节、斯基拉节和杀牛节上死去的人在庆祝城邦诞生的活动中又光荣复生了。

在帕特农神庙的中楣上，泛雅典娜节的游行队伍蜿蜒在内殿四周，在三槽板呈现的战争场景上方，三角形楣饰的雕刻描绘了雅典娜在雅典现身的场景。东边的三角楣上饰有雅典娜出生以及手持斧头的人逃跑并俯瞰着杀牛节的祭坛的场景，这绝非偶然。[1] 而雅典娜和波塞冬为争夺阿提卡展开的斗争则呈现在西边的三角形楣饰上 [2] ——参观者走近神殿第一眼就能看到——体现了仪式中同样的冲突并标志着它的开始和结束。两座宗教纪念碑构成了圣所，使游行队伍显得特别神圣。[3] 第一个是一小片"海"，海神波塞冬的三叉戟造成的凹坑，形成了盛满了盐水的盐水泉。它坐落在厄瑞克特翁神庙的北殿，是露天的，也是"奠酒仪式"的场所。[4] 第二个是雅典娜在潘狄翁圣所的橄榄树，厄瑞克特翁神庙西边的窗户正对着它。"海"和橄榄树是两位伟大的神献给这座城市的信物，作为他们力量的象征。由于刻克洛普斯或宙斯的决定，波塞冬失败了；但是他——或者更准确地说是厄瑞克透斯——既是女神雅典娜自己同时也是雅典的一部分。在祭仪中，波塞冬和厄瑞克透斯是同一个人。神话将此转变成一个时间因果关系：波塞冬失败后恼羞成怒，他派自己的儿子尤摩尔蒲斯反抗雅典娜并杀死厄瑞克透斯。[5] 即使这样，我们也能发现波塞冬的战败和厄瑞克透斯沉入大地的关联。据说雅典娜为了感谢她的父亲宙斯做出的正确决定，在卫城创建了

---

① 雅典娜的出生和公牛祭祀参考 Cook III（1940：656-662）。

② *PR* I 202-204；H. Bulle，*RML* III 2861-2866；Apollod. 3.177-179.

③ Hdt. 8.55；Strabo p. 396；Paus. 1.24.3，26.5；J. M. Paton, ed., *The Erechtheum*（1927：104-110）.

④ *IG* I² 372.79, 203；*IG* II / III² 5026.

⑤ Eur. *Erechtheus*；一个瓶画描绘波塞冬和尤摩尔蒲斯向雅典娜和橄榄树骑行的画面，参考 L. Weidauer，*Ak* 12（1969：91-93，T. 41）。

杀牛节①——同时这也反映了斯基拉–杀牛节的次序。因此，神话中波塞冬和雅典娜之间的较量仅仅转换了基本的主题——转换到了奥林匹亚竞技会的层次——以最古老的传统奠定了"厄瑞克透斯之家"的基调：女神与活跃在地下的神或祖先国王并列。在雅典城的最高处、卫城的顶端也有一片海浮出圣殿。同样，古巴比伦的神殿中同样有阿卜苏（Apsu）——一位创造淡水的原始神——的元素②，阿卜苏为儿子埃亚（Ea）所杀，埃亚因此能够在父亲的尸体上建立自己的宫殿和神庙。阿里尔的歌"你的父亲卧于五英寸深处"③似乎还回荡在这座神庙中。在这片海域上生长着女神的橄榄树，永远青翠、代代相传，并为人类提供食物。

补记：特洛伊木马

根据希腊传统，特洛伊城是在六月的第十二天④，即斯基拉节那天建立的。在多利安人中，特洛伊陷落和他们特殊的节日卡尔涅亚祭（Carnnia）有关。⑤这看似是武断的、无法证实的猜想，但是考虑到古时的病原学家至少能根据个人经历创立他们的节日，因此很有必要探求这些大胆的猜想意味着什么。

事实上，斯基拉节是一个"死亡"的节日。城市女神和国王消失了；他们的地盘上出现了满怀敌意的邻居厄琉息斯人。在神话中，雅典人曾经差点被征服。而在仪式中，厄琉息斯人克律克斯在雅典娜的女祭司离开后确实攀上了卫城，并带来了一头公牛作为祭品。如果一座"圣城"能够被征服的话，那么也只能是在年末的这段危机重重的时间。

特洛伊城是在奥德修斯和狄俄墨得斯运走小雅典娜女神像之际被帕拉斯·雅典娜舍弃的。⑥然而，一种奇怪的动物抢在征服特洛伊的希腊人到达

---

① Hsch., 宙斯的座椅。

② E. Dhorme, *Les religions de Babylonie et d'Assyrie*（1949：32）；Luk. *Syr. Dea* 13.

③ W. Shakespeare, *Tempest* I.2.

④ Clem. *Strom*. 1. 104；由于这个月只在雅典有，那么它一定是一种雅典的传统，参考 *RE* III A 547.

⑤ Nilsson（1966：118-129）；特洛伊覆灭的日期参考 PR II 1288-1289.

⑥ F. Chavannes, "De Palladii raptu", *Diss*. Berlin, 1891；*PR* II 1225-1227, 1233-1237；Lziehen, *RE* XVIII 2. 171-189.

之前到了那里，那是献祭给雅典娜的动物，是女神自己创造出来的：木马。特洛伊人自己拆毁了城墙，将那只木马奉献给了位于卫城上的女神。[①]事实上，祭司拉奥孔接近木马并用一只长矛刺向木马的一侧，他很快为此付出了惨痛的代价。[②]不管拉奥孔的下场有多悲惨，特洛伊人仍继续举办一场集体盛宴，畅饮到深夜。随即，希腊武士从木马一侧的破洞里爬出来杀掉了那些毫无防备的欢庆者。

从公元前 8 世纪开始，人们就形容特洛伊木马是有轮子的。[③]某种程度上说，这是口头史诗传统中最著名的主题之一，几乎可以与奥德修斯在公羊身下神奇的、技术上不可实现的逃脱相媲美。但其他版本的痕迹依然存在：根据杜撰的传统，奥德修斯自己变成了一匹马。[④]这看起来好像特洛伊的掠夺者实际上与特洛伊木马是一样的。有一个版本说奥德修斯被儿子忒勒戈诺斯（Telegonos）用一支极其古老的旧石器时代长矛刺死[⑤]，当时奥德修斯还是一匹马。很显然，这是一个用长矛刺死一匹马的献祭传说。

这种形式的献祭恰恰是罗马的风俗，在十月的马祭中[⑥]，其鲜明的特色使宗教研究者着迷。但是很少有人注意到这种祭祀内在的意义，即使它已由提麦奥斯（Timaios）所证实：刺马的原因是特洛伊的后人因祖先的城池被一匹马毁掉而展开报复。不论在古老的特洛伊传统背后伊特拉斯坎人和罗马

---

① *PR* II 1227-1230，1237-1254；M. L. West，*ZPE* 4（1969：135-142），描述了正被带入特洛伊的木马，"向着神庙进入卫城……女神的圣洁的雕像"前进，2.6，10。

② *PR* II 1246-1252；Verg. *Aen.* 2.50-56；Od. 8. 507。

③ R. Hampe，*Frühe griechische Sagenbilder in Böotien*（1936）；Schefold（1964）。

④ Sextus *Math.* 1.264，267；Ptolemaios Chennos，Phot. Bibl. 150a16。

⑤ Serv. auct. Aen. 2.44；Telegonos，Schol. HQ Od. 11.134；Eust. 1676.45；Burkert（1967：285-286）；A. Hartmann，*Untersuchungen über die Sagen vom Tod des Odysseus*（1917）；Ed. Meyer，*Hermes* 30，1895，263；看到了马的蜕变与阿卡迪亚的马形波塞冬有关，Paus. 8.25.5；Paus. 8.14.4-6；F. Schachermeyr，*Poseidon und die Entstehung des griechischen Götterglaubens*（1950：189-203）。

⑥ Timaios，*FGrHist* 566 F 36= Polyb. 12.4b；通过病原学推导，证实了十月马与特洛伊马的联系，Festus 178/81 M；波利比乌斯（Polybius）反对这种观点，他指出，许多与特洛伊无关的野蛮人也会在开战前进行马祭，U. Scholz，*Studien zum altitalischen und altrömischen Marskult und Marsmythos*（1970：89-91），错误地得出结论说，提奥麦斯说的是春天出征前的马祭，而不是十月马；参考第 1 章第 7 节注释。

人之间有何真正的联系①，特洛伊在特洛伊人接受木马后的一场致命的盛宴上陷落了，这与用长矛刺一匹马进行祭祀②之间是有关联的。尽管一代又一代的歌者、文学史诗将其中的祭仪元素转换成了机巧的把戏，但人们仍能够想起曾经作为死亡祭祀的刺马——也许在特洛伊－伊利昂曾经也是这样。

众所周知的裘格斯（Gyges）③传奇也描述了从一匹马里面爬出来的人攫取了权力：与所有的风俗相反，王后在裘格斯面前脱下了衣服，然后帮助他杀死国王并强夺了国王的权力。很显然，她是国王的天赐爱人的化身，希腊人叫她阿佛洛狄忒。希腊人仍然知道裘格斯与受到崇拜的妓女的故事。④在阿卑多斯（Abydus），甚至还有一座"妓女阿佛洛狄忒"神庙⑤——无论她名声如何——她都受到应有的崇拜，而且有一个节日。还有一个故事讲述这座城市如何从邪恶的暴君手中被解放了出来：暴君举行祭祀活动，在盛宴上喝醉并和他们的妓女睡觉，其中的一个妓女随后打开了大门。带着武器的市民趁机冲进去杀死毫无防备的暴君。正常的秩序和道德能够得到恢复恰恰是由于阿佛洛狄忒在她的节日里瓦解了暴君。

当佩洛皮达斯（Pelopidas）杀死了忠于斯巴达的底比斯领导人并在379年推翻了他的政权后，和他同时代的人根据同一模式讲述了这个故事：⑥政要们在任期的最后时刻，也就是正在庆祝阿佛洛狄忒节的时候，图谋不轨者化装成妓女潜了进去。他们随后撕开伪装并杀死了丝毫未起疑的受害者。另一个更加真实的版本是由色诺芬简单引用的，但是他更喜欢将不幸的剧

---

① A. Alföldi, *Die troianischen Urahnen der Römer*（1957），证明了这种传统至少可以回溯到公元前 5 世纪。

② 希腊人偶尔会提及"长矛"，Eur. Tro. 14；但是在最古老的文学来源里，很早就有木马这一说了，Od. 8.493. 512。

③ Plat. Resp. 359c-360 60b；W. Fauth, *RhM* 113（1970：1-42）；裘格斯的马和特洛伊马的联系参考 P. M. Schuhl, *RA* 7（1936：183-188）；G. M. A. Hanfmann, *HSCPh* 63（1958：76-79）；G. Dumézil, *Le problème des Centaures*（1929：274）；N. Yalouris, *MH* 7（1950：65-78）。

④ Ath. 573a；Strabo 13p. 627；Fauth, *RhM* 113（1970：38）；W. Fauth, *Aphrodite Parakyptusa*（Abh. Mainz, 1966）.

⑤ Neanthes, *FGrHist* 84 F 9：Ath. 572ef；Hsch. Phot。

⑥ Xen. *Hell.* 5.4.4-6；关于底比斯的阿佛洛狄忒节是不是历史上有的，以及这是一个私人的庆祝还是已经确立的传统，都尚有争议；Nilsson（1906：374-377）。

情突变放在死亡背景下的神话剧本。

　　一个特别怪异的传奇讲述了埃里色雷（Erythrae）是通过战胜科德鲁斯（Kodros）的儿子切诺普斯（Knopos）建立的。① 切诺普斯从色萨利而来，一路带着赫卡忒的女祭司。这个女祭司正准备在敌人——前者是埃里色雷人——的监视下献祭一头公牛。在角上镀过金、在身体上装饰上带子后，牛被引向了祭坛。但是此时公牛已经被喂下了能引发疯病的药：它挣脱了束缚并咆哮着冲向了敌人。敌人无意中捉住公牛并把它献祭了，享用了牛肉盛宴。随后他们都发了疯，很快死于科德鲁斯人的袭击中。祭祀者和吃掉祭祀动物的肉的人必须向那些抛弃一切侵犯的人投降。由祭祀造成的罪孽标志着结束和衰落——对其他人来说则是胜利——建立秩序新的胜利。

二　阿尔戈斯与阿耳吉丰忒斯

　　在希腊，没有一个地方能像雅典一样保留了如此全面的传统。因为在其他城市仅有少量的、分散的关于仪式的遗存，文学神话也仅能达到泛希腊化的水平。但是如果我们有一个保存完整的典型，我们就可以进行评估，并将得到的残存片段进行分类。在雅典，死亡的节奏和一个新的开始从端露节一直到斯基拉节再到杀牛节最后到泛雅典娜节，几乎都乏善可陈。尽管有所扩展，它仍然是遵循"普通"的祭祀顺序，从少女的预备戏，到离奇的公牛祭祀再到新年节日的"百牲祭"上的最高规格的盛宴。同样的节日节奏也出现在许多其他地方以及对其他城市神的祭仪中。可以肯定的是，必须考虑不同的形式、当地的变体及组合，但是基本的结构还是类似的，而且细节经常会惊人的相似。代表着最古老的文学传统的神话尤其具有启发性。一旦人们认识到了促使事情突变的不同阶段，事情就变得显而易见了。

　　由于斯巴达人拥有至高无上的权力，阿尔戈斯城（Argos）在希腊历史上扮演着第二重要的角色，其文化重要性仅次于雅典。相应地，阿尔戈斯

---

　　① Polyaen. 8.43；Burkert（1979：59-64，72-77），"替罪羊的转变"讨论了这一模式，送走替罪羊与瓦解的节日相符合。

自几何时期到古典时期的强劲发展与历史时期困扰其的停滞和经常发生的危机形成了鲜明对比。在《荷马史诗》中，希腊人被简单地称为阿尔戈斯人或者丹纳斯人（Danaans），而且很大一部分希腊神话都聚焦于阿戈里德（Argolid）。这里有三座紧邻着的迈锡尼人的宫殿：迈锡尼、梯林斯和阿尔戈斯·拉里萨（Larisa）。这里甚至还有更加古老的新石器时代传统的印记。例如，有一个重要的居址是在神话和秘教仪式的场址勒纳①，这个名字有可能取自安纳托利亚（Anatolia）。另一个新石器时代的居址是在一座山上，这座山在历史时期成为阿戈里德的中央神庙的场址，离阿尔戈斯 45 斯泰底亚姆远，实际上离迈锡尼更近一些的是赫拉神庙（Heraion）②，是荷马提到的女神赫拉的圣殿。女神被称为阿尔戈斯·赫拉，就像帕拉斯属于雅典娜一样。

这座神庙的主要节日③——阿尔戈斯城最大的节日之一——叫作赫拉亚（Heraia）和赫卡托比亚（Hecatombaia）。我们知道这个节日包括一次祭祀游行，从阿尔戈斯行进到神庙，赫拉女神驾着她古老的牛车。我们现在知道的关于克列欧毕斯（Cleobis）和比顿（Biton）的故事是，他们取代牛，一路上拉着他们的母亲赫拉的女祭司到神庙。④ 早在公元前 600 年，阿尔戈斯人的虔诚在希腊就已家喻户晓，因为阿尔戈斯人在德尔斐供奉赫拉年轻的形象 Kouroi。卡利马库斯告诉我们⑤，阿尔戈斯的少女也为赫拉织圣衣，而赫卡托比亚 – 赫拉亚的一部分内容就是展示这件圣衣。而在雅典，游行后会在城市内进行一次竞赛。品达提到过这场竞赛几次，尽管它从未成为最重要的泛希腊化竞赛。奖品是一块青

---

① J. L. Caskey, *Hesperia* 23（1954：3-30）；24（1955：25-49）；25（1956：147-177）；26（1957：142-162）；27（1958：125-144）；28（1959：202-207）.

② Ch. Waldstein, *The Argive Heraeum* I/II（1902/5）；C. W. Blegen, *Prosymna. The Helladic Settlement Preceding the Argive Heraeum*（1937）；A. Frickenhaus, *Tiryns* I（1912：114-120）.

③ Schol. Pind. *Nem.* 10 inscr.；Schol. Pind. *Ol.* 7, 152c-d, 9.132a；Schol. Pind. *Pyth.* 8.113c；Schol. Pind. *Nem.* 10.35, 39；Nilsson（1906：42-45）. A. Boethius, *Der argivische Kalender*（Uppsala Universitets Årsskrift, 1922）.

④ Hdt. 1. 31.

⑤ Kallim. fr. 66.

铜盾。①

　　这样就把竞赛和游行队伍联系到了一起，因为一路上人们会抬着一块
青铜盾："那些在少年时代纯真无邪并毫无过错的人会举着一块圣盾引领队
伍：这是他们的荣誉。"少年时代已经结束了，是时候带着武器了。因此，
节日的游行队伍标志着一个开始。年轻人已经具备能力携带武器了，竞赛
就重复了这个过程。没有人知道这块盾保存在哪里，也不知道它是什么时
候被"取下来"的。唯一能够肯定的是它是赫拉的圣物。有一句谚语形容
一个人："骄傲的就像在阿尔戈斯持盾的人一样。"② 根据一个神话，当林叩
斯（Lynkeus）的儿子阿巴斯（Abas）宣布了达那俄斯（Danaus）的死亡
后，林叩斯就将这块盾牌给了他的儿子。③ 林叩斯就在一群年轻同僚的支
持下成为阿尔戈斯的国王。新的国王取代了老国王，盾由父亲传给了儿子：
这些反映了赫拉亚和泛雅典娜节共有的新年节日特点。因此，赫卡托比亚
和赫卡托比翁（Hecatombaion）这两个名字具有相似性并非偶然。在神话
中，林叩斯的妻子许珀耳涅斯特拉（Hypermestra）是赫拉的一个女祭司。④
阿尔戈斯城邦的新秩序是在阿尔戈斯·赫拉的权力下诞生的。

　　如果赫拉亚是一个新年节日，在它之前必须有一个死亡节日，也许有
场献祭一头公牛的仪式。在阿尔戈斯再没有人更多地提到此事。例如，帕
萨尼亚斯提到了一处叫作 Eleutherion 的温泉，这处温泉位于通往赫拉神
庙的路上，是女祭司"用来净化不会说话的祭品的"⑤。因此，人们要从这
里提水给不会说话的祭品。瓦罗提及了一个阿尔戈斯的英雄特里普托勒摩
斯（也称 Buzyges），在希腊语中是"给牛上轭的人"。他的名字的意思是
"走在圆圈里的人"⑥，这让人想起在杀牛节上被"驱赶着围绕"祭坛的牛，
尤其是特里普托勒摩斯还和献祭一头牛有关联。但是考虑到城市中有如此

① Pind. Ol. 7.83；II / III² 3162，3169，3158；IV 589，590.591. 597，611，VI，658；VII 49；
　　XIV 739，746，747，1102，1112.
② Paus. 2.17.3.
③ Nilsson（1906：42-45）；Hyg. Fab. 273；Serv. auct. Aen. 3. 286.
④ Euseb. Hieron. a. Abr. 582.
⑤ Paus. 2.17.1，并不能肯定赫拉在卡纳索斯泉（Kanathos）洗浴——在那里她再次成为处女
　　（Paus. 2.38. 2-3；Schol. Pind. Ol. 6.1498）；Kallim. fr. 65；Paus. 2.24.1。
⑥ Civ. 18.6.

多类似的祭仪，要十分确定地把它们区分开来是不可能的。但是神话能使我们了解得更多。就像阿提卡的杀牛节被描述为一种原始犯罪并使一个黄金素食时代终结，阿耳戈斯神话也涉及一宗原始犯罪，那就是众神之间的第一场杀戮，赫尔墨斯杀死了护卫宙斯变成母牛的情人伊娥（Io）的阿耳戈斯。①

因此，这项具有划时代意义的暴力行为是与赫拉神庙有关的。"当赫尔墨斯在宙斯的命令下杀死了伊娥的护卫阿耳戈斯后，赫尔墨斯受到了审判。他受到赫拉和其他众神的审判主要因为他是第一个犯了杀戒的神。然而，在主持审判的时候，众神惧怕宙斯，因为赫尔墨斯是在执行宙斯的命令。他们既想抹除赫尔墨斯杀人的罪过又想逃脱宙斯的责罚：焦虑不安的众神把用来投票的鹅卵石扔向了赫尔墨斯，直到他脚下堆满了石头"：这样，安提克里德（Antikleides）沿袭了吕底亚人桑索斯（Xanthos）的观点。②

杀人者通过象征性地接受扔石头的惩罚而得到了赦免。赫尔墨斯脚下的那堆石头证明了第一场流血以及人们是怎么战胜罪恶的。③在《荷马史诗》中，赫尔墨斯发明了祭祀。④从赫西俄德的《神谱》开始，希腊人就认为赫尔墨斯的绰号阿耳吉丰忒斯（Argeiphontes，即杀死阿耳戈斯的神）是通过杀死阿耳戈斯得来的。现代人对这种解释产生了怀疑⑤，部分是由于单词构成的原因，但最重要的是"杀死阿耳戈斯"被作为不重要的、微小的细节。神话文本围绕着神的第一次流血这一行为补充了新的内容，例如，第一次祭祀就伴随着典型的天真喜剧，包括审判、判刑和象征性地扔石头。在特内多斯（Tenedos），在献祭一头牛给狄俄尼索斯的时候，参与者"为了从

① PR I 394-397；II 253-266；E. Meyer, *Forschungen zur Alten Geschichte* I（1892：67-101）；F. Wehrli, *Io. Dichtung und Kultlegende*（*AK* Beih. 4，1967）.

② Xanthos, *FGrHist* 765 F 29；Antickleides, *FGrHist* 140 T.9；Eust. 1809.38-43.

③ 关于赫尔墨斯和那堆石头，参考 Nilsson I（1955：501-505）；参考第 1 章第 6 节注释；据大家族所述，阿尔戈斯人在用石头扔叛徒的地方进行审判，参考 Deinias, *FGrHist* 306 F 3；在审判后，用石头进行投票大约可以回溯到投石的仪式。

④ 参考第 1 章第 2 节注释。

⑤ 史诗中的绰号可能来自地方传统（*Il.* 6.224.14.119；*Od.* 4.174），"闪烁在阿尔戈斯"，还有"阿尔戈斯的杀人者"。自《伊利亚特》开始，这个单词的后半部分已经确定为"杀人者"。

他们中间抹除杀戮的污点"向刽子手扔石头。①埃斯库罗斯的比喻"以扔石块结束的祭祀",就暗示了这种事情并不少见。②最重要的是审判的那一幕让人想起了雅典的杀牛节。在雅典,赫尔墨斯的后人厄琉息斯的克律克斯就是杀牛的人。相应地,赫尔墨斯这个"杀死阿耳戈斯的神"的行为也反映了他以杀牛节的仪式性方式杀死了阿耳戈斯。

而且,神话还将"牧牛人"阿耳戈斯尽可能地等同于牛。"阿耳戈斯杀死了闯入阿卡迪亚的牛,并将它的皮穿在身上。"③在一些瓶画上,他就穿着牛皮。征服了牛的阿耳戈斯穿上牛皮后实质上变得和牛一样。神话中讲到"杀牛者"④赫尔墨斯引诱阿耳戈斯睡着并用石头砸死了他。那么,随后的扔石头行为就是一种惩罚。献祭公牛的时候就需要一把用石头做成的斧子。

赫尔墨斯的行为——因为关系到伊娥的神话——再次和少女们的预备戏联系到了一起。伊娥是国王的女儿、宙斯的情人,她被困在赫拉的领地,被看管在阿尔戈斯的赫拉神庙内,用铁链锁在圣橄榄树上。⑤阿耳戈斯死后,这些链子就打开了:母牛逃了出去,因为被牛虻叮咬跑到了很远的土地上。在神话剧中,国王的女儿和母牛之间似乎存在着双重的祭祀事实:在赫西俄德的《神谱》中,伊娥是赫拉的一个女祭司。她就住在圣所里,照看着圣灯的永恒火焰⑥——这在赫拉神庙和厄瑞克特翁神庙中也是很常见的。但是如果赫拉亚的女祭司被庄严的队伍引导从阿尔戈斯走向了神庙,我们就不得不推测她先前已经在"死亡"的威胁下离开了那座神庙。那么圣灯没有她的照看会熄灭吗?戏剧以更强烈的形式在动物层次上清楚地描述了那一场面:当公牛在可怕的祭祀中死去,牛群中的母牛失去了领导者。阿尔戈斯人提到"阿耳戈斯的牛"就说是"献给赫拉"的。赫

---

① Ael. *Nat. an.* 12.34;参考第 3 章第 4 节注释。

② Aüsch. *Ag.* 1118;Burkert(1966:119).

③ 关于画着穿着牛皮的阿耳戈斯的瓶画的黑色雕塑参考 Cook Ⅲ (1940:632);R. Engelmann, *JdI* 18 (1903:37-38)。

④ Apollod. 2.7.

⑤ Cook Ⅲ (1940).

⑥ Paus. 2.17.7, 3.15.6.

拉神庙所在的那座山就叫作埃维亚岛。① 那些牛被"放生",留待献祭之用。公牛死时——我们可以从神话中得出这个结论——母牛就会被驱走,"就像它已经疯掉了一样"。但是即使疯掉的母牛也逃脱不了在百牲祭节日中被杀的命运。

赫拉亚的游行队伍以一种特殊的方式回应了公牛祭祀。因为它有一个异常的特点:执着圣盾。当然在历史时期,我们从品达那里了解到至少作为竞赛奖品的盾是由青铜制作的。它们是大约公元前 700 年后的普通甲兵的盾牌。更加古老的应该是一种由牛皮做的盾,其来源直接与牛相关,正是这样,特别在古老的荷马诗句里盾就被命名为印欧语系中代表牛的单词。② 如果一个人想得到盾牌就必须杀掉牛。恰恰由于牛皮具有拉伸的性质,它成为一种新的存在,变成了武士们最信任的武器以及护甲。这样,死去的牛成了活着的人的保护伞;而经历了少年时代的年轻人在拿起盾后也为死亡的阴影所笼罩。这样,带着武器的武士自己也扮演了阿耳戈斯的角色,杀死了牛后穿上牛皮。

而牧牛人阿耳戈斯作为牛群和土地的主人也体现了阿尔戈斯这座城市的权力和秩序,阿尔戈斯的名字本身就是那片土地的名字。在神话里,阿耳戈斯是宙斯的敌人,但是他一直看起来和宙斯很像。③ 就像阿耳戈斯被称为"Panoptes",也就是"能看见一切"的人的意思,所以无所不知的天神宙斯也就被尊称为宙斯·Panoptes。就像神话学家描述阿耳戈斯有四只或三只眼睛,宙斯也有一个基于阿耳戈斯的三只眼的形象。④ 在阿耳戈斯无数只像星星一样的眼睛中⑤,诗人们看到了宇宙的形象——就像宙斯自己就是宇宙一样。而且,阿耳戈斯这种两面性让人想到神话中的双面人,只有杀掉并切碎他们才能使人们摆脱世界末日。⑥ 事实上,在阿尔戈斯城的背景下,神话中的阿耳戈斯就是宇宙的化身,是包罗万象的秩序。

① Paus. 2.17.1;阿耳戈斯的牛"吃草"是 Nema 这个名字的词源。

② *Il.* 7.238;A.Snodgrass, *Farly Greek armour and Weapons from the end of the Bronze Age to 600 B.C.*(1964).

③ *PR* I 396.1.

④ 三只眼睛的宙斯(第三只眼睛在他的额头上),参考 Paus. 2.24.3。

⑤ Eur. Phoin. 1116-1117;有的眼睛随星辰的升起一道张望,其他的在星辰落下后消隐。

⑥ Lydos, *Mens.* 4.2.

这种秩序需要有死亡来保证其经久不衰；为了重生必须先死亡。阿耳戈斯死在可怕的公牛祭祀中，这样年轻的武士们就能将圣盾扛在肩上，将城市的秩序延续下去。

三　阿格里尼亚节

在神话中，阿耳戈斯的死亡导致国王的女儿伊娥被当成一头疯狂的母牛并被驱赶到了遥远的地方。国王的女儿像牛一样号叫着被驱赶过森林和高山，这种模式在一个毗连阿尔戈斯城梯林斯（Tiryns）的神话中更加闻名，普罗托斯（Proitos）是那里的国王。赫拉在这里也是很活跃的。在梯林斯，赫拉的梨木半身像被认为是最古老和珍贵的希腊众神雕像之一。在阿耳戈斯毁掉梯林斯后，这个雕像被带到了阿尔戈斯的赫拉神庙，帕萨尼亚斯还在一根圆柱上看见过它。佩里赫特（Periegete）认为它"无足轻重"①，直到 15 世纪人们仍然未认识到它的重要性，传说中普罗托斯的女儿因嘲笑那座可怜的雕像而激起了女神的愤怒。② 赫拉有时会因为受到其他的刺激而生气，但最常见的就是梯林斯国王的女儿们在赫拉的圣殿遭遇赫拉后，就会在她们的庇护范围外受到折磨。据赫西俄德的《神谱》记载，女神将她们逼得"愤怒地咆哮"③，导致她们冲出圣殿，跑出城市，在野外流浪。有很多故事形容她们有"各种不体面的行为"④，她们不知羞耻地赤身裸体，疯癫到把自己当成母牛而发出伯罗奔尼撒式的哞叫。⑤ 最古

① Paus. 2.17.5，8.46.3；Akusilaos，*FGrHist* 2 F 28；*FGrHist* 304 F 1；Simon（1969：320.29）；这一塑像是用梨木做的，这可能与"抛梨者"的节日以及大洪水后梨是第一种食物的神话有关，参考 Plut. *Q. Gr.* 303a b，在梯林斯，有一个名叫阿耳戈斯的英雄，他有一片神圣的小树林，参考 Hdt. 6.75-S0。

② 史学家阿库西劳斯（Akusilaos）笔下的阿耳戈斯，*FGrHist* 2 F 28；Bacchyl. 11.40-58，82-112；根据 Serv. auct. *Ecl.* 6.48，他们把赫拉的金子留作自用，他们通常把自己打扮成赫拉，雅典的女神阿里赫普霍洛伊们得到了黄金首饰，参考 Harpokr。

③ Hes. fr. 37.10-15；J. Schwartz，*Pseudo-Hesiodeia*（1960：369；377，545-548）；*PR* II 246-52；F. Vian，"Melampous et les Proitides"，*Revue des Etudes Anciennes* 67（1965：25-30）。

④ "伴随各种放肆无序"，Apollod. 2.27；（她们）裸体，Ael. v.h. 3.42；Schefold（1964：35）；J. Dörig，*AM* 77（1962：72-91）；Simon（1969：3 20.29）。

⑤ 变为母牛参考 Schol. Stat. *Theb.* 3. 453。

老的来自《神谱》的资料展现了有所不同的画面："因为她们令人作呕的下流举止，女神摧毁了她们青春的温柔之花"，"在她们头顶泼了一种可怕的致痒的东西并在她们全身撒了白色的麻风，现在她们的头发从头皮上脱落，昔日漂亮的头秃了。"① 这既是对欲望，也是对病弱和衰老的反感，与可爱谦逊的处子形象形成了强烈的对比——这令人想起女巫的安息日。《奥德赛》中提到的潘达雷奥斯（Pandareos）女儿的神话是有可比性的：她们在少女时期身处雅典娜和阿耳忒弥斯的保护之下，但就在她们快要举行婚礼时，她们骤然失去了保护伞，遭到哈耳庇埃（Harpies）绑架，并被送给"讨厌的厄里倪厄斯（Erinyes）"做奴仆。② 普罗托斯的女儿在野外流浪，也变成了像厄里倪厄斯一样的人。

雅典的批评者在斯基拉节上吃大蒜的妇女们的聚会中发现了相似的受影响的厌恶感。③ 在阿里斯托芬的 *Ecclesiazusae* 中，斯基拉节的情节策划是由一个又老又丑的女巫主导的。衰老、嫌恶以及抛弃风俗，各种形式的偏离常规都体现在雅典瓦解时期的仪式和普罗托斯女儿的神话中。相应地，后者可能反映了某种变装的仪式。对普罗托斯女儿可怕转变的描述基于一种真实的疾病症状，这些症状在仪式中被模仿，处子们必须以身覆白粉的形象出现。"提着篮子擦白粉的少女"，一个雅典的喜剧作家这样描述一些祭祀仪式中的少女形象。④《荷马史诗》中的《献给赫尔墨斯的赞歌》记载，德尔斐的阿波罗的仆人，即先知特里埃（Thriae）是"一群处子，她们的额头上擦着白粉"⑤。莱特努瓦（Letrinoi）的祭祀故事记载，位于阿菲欧斯河谷的阿耳忒弥斯和她的仙女们用泥土制作面具。斯巴达的阿耳忒弥斯神庙内的丑陋面具证实了这种仪式的存在，而在萨摩斯岛（Somos）的赫拉神庙内也发现了类似的面具。最古老的蛇发女怪女戈耳

---

① Hes. fr. 133。很显然，在伊壁鸠鲁派学者斐洛德漠（Philodemos）那里，赫拉是一个主题，参考 M.-W. fr. 132。

② Od. 20.66-78，这个故事只是传统中单独的一部分。

③ 参考第 3 章第 1 节注释。

④ Hermippos fr. 26（*CAF* I 231）.

⑤ *Hy. Merc.* 553-555.

工的标志是比真人更大的壶状面具，那是奉献给梯林斯的赫拉的。[1] 普罗托斯女儿们的变化就是由赫拉强行戴在她们身上的仪式面具造成的。

然而，赫拉的怒火和神话中狄俄尼索斯的权力相抗衡，权威的引用仍然来自赫西俄德的《墨兰波迪亚》（*Melampodia*）。[2] 人们认为先知和纯洁的祭祀者——墨兰普斯（Melampus）是酒神崇拜的创始人。[3] 在这个版本中，狄俄尼索斯将普罗托斯的女儿们变成疯子是因为她们不愿接受他的求欢。但是酒神元素的出现并没有太大的差别，只是在其他非酒神仪式中常见的结构有一些改变。正常秩序的瓦解本应象征着伟大女神的愤怒和疏离，但在这里却通过神的疯癫变成了力量的象征。这种疯癫也变得矛盾起来：这到底是赐福还是诅咒呢？《墨兰波迪亚》可能比《神谱》要晚，因此使我们可以追溯6世纪酒神崇拜所造成的冲击。而新的解释仍遵循着死亡和新的开始的古老节奏。

不管愤怒是来自赫拉还是来自狄俄尼索斯，怒吼总是伴随着祭祀仪式。这在墨兰普斯的版本中非常明显，而且疯癫达到了第二个层次。普罗托斯拒绝了墨兰普斯第一次提出要治愈他的疯女儿的好意，因此"少女们变得越来越疯狂，而且所有的女人都加入了她们；她们抛弃了自己的家，杀死自己的亲生孩子，并孤身一人跑出去"[4]。难以言说的可怕行径再次出现了——杀死自己的亲生孩子。死亡被变态所替代，而且与由可爱的处子到成为慈爱的母亲形成对比，因为她们变成了巫婆，杀死并吃掉自己的孩子。在赫尔墨斯神话中反映的"屠杀公牛"的情节中，先祖国王或普遍意义上的父亲是受害者。在这里，受害者是孩子。然而，这种区别实际上是两极

---

① Paus.6.22.9；Harpokr，（他）正擦拭干净，因为他们总是用土和麸（谷物外壳）涂抹加入秘仪者；阿耳忒弥斯·奥尔提亚（Orthia）圣域参考 JHS Suppl. 5（1929：163）；Nilsson（1955：161）；萨摩斯岛参考 H. Walter, *Das griech.Heiligtum*（1965：28）；梯林斯参考 *RE* VI A 1465；Pickard-Cambridge（1962）。

② Hes. fr. 131 = Apollod. 2.26；I. Löffler, *Die Melampodie*, *Versuch einer Rekonstruktion des Inhalts*（1963：37-39）；重建基于赫西俄德的片段和文献记录，然而都不确定，参考 R. Pfeiffer, *Ausgew. Schriften*（1960：37-39）；在任何情况下，普罗托斯和墨兰普斯神话的分离（Nilsson，1955：613.2）由 Hes（fr. 37）反证。

③ Hdt. 2.49.

④ Apollod. 2.28，3.37，她们抓住还在吃奶的孩子，吃着他们的身体，参考 Paus. 2.18.4；Nonnos 47.484-495。

关系的一部分。弑父和杀婴是两种变体，可怕的祭祀可以在任何时间在两者之间发生转换。因此，我们可以假设，在祭祀中可以用一种年幼的动物，一头小牛而不是成年公牛作祭品。

墨兰普斯的版本再次充分解释了这个可怕的故事怎么会有一个欢乐的结局："墨兰普斯带着最强壮的年轻人，他们高声呐喊，狂欢着、舞蹈着去追赶妇女和女孩们，翻过高山直到西居昂（Sikyon）。"① 奇怪的是，神话从梯林斯跳跃到了西居昂。在最常见的版本里，普罗托斯的女儿们在第三个地方，也就是位于阿卡迪亚的阿耳忒弥斯－赫拉圣域里得到了净化。② 这个神话似乎结合了各种当地传统；一定有一个梯林斯人的结尾③，或者至少在梯林斯有一个结束的仪式，当然这个仪式在梯林斯被阿尔戈斯吞并后不可能保留下来。无论如何，少女和妇女们的怒吼只是一种特殊的状态，接下来会是城邦秩序的重建，成为变态的对照。它们让离开土地的女人感受到男人的强大力量。正是那些年轻人在这种情况下证明了自己，而他们的领导人墨兰普斯就成了新的国王。④ 他随后与普罗托斯一个成功痊愈的女儿结婚；狄俄尼索斯的祭祀再次回到了赫拉的权力范围内，因为她是掌管婚姻的女神。德米特利奥斯·珀里奥克忒斯（Demetrios Poliorketes）在阿尔戈斯的赫拉亚节上庆祝了自己的婚礼。⑤

即使在最后的阶段也少不了祭祀："普罗托斯的大女儿伊菲诺埃（Iphinoe）在被驱赶中死去。"她的坟墓在西居昂的广场上被发现。⑥ 就像当初杀婴没有问题一样，在仪式上活人献祭也很自然地没有受到质疑。怒

① Apollod. 2.29.

② Bacchyl. 11.37-39；Eudoxos fr. 26/7 Gisinger = Steph. Byz；Kallim. Hy. 3.235；Paus.8.18.7-8；R. Stiglitz, *Die grossen Göttinnen Arkadiens*（1967：101-105）；在伊利斯的净化间，Strabo 8 p. 346；Paus.5.5.10.

③ 在梯林斯发现的许多带着猪的妇女的祈祷雕像暗示了净化仪式（参考第 5 章第 2 节注释），参考 A. Frickenhaus, *Tiryns I*（1912：17）。

④ Apollod. 2.29；Schol. Pind. *Nem*. 9.30；Paus. 2.18.4；*PR II* 252.

⑤ 参考第 3 章第 2 节注释。

⑥ Apollod. 2.29；西居昂广场上伊菲诺埃的坟墓和铭文参考 Praktika（1952：394-395 = SEG 15（1958）；普罗托斯通过祭祀猪净化的戏剧性描述参考 Canicattini, *Boll. d'Arte* 35（1950：97-107）；E. Langlotz, M. Hirmer, *Die Kunst der Westgriechen*（1963：24）；Trendall（1967）；*A K* 13（1970）；*RML II* 2573；Alexis fr. 112（*CAF II* 337）；Diphilos fr. 126（*CAF II* 577）；Paus. 8. 18.7。

号中的女儿把自己当成母牛这一事实使得营救和治疗中伴以母牛祭祀成为可能。这样，赫卡托比亚－赫拉亚之间一致的循环也就结束了。由墨兰普斯带领年轻人跳的狂欢舞显然是一种仪式化的用来帮助捕捉野物的狩猎舞。狩猎仪式在动物祭祀中重复并完成，标志着克服了社会的危机。普罗托斯女儿的神话是一个关于开始的故事，是一条从处子到王后的道路，在这个过程中旧的秩序在短暂的疯癫中被颠覆，人们只有经过死亡才能达到他们的目标。通过克服反常和变态，年轻人重新确立了自己以及他们的国王。

我们唯一能证明普罗托斯女儿的神话与一个节日有关的证据就是赫西基奥斯（Hesychius）的一条注释："阿格里尼亚节（Agriania），一个在阿尔戈斯纪念普罗托斯女儿们的节日。""纪念"一个人暗示了她的死亡：因此这个节日是纪念伊菲诺埃的，她被墨兰普斯及其部下杀死，甚至被献祭。同时，赫西基奥斯记载道："阿基里亚节：阿尔戈斯死者的节日。"[①] 在死者的节日 Nekysia 中，幽灵和面具蜂拥而至，在某一段时间内要求它们的权利，但会再次让步给正常生活。人们不得不安抚它们才能得到清静。通常人们用各种方法驱逐它们。[②] 神话中的特殊时期结束于普罗托斯女儿在野外的狩猎中死亡；而在每年"向她表示敬意"这种特殊时期会再次出现，也会再被战胜和克服。因此，死亡的对比必须对确立生活的意义有所帮助。

阿格里尼亚 / 阿格里阿尼亚是所有希腊节日名中最常用的一个，在许多地方甚至一个月份的名字也取自它，比如 Agrionios。[③] 这种证据在皮奥夏尤其多，皮奥夏人普鲁塔克为我们提供了一些仪式细节。在奥尔霍迈诺斯（Orchomenos），有一个和普罗托斯女儿的神话分量相当的神话。在皮奥夏，狄俄尼索斯理所当然是最为杰出的。有一些故事讲述狄俄尼索斯式的显现与疯狂，在狄俄尼索斯的祭祀中一直占据着中心地位。

明亚斯（Minyas）所在的城市奥尔霍迈诺斯是另一个有着极为古老传统的地方。在这里，明亚斯的女儿们被逼疯并杀婴，直到她们的疯狂在同

---

① 阿格里尼亚：阿尔戈斯的节日，纪念普罗托斯的女儿之一；阿格里阿尼亚：已逝者（的节日），在阿尔戈斯附近，在底比斯（有）赛会。

② 参考第 4 章第 3 节相关内容。

③ Nilsson（1906：271-274），作为死者"集会"的节日与泛雅典娜节相似……狄俄尼索斯，吃生肉者，狂野者（都是酒神的绰号）。

样疯狂的驱赶下平息下来。① "在狄俄尼索斯式的舞蹈中，唯独明亚斯的女儿洛基普（Leukippe）、阿尔希普（Arsippe）和阿尔卡特赫（Alkathoe）控制住了自己……但是狄俄尼索斯被激怒了。在她们争相为雅典娜·埃尔贡（Athena Ergane）织布的时候，突然常春藤和葡萄藤缠住了织布机，蛇盘踞在装羊毛的篮子里，天花板上滴下了牛奶和酒。"② 狄俄尼索斯式的显现带来了狄俄尼索斯式的疯癫："她们将签扔进壶里，她们三个开始抽签。当抽到洛基普时她就讲话，建议向神献祭。她和她的妹妹们撕碎了她的儿子希帕索斯（Hippasos）"③，"像一只小鹿一样"④，"冲出去到原来参加酒神节狂欢的女人们那里，但是她们遭到了驱逐，因为她们被杀戮玷污了。随即她们变成了鸟"⑤——变成了猫头鹰和蝙蝠等夜行动物。

达到疯癫极限的可怕祭祀从各个方面讲都是狄俄尼索斯式的肢解仪式。参加酒神节狂欢的女人们和无家可归的小鹿经常被作为瓶画的主题。⑥ 这种令人厌憎的行为造成了一个裂痕：面对这种行径，狄俄尼索斯的部落一分为二："原始的成员"作为纯净的人与受到玷污的人断绝了关系。神话以一种变形的方式结束，其中逃跑和驱赶的局面永远定格在了大自然中的一个画面上：夜间的生灵总是受到白天鸟儿的憎恨和驱赶。

普鲁塔克很明确地将明亚斯女儿的神话和包括驱逐的仪式联系到一起。"明亚斯女儿的丈夫由于穿着黑色衣服，痛苦悲伤，他们被叫作'烟熏的'，但是明亚斯自己被叫作 Oleiai，即'杀戮'。即使今天奥尔霍迈诺斯还如此称呼这个家族的后裔女人；在阿格里阿尼亚节上，每隔一年狄俄尼索斯的祭司就会用手中的箭射击并驱逐赶她们。他会杀死任何一个捉到的女人，而佐伊斯（Zoilus）祭司会随时杀死她们中的一个。"墨兰普斯在神话中扮演的角色——也就是在狄俄尼索斯的祭仪中的 archegete——在奥尔霍迈诺斯恰恰由真正的祭祀者扮演。像带着武器的部下一样，他手持一支箭；而

---

① Rapp, *RML* II 3012-3016；*PR* I 690.

② Ael. *v.h.* 3.42.

③ Ant. Lib. 10.3，来自 Korinna 和 Nikandros。

④ Ael. *v.h.* 3.42.

⑤ Plut. *Q. Gr.* 299ef；Ov. *Met.* 4.399-415.

⑥ Harrison（1922：452）；H. Philippart, *Revue Belge de Philogoie* 9（1930：5-72）；*BME* 439 = *ARV²* 298，Harrison（1922：450）.

杀死一个 Oleiai 妇女的行为则和普罗托斯的大女儿的死亡相呼应。这个仪式的严肃性得到了最高的重视。普鲁塔克随后描述了作为人祭的可靠例子如何导致了危机，而实际上是改变了风俗。佐伊斯在痛苦中死去，奥尔霍迈诺斯人在内部混乱之后剥夺了佐伊斯家族的祭祀资格。狂热的佐伊斯显然没有认识到这个仪式的夸张性和戏剧性，由此追逐它。在酒神的王国里，像其他地方一样，动物祭祀保证了这个仪式能够合理进行。我们从神话中能够得出结论，在那些"谋杀者"逃跑前，有一场献给狄俄尼索斯——吃生肉的人和在阿格里阿尼亚节上夜间活动的神——的祭祀，是一场躲避"杀戮"的神秘而难以言说的夜间祭祀活动，而驱逐以动物祭祀告终。

在阿格里阿尼亚节祭祀中整个部落划分为两个阵营，每一个都侍奉狄俄尼索斯。为了强调女人和男人的对立，人们把男人叫作"烟熏的"，在服丧的习俗外预示一种化装的仪式，同时女人的领导者被称作 Leukippe，意为"白色的母马"。就是以这种方式，有"黑色的脚"之称的墨兰普斯驱赶普罗托斯身覆白粉——黑色烟灰和一种白粉的混合物——的女儿们。颜色较浅的是已经被玷污的，而烟灰色的则是内心依然纯洁的，内在品质和外表的反差这一事实反映了其中的两极紧张对峙局面。没有一面，另一面就无法想象；其实两者是互相依存的。那些涂成白色的变成了夜间的飞禽，而胜利和有秩序的白天则仍然保留着黑色的记忆。雅典的青年们在泛雅典娜节上穿着黑色长袍①，忒修斯乘着黑色的帆从克里特岛返回，所以成了国王。

同时代人的报告无论能透露出多少在他那个时代活跃的仪式信息都让人震惊。普鲁塔克简单说到了他的家乡奇罗尼亚（Chaironeia）的阿格里阿尼亚节。"在阿格里阿尼亚，我的家乡，女人们到处寻找狄俄尼索斯，好像他已经逃跑了一样；然后，她们停下来说他已经逃到了缪斯那里并藏在她们中间；在吃完晚饭后，她们会猜谜语。"在普鲁塔克看来，这意味着由于理性的存在，"那些野蛮和疯狂的行为已经隐藏了起来，这得益于缪斯的热心关怀"②。一切都发生在女人中间，她们自己掌控着从野蛮行为到缪斯的引导的转换。野蛮和疯狂消失了；一些东西丢失后，无休止的寻找也结束了，出人意料地

① 参考第 3 章第 1 节注释。
② *Q. symp.* 717a.

149

变成了一顿"大餐"，一顿祭祀的盛宴，席上沉重的焦虑让位于愉快的嬉戏。我们不知道其他的社会部落是怎样度过这个节日的，但是即使普鲁塔克的简单描述也透露出相同而熟悉的死亡模式，并且遵循着缪斯的命令。

在阿尔戈斯，有珀尔修斯（Perseus）国王追逐狄俄尼索斯及其女仆从而死去的神话。人们会指出疯狂和堕落的女人——"海之女人"的坟墓，有时甚至谈到神自己的死亡。而这个事件和狄俄尼索斯神庙及其祭仪的发现联系到了一起。① 早在《伊利亚特》中我们就发现了关于狄俄尼索斯逃跑并消失的描述。德里亚斯（Dryas）的儿子、强大的来库古（Lykurgus）曾经"将疯狂的狄俄尼索斯的女仆赶出了尼萨（Nysa）圣平原，她们所有人都将祭祀器具丢弃在地上，被用赶牛的刺棒追打；而狄俄尼索斯在惊恐之下潜在了海浪下，西蒂斯（Thetis）将他带到自己的怀抱中，狄俄尼索斯在吕库尔戈斯的威胁下惊恐不已，剧烈颤抖。"② 手持武器的吕库尔戈斯闯进了由保护和关爱疯狂的酒神狄俄尼索斯的女人们为其准备的祭祀仪式中。他将这些女人赶到海边，挥舞着斧头摆出像是要杀一头母牛的架势——在其后的版本中他追赶着疯狂的狄俄尼索斯，而他自己也处于疯狂中，在这种疯狂的状态下他用斧头砍到了自己的孩子：一个受害者又害了另一个受害者。在这个故事的逻辑中，吕库尔戈斯是狄俄尼索斯的敌人，而狄俄墨得斯（Diomedes）在《伊利亚特》中讲述的故事是要警告人们与神斗争的危险。

吕库尔戈斯的神话通常被解释为是对狄俄尼索斯崇拜不断扩散的抵制③，但是如果与奥尔霍迈诺斯的阿格里阿尼亚节仪式和墨兰普斯的神话联系起来，我们会发现吕库尔戈斯事实上取代了狄俄尼索斯祭司的地位。因此，这里所说的并不是历史冲突，而是在一个单一的仪式上表现出来的神的疯癫和人的秩序之间的两极对峙。敌对者通过侍奉同一个神互相联系起来④，或者至

---

① Paus. 2.22.1，2.20 4；Schol. T *Il*. 14.319.

② *Il*. 6.130-140；Eumelos, Europia fr. 10 Kinkel = Schol. A *Il*. 6.131；Soph. *Ant*. 955-965；Hyg. Fab. 242，132；Apollod. 3. 34-35；P. Bruneau, C. Vatin, *BCH* 90（1966：391-427）.

③ Nilsson I（1955：565，611-612）；Harrison（1922：369）；Rohde（1898：II 39-43），以这种方式解释普罗斯托和明亚斯的神话，但把来库古排除在外（40.2）。除此之外，用自然来解释这个神话很时髦，来库古代表冬天（*PR* I 687-88）或夏季的炎热，与植被精神相对立。

④ W. F. Otto（1933：100），忒涅多斯岛（Tenedos）的祭祀（参考第 3 章第 4 节注释）："Der Sinn des Mythos ist, dass der Gott das Furchtbare, das er tut, selbst erleidet."

少在同一节日是这样的，而在不同的阶段会以敌对的神的名字命名。与狄俄尼索斯抗争的明亚斯成了他的女祭司，为了纪念他进行了可怕的祭祀。反过来，那些驱赶明亚斯的正是狄俄尼索斯的酒神狂女，即信徒（maenads）。新的神的敌人彭透斯（Pentheus）被迫变成狄俄尼索斯的样子①，最后被疯狂的崇拜者Bakchai撕碎。在一个神话版本中，吕库尔戈斯也成了狄俄尼索斯的替罪羊，被撕成碎片。在仪式中，所有人的角色都是多变的。就像斯特拉波说的，一些人最终把吕库古等同于狄俄尼索斯。② 到很晚的罗马帝国时期，我们仍看到有一个狄俄尼索斯的镶嵌画，吕库尔戈斯在中间，正用斧头砍自己的女儿③，因为这种暴力行为也属于狄俄尼索斯的祭祀。

狄俄尼索斯的女仆被人用斧子追赶着跳进海里，这也是《荷马史诗》中提到的其他有关狄俄尼索斯的神话，也就是伊诺–琉科忒亚（Ino-Leukothea）神话的主题。她本是卡德摩斯的凡人女儿，但"现在"被尊为海中女神，她用自己的面纱救了奥德修斯。④ 人们经常将国王的女儿变成女神这一事实与狄俄尼索斯在底比斯的诞生联系在一起：伊诺照顾狄俄尼索斯并把他养大。赫拉为此报复伊诺，她将伊诺及其丈夫阿塔玛斯变成疯子。故事继续下去讲到了双重杀婴，经此阿塔玛斯的家族湮灭了。阿塔玛斯杀死了自己的儿子勒阿尔科斯（Learchos），他"像猎鹿一样追捕他"⑤。伊诺随即逃到第二个儿子墨利刻耳忒斯（Melikertes）那里——她用三脚锅里的沸水杀死了墨利刻耳忒斯，死去的孩子消解了阿塔玛斯的怒气；⑥ 无论如何，她最终还是带着儿子跳进了陡崖下的海里。

同样的故事再次上演，一个孩子在人瞬间的疯癫中成为祭品，并伴随

① Eur. *Bacch.* 821-835；E.R. Dodds，*Euripides Bacchae*（1960²：854-855）.

② Strabo 10 p. 471；D. Sourdel.，*Les cultes d'Hauran à l'époque Romaine*（1952：81-88）；祭坛参考 *Journal of Roman Studies* 15（1925：163-164）.

③ Cuicul（阿尔及利亚），Nilsson（1957：114）。

④ Od. 5. 333-35；Alkman 50b Page；Eur. *Med.* 1282-1289；Hyg. *Fab.* 2；Ov. *Met.* 4.539-542；Apollod. 3.28；*PR* I 601-605；Schirmer，*RML* II 2011-2017；Eitrem，*RE* XII（1925：2293-2306）.

⑤ "追猎着他就像追猎牡鹿"……关于瓶画，参考 *AK* 23（1980：33-43）。

⑥ Apollod. 3. 28；Eur. *Med.* 1284-1289；Schol. Pind. III p. 192.8，194.22 Drachmann；一次特定的献祭是门涅阿斯（Menneas）为"白色女神 Σεγείρων（即 Ἰνώ）"准备的，曾祖父，"在三脚锅里获得了神性，因为他的缘故那些节庆才可能被举办"，OGI 611：作为一种葬礼上的骨灰瓮的符号象征着死亡和神化。

着逃跑和追赶。三脚锅的主题、雄鹿的比喻，甚至连阿塔玛斯和伊诺的名字都和吕卡翁山的佛里克索斯的狼人主题紧密相连。① "狼的疯癫"，就像发生在吕库尔戈斯身上的情形一样。"疯癫"在阿塔玛斯身上作祟，使其挥舞着双斧追赶女人和孩子。而且，像以前一样，女人和孩子跳进了海里。

　　毫无疑问，在琉科忒亚神话的背后有一个祭祀活动。琉科忒亚作为女神在许多神庙受到崇拜②，但正是由于对她的祭拜太过普遍，远远超出了希腊的范围，它的轮廓反而模糊不清了。很难讲这个神话最常见的版本是针对哪一种地方祭仪（更晚一些时间墨利刻耳忒斯－帕莱蒙回到地峡的至圣所）。③ 诺芬尼（Xenophanes）提到，在他看来死对琉科忒亚的 Elean 祭拜中的祭祀和哀悼是一种奇怪的结合④，这也许是从福西亚人（Phocaea）那里继承过来的。他嘲笑这种矛盾的结合，尽管在杀戮和生存的对峙中这成为狩猎的天真喜剧的直接继承者。在提洛岛上，我们发现了琉科忒亚的至圣所与 phallagogy 的结合。⑤ 最重要的是，墨伽拉（Megara）宣称对琉科忒亚的所有权：据说伊诺的尸体是在那里被发现并掩埋的，而且她就是在那里第一次得到神圣的名字——琉科忒亚。⑥ 她跳下去时站的那块石头被发现在不远的地方。而且，还有一块"白色平原"，阿塔玛斯追赶她时经过了那里。⑦ 从这个故事的立场来看，将追赶设在固定的地方本身就是自相矛盾的，但是如果我们研究的是和奥尔霍迈诺斯的阿格里阿尼亚节类似的仪式，那么就说得通了，因为在奥尔霍迈诺斯的阿格里阿尼亚节展开侵害会局限在固定的范围内。对"白色平原"的追寻投射到对"白色女神"的崇拜中，这为我们提供了普罗托斯的女儿们和赖克庇（Leukippe）——也许其实是和斯基拉之间的联系。

---

① 参考第 2 章第 1 节到第 4 节相关内容。

② Eitrem, *RE* XII 2293-2306.

③ 参考第 3 章第 7 节相关内容。

④ VS 21 A13 = Arist. Rhet. 1400b 6.

⑤ 参考第 1 章第 7 节注释。

⑥ Paus. 1.42.7；Zenob. Par.4.38；Schol. Pind. III p. 194.9 Drachmann；Schol. Lyk. 229.

⑦ Schol. Od. 5.334；Eust. 1543.26；Nonnos 10.76；*Et. M.* 561.44；Steph. Byz；Plut. *Q. conv.* 675e.

四 忒瑞俄斯与夜莺

一个母亲杀死自己孩子的可憎行为，与明亚斯家族一样，投射到鸟类世界，是夜莺神话的主题。这个故事像来库古和琉科忒亚的故事一样，在《荷马史诗》中有记载。故事里的夜莺不断哀悼，哀悼她自己亲手杀死的儿子伊提勒斯（Itylos）或伊提斯（Itys）。从荷马时代到现代文学，夜莺一直被诗人们当成诗歌主题，经久不衰。也是由于这些诗歌在很大程度上影响了我们的思维方式，我们很难想象"夜莺动听但悲伤的歌"，"可以让我们联想到鸟儿的沉重的负罪感和深深的悲伤"①。尽管如此，我们还是要客观地认识将鸟类的歌声与它们的悲伤联系在一起的现象，这既是误解也是执拗的想象。这种想象不是来源于现实，而是由传统意义上人们对夜行动物的恐惧造成的。

在古希腊史诗《奥德赛》中，奥德修斯的妻子珀涅罗珀提到了神话中的夜莺，并把它看作哀悼形象的原型："由潘达雷奥斯的女儿变成的绿林夜莺栖息在茂密的森林深处，唱出美妙的歌声；春天到来，她变换着它声音的张力，倾吐着哀伤的旋律，哀悼她和国王仄托斯（Zethos）的儿子伊提勒斯——她愚蠢地用青铜武器杀死了他。"② 菲莱库代斯对这个故事做了补充，故事中加入了仄托斯的弟弟，底比斯的安菲翁（Amphion）以及他的妻子尼俄伯（Niobe）。③ 来库古的妻子埃冬（Aedon）因为嫉妒尼俄伯比她的孩子多而心生杀念。一天晚上，她拿起武器杀了她的一个侄子，但是在黑暗中她击中了自己唯一的一个孩子。事后她的灵魂飞走并化身为一只鸟，这只鸟就是以她的名字命名的——埃冬，也就是"夜莺"。

在夜莺的神话中加上燕子使得这个神话中的人物性格更加多变、人物关系更加复杂，并成为雅典的经典版本④，据说是希腊诗人赫西俄德的作品

① Roscher, *RML* I 85；Höfer, *RML* Ⅲ 2344-2348, Ⅴ 371-76；*PR* Ⅱ 154-62；Sophocles, *Fragments*, ed. L. Pearson Ⅱ（1917：221-238）；瓶画参考 Brommer（1960：372）。

② Od. 19.518-523.

③ *FGrHist* 3 F 124.

④ Fr. 312 M.-W. = Ael. *v.h.* 12.20.

Ornithomantia 的一部分。早在公元前 7 世纪，特莫斯（Thermos）神庙的壁画上就描绘了埃冬和切利多（Chelidon），以及他们的孩子伊提勒斯。① 赫西俄德和萨福（Sappho）认为燕子是潘狄翁（Pandion）的女儿②，许多诗人把夜莺叫作多利亚斯（Daulis），这一点修昔底德做过验证。③ 索福克勒斯的作品《忒瑞俄斯》（*Tereus*），并没有进行过多改动。④ 忒瑞俄斯是多利斯的国王，血统上是色雷斯人，并且娶了阿提卡国王潘狄翁的女儿普洛克涅（Procne），这个宿命般的故事从一个少女的悲剧和国王的罪行开始。普洛克涅纯洁的妹妹菲罗墨拉（Philomela）遭到国王忒瑞俄斯的控制和奸污，忒瑞俄斯为了保守秘密又将她的舌头割掉然后将她囚禁在一个偏僻的农场里。⑤ 菲罗墨拉将她不幸的遭遇编织到了一件锦衣上。这件锦衣织完后，菲罗墨拉想方设法将它带给了姐姐。就这样，普洛克涅知道了这件事情后领导了一场女性起义，普洛克涅与她受尽侮辱的妹妹团聚了。然而，国王忒瑞俄斯并没有因此受到大的影响，真正的受害者是他的儿子伊提勒斯（一般的版本叫伊提斯），他被分尸了，尸体被煮的煮，烤的烤，然后呈给他父亲当晚餐。当忒瑞俄斯知道了这件事后，他提着双刃斧将他妻子也就是姐姐普洛克涅杀了。至此，这个故事开始转向鸟的主题，普洛克涅变成了一只哀伤的夜莺，她妹妹由于舌头断掉了只能吱吱叫，变成了燕子。而拿斧子的忒瑞俄斯变成了"埃普斯"，这是一种可以像啄木鸟一样将木头啄裂的鸟⑥，常常被误译为戴胜鸟。

　　与阿格里阿尼亚节上的仪式相似，在这个神话故事中，飞去和追逐只是演绎出来的。事实上，这个神话植根于狄俄尼索斯主题：奥维德描述的女性在夜晚起义是以庆祝狄俄尼索斯的死亡为借口的。普洛克涅以一个女祭司的身份与菲罗墨拉发生关联。⑦ 详细说明的话，这顿可怕的膳食与酒神

---

① Schefold（1964：33-34）.

② *Hes. Erga* 568；Sappho 135 L P.

③ Thuk.2.29.

④ Fr. 581-595 Pearson；Aisch. *Hik.* 60-68；fr. 609 Mette；Apollod. 3.193-195；Hyg. *Fab.*

⑤ "在那些田附近"，Apollod. 3.194；"（在）不设防的村镇里他设置了某种岗哨，安顿下来"。

⑥ D'Arcy Thompson, *Glossary of Greek Birds*（1936：95-100）.

⑦ 猜测"（预兆之）鸟产生于秘仪之中" Aristoph. av. 16。

祭祀是一致的，肉是半烤半煮的。①这正是泰坦神杀死狄俄尼索斯后对他采取的做法。因此，狄俄尼索斯 – 俄耳甫斯教是不允许对煮过的东西进行烘烤的。同样的主题也伴随着吕卡翁、堤厄斯忒斯以及哈尔帕格斯的难以言说的祭祀。

这个神话在很多地方流传开来，在米利都（Miletus）的是潘达雷奥斯，在底比斯的是仄托斯，在多利斯的是忒瑞俄斯，因此很难准确地将神话和它的仪式对应起来。但是传统更偏向于认同是在多利斯。帕萨尼亚斯也想方设法让我们认定多利斯是这顿可怕的膳食的发生地。②他通过参考鸟类学的奇迹发现，燕子不在多利斯筑巢，这刚好和当地的传统一致。而且，他还做了补充，他认为这顿膳食是人们之前相互残杀的开端，将多利斯人的膳食上升到原罪的地位，也是第一顿肉餐。这种说法和其他很多神话版本形成对抗，比如阿提卡的杀牛节、吕卡翁和坦塔罗斯，很多版本认为阿耳戈斯被杀是第一起谋杀，当然这也可能反映了多利斯人的说法。而且，帕萨尼亚斯提到③在多利斯的一个雅典娜神庙，最古老的祭祀神像就是普洛克涅从雅典带过去的。皇后普洛克涅在多利斯是雅典娜的一个女祭司，正如雅典的皇后普拉克西特亚（Praxithea）一样。菲罗墨拉织锦衣发生在雅典娜·埃尔贡的统治范围内，明亚德斯姐妹也曾经对这个地方忠心耿耿地付出过。阿里赫霍洛伊（Arrhephoroi）组织的成员也织过锦衣，她们与卫城巨蟒遭遇的结局和菲罗墨拉不多。

通过与潘狄翁国王家族的联系，忒瑞俄斯也与雅典有了联系。④人们都承认，他们对阿提卡的节日即潘狄亚节的信息几乎一无所知，只知道其紧随伟大的酒神节之后。⑤这也许只是个巧合，但被证实的是，在10月的第五天⑥有对戴胜鸟的祭祀，这一点证明了潘狄翁与忒瑞俄斯崇拜与墨伽拉之间的关联，并且帕萨尼亚斯给我们提供了更详细的信息。在墨

① 根据祖先习惯祭祀，参考第 2 章第 1 节注释。

② 10.4.8；Strabo 9 p.423；*Et. M.* 250.1；Steph. Byz；Apollod. 3.195.

③ 10.4.9.

④ 在雅典卫城有雕刻家阿尔卡姆内斯（Alkamenes）制作的普洛克涅和伊提斯的雕像，Paus. 1.24.3. G.P. Stevens, *Hesperia*（1946）。

⑤ Deubner（1932：176）.

⑥ 埃尔基亚（Erchia）的祭祀日历参考 *LS* 18-20；E 12.

伽拉，潘狄翁是一个被崇拜对象，有关于他的纪念物①。墨伽拉也有忒瑞俄斯的墓，与一个奇怪的祭祀仪式有关。"每年，当地人都用鹅卵石来祭奠他，而不是麦谷类的食物。"②至于这个仪式怎么举行，哪些动物会被祭祀，我们不得而知。但有一点是清楚的：显然这是无害的，是一个象征性的石刑仪式，表明罪恶已经发生并被赦免。通过象征性地用石头惩罚赫尔墨斯，诸神从杀害阿耳戈斯的罪恶中解脱出来。在墨伽拉情况也相似，忒瑞俄斯和祭祀有一种说不清的联系，在神话中，这种祭祀被看作杀戮和吃肉的原罪。

在特内多斯岛（Tenedos），要用新生的牛犊来为人类的毁灭者狄俄尼索斯祭祀，在祭祀前，为了让它与神的悲剧有更紧密的联系，牛犊的脚要上套，然后用神圣的双刃斧将它杀掉。然而，这只用来祭祀的牛犊逃到了河里，参与者对它穷追不舍，并向它扔石头，以此让他们的罪行得到净化。③对于普鲁塔克来说，狄俄尼索斯·奥墨斯特斯（Dionysos Omestes）和狄俄尼索斯·阿格里昂尼斯（Dionysos Agrionios）的情况一样④，这样，类似的仪式就告一段落了。

根据神话，忒瑞俄斯是色雷斯人。在希腊人看来，这个名字的含义变得很清晰了：厄普斯（Epops），意为监督者，必定是鸟类的名字，但是它和其他像厄普佩特斯（Epopetes）和厄布波斯（Epopeus）等相似的形式是无法区分开的。所有这些都是宙斯⑤的绰号，代表宇宙之神或天空之神。在埃尔基亚，献给宙斯·埃普佩特斯的供品和给埃普斯的是完全一样的。因此，从名字这个角度而言，忒瑞俄斯和百眼巨人是同一个意思。甚至，忒瑞俄斯这个名字从一开始听起来就像希腊的发音，以至于它能被翻译或改述为埃普斯。他监视菲罗墨拉就像阿耳戈斯监视伊娥。虽然忒瑞俄斯掌控着权力，但是像阿耳戈斯一样，他注定要成为起义和死亡的牺牲品。没有

---

① Paus. 1.5.3，39.4，41.6；参考第 1 章第 7 节注释；参考第 3 章第 6 节注释。

② Paus. 1.48.8-9；参考第 1 章第 1 节注释；Strabo 9 p.423。

③ Ael. *Nat. an.* 12.34；Nilsson(1906：308-309；1955：156)；Cook I(1914：659)；II(1924：654-673)。

④ Plut. *Anton.* 24.5。

⑤ *PR* I 117.2；Schol. Aristoph. *Av.* 102；*Et. M.* 757.45。

羊毛就没有办法织锦衣。另外，伊提勒斯这个更古老的名字的形式和希腊的"vitulus"（羊羔）、公牛这两个词已经有了联系，也正是希腊的公牛使意大利得名。伊提勒斯这个名字可能也暗示了用来祭祀的无法形容的动物，即牛-羊羔。无可否认，如果真是这样的话，关于非希腊语言奠定了神话的基础这种说法就无法弄清了。[①]

我们已经明白阿格里阿尼亚节的仪式是如何与雅典和阿尔戈斯这些城市的新年节奏对应的。普罗托斯女儿的神话正如夜莺的神话，狄俄尼索斯的因素只出现在后来的版本中。我们可以理解为狄俄尼索斯崇拜出现在公元前7世纪，它沿袭了古老仪式的步伐。我们可以看到，当下，私人团体、家族取代了作为整体的团体，正如羊羔代替了公牛进行献祭，说明私人团体更容易负担一些小的祭品。虽然都市的节日似乎更古老，但这也有了另一种可能性，那就是宗教社会也让前都市时期的氏族传统得到了延续。

即使在固定框架下，我们认为使狄俄尼索斯与众不同的仍是他的狂热。当然，他个人狂喜的体验与醉酒是无法区分的。这发生在献祭仪式上，那个时代正是转型期，正常的秩序颠倒了，出现了严重的裂痕。此时，神希望重新建立社会秩序，所以该他出面了。[②]这还是与祭祀有关系，点燃狂热是第一步，然后作为他自己的经历。

神话中反复强调，在私人领域，婚姻是被颠覆的主要的社会秩序。因为对她们丈夫的忠贞，明亚德斯姐妹不愿追随酒神的祭拜者。[③]夜莺埃冬由于夸口说她的婚姻生活幸福，而激怒了诸神之后赫拉。[④]一旦大家认为社会秩序稳定了，它就肯定会被一种更高的权力破坏，变成它的对立面。酒神狄俄尼索斯为我们呈现了一个家庭的两个方面，妻子照顾家人，而酒神狂女则在荒野中游荡；妻子穿着朴素，酒神的暴民却胡言乱语、穿着裸露、淫荡无耻；妻子勤劳麻利，织布缝衣，狄俄尼索斯则恐吓妇女和少女"让

① Philochoros，*FGrHist* 328 F 10.

② M. Pallottino，*Testimonia linguae Etruscae*（1954：839）；M. Leumann，*Glotta* 27（1938：90）.

③ D. Sabbatucci，*Saggio sul misticismo greco*（1965：55-68），同时区分了被视为疾病的占有和被视为救赎的"神秘"占有。

④ Ael. v.h. 3.42；在雅典，狄俄尼索斯和赫拉的祭司都不被允许互相沟通，参考 Plut. fr. 157 Sandbach；*Q. Rom.* 291a。

她们远离织布机和纺锤"。妻子要爱她的丈夫，相夫教子，而在阿格里阿尼亚，一个母亲在晚上将她的孩子杀掉只是为了报复丈夫。仇恨和谋杀统治着夜晚，使白天所隐藏的情绪暴露无遗。正是通过这种方式，疯狂的行为导致了一场净化。"疯狂拯救了一个处于疯狂中的人，使他脱离困境。"①如果赫拉和狄俄尼索斯变成敌人，他们也会相互牵制。少女的悲剧为一场婚姻准备了条件，提供了前提。根据传说，在希俄斯岛（Chios）酒神节上发生的男人和女人之间的斗争最终以缔结一桩婚姻收尾，正是在这桩婚姻中，最著名的希俄斯人荷马出生了。②在庞贝古城的达米斯泰利别墅里，节庆用的房间一般都紧挨着婚房。③

五 安提俄珀和厄布波斯

在西居昂，神话中的国王厄布波斯被当成英雄崇拜，他的名字会很明显地让人们想到厄普斯和宙斯·厄普佩特斯。厄布波斯葬在雅典娜圣区，他的墓穴旁边是女神的祭坛④，这种女神崇拜和英雄墓穴的结合让人们回忆起了阿提卡半岛的雅典娜和厄瑞克透斯的关系。被杀的老国王位于凯旋而归的奥林匹斯山的女神旁边，安抚死者的行为和奥林匹斯山的火祭结合在了一起。厄瑞克透斯与波塞冬几乎一模一样。然而在神话中，西居昂的厄布波斯实际上是宙斯的替身。这也证实了这一系列人物的统一：厄普斯、厄普西奥斯、厄普佩特斯、厄布波斯。⑤

然而，在普通的版本中，因为厄布波斯和安提俄珀（Antiope）的婚姻，西居昂和皮奥夏这两个地方才被联系在一起。因为安提俄珀是皮奥夏的赫里亚（Hyria）国国王的女儿，他的两个儿子仄托斯和安菲翁建了底比

---

① Plat. *Phdr*. 244e.

② "荷马后裔"，希俄斯岛上的诗人行会，Nilsson（1906：306）未提及……希俄斯的妇女们在狄俄尼索斯节上疯了，和男人们进入战争状态，彼此交换了信物，停止做新郎和新娘们做的事。

③ 参考第 3 章第 1 节注释。

④ Paus. 2.11.1，6.3；P. Odelberg, *Sacra Corinthia Sicyonia Phliasia*（Uppsala，1896：185）；H. Skalet, *Ancient Sikyon*（1928：173）.

⑤ 参考第 3 章第 4 节注释。

斯城墙。① 这是不是表明了赫里亚 – 底比斯和西居昂的历史联系？是不是史诗作者根据他们的幻想将这些故事和名字结合在了一起？到底是什么情况我们不得而知。根据最古老的资料，皮奥夏和西居昂是没有联系的。因此，在《奥德赛》的中《冥府卷》（Nekyia）② 的女性目录中，安提俄珀是埃斯普斯（Asopos）的女儿，而埃斯普斯是宙斯的妻子，是仄托斯和安菲翁的母亲，她有纯正的皮奥夏血统。《塞浦路亚》（Cypria）③ 的题外话告诉人们"厄布波斯因为引诱了吕科斯（Lykos）的女儿而在战场上失去了城池"，但是甚至没有任何片段提到这个女孩的名字。相反，在赫西俄德的《神谱》中，安提俄珀连同欧里庇得斯的戏剧一起形成了阿波罗多罗斯的总结。④ 在此，根据 6 世纪诗人阿西奥斯（Asios）⑤ 所说，埃斯普斯的女儿安提俄珀生下了仄托斯和安菲翁，他们的父亲可能是宙斯或人民的领头人厄布波斯。欧里庇得斯的悲剧诗歌是酒神氛围对安提俄珀神话产生影响的首要来源，并且可能是作者为纪念悲剧之神创作出来的。

虽然故事的层次有点复杂，但是它相似的基本结构是完整和清晰的。开始是一个少女的悲剧：宙斯使安提俄珀失去了童贞，然后安提俄珀嫁给了西居昂的厄布波斯。在狄俄尼索斯的版本中，宙斯独自出现在基塞龙山，化身为森林之神。⑥现实主义史诗把厄布波斯刻画成一个没有侍从的引诱者。不管是引诱者还是救世主，他还是因为犯的错改变了自己的命运。安提俄珀的亲人，不管是她的父亲来库古，还是尼克透斯（Nykteus），或者她的叔叔吕科斯⑦，他们进攻了西居昂并占领了它。厄布波斯倒下了，安提俄珀

① *PR* II 114-119；Cook I（1914：734-739）.

② Od. 11.260-265；关于底比斯是如何建立的有两个版本，一种说法是仄托斯和安菲翁建立的，另一种说法是卡德斯建立的，这两种说法以两种不同的方式被调和，参考 Pherekydes, *FGrHist* 3 F 41；Apollod. 3.40；F. Vian, Les origines de Thèbes（1963：69-75）.

③ Prokl. *Chrest*. p.103. 20 Allen.

④ Hes. fr. 181-182；Eur. *Antiope*；H. v. Arnim, *Supplementum Euripideum*（1913：9-22）；Apollod. 3.41-44；Hyg. *Fab*. 8；Schol. Apoll. Rhod. 4.1090；Kelchkrater, Berlin F 3296, *RML* II 2186, Trendall（1967：203），灵感来自欧里庇得斯；希腊化的救济杯参考 U. Hausmann, *AM* 73（1958：50-72）.

⑤ Fr. 1 Kinkel=Paus. 2.6.40.

⑥ Schol. Ap. Rh. 4. 1090；Ov. *Met*. 6.110.

⑦ 安提俄珀的父亲在《塞浦路亚》中，被叫作来库古，在欧里庇得斯的作品中叫尼克透斯，后者将吕科斯塑造成权力空白期的暴君。

落到了拥有权力的残暴者手中，她悄悄地生下了双胞胎兄弟之后却暴露了，最后留给她的只有奴役、屈辱和虐待。在故事中，安提俄珀被一个女巫般的继母王后狄耳刻（Dirke）控制了，在酒神的语境中，狄耳刻是最初的暴怒的女人①，她的职责就是让那些涉世未深的女性经历磨难。安提俄珀的故事最后以戏剧性的角色转换结束：狄耳刻想用野公牛谋杀她，但是仄托斯和安菲翁已经成长为青年，他们闯进农场，将狄耳刻拴在公牛身上，狄耳刻被拖拽至死。吕科斯退位之后，这对双胞胎兄弟掌管了大权，修建了底比斯城墙。②

在阿格里阿尼亚神话中，少女和妇女们团结起来反抗男性，普罗托斯的女儿和阿尔戈斯的妇女们一起，菲罗墨拉和普洛克涅一起，这些狂野的女性在狄耳刻的带领下，将进攻的矛头指向了一个年轻的女孩——奴隶。在仪式上也有类似的事情发生。一些妇女带领着一个奴隶进入玛图塔圣母（Mater Matuta）的圣殿，"用拳头揍她，用棒子打她"③。我们也能看到在秘密房子中用棒子殴打他人的描述。以这种方式，一个年轻的女人加入了成年妇女的队伍中。安提俄珀神话记载的这种虐待行为可能是一个开端，发生在一个特殊的时期。尼克透斯和吕科斯手握大权，他们是夜行者，是残忍之人，但是在吕科斯掌权时，狄耳刻同样积极行动，是个危险的人物。她想统治女人和巫师的目的导致了一个城市的建立和统治者的更替。宙斯的儿子们被称为骑白马的人④，他们的反对者是公牛，是过渡期间最后的牺牲者的代理人。向新时期的转换是以公牛和马的相互抗争为标志的。

皮奥夏人普鲁塔克的短暂评论给了我们一些启示，让我们知道年轻好战的骑手与底比斯城训练有素的军队有多匹配。据皮奥夏人普鲁塔克说，"没有在军队里当过骑兵的底比斯人对狄耳刻一无所知。因为复员的骑兵要独立带着他的继任者，在夜晚去参观坟墓，当他们完成没有火的祭祀后，

---

① Hyg. *Fab.* 7 *baccha fuerat*；Paus. 9.17.6.

② 欧里庇得斯式戏剧的最后一幕，Flinder Petrie 1=P. 21 Von Arnim。

③ Plut. *Q. Rom.* 267d；参考第 3 章第 4 节注释。

④ *PPetr*. 1.71. P. 22 V. Arnim.

会将留下的痕迹掩盖和消除掉，然后在夜晚分开并返回之前的地方"。① 在
狄耳刻坟墓前进行的秘密祭祀是老骑兵将他们的职位传给继任者的活动。
但是被掩盖的事实终有一天会暴露，然后会出现流血事件，出现动物被撕
扯和掩埋的事件。这种夜间杀戮重复了被称为"骑白马的人"夺权的过程
和方式。

有关这一过渡时期的仪式，除了可能有一些残留仪式后来成了巫术
之外，其他我们一无所知。希腊旅行家帕萨尼亚斯提到在底比斯城前安菲
翁和仄托斯的墓是一个不太大的坟堆，是由一下很难搬得动的石头围起来
的。② 每到夏初，当太阳进入金牛座时，托列阿（Tithorea）人就会试图从
这个坟堆上偷土回去。为了防止这种事情发生，底比斯人会派人守护这个
地方，因为据说这些土壤在这两地都属于沃土。因此，外来的托列阿人和
本地的底比斯人，即强盗和守卫者必定会在晚上，在传说中骑兵进行秘密
祭祀的坟前，以公牛为标识起争执。很难说这点和骑兵在狄耳刻的墓前就
职这种夜间仪式没有关系。而且，在利姆诺斯岛掘土也极有可能是复兴节
日的一部分。③ 在雅典，Skirophoria 节似乎也涉及携带白土的风俗。然而，
这些联系没有一个最终被证实。

在西居昂，狂热祭祀的情况可能更为人所知。厄布波斯用尽心血建立
了雅典娜神庙，这个拥有辉煌祭仪的神庙不论是规模还是装饰④ 都远超其
他神庙。勇猛的西居昂人从武装的女神身上看到了自己的影子。靠近雅典
娜圣坛的是创立者厄布波斯的墓。⑤ 除了胜利和不朽，还有危险和死亡。
通过强调国王的死亡、避开邪恶到庆祝雅典娜胜利的献祭等一系列事件，
这个祭仪都发挥了它更新生命和强化生命力的功能。与雅典的对照，包括
厄瑞克透斯和雅典娜·帕拉斯的节日做对照，在分析中得到了证实。然
而，在雅典，神话将一个形象变成死去的国王厄瑞克透斯和厄里克托尼俄
斯：泛雅典娜节的创立者，西居昂的神话更加复杂，兼顾了厄布波斯一生

① 参考第 3 章第 7 节注释。

② 9.17.4-7；J.G. Frazer, *Pausanias* V（1898：57）；Cook Ⅰ（1914：736）.

③ Burkert（1970：10）；参考第 3 章第 6 节注释，第 3 章第 1 节注释。

④ Paus. 2.11.1；一枚西居昂的雅典娜硬币参考 Imhoof-Blumer（1885：31）。

⑤ Paus. 2.11.1.

中的两个阶段，他先是受了致命伤，然后庆祝自己的胜利，之后又重伤而死①，随之厄布波斯就成了献祭者和祭仪的创始者。

在西居昂的阿佛洛狄忒神庙有一个安提俄珀神像②，这个神庙很重要，古典时期，人们曾专门用黄金和象牙为这个神庙制作了一尊女神像。而且这个神庙只有一个上了年纪的女祭司和每年选一次的少女来当职，这个少女还被授予 Lutrophoros 头衔。这些能让人想到奥林匹斯山的宙斯·索西波利斯（Zeus Sosipolis）的祭仪③，安提俄珀的神像表明，在西居昂，安提俄珀／阿佛洛狄忒和厄布波斯／雅典娜之间是相似的对立存在，反映了女性与男性领域的对抗。男人们依靠牺牲，为好战女神建立秩序，这显然离不开阿佛洛狄忒不断创造新生命的力量。处女职责的结束、特殊时期的到来、国王的死亡，这些都是年轻一代赢得权力的条件。

六　利姆诺斯岛女性

就像在琉科忒亚的形象以及斯基拉节中，死亡神话越过了希腊的边界，而最著名的女性起义神话将我们带回了一个城市，在利姆诺斯岛的赫菲斯提亚（Hephaestia），即赫菲斯托斯和卡比里神的城市中，直到公元前 6 世纪前希腊人口及文化都保持独立，并在祭祀中持续了更长时间。希腊人称这里的居民为逖圣人（Tyrsenoi）。他们所说的和所写的是一种未知的语言，大概属于安那托利亚语种。即使他们败于马拉松战役的指挥官米提亚德（Miltiades）之手并被阿提卡驻屯军殖民，其文化的连续性也没有被打破。④

---

① Paus. 2.6.3；西居昂是厄瑞克透斯的儿子，Hes. fr. 224，但在另一个谱系里，他是厄波布斯的侄子（Paus. 2.6.5）。

② Paus. 2.10.4.

③ 参考第 2 章第 2 节注释。

④ 关于利姆诺斯岛的历史参考 C. Fredrich, *AM* 31（1906：60-86, 241-255）；F.L. W. Sealey, *BSA* 23（1918/19：148-174）；C. Fredrich, *IG* XII 8, 2-6；*RE* XII 1928-1930；在意大利的发掘揭示了重要的新信息，参考早期报道 *ASAA*, 15/16（1932/33），但在 1939 年中断了；*EAA* III 230-231, IV 542-545；雅典人的征服参考 Hdt. 6. 137-140；Philochoros, *FGrHist* 328 F 100/101.

"在所有的有名的邪恶力量中，利姆诺斯岛名列第一。"埃斯库罗斯在《奠酒人》（*Choephoroi*）中是这样唱的。① 杀人的利姆诺斯岛女人的故事早已通过阿尔戈英雄的传奇故事而为人所知。它起始于一种特有的模式——通奸，只是这一次整个男性群体都受到了牵连。阿佛洛狄忒——取代婚姻女神赫拉——的愤怒降临于女人，让她们产生一种令人厌恶的体味，从而使男人远离她们。② 男人们反过来开始与没有受到女神的怒火影响的色雷斯女奴交往。然后，女人们策划了一场阴谋——在夜间起义，推翻男人。在一个血腥的夜晚，她们杀害了岛上所有的男性，包括丈夫、父亲甚至儿子③，这一行动比普洛克涅还要激进。此后，这个岛就只属于女性，她们像阿玛宗人一样统治着这个岛。当然，这只是一个过渡，一个中间时期。

只有一个男人有着截然不同的命运，事实上他代表了父权社会，他就是托阿斯。他被女儿许普西皮勒（Hypsipyle）所救，她将他藏在一个木制的棺材样子的箱子里，许普西皮勒自己，或者在那些试图揭发她的秘密的人的帮助下——将箱子推进了海里。④ 古罗马诗人瓦莱里乌斯·弗拉库斯（Valerius Flaccus）详细描述了国王最先被藏在狄俄尼索斯神庙中神的长袍下面，然后戴着神的面具在许普西皮勒的指引下被领到海上。⑤ 很难说这个故事在多大程度上反映了更古老的地方习俗，但早在欧里庇得斯的时代，

① *Cho.* 631；*PR* II 849-859；关于重建古代阿尔戈英雄神话参考 P. Friedlaender；RhM 69（1914），299-317 = *Studien zur antiken Literatur und Kunst*（1969：19-34）；K. Meuli，*Odyssee und Argonautika*（1921）；U. v. Wilamowitz-Moellendorff, *Hellenistische Dichtung* II（1924：232-248）；与节日相关的神话参考 F. G. Welcker, Die *aeschylische Trilogie Prometheus und die Kabirenweihe zu Lemnos*（1824：155-304）；G. Dumezil, *Le crime des Lemniennes*（1924）；Burkert（1970）。

② Kaukalos ？*FGrHist* 38.2；Apollod. 1.114；Schol. Apoll. Rhod. 1.609；Schol. Eur. *Hek.* 887；Zenob. Ath. 1.19 p. 351 Miller；Eust. 158.17；Dion. Or. 33.50；参考本节注释。

③ Apoll. Rhod. 1.618；所有人，连同父亲和孩子，参考 Apollod. 1.115；细节描述参考 Stat. *Theb.* 5.85-334；Val. Flacc. *Arg.* 2.107-427。

④ Apoll. Rhod. 1.620-26；Theolytos，*FGrHist* 478 F 3，Xenagoras，*FGrHist* 240 F 31；Schol. Apoll. Rhod. 1.623/63；Eur. *Hypsipyle* fr. 64，74-87，105-111 Bond（1963）；Schol. Pind. Ⅲ p. 2.8-13 Drachmann；*RV*² 409.43，见 G. M. A. Richter, *The Furniture of the Greeks, Etruscans and Romans*（1966：385）；这里不是进一步讨论方舟的广泛主题（Danae, Auge, Tennes, Osiris）的地方。

⑤ *Arg.* 2. 242-302；Immisch，*RML V* 806。

托阿斯就与狄俄尼索斯联系在了一起——确实，他是神之子。① 奇怪的是，奥西里斯之死被准确无误地以同样的方式讲述：恶神赛特（Seth）将奥西里斯锁在一个陶棺中推入尼罗河之后他漂流在海上。② 直到公元前 5 世纪，希腊人一直认为奥西里斯和狄俄尼索斯是同一个人。神圣的或者是邪恶的东西都神秘地消失在浩瀚的大海中。

由于国王消失在海里，新生命也从海上回到了利姆诺斯岛。一个夜晚，聚集了希腊最英勇的男人的阿尔戈英雄之船，也是生命之船，出现在利姆诺斯岛的海岸。③ 它的到来让阿玛宗人不再厌恶男性。根据埃斯库罗斯的讲述，她们甚至在船着陆前就让阿尔戈英雄们发誓帮助她们复兴阿佛洛狄忒的事业。④ 而且，为了考验活着的继承者的力量，利姆诺斯岛举行了一场纪念死者的竞赛。利姆诺斯岛的女人为获胜者提供奖品——一件斗篷。⑤ 这件衣服与婚姻，更准确地说，是与一种无组织的婚礼的混乱庆祝活动有关，它结束了两性相互厌恶和男性缺席的时代。我们已经在《伊利亚特》中听说过尤尼斯（Euneos），他是 "好船" 之王，也是利姆诺斯岛的统治者伊阿宋（Jason）和许普西皮勒的儿子。⑥

再次，因为地点的巧合我们知道了在古代后期每年有一次庆祝仪式，主要因为 "利姆诺斯岛女人要偿还对男人犯下的罪恶"，这是个涤罪和新火出现的节日。神话讲述了仪式的内容并反映了这个节日的细节。利姆诺斯岛的斐罗斯屈拉特（Philostratos）以亲历者的视角为我们提供了细节，在赫菲斯提亚，他自己或者一个近亲是 "赫菲斯托斯的祭司，城市也以此命名"——"在一年的某个时间利姆诺斯岛要被净化，岛上的火要熄灭九天。一艘神圣的船将火从提洛岛运来，如果船在献祭仪式结束前到达的话，是不能在利姆诺斯岛停靠的，根据神圣的习俗，在它被允许入港前，它只能

---

① *Hypsipyle* fr. 64.111；*AP* 3.10.

② Plut. *Is.* 356C. Osiris = Dionysos in Hdt. 2.42.

③ Apoll. Rhod. 1.630-652；Stat. *Theb.* 5. 335-547.

④ Fr. 40 Mette；Pind. *Pyth.* 4.254；Herodoros, *FGrHist* 31 F 6；Aristoph. fr. 356-375；Nikochares fr. 11-14（*CAF* I 772）；Antiphanes fr. 144-45（*CAF* II 70）；Alexis fr. 134（*CAF* II 345）；Diphilos fr. 54（*CAF* II 558）；Turpilius 90-99 Ribbeck.

⑤ Simonides 547；Find. *Pyth.* 4.253；Apoll. Rhod. 2.30-32, 3, 1204-1206, 4.423-434.

⑥ *Il.* 23. 747；21.41, 7.468-469, 14.230；参考本节注释。

漂泊在远海上。因为这一次他们召唤了地下的秘密之神，从而让火在海上保持纯净。但是当神圣之船入港并将火分发给需要生命必需品的，尤其是那些需要火的船只之后，他们说，从此新生活开始了。"①

　　这是关于解散和特别时期最清晰、最令人印象深刻的描述，在这个时期正常的生活几乎走向终结：没有火，没有正常的食物，没有对神的祭祀，没有火葬；面包师和铁匠们放下了他们的工具，家庭破裂。希腊化时代的历史学家米尔西洛斯（Myrsilus）声称美狄亚出于对许普西皮勒的嫉妒而降咒于利姆诺斯岛女性，"直到现在，每年的某一天妇女们都要远离她们的丈夫和儿子，因为她们身上散发着令人厌恶的体味"②。导致婚姻破裂的不可思议的臭味每年都会定期出现；神话中最怪诞的特性变成了事实。这显然是属于那个特殊时期的仪式。我们可以想象那样的气味是怎样通过转向阿提卡的斯基拉节而出现：在那里，女人们聚在一起吃大蒜，原因是女人们"为了不闻到药膏的味道"③。无论利姆诺斯岛的女人做什么都会产生相同的影响④，她们厌恶男人并赶走他们，妻子赶走丈夫，母亲赶走儿子。在神话中，这被提到因憎恨而杀人的程度，也使两性分离的日子变成了母权制的过渡期。

　　这将利姆诺斯岛的节日与斯基拉节联系在一起；托阿斯神话所暗示的内涵被希腊的仪式所证实——也就是国王的离开。⑤诚然，通往斯基戎的道路没有利姆诺斯岛的棺材状箱子那样更具戏剧性。我们不知道利姆诺斯岛上到底发生了什么，但是提洛岛酒神节⑥的阳具为我们提供了另一条可能的提示，在酒神节，国王的消失以一种仪式的方式来演出。在任何情况下，没有火的祭祀显然是特殊时期利姆诺斯岛生活的一部分，因此人们最多只能吃生肉，而把剩下的埋掉或者扔进海里。地下力量似乎正从祭祀坑中升

---

① *Her.* p.232……关于有歧义的段落"且在一年中的某一天"（的解读），与 A. Wilhelm 不一致（"落在第九年"……），参考 Burkert（1970：3）：在一年中的某一天这个适当时候（?），Plut. *Is.* 380d（= Manetho，*FGrHist* 609 F 22）；Nilsson（1906：470-471），赫菲斯托斯的祭司叫斐罗斯屈拉特参考 *IG* XII 8.27。

② *FGrHist* 477 F1.

③ Philoohoros，*FGrHist* 328 F89：参考第 3 章第 1 节注释。

④ Schol. Hik. *Alex.* 410.

⑤ 参考第 3 章第 1 节注释。

⑥ 参考第 1 章第 7 节注释。

起，血流入的力量占据了整个岛屿。一只踱步的公羊经常被描画在赫菲斯提亚的硬币上[①]；或许可以假设公羊祭祀构成了城市主要节日的一部分。人们也将公羊献祭给厄瑞斯透斯。[②]

在赫菲斯托斯掉落在大地上的地方——摩西克勒斯（Mosychlos）山，由阿耳忒弥斯的女祭司表演的挖掘神圣的"利姆诺斯之土"，在利姆诺斯岛有着特别的地位。"利姆诺斯之土"，一种偏红色的黏土石板，上有山羊的图画，人们认为其具有治疗疾病的功能。直到 20 世纪的近东也是这样认为的。[③] 盖伦（Gafen）曾亲自前往利姆诺斯岛观察"利姆诺斯之土"的开采情况。[④] 在现代，这样的仪式是在 8 月 28 日，在当地祭司的监督下进行。著名雕塑家狄奥斯库里德斯（Dioskourides）提到了在这种场合下的山羊祭祀[⑤]，但是在盖伦的时代，利姆诺斯岛人已经与这种行为没有关系了。挖掘赫菲斯托斯山与赫菲斯托斯之城的火节之间有所联系是无可争议的。阿耳忒弥斯的女祭司取代赫菲斯托斯参与，表明了神的不在场，在过渡时期秘密的力量被召唤了起来。节日是在 8 月，几乎是与阿提卡的斯基拉节同时，甚至斯基拉这个名字也代表了一种可以携带的特殊白色土壤。

当过渡时期结束，男人们拥挤在海岸边守望着带来新生命、新的纯净之火的船：就这样，赫菲斯托斯回到了他的城邦。因此，生命之船阿尔戈号为利姆诺斯岛带回了新生命。就像斐罗斯屈拉特强调的那样，首先是那些需要用火的工匠们——面包师和铁匠分享了新火。根据神话，赫菲斯托斯的孩子或孙子——卡比里就是工匠出身。他们的圣祠卡比翁（Cabirion）在离赫菲斯提亚不远的利姆诺斯岛被挖掘出来，其中体现出的从前希腊到希腊时代祭仪的连续性让人震惊。一群同修会聚集在这里进行秘密庆祝活动，而葡萄酒在这一场合发挥着重大作用。作为神话中铁匠的崇拜者，他们或许是一种男性团体，并成立了铁匠协会。根据神话，卡比里人惊恐于

---

① HN² 262-263；Cook Ⅲ（1940：233-234）；Hemberg（1950：161）.

② 参考第 3 章第 1 节注释。

③ C. Fredrich, *AM* 31（1960：72-74）；F. W. Hasluck, *BSA* 16（1909/10：220-230）；Cook Ⅲ（1940：228-234）.

④ XⅡ 169-175 Kühn.

⑤ 5. 113.

利姆诺斯岛女人恶劣的行径，而远离利姆诺斯岛。但是如果他们的教派要存活下去，当火被带回时，他们必须返回，也就是说，工匠们必须回到工作岗位上。狄俄斯库里兄弟（Dioskouroi）也是阿尔戈英雄的成员，作为伟大的神，他们屡次被比作卡比里，甚至被视作一体。①赫菲斯托斯、卡比里、狄俄斯库里兄弟以及奥德修斯——都戴尖顶圆帽子。阿尔戈英雄的首领是伊阿宋，得墨忒耳的丈夫，他的名字很难与伊阿西翁（Iasion）区分开来，伊阿西翁是萨莫色雷斯岛达尔达诺斯的哥哥。②阿尔戈英雄的目的是取回一只在太阳之地被秘密祭祀的公羊的金羊毛。正像负责阿尔戈英雄与利姆诺斯岛女人之间协商事宜的传令官叫埃塔利得斯（Aithalides）③——"乌黑的人"一样，作为赫菲斯托斯出生之岛，利姆诺斯岛又被叫作 Aithale。由此可以看出阿尔戈英雄传说的细节和利姆诺斯岛之间的紧密联系。从祭仪及前希腊的角度看，阿尔戈号是为卡比里人带来新火和新生命的船。根据品达的说法，白头发的埃尔尼诺斯（Erginos）赢得了利姆诺斯岛的竞赛，他曾是被别人嘲笑的"工人"④。尽管在希腊式的伪装中，这暗示了赫菲斯托斯在自己城邦的胜利，而在中世纪的复活节上，仪式性的笑声是必不可少的。⑤

　　尽管利姆诺斯人的节日与雅典、阿尔戈斯、底比斯还有西居昂相应的节日在死亡和再生的节奏上有相似处，但是还有细微的差异。在利姆诺斯岛，男性秩序不是由持盾者或白人骑士重建的——也就是说，不是由军队组织——而是由工匠社会重建的。或许这就是利姆诺斯人成为希腊人的原因。然而，从希腊贵族的角度来看，在底层社会中也有一些权力组织在起作用，甚至在希腊人当中引起共鸣，并在度过社会危机和城邦改革中发挥作用。除了前文提到的公羊，赫菲斯提亚的硬币上还刻有卡比里神戴的毡

① Akusilaos，*FGrHist* 2 F 20；Pherekydes，*FGrHist* 3 F 48；　见 *ASAA* 1/2（1939/40：223-224）；3/4（1941/43：75-105）；15/16（1952/54：317-340）；D. Levi，*Charisterion A.K. Orlandos* Ⅲ（Athens，1966：110-132）；Hemberg（1950：160-170）。

② 参考卡比里城邦伊阿索斯（Iasos）。

③ Apoll. Rhod. 1. 641-651；Pherekydes，*FGrHist* 3 F 109 = Schol. *ad loc*；Steph. Byz.

④ Pind. *Ol.* 4. 19-23；Schol. 32C；Kallim. fr. 668.

⑤ P. Sartori，*Sitte und Brauch* Ⅲ（1914：167）；Mannhardt（1875：502-508）；*GB* X 121-131.

帽、赫尔墨斯·埃塔利得斯的传令杖以及葡萄和葡萄藤。[1]从底比斯的卡比翁酒杯可出看出[2]，卡比里元素确实与酒神节联系紧密，甚至二者有很多重合之处，这也可以从利姆诺斯岛的神话中表现出来，托阿斯和狄俄尼索斯－奥西里斯确实密切相关。自科林斯的贵族政治让位于暴政开始，赫菲斯托斯在酒神节游行队伍中的回归就是古希腊瓶画最流行的主题之一。[3]莱斯沃斯岛（Lesbos）的抒情诗人阿尔凯乌斯将这一主题引进了文学，以一种典型的希腊风格呼应了非希腊的赫菲斯托斯岛的主题。

七 海豚的回归

一次又一次，从毁灭到新生都是从大海开始，或许很确定地是发生在利姆诺斯岛，但也有可能始于琉科忒亚跳入大海以及来库古对狄俄尼索斯的追随。希腊病因学作家甚至认为斯基拉节反映了忒修斯从克里特岛的离去。[4]理解这种联系对于那些靠海而居的人来说很容易：有那么多东西消失在浩瀚的大海中，一去不复返；大海也会恩赐很多东西，给人们带来意想不到的好处。对死亡的恐惧、对幸福的向往、失去和恢复，这些都是密切相关的。每当大海得到难以言说的祭祀，纯洁与天真就似乎得到了重建，而且会有相应的福报：大海是公正的，它接受并给予。大海的回归几乎总是伴随着最漂亮、最敏捷、最接近人类形象的海洋生物——海豚。

科林斯附近波塞冬圣地的地峡游戏尽管在重要性上仅居第四位，但仍取得了泛希腊的地位。[5]通常，宗教传说总是与琉科忒亚跃入大海相关联，而这涉及陪伴。在科林斯地峡，年轻的墨利克耳忒斯（Melikertes）的尸体是被一只海豚带上岸的。西西弗斯，科林斯的精明的创建人——也碰巧是

---

[1] 参考本节注释；已被 Welcker 提到过，*Aeschylische Trilogie*。

[2] P.Wolters, G. Bruns, *Das Kabirenheiligtum bei Theben*（1940）; *Neue deutsche Ausgrabungen*（1959: 237-248）; Hemberg（1950: 184-205）; G. Bruns, *AA*（1967: 228-273）.

[3] F. Brommer, *JdI* 52（1937: 198-212）; A. Seeberg, *JHS* 85（1965: 102-109）.

[4] 参考第 3 章第 1 节注释。

[5] K. Schneider, *RE* IX 2248-2455; *Hesperia* 22（1953: 182-195）; 24（1955: 110-141）; 27（1958: 1-37）; 28（1959: 298-343）; 31（1962: 1-25）; Roux（1958: 91-103）.

埋葬仪式的"发明者"——埋葬了一个叫帕莱蒙的死去的男孩，并创建了地峡游戏来纪念他。[①] 海豚上的小男孩是雕塑的常见主题，也出现在科林斯硬币上，作为地峡游戏的标志——有时是无力的死尸，有时是快乐的骑手。[②] 一个在自己的圣殿里被膜拜的帕莱蒙尼恩的英雄真的会死吗？

地峡圣所通常有两个祭祀中心：帕莱蒙教派中心与波塞冬教派中心，形成了鲜明的对比，英雄与神，地府与奥林匹斯山，圆形建筑物与神庙。可以肯定的是，帕萨尼亚斯看到的罗马帝国硬币上所描绘的帕莱蒙尼恩宫中的圆形建筑最早是在罗马时代建造的[③]，在此过程中，在旧的体育馆场址修建起了一座新的体育馆。因此，这里并不是以帕莱蒙的原始商业区而闻名。我们可以在品达的作品中寻找到帕莱蒙教派，至少可以追溯到病因学传说，而且很有可能它在诗人欧墨洛斯（Eumelos）的史诗中出现过。[④] 也许从一开始，一个简单的祭祀坑就足够了。

一头黑色的公牛在夜晚为献祭帕莱蒙而被屠杀了。对希腊历史学家普鲁塔克来说，这看上去更像一种入会仪式而非运动竞赛或民间节日。[⑤] 斐罗斯屈拉特提到过一种神秘的狂欢挽歌[⑥]，雅典雄辩家埃利乌斯·阿里斯提德（Aelius Aristides）也谈起过"入会"和"狂欢"，在此之前，还有"誓言"。[⑦] 帕萨尼亚斯认为帕莱蒙尼恩是订立神圣誓约的地点[⑧]；参赛者在比赛前很有可能在这里宣誓——比赛前几天在地窖里与帕莱蒙相遇。因此可以看到仪式的路径是一致的：从悲痛到获得生机，从死亡到建立生命秩序，从帕莱蒙祭祀坑到波塞冬祭坛。

---

① Pind. fr. 56；Arist. fr. 637；Prokles〔色诺克拉底（Xenokrates）的一个学生〕，Plut. Q. conv. 677b；Musaios，*FGrHist* 455；Aristid. Or. 6.32-35 Keil；Apollod. 3.29；Schol. Pind. Ⅲ 192-194 Drachmann；Schol. Eur. *Med.* 1284.

② Paus. 2.1.8, 3.4；硬币参考 Imhoof-Blumer（1885：10-12：T. B I-XIII）；Philostr. *Im*。

③ Paus. 2.2.1；Imhoof-Blumer（1885：T. B XI-XIII）；*Hesperia* 27（1958：15-17）；F. Robert，*Thymélè*（1939：156-159）；Roux（1958：100-102），fig. 11；*IG* IV 203；斐罗斯屈拉特（Ⅱ 362.27）让波塞冬为帕莱蒙挖掘了地下洞穴。

④ 参考本节注释。

⑤ 关于硬币上一头公牛走向帕莱蒙尼恩参考 Imhoof-Blumer（1885：pl. B. XI，XIII）；斐罗斯屈拉特提到一头牛属于波塞冬。

⑥ *Her*. Ⅱ 207. 21ed. Tuebn.（1871）= p.325 ed. Zürich（1844 = 1853²）.

⑦ Or. 46. 40 Keil.

⑧ 2.2.1.

海神主管着海路线与陆路线交汇的地方。海豚和死去的少年从海上来。神话让地峡游戏成为悲剧的终曲，而这场悲剧的可怕核心运动发生在阿塔玛斯的房子内和靠近麦加拉的摩鲁里亚悬崖。[①]在安提俄珀和厄布波斯的例子中，游吟诗人大概将各种各样的当地传统都结合起来了。这样的话，我们应该假设在科林斯地峡海岸上有一种难以言说的祭祀，海豚男孩的回归与此相对应。

　　事实上，在圣所下面的海滩上，紧挨着墨利克耳忒斯祭坛，有一棵云杉，它与西尼斯（Sinis）的故事有关，即"云杉弯曲者"——Pityokamptes[②]。西尼斯将祭祀受害者绑在云杉上，然后让云杉突然向后折断，这样就可以撕裂或摔死受害者。这种方式一直持续到有一天忒修斯以同样的方式对待西尼斯。因为这血腥的胜利以及对西尼斯的杀戮，忒修斯创建了地峡游戏——至少根据带有阿提卡偏见的传统。[③]受害者被分尸挂在没有果实的树上，这是残酷的难以言说的祭祀，令人恐惧。确实，像这样用两棵反冲的树进行的祭祀仪式在高卢被证实了。[④]当然，诗人和翻译家最初更愿意以另一个故事来代替，即琉科忒亚的故事。地峡游戏中的获胜者的奖品是一个云杉花环。紧随复仇女神之后，从古典时期到希腊化时期，云杉花环被芹菜花环取代。[⑤]后来，来自祭祀树的云杉花环重新得到使用。因此，帕莱蒙"神秘"挽歌作为地峡节日的一部分保留了下来。

　　从这个令人不快的背景中解脱出来，6世纪欢快与自由的传说在狄俄尼索斯复兴的教派色彩下进一步丰富了海豚骑士的形象，甚至在几乎相同的地点。在这一版本中，酒神歌者阿里翁（Arion）在波塞冬圣所被一只海豚解救，回到岸上。在他携带金子从塔兰托（Tarentum）前往科林斯的途

---

① 参考第 3 章第 3 节注释。

② Paus. 2.1.3-4；Bacchyl. 17.19；Eur. *Hipp*. 977-978；Diod. 4.59；Schol. Pind. Ⅲ 193 3/195.3 Drachmann；关于绘画传统的论述参考 Wörner, *RML* Ⅳ 921-934；Joh. Schmidt, *RE* Ⅲ A 238-244；Brommer（1960：189-190）。

③ *Marm. Par. FGrHist* 239 A 20；Plut. *Thes*. 25；Schol. Nik. *Alex*. 605.

④ E. Thévenot, *Hommages à W. Deonna*（1957：442-149）；彭透斯的杉树参考 *Eur. Bacch*. 1064 ff.；狄俄尼索斯用杉树做的雕像参考 Paus. 2.2.7。

⑤ Plut. *Q. conv*. 677b；Schol. Apoll. Rhod. 3.1240；Pind. *Ol*. 13.33；*Nem*. 4.88；*Isthm*. 2.16, 8.64；Nik. *Alex*. 604-606；Schol. Pind. Ⅲ p. 193.11.

中，科林斯的水手们抢了他的金子并要了他的命。身着歌者的盛装，阿里翁用七弦竖琴演奏了最后一曲，然后纵身跳进海里，突然一只海豚出现了，把他带到了泰纳伦（Tainaron）。当然，在著名的波塞冬圣地，希罗多德看到了一座海豚骑士的雕像。然而，在科林斯，这个故事实际上是以阿里翁去独裁者佩里安德（Periander）的宫殿为罪行提供证词而结束的。根据希罗多德的说法，这个故事由科林斯人和莱斯博斯岛人讲述 ①。

人们很早就认识到这个美丽的传说有着最特别的意义。② 就像希罗多德证实以及品达所了解的，阿里翁是"酒神赞歌创始人"③。酒神合曲的引入离不开酒神主题的出现，而科林斯陶器上出现的稳步前行的狂女队伍（Thiasoi），恰恰始于佩里安德时代。④ 在声称自己是酒神直系后裔的贵族政权衰落后⑤，对神的崇拜不得不发展出新的、更民主的形式。可以确信的是，一个莱斯沃斯岛诗人和音乐家为纯朴的民间舞蹈确立了音乐形式。在其中一个花瓶上，舞者们正忙于与一只海豚跳舞。他们倒入水中的是葡萄酒吗？⑥ 无论如何，酒神节舞蹈与海豚的联系在阿里翁的有生之年几乎得到证实。稍迟些时候，在酒神节喜剧的早期形式中，海豚骑士和海豚面具在希腊也颇为流行。⑦

① Hdt. 1.24.

② G. M. Bowra, "Arion and the Dolphin", *MH* 20（1963：121-134）= *On Greek Margins*（1970：164-181）.

③ Pind. *Ol.* 13.18-19; Hellanikos, *FGrHist* 4 F 86; Arist. fr. 677 = Prokl. *Chrest.* 320a31; Dikaiarchos fr. 75 W.; Schol. Plat. *Resp.* 394c; Tzetz. Lyk. p. 2.15 Scheer.

④ H. Payne, *Necrocorinthia*（1931：118-124）; F. Brommer, *Satyroi*（1937：*20-22*）; L. Breitholz, *Die dorische Farce im griech. Mutterland*（Göteborg, 1960）; Pickard-Cambridge/webster（1962：100-101，171-173）; 雅典的舞者参考 A. Greifenhagen, "Eine attische schwarzfigurige Vasengattung und die Darstellung des Komos im 6. Jh.", Diss. Königsberg 1929; H. Seifert, "Dithyrambos und Vasenmalerei in Athen," Diss. Würzburg 1970; 关于香水瓶上狄俄尼索斯和赫菲斯托斯的回归参考 G. Loeschcke, *AM* 19（1894：510）; Payne #1073; Brommer 21; Webster, List of Monuments #38。

⑤ H. Lloyd-Jones Gnomon 35（1963：454）.

⑥ Paris, Louvre MNC 674; Payne #989; Pickard-Cambridge/Webster（1962：172），List of Monuments #43.

⑦ 波士顿有一个黑色双耳细颈瓶图片，M. Bieber, *The History of the Greek and Roman Theater*（1961），fig. 125a；黑色碗图片，Louvre CA 1924, *AA* 1942, 71 Abb. L 3；凯拉米克斯（Kerameikos）的黑色有柄细颈瓶同上；G. M. Sifakis, *BICS* 14（1967：36-37）。

尽管莱斯沃斯岛人和科林斯人讲述了酒神赞歌诗人的冒险经历,《荷马史诗》却让主人公成为酒神本身。在海上,他被伊特鲁里亚(Tyrrhenian)海盗抓住,海盗想要用锁链将他锁起来。但是锁链脱落了,葡萄藤开始生长,风猛烈地吹着桅杆和风帆,桅杆被常春藤覆满。水手们恐惧地跳入海中并变为海豚。只有领航员被神放过了,因为只有他一个人说过反对海盗的话;当然,神通过让他为神服务使他"彻底高兴"①。

我们最早的伴奏仪式的来源可以追溯至罗马帝国:在士麦那(Smyrna),"在花月节,一艘三层桨船战船出现并被运到公共集市上,酒神狄俄尼索斯的祭司像舵手一样驾驶着从海上来的船。"②酒神之船,无论是用轮子驱动或是被运载着,人们早在公元前6世纪从埃及发现的一个克拉佐曼式花瓶中就得知了这些信息③,花瓶上绘着穿着奇怪的埃及风格围裙的男人抬着船,还有三个阿提卡花瓶,可以追溯到公元前500年到公元前480年。阿提卡花瓶描绘的船有很古老的轮子。④游行队伍中有祭祀公牛,这表明酒神节上将有酒神赞美诗。在560年前后的一次酒神节改革中,人们创建了大酒神节,后来不断扩展。⑤最后,在6世纪末,通过诗人拉索(Lasos)的赫耳弥俄涅(Hermione)酒神赞美诗确立了其古典形式。可以肯定的是,酒神节上的神,即西塞隆山的厄琉塞莱(Eleutherai)的狄俄尼索斯,在节日开始时,他的塑像会从厄琉塞莱方向再一次被抬过来。新生命的到来,以及它的高贵精神和华丽愉悦,由船的形象生动地体现出来,有时游行队伍的核心是马车船,这种庆典仪式甚至被引入泛雅典娜节。⑥当

---

① Philostr. *V. Soph.* 1.25.1, Ⅱ 42.24-27; Ⅱ 54.8 ed. Teubn.(1871); Aristid. Or. 17.6 = Keil = Ⅰ 373.

② Oxford 1924.264; J. Boardman, *JHS* 78(1958: 2-12); Pickard-Cambridge(1962: 84), List of Monuments #82; 在埃及艺术品中抬着船参考 *AOB* 494, 497; 四轮船参考 *AOB* 199; E. Panofsky, *Grabplastik*(1964: fig. 8); 神在船上的回归参考 *ANEP* 676, 677, 686; Burkert(1967: 295-296)。

③ Deubner(1932: 138-142); Pickard-Cambridge(1968: 57-101); Pickard-Cambridge(1962: 12-15)。

④ H. L. Lorimer, JHS 23(1903: 132-151); C. Singer, E. J. Holmyard, A.R. Hall, *A History of Technology* I(1954: 214); Burkert(1967: 295)。

⑤ Deubner(1932: 138-142); Pickard-Cambridge(1968: 57-101)。

⑥ 参考第3章第1节注释。

然，神在藤蔓船上被海豚围绕的形象是"神自远方来"的一种呈现，这是古希腊陶画家埃克塞基亚斯（Exekias）在洗眼杯上描绘的最美丽的形象。①

阿里翁来自莱斯博斯岛，莱斯沃斯岛的一个神话描述了在经过一场血腥的灾难后，新的、神圣的生命是怎样从海洋中诞生的。根据故事的描绘，在俄耳甫斯被色雷斯酒神狂女分尸后，他的头和里拉琴漂过大海到达了莱斯博斯岛。渔夫将他的头从水里钓出，并把它藏在安替撒（Antissa）的地下洞穴里，"在那里有巴克斯（Bakchos）圣所"②。人们埋葬了在疯狂的酒神节上被砍掉的头颅后，进行了一个庆祝活动，阿里翁的里拉琴再度响起。音乐家特尔潘德（Terpander）在 7 世纪将伊奥里亚（Aeolic）音乐带到了希腊大陆，他的故事与安替撒岛相联系。③并且，根据瓶画所展现的，莱斯沃斯岛的俄耳甫斯传说为希腊人所知是至少始于公元前 5 世纪。④

一个类似的传说反映了相似的仪式，这也引导我们进一步了解莱斯沃斯岛的麦提姆纳（Methymna）。在麦提姆纳，渔民用网捞到了一个用橄榄枝做成的奇怪的神像，还有男性生殖器和头颅。根据神谕，人们创立了一个名为酒神的教派活动和祭祀节目。帕萨尼亚斯曾在德尔斐看到一个铜制的神像复制品。⑤麦提姆纳的一通碑文中提到了"酒神节抬着的神像"⑥。渔民每年都将它从海里钓出来吗？即使嵌入了头颅或生殖器的概念，即死者的人格或生殖力被提升为生命力的核心，这也比安替撒岛的俄耳甫斯的传说更粗糙、更不理想。因此，二者是在结构层面具有更密切的关联。相反，

① München 2044 = ABV 146. 21；关于狄俄尼索斯作为"从远方来的神"，参考 Otto（1933：75-81）。

② Luk. *Adv. ind.* 109 = *OF* T.118；Phanokles fr. 1 Diehl/Powell = Stob. 4.20.47 = *OF* T.77；关于安替撒的描绘，参考 Myrsilos, *FGrHist* 477 F 2；Philostr. *Her.* 5.3（Ⅱ 172.12 ed. Teubn.），10.7（Ⅱ 181.17）；*V. Ap.* 4.14；Aristid. Or. 24.55 Keil = I 841 Dindorf；Hyg. *Astr.* 2.7；Prokl. *Resp.* I174 Kroll = OF T. 119；Nik. *Harm. Exc.* 1 pp. 266.8-12 Jan = *OF* T.163；有关预言头像的母题，参考 W. Deonna, *REG* 38（1925），44-69；新西兰的秘密祭祀（1864），参考 *Globus* 7（1865：149）；*PR* II 406-408；Ziegler, *RE* XVIII 1242, 1293。

③ Arist. fr. 545.

④ 两个红色花瓶的图片，参考 *ARV²* 1174.1；Cook III（1940）；Brommer（1960：358）。

⑤ Nilsson（1906：226.3）；J. Kroll, "Das Gottesbild aus dem Wasser, *Festschr. F. von der Leyen*（1966：251-268）；G. Beccatti, *Boll. d. comm.* 67（1939：37-60）。

⑥ *IG.* ⅫI 2.503；Nilsson（1906：282-283）；麦提姆纳和安替撒的硬币，参考 *HN* 560-561；F. Imhoof-Blumer, *Zeitschr. f. Numism.* 20（1897：285）。

在艾诺斯（Ainos）的传说中，赫尔墨斯的塑像从 Troad 漂洋过海到达色雷斯。[①]渔民发现了它并将它扔回了海里，不料竟会第二次捞到它。因此，他们将这个塑像不断传承下去，并祭献了他们收获的第一份果实。最后，他们将它"竖"在了城里的神庙中。"环城抬送"的行为似乎与麦提姆纳的阳具有格外密切的联系。教派底层社会环境也延伸到了艾诺斯，这正好促使了卡利马库斯去运用这个传说。

赫西俄德之死的故事让我们回到了崇高的诗歌领域，也回到了帕莱蒙神话中的忧郁。他在离诺帕克托斯（Naupaktos）不远的宙斯神庙死去，这在伯罗奔尼撒战争时就已为雅典人所熟知。[②] 变换到神圣领域，赫西俄德死亡的故事成为祭祀仪式的一部分，而且始于一个少女的悲剧。诗人被指控玷污了一个处女；她的兄弟们在宙斯神庙杀了并把他扔进海里。第三天，就当洛利安人要去 Rhion 海边庆祝阿里阿德涅节（Ariadne）时，一群海豚带着尸体游到了岸边。[③]赫西俄德的尸体被埋在了宙斯神庙，但他墓地的具体位置只有埋葬他的人才知道。[④]凶手虽然逃脱了但没能逃过最终的惩罚。帕萨尼亚斯提到了 Rhion 的海神节，阿里阿德涅节与酒神相关联：帕莱蒙和阿里翁的传说同样由酒神与海神的对立而形成。在科林斯地峡，那里也有秘密的墓穴。[⑤]因此，是诗人的死亡及他的《神谱》让希腊人带着矛盾的心理将他们的神归类到神圣结构和祭祀结构中。最后，他在圣所得到了赦免和永恒。甚至，赫西俄德的死亡使他有了一个接班人，根据传说，古希腊抒情诗人斯特西克鲁斯（Stesichorus）成为下一个伟大的神话缔造者。[⑥]

八　鱼的到来

在希腊神话中，波塞冬的海豚是一个有象征意义的标志：它是海神特

---

① Kallim. fr. 197；Strabo 7 p.331 fr. 52；艾诺斯的硬币参考 H.A. Cahn, *Schweiz. numismat. Rundschau* 31（1944：59-63）；Nilsson（1955：81-82）。

② Thuk. 3.96.1.

③ Nilsson（1906：383-384）.

④ Plut. 162ef.

⑤ Paus. 2.2.2；Arist. fr. 565，Certamen p.42. 23 Wil = Z. 247-253 Allen.

⑥ Paus. 2.2.2 = Eumelos, *FGrHist* 451 F4.

有的，是活泼、高雅和美好情谊的象征。更深一层，它可能象征着母亲的子宫，接受并孕育。① 鱼在安纳托利亚 - 腓尼基语中有着更为重要的意义，与琉科忒亚神话以及阿塔迦提斯（Atargatis）和伊洛斯（Ichthys）神话一样。早在5世纪，吕底亚人克珊托斯（Xanthus）就讲述了邪恶的皇后阿塔迦提斯是怎样"被莫克斯（Moxos）俘虏，因为她的傲慢，她和她的儿子伊洛斯一起淹死在阿什凯隆湖（Askalon），并被鱼吃掉"②。正如阿塔玛斯把琉科忒亚和梅里凯尔特斯驱赶到海里一样，国王把母亲和儿子一起扔进了海里。与琉科忒亚一样，阿塔迦提斯因为所遭受的痛苦成为女神——伟大的阿什凯隆女神。希腊人也称她为德珂朵（Derketo）。她的圣所位于阿什凯隆湖边，湖里的每条鱼对她来说都是神圣的。③ 历史学家泰西阿斯（Ktesias）进一步使这个神话希腊化并对其进行了善意的改编：德珂朵不是被鱼所吃，相反地，当她的私生女塞拉弥拉斯（Semiramis）出生后，在羞愧和绝望中跳进水中被鱼救了。由于她是被一条鱼救上岸的，所以所有的鱼对她来说都是神圣的：叙利亚人不能吃它们。在这一文本中，泰西阿斯证明了——像琉善（Lukian）后来所做的那样——女神被描绘成半鱼半人的形象。④

叙利亚人的鱼禁忌被希腊人反复记录。⑤ 帕塔拉（Patara）的学者姆纳塞亚斯（Mnaseas）做的详细报告证明了这不仅是简单的禁令，更反映了神圣仪式典型的不确定性。"每天，阿塔伽提斯的祭司们都为女神带来活鱼，然后经过精心烹煮或烧烤，放在女神前面的一张桌子上，最后女神的祭司们将鱼吃掉。"⑥ 因为，根据塔尔苏斯（Tarsus）的安提帕特（Antipater）的叙述，"叙利亚的皇后加蒂斯是一个美食家，她发布声明任何人都不得

---

① E. B. Stebbins, "The Dolphin in the Literature and Art of Greece and Rome," Diss. Baltimore, 1929; M. Rabinovitch, *Der Delphin in Sage und Mythos der Griechen* (1947).

② *FGrHist* 765 F 17 = Ath. 346e; H.J. Houwink Ten Kate, *The Luwian Population Groups of Lycia and Cilicia Aspera* (1961: 44-50); P. Perdrizet, *Mélanges Cumont* (1936: 885-891); P. Lambrechts, P. Noyen, *Nouv. Clio* 6 (1954: 258-277).

③ Diod. 2.4.3.

④ Ktesias, *FGrHist* 688 F 1 = Diod. 2.4; Strabo 16 p. 785; Luk. Syr *D*. 14.

⑤ Seit Xen. *Anab.* 1.4.9; Wächter (1910: 97-98); R. Eisler, *Orpheus the Fisher* (1921); F. J. Dölger, *Ichthys* I (1910: 120-42); II (1922: 175-447).

⑥ Ath. 346de.

在她不在场的时候吃鱼"；① 或者，像马西斯说的，她命令"任何人不准吃鱼，但是可以将鱼带到神庙中"。因此，不是因为鱼是神圣的人不能吃；而是因为要在阿塔伽提斯这位伟大女神也就是"鱼"的母亲——伊洛斯的陪伴下将鱼作为祭祀圣餐而被吃掉。马西斯甚至继续说道，她儿子的后代是鱼——加勒内（Galene）、米雷纳（Myraina）和伊拉克纳斯（Elakaenes）——一种大鱼，非常好吃。② 它们可能被禁锢在圣湖中。

在比凯 - 希拉波利斯（Bambyke-Hierapolis）的叙利亚神庙中，也有一个池塘，里面有圣鱼。③ 它们对祭司令人吃惊的驯服闻名遐迩——难道它们情愿被作为圣餐？祭品被带到湖边，据说是赫拉领路并隐瞒了宙斯，这样宙斯就看不到鱼了，不然它们就会死掉。④ 这个祭祀对众神之王来说是秘密的，令人厌恶又骇人，然而确有必要，因为这是天后的领地。不过，我们仍然可以看到在圣鱼所在的湖上进行的难以言说的祭祀。希腊人将叙利亚女神等同于阿佛洛狄忒。传说中，一枚蛋从天上掉进了幼发拉底河，被渔民带上了岸，然后由鸽子孵化，阿佛洛狄忒就在蛋里面。⑤ 赫西俄德也讲述了一个故事，即海豚和护卫鱼"与阿佛洛狄忒一起出生于乌拉诺斯的血液中"⑥，因此，女神的出现与圣鱼的到来在同一时间。

几乎没有必要提醒人们注意叙利亚的鱼禁忌与普通的血腥祭祀餐之间结构上的相似性：神圣的食物被用作食物，因此，这圣餐本身就是严格规定的神圣行为。对叙利亚人来说，每一次鱼餐都是祭祀餐，就像每一次杀鱼行为都是祭祀行为一样。正如每一次肉餐之前都会有血淋淋的宰杀，所以表面上看不流血的捕鱼行为是以暴力和死亡为前提的，最重要的是要跃入深水。乌拉诺斯神话反映了对某种献祭动物的阉割，人们要将这种献祭动物的生殖器越过肩膀扔到水里，而且人不能回头看。在比凯，祭祀动物会被引到湖边。在阿什凯隆神话中，人们要预先潜入水中。当这一行为被

① Ath. 346cd.

② Ath. 301d.

③ Luk. Dea Syr.14.

④ Luk. Dea Syr. 47.

⑤ Mannhardt I（1875：507-508）.

⑥ Epimenides, *FGrHist* 457 F 22 = Ath. 282ef；关于阿佛洛狄忒的出生，参考第 1 章第 7 节注释。

合理化后，这看起来毫无特别之处，只不过是喂鱼，但是神圣的节日特点并不来源于这一行为。恰恰相反，在捕鱼活动中，我们看到了从另一个领域发展出的模式的投射：狩猎和祭祀仪式传统的延续，获得食物的前提条件是实施充满罪恶感的杀戮行为。事实上，在人类历史上，捕鱼比狩猎要晚很多①，即使捕鱼在旧石器时代晚期已经很重要了，并且在新石器时代重要性更加突出。作为一条规则，对希腊人来说，只有肉餐被认为是神圣的。鱼是为慷慨的得墨忒耳准备的，是对每日渎神行为的宽恕。这反映了最初远离大海的移民的传统②，而地中海沿岸的居民神圣化了鱼餐本身。捕鱼代替了打猎，打猎的习俗就变成了捕鱼的习俗。预备的少女祭祀在捕鱼文化中得到记载：在一个季节开始时，一个少女会被丢进海里③，而象征性的弑父或杀婴的恐怖行为在这里作为一种准备活动（这与特殊时期的特殊结构没有可比性）。母亲和儿子在灾难中团结在一起，投靠了鱼，通过给予滋养获得回报，因为鱼是她自己生下的，而阿塔伽提斯是鱼的母亲。

　　Bambyke 和阿什凯隆的仪式，让我们领略了古代近东的高度文明，同时也让我们了解了希腊渔民的各种习俗。在马杜克（Marduk）神庙中，人们把神圣的鱼当作祭品献给神。《卫耐巴比伦纪事》（*Weidner Chronical*）记载了 "埃萨吉拉（Esagila）的渔民" 是如何为 Bel 祭桌捕鱼的；一个邪恶的国王试图阻止他们，但是 Ku-Ba'u "给了渔民面包和水"，因此马杜克封 Ku-Ba'u 为王后。④渔民的朋友 Ku-Ba'u 王后是否与库巴巴（Kubaba）、库珀珀 – 库柏勒（Kybebe-Kybele）女神有关，这需要深入探讨。⑤无论如何，在巴比伦，捕鱼和在神庙中献祭鱼是表现虔诚的主要行为，不进行这些仪式，任何一个统治者都不能忍受。《纪事》还介绍，后来，另一个渔民 "捕到一条鱼献给马杜克"，他自己最后成为国王。

　　一个相似的传统在阿达帕（Adapa）神话中为埃利都（Eridu）的（Ea）

① Müller-Karpe（1966：162）．

② A. Lesky，*Thalatta*（1947：1-37）．

③ 参考第 1 章第 7 节注释。

④ 翻译和评论参考 H.G. Güterbock, *Zeitschr. f. Assyriol.* 42（1934：54-55）；关于在圆柱封条上祭献圣鱼的图画，见 F.J. Dölger, *Ichthys* I（1910：428-429）；Ⅲ（1922：T. 18）；R. Eisler, *Orpheus the Fisher*（1921：T.22）；喂鱼同上；化装成鱼的祭司参考 Dölger Ⅲ T.18.7．

⑤ E. Laroche，*Elements orientaux dans la religion grecque ancienne*（1960：113-128）．

神庙预设了一个前提。① 阿达帕，作为"仪式的守护者"，由伊亚神创造，"按指令为埃利都城捕鱼"；"他在湖中央为主人一家捕鱼"，然后他与南风神诺托斯发生战斗并弄伤了南风神的翅膀，为此他不得不在安努（Anu）神庭前为自己辩护。他穿着哀悼长袍进行自我惩罚，直到最后，重新穿戴并涂油于头；他成为埃利都伊亚神庙的祭司。尽管抽象的思辨与诗歌结合产生了一种复杂而含混的史诗，但渔民作为祭司的主题和祭司作为渔民的主题在招致罪恶和赎罪的语境中，在总体上仍指向了神庙祭祀的仪式以及整个祭祀主题。

在乌加里特，亚舍拉（Athirat）被称为"海的主人"，她的仆人 Qds-w-Amrr 是一个渔民，即"海的主人亚舍拉的渔民"②。祭祀的相关仪式不为人知。但是即使从名称看，已经把女神与叙利亚女神的祭坛以及美索不达米亚的神庙系统联系在一起了。

在希腊人当中，相关习俗不是在宏伟的神庙中发现的，而是在希腊较偏远的地区和社会边缘出现。正如米蒂玛娜或艾诺斯的渔民将他们的神祇狄俄尼索斯或赫尔墨斯拖出海面，在另一个地方，酒神每年都会被浸泡在海水里。这个地方就是阿提卡的 Halai Aixonides。③ 在那里，渔民在捕捞金枪鱼时，第一条要献祭给海神波塞冬，也就是说，第一条鱼要由圣所的祭司和杰出市民吃掉。④

海格桑德罗斯（Hegesandros）的一篇关于阿波罗尼亚（Apollonia）的描述，在卡尔西迪斯（Chalcidike）半岛的 Bolbe 湖，葬礼祭祀和捕鱼之间有着奇怪的关联。湖是赫拉克勒斯以 Olynthos 的母亲 Bolbe 命名的。Olynthos 的墓在 Olynthiac 河上，这条河流入 Bolbe 湖。在春天的 2 月和 3 月，阿波罗尼亚人在河畔的墓地祭祀他们的先人，包括他们的崇拜偶像。然后他们说，"Bolbe 将'嫩鸡'送给了 Olynthos，在这时，数不清的鱼从湖里游进了 Olynthiac 河……周围地区的居民想要多少腌鱼就能得到多少"⑤。如

---

① *ANET* 101-103 = *AOT* 143-146.
② M. C. Astour, *Hellenosemitica*（1965：206）.
③ *FGrHist* 328 F 191 = Schol. Ⅲ. 6. 136; Plut. *Aet. phys*. 914d.
④ Krates，*FGrHist* 362 F 2.
⑤ *LS* 177.42.62.

果人们纪念她死去的儿子，湖水女神就会给他们充足的食物，而鱼的出现正回应了岸上阴郁的仪式。

传说中，莱斯博斯岛把一个少女献祭给波塞冬、安菲特里忒（Amphitrite）以及海精们（the Nereids）。一个叫 Enalos 的年轻人，按照神的旨意也叫"海之人"，与这个少女一起跳入海中；他活了下来，后来，当他爬上岸，一个巨浪卷来了一群大章鱼，它们心甘情愿地跟着他去海神圣所——毫无疑问是去充当圣餐。

翻阅古希腊文学，我们会了解到"捕鱼者"狄克堤斯（Dictys），他是塞里福斯岛（Seriphos）上的渔民，一天他捞到一个箱子，里面藏着达那厄（Danae）和年轻的珀尔修斯。母亲和孩子是被扔进海里的，就像伊诺和墨利克耳忒斯，阿塔迦提斯和伊洛斯，除了后者有棺材样的箱子，类似的情节也在利姆诺斯岛神话中出现过，成了拯救他们的方舟。① 在埃斯库罗斯的作品里，他将达那厄的到来转化为狄俄尼索斯语境：葡萄种植者和烧煤者由半人半羊的森林之神包围着，并且把网从水中拉出来。② 神的新娘和孩子来到方舟被看作故事的主题，但是珀尔修斯神话对塞里福斯岛渔民来说有着更实在的意义。根据古罗马学者伊良（Aelian）所说，塞里福斯岛渔民约定，他们永不捕捞一种鱼，如果他们捕到这种鱼，就把它放回海里："他们说这鱼是宙斯的儿子珀尔修斯的玩伴。"③ 一种特殊的禁忌使塞里福斯岛渔民区别于其他渔民，这个禁忌与珀尔修斯有关，他在鱼群中玩耍，是海洋王子。鱼祭被证明属于赫卡忒的祭礼，这当然不是一种巧合④，她是珀尔西斯或珀尔修斯之女。可以肯定的是，这又一次使我们体会到了希腊世界的界限：如果曾经被放逐的将军地米斯托克利（Themistokles）在塞里福斯岛出生，他将会在默默无闻中忍受长期的痛苦。⑤

---

① 达那厄参考 Hes. fr. 135. 3-5；*RML* I 946-949；Ⅲ 1986-2060；*PR* Ⅱ 229-233；Bommer（1960：205-206）。

② Fr. 464-474 .

③ F. Imhoof-Blumer, *JHS* 18（1898：177-178）；*RML* Ⅲ 2059；P.R.Franke, Kleinasien zur Römerzeit（1968）；柯孜克斯（Kyzikos）硬币上的珀尔修斯和金枪鱼参考 *RML* Ⅲ 2058。

④ Eust. 87.31, 1197.23；Apollod., *FGrHist* 244 F 109 = Ath. 325ab；Schol. Od. 10.139；Apoll. Rhod, 3.467；G. Schneider-Hermann, *AK* 13（1970：52-70）.

⑤ Plut. Them. 18.

公元 2 世纪的诗人 Pankrates 描述了"救生鱼"的传说，在萨莫色雷斯岛众神中，他尤其受爱戴。[①] 在黄金时期，一个来自伊卡洛斯岛（Ikaros）的渔民厄布波斯捕到了圣鱼，他和他的儿子在一次节日大餐中把鱼吃掉了。很快，一个海怪游上了老人的船，在儿子们面前吞掉了厄布波斯。吃圣鱼的人要被海怪吃——在仪式周期性的循环中，这是一种倒转，可以从相反的方向理解：因为老人沉到了海里，鱼就可以被抓来吃。再一次，萨莫色雷斯岛诸神使我们超越了希腊世界的界限。希波纳克斯（Hipponax）与卡比里的结合提供了另外一些信息：煤灰、一个没有火的时期、一种特别的鱼……尽管我们不能弄懂所有片段和细节的意思。[②] 通过图片的内容来看，鱼祭在色雷斯骑士的神秘风俗中发挥着特殊的作用[③]，这看起来也和色雷斯的神有关系。

我们在希腊人中发现了跳水仪式的残迹，尽管以一种幽默表演的形式呈现。在赫耳弥俄涅[④]，人们谈起一种对"披黑山羊皮的狄俄尼索斯"的崇拜仪式，即一种跳水比赛——Melanaigis。"提洛跳水者"[⑤]的表演表明在阿波罗岛上的相似情景，在弗朗索瓦的陶瓶上也描绘了忒修斯的船，暗示了船靠岸时会有游泳者或跳水者陪同。忒修斯跳进海里找回戒指的神话反映了这样的跳水仪式。[⑥] 在奥斯蒂亚（Ostia）的 Maiuma[⑦]，当地人庆祝一个类似跳水的热闹节日，但也有故作高雅的罗马人来参加，人们将其他人扔进水里。

希腊神话中也经常出现类似的主题。斯基戎人从斯基戎的岩石上掉进海里，被一只大海龟吃掉了[⑧]——确实，海龟对沿岸居民来说非常重要，以至于埃癸娜（Aegina）用它作象征。安德罗墨达（Andromeda）和赫西俄涅

---

① Ath. 283a.

② Fr. 78 Masson.

③ F. J. Dölger, *Ichthys* I（1910：143-50，443-46）；II（1922：420-47）；D. Tudor, *Corpus monumentorum religionis equitum danuvinorum I*（1969）.

④ Paus. 2.35.1；2.34.10-11.

⑤ Sokrates-Apophthegma Diog. Laert. 2.22，9.12；Herondas 3.51；弗朗索瓦陶瓶上的图案参考 Schefold（1964）.

⑥ Bacchyl. 17；Brommer（1960：165，185）；在神话中，海神格劳科斯（Glaukos）是跳进海里的渔民的变形，参考 *PR* I 610-613；*RML* I 1678-1686.

⑦ Cod. Iust. 11.46；Lydos, Mens.4.80 p.133 Wuensch；Sudaμ 47；*Piscatorii ludi Festus* 238M.

⑧ Apollod. Epit. 1.2；Diod. 4.59；Brommer（1960：160-162，190-191）；Plut. *Praec. coni, Is.* 381e；Paus. 6.25.1；Ath. 598a；Schol. Aristoph. *Plut.* 179；H. G. Fischer, *Bull. Metr. Mus.* 24（1966：193）.

（Hesione）被派出去作为诱饵去引诱大海兽克托斯（Ketos），然后英雄杀死了海兽。①在塔纳格拉（Tanagra），妇女们在去海滩游行时遭到了海怪特里同（Triton）的攻击，人们用葡萄酒将它灌醉后抓住了它并在酒神节的狩猎仪式上杀掉它。②克托斯的形象大概受到海豹和鲸的捕猎仪式的启发，即捕猎一种有红色温血的海洋动物。③这也将我们带回了海豚王国。当然，希腊神话和大部分主要希腊仪式已经脱离了渔民的日常实用主义和需求，以纯粹象征性的方式发挥社会心理功能。然而，这种文化的升华和发展总是处于日渐衰落的趋势中。

我们已经看到，同样的祭祀仪式呈现不同的层次。雅典和阿尔戈斯为我们提供了关于城邦新年节庆细节最丰富的场景：死亡和难以言说的祭祀，在节日盛宴和比赛中秩序的恢复，而这些在斯基戎和底比斯也有迹象；在非希腊地区，也有类似的利姆诺斯火把节，手工业协会通常替代了惯常的希腊军队组织。同样的结构在不断发展的酒神祭祀中得到了更着重的强调，一方面，在阿格里阿尼亚节上，例外时期的狂喜和户外献祭成为重点；另一方面，在酒神节上，神从海上进入城市。捕鱼仪式和相关传说也发挥了作用，特别是在非希腊地区。少女祭祀和跳入海中，可以从大海中得到食物作为回报。要追溯猎人、渔民、家畜饲养者和城市居民的仪式是如何分化、相互影响又相互交融的，几乎不可能。因此，我们可能会更加怀疑，这种结构上的统一使相互交换成为可能。准备、血腥的核心行为和恢复是包括少女的悲剧、弑君和杀婴以及年轻一代的掌权在内的伟大神话的基本结构。食物、秩序和文明生活都是在与死亡的对立中建立的。而在这一切中，只有人才能成为智慧的生物。

---

① *PR* II 237-242；549-558；Konon, *FGrHist* 26 F 1.40；Strabo 16 p. 759；Ios. *Bell. Iud.* 3.420；Paus. 4.35.9；Pliny *NH* 5.69，128；Th. H. Gaster, *Bibliotheca Orientalis* 9（1952：82-85）；S. Morenz, *Forschungen und Fortschritte* 36（1962：307-309）；J. Friedrich, *Archiv Orientalng* 17（1949：230-254）。

② Paus. 9.20.4-5；Demostratos, Ael. *Nat. an.* 13.21；Ephoros, *FGrHist* 70 F 225；Ath. 550a；塔纳格拉的一个古代泥塑上的特里同形象参考 *RML* V 1164。

③ 参考海豹的母亲和因纽特神话中的少女祭祀，参考第 1 章第 8 节注释。

第 4 章　安特斯特里亚节

一　感恩与传播

春天，人们以向酒神狄俄尼索斯致敬为名庆祝安特斯特里亚节（Anthesteria），这个节日的重要性显而易见。节日持续一整月，因此，不仅仅在雅典，在整个爱奥尼亚地区安特斯特里昂月（Anthesterion）也家喻户晓。除此之外，还遍及埃维亚岛上的埃雷特里亚（Eretria）、提诺斯岛（Tenos），以及位于小亚细亚海岸的米利都、普里耶涅、以弗所、提奥斯、厄茹特莱、士麦那，以及萨索斯岛、柯孜克斯、马萨利亚（Massalia）等爱奥尼亚人的殖民地。①修昔底德得出了一个难以否认的结论，即这个节日和月份的命名一定先于爱奥尼亚人在小亚细亚进行殖民统治。②这也使安特斯特里亚节成为得到证实的最古老的希腊节日之一。与其他众多的关于酒神狄俄尼索斯和酒的节日一样，我们可以得出结论，酒神狄俄尼索斯早在公元前 1000 年就被人熟知了。皮洛斯（Pylos）的线性文本 B 提到了公元前 1200 年前的狄俄尼索斯③，这也使上述结论更易于接受，即便神的名字可能

---

① 提诺斯岛的节日参考 SIG³ 38.33；萨索斯岛参考 *LSS* 69；Smyrna, Philostr. *V. Soph.* 1.25.1（Ⅱ 42.24 ed. Teubn. ）；Massalia, Iustin. 43.4.6（见第 4 章第 3 节注释）；Syrakus，参考 Timaios, *FGrHist* 566 F 158；Diog. Laert. 4.8；Antigonos, Ath. 437c；Farnell V（1909：214-224, 317-320）；Nilsson, *Studia de Dionysiis Atticis*（Lund, 1900：115-138）；*Eranos* 14（1916：181-200）= *Opuscula* I（1951：145-165；1955：582-84, 594-598）；Foucart（1904：107-163）；Harrison（1922：32-74）；（1927：275-294）；Deubner（1932：93-123）；van Hoorn（1951）；Pickard-Cambridge（1968：1-25）.

② Deubner（1932：122-123）.

③ PY Ya 102；Xb 1419；Gerard-Rousseau（1968：74-76）；L. R. Palmer, *The Interpretation of Mycenaean Greek Texts*（1963：250-258）.

是附着于酒神节的，但仍可以理解。希腊人通常将安特斯特里亚节的名字
和"绽放"联系在一起，尤其是葡萄树的开花①，当然我们同样没有理由质
疑这种对节日名字简单的诠释。

只有雅典人为我们提供了充足的材料可以全面而详尽地描述这个节日
的场面。除了本地历史学家进行的描述和阿提卡古典派诗人提供的典故之
外，还有清晰的记述体诗歌作为证据，这些诗歌记在了壶日水壶上。②毫无
疑问的是，这种水壶用在安特斯特里亚节的主要的庆典日上，于是该节日
又被称为壶日（Choes），即"水壶"的节日。这些水壶上的图画也通常和
节日活动有关，大多数证据集中在公元前 5 世纪到公元前 4 世纪，但是也
有一些证据散落在公元前 4 世纪到公元前 1 世纪及后来记载希腊语言和文
化的单独文件上，由此可以得知这个节日跨越了 1000 年。

修昔底德告诉我们安特斯特里亚节的主要庆典日是在安特斯特里昂月
的第 12 天。③这一天是壶日，是最受欢迎的一天。这天之前是"打开酒桶
的日子"，称为启日（Pithoigia），在安特斯特里昂月的第 11 天之后就是
"罐日"（Chytroi），在整个月的第 13 天。④根据旧时的宗教日历，太阳落
山代表着一天的结束，傍晚和夜晚被认为是第二日的前夜。因此，启日和
壶日在第 11 天的傍晚交会，壶日和罐日在第 12 天的傍晚交会。在久远的
古代，这类模糊的区别时常造成混乱。

"酒桶"、"水壶"和"罐子"——这些属于安特斯特里亚节的接地气
而又受欢迎的特点从其命名中就可略见端倪。与泛雅典娜节、厄琉息斯秘
仪或是大酒神节相比，这个节日需要的花费⑤的确可以忽略不计。此类节
日主要在民间层面，与最近的酒神节形成鲜明对比，后者是 6 世纪由暴君

---

① Istros, *FGrHist* 334 F13；Macr. *Sat.* 1.12.14；*Et.* M. 109.12；*An. Bekk* I 403.32.

② Deubner（1932：238-247）；van Hoorn（1951）；J. R. Green, *BICS* 8（1961：23-27）；
S. P. Karouzou, "Choes". *AJA* 50（1946：122-139）；H. R. Immerwahr, "Choes and
Chytroi", *TAPhA* 77（1946：245-260）；Metzger（1965：55-76）；E. Simon, *Gnomon* 42
（1970：710-711）.

③ A. W. Gomme, *A Historicial Commentary on Thucydides* II（1956：52-53）.

④ *FGrHist* 328 F 84；Kallim, fr. 178；Apollod. *FGrHist* 244 F133.

⑤ *IG* II/III² 1496.

和城邦所创立。此外，修昔底德认为坐落于沼泽地中的狄俄尼索斯圣所 ①
显然是雅典最古老的建筑之一，显然没有受雅典纪念碑建筑的影响。目前
还未得到确证这个建筑是在帕萨尼亚斯时代消失的，但有可能被他的秘仪
崇拜者 Iobakchoi 的秘密祭祀场所所取代。它的衰败很可能由于一条极其
严苛的律令：它只能在一年中的某一天打开，也就是在壶日。另一个谜题
是由沼泽地中的狄俄尼索斯的名字引发的：在历史时期，在雅典几乎很难
找到沼泽地。因为这与雅典的条件不甚符合，它肯定来自一个更加古老的
异族传统。对于宗教来说，根本没有土生土长的起源这种说法。

二　启日和壶日

　　安特斯特里亚节因三个原因长期引人注目。第一，这是一个儿童的节
日。② 在陶罐日，所有三岁和四岁的孩子都会得到礼物。有关壶日记载相对
多一些，包括孩子们的水壶、举行圣餐仪式所使用的餐桌以及孩子们的玩
具，这些都是雅典人私人生活的独特记录。第二，根据宗教历史学家的描
述，安特斯特里亚节因其是一个纪念逝者的节日而显示了独特性，据说逝
者的亡灵会在这几天从阴间出来，进入城市，他们在节日结束后才会被驱
赶。③ 第三，这个节日涉及的神圣婚姻引发了人们巨大的好奇，即在这一
天雅典执政王的妻子——"王后"会被赠予酒神狄俄尼索斯并举行婚礼。④
虽然万物有灵论和丰产神话发挥了作用，但从节日的名称、雅典人的声明
以及节日的主要活动——打开酒桶喝新酒来看，其他的神话系统顿时变得
黯然失色了。这些简单的行为赋予了一套仪式化的形式，因此解读安特斯
特里亚节，首要的目标必定是理解这种仪式。

　　"在希腊，人们在安特斯特里昂月的第 11 天开始喝新酒，这一天被称

---

① Thuk. 2.15.4；Isaios 8.35；"Demosth." 59.76；Philochoros（？），*FGrHist* 328 F 229；Kallim.
　 fr. 305；Strabo 8 p. 363；Schol. Aristoph. *Ran.*

② 参考本节注释。

③ 参考第 4 章第 3 节相关内容；安特斯特里亚节（雅典人纪念酒神的节日）作为对死者节
　 日的解释主要是由 Harrison（1922：32-49）提出的；参考 Nilsson（1955：594-597），他
　 认为狄俄尼索斯和灵魂节日之间有一个外在的但很古老的联系（597）。

④ 参考第 4 章第 4 节相关内容。

作启日。"普鲁塔克对此又补充了一个虔诚的解释:"很久以前,他们显然在喝酒之前要倒上一些奠酒,并祈祷喝这种酒不会伤害他们,反而会对他们有益。"①因此,在节日里,人们会打开酒桶,或者更确切地说,打开发酵后被密封的大陶罐。有条规定提到酒必须封存几个月直至春天,这确实非常奇怪并让人难以置信,但是这种现象确实在希腊以外的罗马人那里被发现了。②喝酒并不是个人的心血来潮或突发奇想,而是整个部落聚集在一起,为的是颂扬诸神。喝酒活动最开始似乎充满了危险,因为喝酒很有可能"有害"。即使在今天,酿酒人仍然遵照既定的习俗一边收获,一边酿酒。

品尝新酒在一个神庙里举行,是一种集体庆典活动。根据远古希腊史料的记载,"启日"只能用来指酒桶节:在狄俄尼索斯位于沼泽的神庙里,雅典人将他们装在酒桶中献给神的酒加水混合,然后自己喝掉。由于新酒兑了水并且第一次在沼泽地中的神庙中饮用,所以狄俄尼索斯又被称为沼泽之神。畅饮了混合酒之后,人们兴奋地载歌载舞庆祝狄俄尼索斯节,用辞藻华丽的赞美诗、狂热的咆哮来召唤神灵。③

酒兑上水并向酒神祭奠,而且是在封闭的神庙中进行,这有些令人难以想象。恰恰因为这个原因,Phanodemos 一定指的是安特斯特里亚节。狄俄尼索斯神庙仅仅在壶日开放,也就是当月的第12天。④第11天被称为"打开酒桶的日子",这是由祭祀日历决定的。到了晚上,启日便变为了壶日,所以酒桶要在夜幕降临之前打开,神庙的大门也应在日落时打开。普鲁塔克证明,在他的家乡皮奥夏,新酒桶通常在"晚风之后"打开以纪念守护者阿格忒斯·岱蒙(Agathos Daimon)。⑤在一天当中,人们从阿提卡周围

---

① *Q. conv.* 655e;*IG* XII 8.645.5.

② Varro 1.1.6.16; Festurs 65 M;Ov. *Fast.* 4.863-900; Wissowa(1912:115.8).

③ *FGrHist.* 325 F 12 =Ath.465a……他们说,在狄俄尼索斯神庙附近,从献给神的最大酒罐……雅典人带来的新酒或他们自己带来的酒里兑着水。向着神庙……可以证明 γλεῦκος 就是新酒:新酒最不会让人喝醉;很自然地,新酒不会让人喝醉;一些人可以同时进入神庙。

④ 狄俄尼索斯在底比斯的神庙(Paus.9.16.6),同样也在某一天开放;Paus. 2.7.5(狄俄尼索斯在西居昂)。

⑤ Plut.*Q. conv.* 655e.

的葡萄园聚集而来，其中有鲜少进城的地主，还有住在城中的奴隶和工人，形形色色的陌生人和朋友，他们来的时候都带着大的酒坛子，由嘎嘎作响的驴车拉着。他们在神庙前集合，等待神庙的大门在日落时开启，这时候他们会将新酒从酒坛子中倾倒出来，向神祭奠。在坚持了数月之后，带着期盼、紧张和好奇之心，他们终于打开了密封的酒桶。检验一年劳动成果的紧张化作快乐，这也成为他们感谢酒神的充足理由。

事实上，第二天的品酒活动俨然变为饮酒比赛，并且每个人都有属于自己的壶，甚至孩子也有壶，奴隶和工人也一样，这似乎是一个简单的集体欢乐仪式，无须过多解释。[①] 在阿里斯托芬所著的《阿卡奈人》（Acharnians）中，和平的缔造者，即反英雄狄开俄波利斯（Dikaiopolis）的好运在一场饮酒比赛中达到了顶峰。狄凯奥波利斯获胜并得到了一个酒囊作为奖品，酒囊大得足够装下几十个壶日水壶的酒。因此，狂饮也就永久延续了下来，难怪学者们都承认壶日是一个不可否认的欢乐节日。[②] 然而，这个节日欢乐的背景似乎很奇怪甚至不可思议。

有足够的证据可以证明壶日是一个"污染日"[③]，人们通过咀嚼一种特殊品种的山楂树叶开始这一天，这种树叶也许是用来驱赶鬼魂的。[④] 人们将家里的门刷上沥青，本质上这是一种普通的使木头防水的方法[⑤]；但是当整座城市的门通通发亮、发黏并且发黑，以至于开门要非常小心时，这也成为日历上某一天是"污染日"的强有力证据。所有的神庙在这一天都将关

---

① Prokl. Schol. Hes. *Erga* 368；为什么壶日的"夜晚"对于奴隶来说是"白天"参考 Kallim. fr. 178.2；国家奴隶的开支参考 *IG* II/ III² 1672.204。

② Aristoph. Ach.1000-1234；"安特斯特里亚节……就是简单的庆祝"，Pickard-Cambridge（1968：15）。

③ Phot. 污染日：花月（阿提卡历 8 月，公历 2、3 月）的大酒神节；有一种趋势，与弗提乌斯的清晰指示相反，Farnell V（1909.216）；Pickard-Cambridge（1968：14）。

④ Phot. ῥάμνος：在大酒神节上，人们一直以来从黎明就开始咀嚼用于辟邪的植物；因为只有禁食献血（能够）阻止厄运，Sophron fr.166 Kaibel, Euphorion fr. 137 Powell；Dioskor.1.90；*Ov. Fast.* 6.129-168；Rohde（1898：1237.3）；Harrison（1922；39-40）.

⑤ Phot. ῥάμνος：（他们）一直用树脂涂抹自家房屋（σώματα Cd.）；Phot. 污染日……并且（他们）用树脂涂抹门，关于树脂的使用参考 Eluesis, *IG* II/III³ 672.170；用五个陶罐的树脂涂抹厄琉息斯的屋顶……和门。祭司在巴比伦人新年节日上用雪松树脂涂抹了圣殿的门，*ANET* 393。

闭①，这致使人们正常的生活陷入了瘫痪，人们不能在神庙宣誓，不能做大生意，不能举办婚礼，更不能进行日常的祭祀活动。不过，神庙不会被戒严，只是用绳子围起。每个人都需要在他的头脑中构建象征性的界限：在这天，人们与神的接触中断了。只有原本被关闭的狄俄尼索斯神庙如今得以开放。

在远离神明的地方庆祝日历上的这一天（壶日），人们聚在新刷好沥青的门后吃饭，最主要的是喝酒。②整个家族，包括所有的亲戚，尽管可能不包括女人，都在家族头领的家里聚会。官员们在主要官员的办公室集合，即在最高法院的立法者那里。③执政王将会掌管这一切。人们通常在就餐时间，即下午的晚些时候聚在一起。然而，紧接着的，与通常的节日进餐形成了鲜明对比。每一个人席者都有自己的桌子④，酒和水混合后盛在大碗里被端上来，碗中的酒可将四周的杯子都倒满，每个参加壶日活动的人都将获赠一只终身拥有的水壶——能装两升半的混合酒。⑤这些都是臭名昭著的饮酒比赛的先决条件，人们戴着用常春藤做的花冠⑥，等待立法者用喇叭发出信号⑦，然后开始比赛。接着，聚集的人开始"安静地"⑧喝酒，不说话也不唱歌，当然也没有了祷告。暂且不提"污染日"的奇怪风俗，安静地喝酒对于喋喋不休的雅典人来说可能也是最古怪的事了吧。对他们来说，酒和歌永远缺一不可，边唱边说边喝对于他们来说是高雅的社交游戏。在壶日当天，人们坐在同一个屋檐下，又像被一面隐形的墙分隔开来：单独的桌子，单独的壶，一切都笼罩在一种寂静中，只有在祭祀时传令官发出指令才会出现一点声音。

仪式所用的语言是清晰的，所谓的饮酒比赛也被打上了祭祀的印记。

---

① Pollux. 8.141；病原学的神话参考 *FGrHist* 325 F 11；瓶画参考 K. Friis Johansen（1967）。

② 客人带来了篮子里的食物，参考 Aristoph. *Ach*.1085-1142, Schol, ad 961；不同的观点参考 Eratosth. *FGrHist* 241 F11。

③ Plut. *Q.conv.* 6136；Alkiphr. 4.18.11；Arist. Ath. Pol.3.5；Aristoph. *Ach*, 1203, 1224。

④ Eur. *Iph. Taur.* 949；Plut. *Q conv.* 643a；Eratosth. *FGrHist* 241 F 16。

⑤ Eur. *Iph. Taur.* 935. 960；Phanodem OS, *FGrHist* 325 F 11；Apollod., *FGrHist* 244 F 133；Skylax 11 2；*IG* II/III²1612.204。

⑥ Alkiphr.4.18.11；关于壶日酒者的描述参考第 4 章第 4 节注释。

⑦ Aristoph. *Ach.* 1001；参考第 4 章第 5 节注释。

⑧ Plut. *Q. conv* 613b；Eur. *Iph. Taur.* 951。

壶日喝酒的特点却呈现了血祭时的惯常特征：不仅要保持安静①，还要有单独的桌子②，食物要尽量平等地分配。③总而言之，这一切充斥着污染和罪恶的氛围。从这个角度而言，饮酒比赛显现了它的原本功能：所有的人都是同时开始的，以至于没有人可以说清楚谁先谁后。④同样，当一天开始，用咀嚼树叶的动作来避开邪恶，而不是携带或是悬挂它们，这是为圣餐做的净化准备，由打猎的传统传承而来。⑤通过吃食物，一个人会产生负罪感，这种负罪感必须平均分配给所有人。只有那些得到一份的人才会产生归属感，由此将人们捆绑在一起。

正是由于这个原因，壶日关系到孩子的生活。当一个孩子不再是婴儿，即当 3 岁的时候，将被引见给整个家族和部落，同年将会第一次参加壶日活动。⑥"出生—参加壶日活动—成为青少年—结婚"⑦，这是一个雅典人成长的必经阶段。孩子将会得到与他年龄相称的花冠、桌子和壶。分享酒便意味着成年人朝着社会生活中的分享迈出了第一步。人们会在所有 3 岁前夭折的孩子墓前摆放一只壶日水壶，这样做是希望他在下辈子可以象征性地完成这辈子没有完成的目标。⑧同样，人们会在未结婚就死去的人的墓前放置婚礼前沐浴和盛水用的双柄长颈高水瓶，愿望是类似的。⑨大多数保留下来的壶日水壶都来自坟墓，这一风俗在 5 世纪下半叶尤为盛行。

对壶日传统的解读只是一个开始，从某种意义上说会引致内疚，这被

---

① Stengel（1920）.

② 埃癸娜的波塞冬崇拜中的"众独食者"，"他们每个人在十六天内在静默中享受宴席"……然而，文本是残缺和讹误的（参考 E. Fraenkel *ad loc*）。

③ Plut. *De E* 389a, Harpokr.

④ 在祭献仪式中的"瓜分罪恶"参考 K. Meuli（1946：228）；K. v. Amira, "Germanische Tode sstrafen"，*Abh. München* 31.3（1922：226，228）。

⑤ *GB* VIII 83.

⑥ 在雅典，孩子们在出生后的第三年的花月被戴上花冠；有关在"第三或第四年"获得族盟 / 乡党成员的资格，参考 Deubner（1932：116，234）。

⑦ 结婚、出生、投罐、成年，参考……铭文：成年（仪式）由尘、土构成，而神开创了壶日节……关于食肉鹦鹉，一个人只能在他已经结婚的前提下才能喝酒，参考 Arist. fr.611.28.

⑧ S. Karouzou, *AJA* 50（1946. 126，130）；van Hoorn（1951），例如，来自一个小孩的坟墓；Deubner（1932）。

⑨ Demosth. 44.18.30；Eust.1293. 8；Cook Ⅲ（1940：370-396）.

雅典人用以解释习俗的病因学神话所确认。尽管在细节上不尽相同，但他们一致认为饮酒留下了谋杀和血腥罪行的印记。同时，雅典人伪造了俄瑞斯忒斯的故事，并与英雄史诗扯上关系：俄瑞斯忒斯在杀死了母亲克吕泰涅斯特拉及其情人埃吉斯托斯之后，被复仇女神追杀，他因此来到了雅典，寻求赎罪。雅典的国王得摩丰不敢将恳求者赶走，但是要防止他毒害自己和自己的城民，因此想到了一个奇怪的解决办法：俄瑞斯忒斯可以进到屋子里，但必须有人给他一张桌子和一壶酒，谁也不能跟他说话。俄瑞斯忒斯和雅典人一起庆祝了第一个壶日。所有的雅典人都表现得好像被谋杀玷污了似的，在这一天，所有的雅典人都是俄瑞斯忒斯。尽管将俄瑞斯忒斯纳入雅典习俗可能有人为的因素，但这一仪式的内在张力在职责冲突和国王发明的精明解决方案中得到了恰当的表达：被废除的社区餐、谋杀者的禁忌，这些都矛盾地扩展到了所有雅典人那里。杀人者不得进入神庙，在壶日，神庙是关闭的；杀人者必须远离壁炉和餐桌，这使人们分桌吃饭；禁止与杀人者说话——雅典人默默地清空了水壶。壶日是一个"污染日"，总之，杀人者就是那些被污染的人。①

　　喝下的新酒仿佛沾染了罪恶的血。这在另一个关于壶日习俗的病因学神话中表现得更为有力，埃托利亚人（Aetolians）将酒带到雅典，但他们被杀害了，神谕说壶日将以补偿的名义建立。②埃托利亚是葡萄栽培的中心，或者至少有关于酒的神话。那里的统治者叫俄纽斯（Oineus），人称酒神，他的祖父叫俄瑞斯忒斯，他栽种了第一棵葡萄树，但品种不是很优良。③这种怀疑是正当的，有关壶日的阿提卡神话混淆了两个俄瑞斯忒斯。④除了在名字方面相似，他们还有血缘联系。在指向埃托利亚的神话故事中，雅典人不仅是俄瑞斯忒斯的同伴，而且是杀人者的后代，为他的行为承担罪责。

　　有一个相同的神话来自伊戈里亚（Ikaria），现代的狄恩索（Dionyso）

① Wächter（1910：64-76）；L. Moulinier, *Le pur et L'impur dans la pensee et la sensibilité des Grecs*（1950）；Soph. OT 236-243；Plat. *Euthyphr.* 4b；Aisch. *Eum.* 448；Eur. *HF* 1219；Or. 75；fr. 427；*LSS* 115 B 54（Kyrene）.

② Ael. fr 73 Hercher＝ Suda φ 428, χ364；Schol. Aristoph. *Ach.* 961.

③ Hekataios, *FGrHist* 1 F 15；Apollod. 1.64.

④ F.G. Welcker, *Nuchtrag zu der Schrift über die Aeschylische Trilogie*（1826：186, 211）；S. Wide, *Lakonische Kulte*（1893：82-83）.

是一个以葡萄园和葡萄种植而闻名的阿提卡村庄，狄俄尼索斯亲自来到伊戈里亚岛，带来了酒并且指导当地人栽种、收获，以及如何酿酒。伊戈里亚人高兴地将装满神赐的新礼物的酒罐搬上了手推车，并带给村民们。但是"打开酒罐"演变成了一场灾难：当那些对酒毫不熟悉的纵酒狂欢者喝醉并倒在地上时，人们怀疑伊戈里亚人对他们下了毒。于是愤怒的人群用棒子把他们的恩人打死，他的血与酒混合在一起。他的女儿厄里戈涅（Erigone），在她的狗玛利亚（Maira）的带领下，绝望地寻找她失踪的父亲，最后她在一口井里面发现了父亲的尸体，她因此上吊自杀了。[1] 因此，阿提卡的葡萄酒之乡，关于酒的神话传说充斥着可怕的细节：这种酒是一种特殊的果汁，绝不是无害的。

我们发现仪式中所表达的，在神话中得到了证实，最初的酒暴力与谋杀是分不开的：喝新酒发挥了一顿祭祀餐的功能，将奇怪的东西奉为神明，将正常秩序倒置成灾难，也就是说，在这一天，正常秩序被颠倒了。酒与血的混合，尤其在红酒占主导地位的地中海地区，被认为是很自然的事情，这在希腊以外的闪米特地区也得到证实。这显然不只是一个隐喻：当整个复杂的血腥祭祀仪式转变为酿酒者的劳动和快乐时，饮酒就变得神圣了。可以肯定的是，植根于猎人生活中的祭祀仪式远比这些更古老，尽管我们对新石器时代和早期文明中有毒饮料的起源和传播的历史还不清楚。各种各样的啤酒，以大麦为原料的发酵饮料，可能在葡萄酒出现之前就存在了；我们必须考虑到，其他种类的麻醉品可能在宗教仪式中发挥了类似的作用。可以说，男性社会借此发现了一个全新的、不可抗拒的经验领域，现实的压力一扫而空。正如群体总是通过祭祀仪式找到他们自我和内在的一致性，所以这种新的快乐演绎成为一种秘密的、难以言说的祭祀。通过解放和约束，酒神为人们提供了一种新的和稳定的社区模式。

在印度—雅利安人中，这种神圣的令人陶醉的饮料以一个神苏摩（Soma）的名字命名，他是一个从天而降、被粉碎、被践踏、被挤压的神——一个祭祀的受害者，不管他的形象如何——他毕竟是一个神，并且

---

① Hyg. *Astr.* 2.4 = *"Eratosth." Catast.* pp. 77-81 Robert.

带领虔诚的人回到天堂。古希腊人早在古典时期就把酒和酒神等同起来了。因此，喝酒的人就是酒神本人，关于酒的发明人死亡的神话就变成了对神本身的痛苦、死亡和转变的描述。在这方面，古希腊人实际上有不可逾越的禁忌：自荷马以来，神就被描述为不朽的。那么，神是怎么死的，或者成为一顿同类相食的大餐的牺牲品的呢？这种神话本身已经变得"难以言说"。但是，唯独有一个神的死被昭告天下：这就是狄俄尼索斯。诸神引诱年少的狄俄尼索斯离开王座，撕碎并吃掉了他。根据所收集的典故可知，这个神话显然是在俄耳甫斯的神秘故事中流传下来的，在 5 世纪就为人熟知，尽管它被官方所忽视。可以肯定的是，它描述的不是酒的准备过程——不管后来有什么讽喻性的解释——而是一场沸腾和烘烤的血腥的献祭仪式。安特斯特里亚节的仪式暗示了一个不同的，但很大程度上类似的被撕裂的神的神话，酒这种神圣的饮品就代表了他们的血。当然，这个假设性的神话可能只存在于典故和表演中，不同的是，这个故事再次区分了神和受害者。然而，斐罗斯屈拉特声明雅典人在安特斯特里亚节上举办化装舞会，众神齐聚，这与俄耳甫斯的传说相似。[1] 事实上，壶日那天，人们朗诵或表演关于俄耳甫斯的狄俄尼索斯的神话。毋庸置疑的是，这个证据来自古代晚期，即使是古典时期饮酒比赛也只是一种"开始"，是对在神圣静谧中实施的血祭活动的再现，这是因为人们对死亡感到内疚并建立新的生活秩序。

三　卡里亚人或凯瑞斯

当狂妄自大的人试图声称理应得到某样东西时，人们可以引用一句喜剧台词来拒绝他："你，给我滚出去……安特斯特里亚节结束了。"[2] 然而，我们现有的知识背景使我们无法更好地理解那句"滚出去！"有些人说"凯瑞斯"（Keres）（希腊神话中的勾魂使者），好像亡灵在安特斯特里亚节

---

① V.Ap.4.21.；Luk.*De salt*.39.

② Zenob. Ath. 1.30 p.352 Miller Zenob.Par. 4.33, *Paroem*. Gr.I 93；Deubner（1932：113-141）；Pickard-Cambridge（1968：14）.

期间逗留在城中；① 其他的"卡利亚人"，是破例被允许庆祝安特斯特里亚节的奴隶们，或者是阿提卡原居民，被赋予参与节日活动的权利。无论哪一种，我们都认同他们与安特斯特里亚节之间有某种联系。

在万物有灵论的影响下，奥托·克鲁西亚斯（Otto Crusius）和欧文·罗德（Erwin Rohole）都极力主张对"死之灵魂"进行解释吗？这与罗马的利莫里亚（Lemuria）有着非常强的相关性，很快，一整套相关的民俗被整理出来，人们发现有关亡灵的节日一次又一次地出现，在这些节日里，亡灵被邀请进来，受到款待，最后差不多再次被彻底赶走。至此，安特斯特里亚节变成了一个充斥着灵魂的节日，甚至名字都透着一股召唤亡灵的意味。② 人们认为启日打开的酒桶是用来装那些灵魂的，从这个角度说，酒和饮品反而成为奇怪的不相关的附属品。同时，一个疑惑产生了，即是否把狄俄尼索斯当作酒神或是"灵魂的统治者"。

相反的是，对此有来自语言学方面的担忧，即在希腊人看来，究竟死者的灵魂曾经是凯瑞斯，还是死者是凯瑞斯的灵魂呢？更确切地说，他们被认为是独立的，是"有害的魔鬼"，或至少是"灵魂"③，而且被证实与死去的祖先没有任何联系。此外，有人指出被轻视地置于一旁"卡利亚人"的解释反映出了一种古老且安全的传统，这是唯一出现在齐诺比厄斯（Zenobius）谚语集中的传统。④ 克鲁西亚斯追溯到了雅典的恶魔时代，即公元前4世纪。他的创作早于斐罗斯屈拉特⑤。克鲁西亚斯提供的"凯瑞斯"的版本是比较晚的，与迪第穆斯（Didymus）的恶魔论形成强烈的对照。因此，雅典人经常会说自己是卡利亚人，很难解释这个误会是如何产生，但它确实产生了。

古代地图学家声称，雅典有大量的卡利亚奴隶⑥，当然，这种说法令人非常不满意。根据有关证据，色雷斯和加丹的奴隶数量非常庞大。但是对

---

① Paus. Att. θ 20 Erbse.

② 参考第4章第1节。

③ Wilamowitz（1931：272）.

④ Zenob.Ath.1.30 p.352 Miller = Zenob.Par. 4.33（参考本章注释）。

⑤ R.Ganszyniec, *Eranos* 45（1947：100-113）; M. H. A. L. H. van der Valk, *REG* 76（1963：418-420）; Pickard-Cambridge（1968：14-15）; J.Brunel, *RPh* 41（1967：98-104）.

⑥ Paus.Att θ 20（参考本节注释）; Zenob. Par. 4.33.

于奴隶们来说，壶日，这个"黑色的一天"是"白色的一天"①，一切都是颠倒的，奴隶们同样可以参与庆祝活动和饮酒比赛。更奇怪的是，这个故事归因于恶魔，曾经，卡利亚人居住在阿提卡的部分土地上，当雅典人庆祝安特斯特里亚节时，他们和卡利亚人达成了协议，雅典人允许他们来到城市和自己的家里。节日过后，雅典人如果看到仍然滞留的卡利亚人，可以开玩笑地说："滚出去，你这个卡利亚人！安特斯特里亚节已经结束了！"②

　　曾经在阿提卡定居的卡利亚人证实了一些关于风俗习惯方面的信息：在节日期间，外族人或土著居民来到城市中，他们确实因为与雅典人订立了协议才有资格进入。但是他们停留的时间不能超过节日持续的时间。准确地说，这种风俗在雅典城市马萨利亚也得到了证实。③ 在这一天，根据"客人的权利"，很多住在附近的高卢人可以进入城市，其他人坐手推车偷偷进城，这些手推车明显是用来运送酒罐的。事实证明，这种开放政策恰恰暗示了马萨利亚的最终毁灭。

　　原住居民在特定时间进城并在后来被驱赶的主题在民间习俗的一个领域化装舞会中被发现。从这个角度看，一些传统的矛盾就迎刃而解了。有一些奇特的面具习俗，如 20 世纪在与世隔绝的阿尔卑斯山谷，闯入村庄的佩戴怪异面具的人可以被邀请作为客人。他们之所以受到尊重，是因为他们是人类的祖先，或是这个国家早期的居民。某种程度上说，对鬼魂的信仰与面具习俗有着紧密的联系。雅典的案例提示了关于"灵魂"的假说，以及"原住民"，和他们在壶日游荡在整座城市中是类似的。他们是哑剧演员，或许在阿提卡被称为 Κάρες。有人认为可能存在一个古老的变音，但这令人怀疑，尽管在阿提卡内部也存在方言变体。无论如何，哑剧演员都能很好地扮演"恶魔"和"怪物"。然而，与野蛮的卡利亚人联系在一起总是很容易做到。很难说我们应该用哪一种方式来解释④，例如，宙斯·卡伊洛斯（Zeus Kalios）或是土生土长的

---

① 参考第 4 章第 2 节注释。

② Zenob. Ath. 1. 30 p.352；Miller 仅有这一个版本，第二次出现在 Zenob.Par.4.33。

③ Iustin. 43. 4. 6；J.Brunel，"D' Athènes à Marseille"，*Revue des Etudes Anciennes* 69（1967：15-30）.

④ Hdt.5.66.

墨加拉的卡尔神（Kar）。①

阿提卡的 Κάρες 与爱奥尼亚的 Κήρες 至少是有一致性的，也许因为二者都有"赶走"的意思。卡利亚人在壶日会咀嚼山楂叶，意在赶走凯瑞斯。②这个节日如今更普通了：在安特斯特里亚节期间，佩戴面具的凶神恶煞般的化装者从偏远的地区而来，他们闯进城市还有人们的家里，带来了新酒，有的甚至坐在拉酒罐的马车上。无论如何，这都证明了在壶日，哑剧表演者可以骑在马车上环绕全城，开低俗的玩笑，追赶他们遇见的任何一个人。③壶日水壶上通常绘有各种怪诞的面具，甚至会引起恐惧和愤恨情绪。④尽管更多的艺术化装舞会已经逐渐成为大酒神节的核心，但是一些喜剧和悲剧仍为我们呈现了安特斯特里亚节上的那种更加原始和即兴的讽刺模仿表演形式。

在化装舞会中，欢乐和严肃交织在一起，特别令人振奋，在令人恐惧和恐怖的背景下，狂野的笑声被表演出来。从这个意义上说，赶走异族的卡利亚人与在壶日饮酒的祭祀主题不谋而合。严格地说，在祭祀中，在这个难以言说的重要阶段，倘若有人发现异族入侵，作为天真喜剧的一部分，他们必定会再次吸引人们的注意力。我们可能会想起狼人在德尔斐的祭祀，以及索拉尼。⑤就这样，在神圣的饮酒活动中，陌生的、神秘的客人通常会坐在被邀请的朋友和家人的身旁。在这天，不可推辞，每个人都拿一壶酒；每个人都独自坐在一张桌子旁，在涂着沥青的门后。因此，一个人通过神秘的事物遇到神圣的事物。

一个泛希腊神话讲述了另一个打开酒罐来吸引野客的故事：赫拉克勒斯在弗洛山（the Pholoe Mountains）的弗洛斯屋前停下来，为了表示敬意，

---

① Paus.1. 39.5; Steph. Byz；金字塔形的石头参考 Paus. 1.44.2。

② 参考第 4 章第 2 节注释。

③ Phot. 那些来自货车的物品，Suda τ 19= Paus. Att. τ 4 Erbse：纵酒狂欢者总是在货车上调笑、辱骂遇到的人……被灌醉了的人在那些日子里狂欢作乐，参考 Aristoph. *Eq.* 464；Demosth. 18. 122 Leeman=Euseb. *Praep. Er.* 14. 6. 13；Dion. *Hal. Ant.* 7.72.11；Schol. Aristoph. *Nub.* 296；给自己涂抹一层未发酵的新酒，从而变得认不出（是谁）了，就这样他们唱着自己的诗歌……坐在货车上。

④ 一个孩子被面具吓到，参考 Van Hoorn（1951）；Harrison（1922：166）。

⑤ 参考第 2 章相关内容。

主人打开了埋在地下的大酒罐。于是，半人马从山上冲下来。他们喝醉了酒并且打了起来，结果两败俱伤。[1]这是古风瓶画最常见的主题：半人马从外面进来品尝美酒，紧接着被赶走了。这个神话是伯罗奔尼撒人在英雄层次对阿提卡的启日及壶日进行描述的一个版本。

四　神圣婚礼和勒纳节花瓶

尽管壶日当天秩序混乱，但当日人们被允许醉酒，充分享受其中的乐趣，目的是要克服"污染日"，终结无神的状态，而罐日紧随壶日。安特斯特里昂月第 12 天的日落标志着"污染日"的结束。在这个时候，壶日的水壶便空了，但是不能随便将它们收起来。其他节日里，饮酒结束后，虔诚的狂欢者会将他们佩戴的花冠带到神庙，放在一座雕像上。[2]然而，在壶日这一天，除了狄俄尼索斯位于"沼泽"的神庙，其他神庙都是关闭的。因此，这一特殊的仪式结束了壶日的一天。根据传说，这是得摩丰国王在招待完俄瑞斯忒斯后又重新制定的规则："他下令在饮酒后，人们不能将在神庙佩戴过的花冠存放在神庙里，因为他们曾经和俄瑞斯忒斯待在同一个屋檐下。每个人都应该将他的花冠放在壶日水壶的旁边，然后拿到位于沼泽的神庙，交给女祭司，最后在内殿里再做一次祭祀。"[3]因此，在壶日的晚上，街道上和小巷中都挤满了前往"沼泽"神庙的人，他们手中拿着环绕花冠的空水壶。在喝了两升半酒以后，不是每个狂欢者都能站稳，因此也就没有神圣的安静这回事了。阿里斯托芬拥有一支青蛙鸣响合唱团，能够将"沼泽"神庙发生的事情演唱出来："让我们跟着笛声唱响赞美歌，我可爱的歌声，呱，呱，我们在水中歌唱，唱给宙斯的儿子狄俄尼索斯，在壶日这个神圣的节日喝醉的人们蹒跚着要来占领我神圣的领地。"[4]"在醉酒的狂欢中颤抖"这种奇特的感觉捕获了夜晚的心情。在视觉层面上，这些画面栩栩

---

① Apollod. 2.83-85；*PR* II 499-502；Brommer（1960：135-138）；H. V. Herrmann, *Omphalos*（1959）；A. Furtwängler, *Antike Gemmen*（1900）.

② Timaios, *FGrHist* 566 F158.

③ Phanodemos, *FGrHist* 325 F ll；Deubner（1932：99）.

④ Ran. 211-219.

如生地呈现在了壶日的水壶上。① 我们看到了一些摇摇晃晃的人影，手中拿着环绕花冠的水壶，或是挂在七弦竖琴上，借着火把的光大步走着，摇摇晃晃，蹦蹦跳跳。根据阿里斯托芬所言，这些都发生在罐日，伴随着夜晚的到来，新的阶段已经开始。

正如在壶日的饮酒活动与血祭中的核心仪式相一致，在当晚的集会中，我们注意到狩猎和祭祀活动结束仪式的复杂性。宰杀和进食之后，人们开始收集残余物②，以象征地实现恢复和保持永久的秩序。圣酒被按照等同的分量装在壶日水壶里且有序地排列着，每个人都有一样多的酒。现在所有的酒壶都被集中放在一个神圣的地方。再一次，在神话中，被撕碎的受害者的残骸被收集和存放起来，并以这种方式复活，这就是狄俄尼索斯被撕碎的故事，不管这些是发生在德尔斐还是移至克里特岛。也许这些细节有助于我们理解"沼泽中的酒神"这个名字的由来，表面上看，这个名字似乎与雅典当地的情况非常不相符，沼泽和洼地——或者对沿海居民来说，海洋——是万物消失又奇迹般出现的地方。这里是受害者被淹没的地方。这就是故事里酒神从深渊返回的地方，他展示了自己作为神的一面，超越了流血、死亡和圣餐。

酒神的神庙由一个女祭司掌管，但她并不完全属于神庙，因为这个神庙通常是关闭的，只在特定的日子开放并由她管理。14 名女子被"王"钦点为"沼泽中"神庙的负责人，她们被称为"神圣的女人"③，她们的上司是"王后"，是执政官的妻子。她负责"神圣的女人"的宣誓就职，她自己也在节日的整个安排中扮演非常重要的角色：被当作新娘献给神灵。在集市的建筑里面，神和命定的女子坠入爱河。④

神圣婚礼具体发生在安特斯特里亚节的哪一天没有记录，但至少"污染日"在哪天是清楚且毫无疑问的，因为"王后"正式被送去给神做新娘，所以在白天进行无耻的"性交"是不可能的。婚礼在晚上进行，正好

---

① Deubner（1932：244）；H. R. Immerwahr, *TAPhA* 77（1946：247-250）；van Hoorn（1951）；W. Helbig, *SB München*（1900：2, 247-251）；Lev.6.21.

② 参考第 1 章第 2 节相关内容。

③ Philodem De piet. 2. p.16 Kol. 44；参考第 2 章第 5 节注释。

④ "Demosth." 59.73, 76; Arist. Ath. Pol. 3.5.

也到了爱神阿佛洛狄忒工作的时候了。现在，因为酒罐日已自然进行，节日中仅有的便是从壶日到启日转变的夜晚。① 这已经被瓶画所证实，特别是一个在纽约发现的壶日水壶上，人们看到了狄俄尼索斯和阿里亚德尼（Ariadne）举办婚礼的场景，他们被壶日的狂欢者们包围着。② 火把以及荡来荡去的水壶清楚地显示当时是在晚上，狂欢的人群行进到林奈翁去庆祝神圣的婚礼。

神圣婚礼的细节往往是保密且难以言说的。我们所获得的资料并未给我们理解两种可能的解释提供帮助：是一座雕像、一座方形石柱的象征性结合体，还是凡人代表了神，也就是"国王"本人呢？③ 甚至在演说家德摩斯梯尼（Demosthenes）的现场演讲，即对希腊妓女尼伊拉（Neaira）的诉讼中，也只提供了一些模糊的描绘其中涉及一个交际花的女儿并非无可指责地成为"王后"的丑闻。"这个女人为这座城市做出了巨大的牺牲；她目睹了一个非雅典人所不能看到的全部；只有'国王'的妻子能够走进其他雅典人不能进入的区域；她管理着'神圣的女人'的宣誓，而'神圣的人'负责执行神圣的行为；她被作为新娘送给狄俄尼索斯；她在神明面前代表整座城市表演古老的风俗——很多神圣且神秘的风俗习惯。"④ 尽管在细节上有所缺失，但我们能看到和了解相关程序的梗概。进入一个也许不能进入的地方：在位于沼泽地的神庙旁，一个位于地下的"房子"⑤，显然派上了用场。不论什么被带进里面，什么又被带出来，我们回忆那个夜晚——紧跟的是祭祀誓言，"神圣的女人"会被缚着在一起；誓言是在"祭祀篮"旁边立下的。一共有 14 名"神圣的女人"，与狄俄尼索斯的 14 张雅典圣餐台相对应。⑥ 这说明给狄俄尼索斯很大数量的献祭。高潮是在"王后"被送

---

① E. Simon, *AK* 6（1963：11）；Pickard-Cambridge（1968：11）。

② New York Metr. Mlus. 06.1021. 183：van Hoorn（1951）；Metzger（1965：62-63）；E. Simon, *Ak* 6（1963：12）；K. Kerényi, *Römische Mitteilungen* 70（1963：98）；van Hoorn（1951）；H. Marwitz, *Antike und Abendland* 12（1966：97-100）。

③ H. Goldmann, *AJA* 46（1942：64-67）。

④ 59.73.

⑤ 参考第 4 章第 1 节注释。

⑥ An. Bekk. 231.32；Ael. Dion. γ 7 Erbse；Foucart（1904：138-141）带来了奇怪的一致性，即地狱判官被撕成了十四块，并且相应地有这个数字的坟墓，参考 L.Talcott, *AJA* 49（1945：526-527）。

到神那里并且完成仪式——准确地说，亚里士多德毫不掩饰地将其称为性行为。

如果在壶日的祭祀仪式上饮酒代表着血祭的话，那么在收集残骸后举行的神圣婚礼便属于仪式恢复的范畴。这早已在神话和习俗中无数次得到证明。在祭祀中被杀死的人通常被赠予一个女人作为安抚；①事实上，他在女人的怀抱中焕发活力，并获得新生的力量。当奥西里斯的残骸被收集在一起，伊西丝就怀了荷鲁斯②，神通过坐在三脚鼎上的毕提亚降临了。③当然，神圣婚礼中的"神圣"本身也孕育着巨大的危险：就像女人能够使死去的丈夫复活一样，他也可以杀死这个女人。

如果不是因为图画传统，这些梗概就足够了，因为这很可能为我们精准地提示了狄俄尼索斯当天晚上降临的场景。一些阿提卡花瓶向我们展示了一个相当原始的酒神雕像，这在很长一段时间内引发了宗教历史学家的好奇。这不是一个人格化了的神，只有一个面具悬挂在柱子上。有时会有两个面具随意悬挂，就像门神雅努斯（Janus）。柱子上挂着一件长袍，虽然没有胳膊和腿，但能粗略地显示出身体的轮廓。除了这些，我们还看到串在上面的蛋糕；枝条从身体中穿出。雕像前放着一张三足献祭桌，上面摆满了各种食物，最重要的是，有两壶酒。女人迈着整齐的步伐在整个场景中移动，画家在描绘酒和饮酒的场面时也许至少将突然闯入的一群半人半兽的森林之神和酒神的疯狂信女给忽略掉了。

这种面具崇拜反映了哪一种阿提卡的酒神节日尚无法确定。奥古斯特·弗里肯豪斯（August Frickenhaus）对这些花瓶进行了最全面的调查，他称这些花瓶为勒纳节花瓶。由于我们对勒纳节几乎一无所知，因此也无法有力地驳斥他的理论。最近，壶日花瓶提供了一些证据，证明面具崇拜与安特斯特里亚节有关。类似的描述也出现在壶日水壶上，而另一个壶日水壶清晰地提供了关于仪式早期阶段的画面。一个水壶清楚地展示了仪式

---

① 参考第 1 章第 7 节注释。

② Plut. Is. 358e, 357d; H. Bonnet, *Reallexikon der ägyptischen Religionsgeschichte*（1952：569-570）.

③ 参考第 2 章第 5 节注释。

早期阶段的情况；我们看到勒纳的神的面具，两侧有两个人，分别拿着陶罐和水果托盘。在任何情况下，这都不是罐日的一部分，因为酒已经被倒入日常存储用的贮酒罐里。对于希腊人来说，一个喝酒的女人是令人反感的，但是勒纳节花瓶描绘的女人显然具有一种庄严而神圣的职责。作为与人类具有同等地位的神话中的女侍，她们可能代表着"神圣的女人"存在的社会，在启日的夜晚管理着她们的办公室。以下提到的是一条在安特斯特里亚节出现的文本仪式，即"尝试"用绳子围住神庙以及启日本身，这是一个"准备工作"①。这个词指的同样是狄俄尼索斯奇怪的雕像，根据在酒神之前准备好的装着酒的两个贮酒罐，在任何一种情况下，先前在无法言说的祭祀中被肢解及摧毁的，现如今都被重新塑造。

这座雕像泄露了它的来源。这不是一座永久性的神庙雕像，只是为了年际活动而临时凑建的。我们可以清楚地看到它是如何建成的：最重要的是面具，它们被拿来并且悬挂起来，固定并被修饰。接着桌子被搬来，人们将食物和酒水放在桌子上。"王后"要进入一个其他人不得进入的房间。其中一个最古老的勒纳节花瓶描绘的是一个女人在悬挂于山洞前的巨大的狄俄尼索斯面具前跳舞。②"王后"是在追溯林奈翁的情形吗？什么是对随后的婚礼来说非常重要的恢复力量的源泉呢？人们更加好奇的是，莱斯博斯岛上的狄俄尼索斯雕像的头和阴茎如何连在一起的。③然而，在雅典，我们找不到更多证据来阐明这些难以言说的黑暗深渊。只有一点是清晰的，在祈祷和祭祀中，在流淌的鲜血和摇曳的火苗中，面具被举起，盖上布，被修饰，被赞美的歌声环绕，人们会围着柱子喝酒和跳舞，神会在夜半突然出现，并以无与伦比的生命力去庆祝他的神圣婚礼。

我们可以看到这个仪式中同样有史前补偿仪式中永恒的元素。就像动物的骨头一样，更加重要的是，它们的头骨被存放在一个特殊的地方，或者被挂起来奉为神圣，所以面具也就等同于头骨④，在神圣之酒饮完后被放

---

① Hock（1905：56）.

② Berlin 1930, Frickenhaus；*BCH* 87（1963：319）；*EAA* IV 1104.

③ 参考第 3 章第 7 节注释。

④ 参考第 1 章第 6 节注释；H. Baumann, *Paideuma* 4（1950：205）。

置好，女神也会出席。用这种方式，仪式试图记录下破坏后秩序的恢复，即从死亡到生命的连续。希腊人没有对这种现象进行任何社会心理学分析，而且在古典时期，他们也没有直接探讨神的死亡和复活。相反，他们讲述了一个简单的神话：狄俄尼索斯消失了，又从远方归来。有一个勒纳节花瓶描绘了狄俄尼索斯由赫尔墨斯带领来到了由"神圣的女人"管理的祭坛。①

我们只能模糊地猜到夜间庆祝活动的过程。神和新娘一定位于一个双人婚礼的行进队伍中，从林奈翁出发，一直来到广场上的布科利昂，那里的大门又将关闭一年。②将面具从柱子上拿下来的人，也许会将它戴上，整晚扮演神，这个人是谁不得而知。③神的新娘进入以后，布科利昂的大门便关闭了。当然，狂欢者们用欢乐制造的混乱持续到深夜，欢庆夜会上演婚礼，一直到晚上就寝，这漫长和丰富的一天才画上了句号。

五　罐日和摇摆仪式

"罐日"的命名来源于为这个节日准备的特殊食物，在这一天，各种谷物都放在锅里煮，变软后加入蜂蜜使它们变甜。④这种食物在民间风俗中扮演着极其重要的角色，在希腊以外的其他地方情况也是如此，人们把这种饭命名为"给灵魂的晚餐"⑤，这也的确在对死者的祭拜中重现了，因为它是古老传统的一部分。简单来说，它代表了所有节日食物中最原始的一种，来自一个研磨面粉、烘焙面包和蛋糕等工艺还尚不为人知的时期。所有在自然界能够找到的可食用的谷物都被放到一起来减缓饥饿，制作的时候加入一种在全季都可找到的调味品蜂蜜，这便构成了"有生源说"。

---

① AKr.325 = *ARV²* 460.20, Frickenhaus p. 22, Cook I（1914：707，708）；B. Graef, E.Langlotz, *Die antiken Vasen von der Akropolis zu Athen* II（1933）.
② Berlin F 2589=*ARV²* 1301.τ. Deubner（1932），*AK* 6（1963）；E. Simon, *AK* 6（1963：6-22）.
③ 参考本节注释。
④ 所有种子放进陶罐里煮熟了……参考 Aristoph. Ath. 1076；而 πυάνιον（各种豆子混在一起煮，加甜味）就是……在甜（水）中煮熟所有种子，F. Theopompus, *FGrHist* ll5F 347a；泛种论参考 Nilsson（1955：127-129）；B. Schmidt, *Das Volksleben der Neugriechen*（1871：60）.
⑤ Harrison（1922：37）；Deubner（1932：112）；Nilsson（1955：595）.

历史学家泰奥彭波斯（Theopompus）有一份已被译为两个版本的报告。较短的那篇声称"没有一个人吃"装在陶罐里的食物①，这表明食物是为死者提供的，这是因为它伴随着在壶日为阴暗神秘的赫尔墨斯祭祀的言论。比较全面的版本说："在壶日，雅典当地的传统是不给任何一个奥林匹斯山的神献祭，却向赫尔墨斯献祭；没有一个祭司会吃城市中的人烹制的食品。"②因此，陶罐中的食物被除了祭司之外的其他人享用。他们尽最大努力向赫尔墨斯，而不是奥林匹斯山的诸神献祭，他们的神庙，据回忆，在壶日当天是不开放的。一方面，他们有祭司和血腥的食物；另一方面，又吃素食晚餐。这种对照一直贯穿整个过程。赫尔墨斯是这个世界和另一个世界的中介者，将狄俄尼索斯带走又将他带回来。他的祭祀就发生在壶日和罐日之间的晚上，"陶罐里的食物"决定性地建立了白天的秩序。③

作为罐日的病因学来源，泰奥彭波斯讲述了关于洪水的神话。在大洪水中，有几个尚能自救的人将找到的所有谷物放入陶罐，一起熬制。用这种办法，他们恢复了体力，因此他们"用重新找回勇气的日子来命名整个节日"。同时，"那些幸存下来的人以死者的名义安抚赫尔墨斯"，对他进行上述种种献祭。④因此，罐日的确是和逝者相关的，但是关于将壶日称为"污染日"的资料还是模糊不清的。根据泰奥彭波斯所说，罐日标志着洪水过后大地的复原，人们开始恢复正常的生活秩序。对逝者的纪念就像是一次离去，一次转身。奴隶和工人们被送回去工作；角色扮演者不再享有权利。俄瑞斯忒斯的故事可以被这样总结：俄瑞斯忒斯在夜晚得到净化，在阿瑞斯战神山与复仇女神厄里倪厄斯相遇⑤，在得到最后一次献祭后，受钦佩的厄里倪厄斯就消失了。

---

① Schol. Aristoph. Ach. 1076，Suda χ 622：Theopomp, *FGrHist* 115F 347a，不品尝陶罐中的任何东西；Harrison（1922：37）："没有人品尝"；Deubner（1932：112-113）；Nilsson（1955：595）。

② 完全不是为奥林匹斯山诸神中的任何一个，而是为地下的赫尔墨斯；并且城邦中的每个人都在煮食物，祭司并不品尝，*FGrHist* 115F 347b.

③ 参考第 1 章第 5 节注释。

④ 于是人类幸存了下来，以同样的方式在那一天获得了勇气，甚至用那天称呼整个节日……然后幸存的人代表死了的人安抚赫尔墨斯，*FGrHist* 115F 347b；参考第 4 章第 4 节注释。

⑤ Luk.*Hermot.*64；*De domo*18.

洪水的故事让情况变得复杂了，因为它引入了一整套全新的神话。洪水常常与难以言说的祭祀相联系，而这种祭祀恰恰是引发洪水的原因。比如，洪水始于吕卡翁的人肉晚餐①，或萨莫色雷斯岛的屠杀之后。② 在摧毁一切的大洪水中，犯罪和罪犯都被彻底地遗忘了，洪水过后新的生活便可以在新的彼岸开始。因此，尽管这是后来对阿提卡故事的补充，但是洪水的传说在壶日神圣祭祀与罐日新一天的开始之间构成了一个合理的结构性休止。

正如一场比赛意味着一场祭祀的结束，所以罐日那天确实有比赛。③ 尽管时常有人煞费苦心地突出罐日的重要性，但它仍被酒神节和泛雅典娜节遮住了锋芒。即使如此，证据在公元 2 世纪左右仍不断出现。当然，男青年扮演了最重要的角色。毕竟，制定新的胜利的秩序是年轻一代的事。

对于孩子、女孩以及处女而言，罐日这一天有一种独特的乐趣，那就是荡秋千。对于普通人来说，这是毫无疑问的快乐，但就像是壶日水壶所展示的，荡秋千对雅典人来说还有着严肃性的一面。王座准备好了，并盖着华服；火被点着；旁边的地上放着一只打开的酒桶，它是被看作打开的酒桶或是在为逝者进行祭祀，都是不确定的。④ 这里，与死亡的遭遇和生命的乐趣如影相随，有的时候我们看见好色之徒甚至是爱神本尊，在诱惑一个女孩。

关于雅典人与这项风俗习惯有关联的神话意外地令人失望：一个游荡的少女上吊了；为了抚慰她，雅典的少女和女人必须同样"摇摆"⑤。尽管只是在荡秋千，但由此而生的高扬精神取代了焦虑。关于谁是"游荡者"这件事，有各种各样的解释。根据其中一个版本，她是埃癸斯托斯的女儿厄

---

① 参考第 2 章第 1 节注释。

② 参考第 2 章第 6 节注释；Guépin（1968：287）。

③ Philochoros, *FGrHist* 328F57; Plut. *Vit* X.

④ *Et. M.* 42.3 秋千（节）：在雅典（举办）的节日，人们称之为"用丰盛的筵席款待的（节日）"；关于"用丰盛的筵席款待的（节日）"：［靠近］雅典（举行的）某种祭仪，主要为在德里多尼湖畔出生的（雅典娜）……Hsch.（关于厄里戈涅的诗歌）漫游的（Ἀλῆτις）：在雅典（举办）的节庆现在被称为秋千（节）；Nilsson（1950）；S. Marinatos, *Antichthon*（1968：1-34）。

⑤ Hyg.*Astr*.2.4=Erat.*Cat*. p.79 Robert; Hyg. *Fab* 130; Ael. *Nat. an.* 7.28. Ael.*Nat.an*7.28.

里戈涅，正在追查杀害父亲的凶手俄瑞斯忒斯，一直到雅典控告他。当俄瑞斯特斯被无罪释放时，她自杀了。①在另一个版本里，厄里戈涅是伊卡里俄斯（Ikarios）的女儿，狄俄尼索斯拜访了伊里卡俄斯，并给了他第一瓶酒，这也造成了他可怕的死亡。厄里戈涅发现父亲死了，她也自杀了。正是这个版本主导了希腊和罗马文学作品——埃拉托色尼（Eratosthenes）的诗歌《厄里戈涅》。②另一个版本大概被索福克勒斯应用过，但是要追溯到6世纪。还有一个版本，虽然有点难理解，但几乎保留了最真实可信的传统。在这个版本中，"游荡者"是发明了喇叭的暴君第勒尼安（Tyrrhenian）的女儿③——第勒尼安发明的喇叭在壶日的饮酒仪式中发挥了重要作用。最终，有的时候厄里戈涅会与美狄亚和珀尔塞福涅地位平等。④

由此可以看到，厄里戈涅的名字被充分证实并且较多地被用于仪式中。关于"游荡者"的歌曲——阿勒提斯⑤，也许会在秋千节的时候演唱。荡秋千和憋气的联系同样也被证实过。⑥甚至这种娱乐活动也象征着一种暴力，一种牺牲。父亲的死让女儿陷入了绝望，这便是两个相似的关于厄里戈涅神话的主题：父亲被谋杀导致了少女的死亡。因此，我们看见了最后一次确认的安特斯特里亚节的祭祀形式：少女祭祀——波吕克塞娜⑦——是抚慰在壶日发生一切的最终典礼。厄里戈涅，伊卡里俄斯的女儿，在狄俄尼索斯和父亲见面时被确定为狄俄尼索斯的新娘。⑧她因此成为"王后"的虚

① *Marm. Par. FGrHist* 239 A 25；Apollod. *Epit.* 6.25，28；Schol. Eur.*Or.* 1648；Paus. 2.18.6，俄瑞斯忒斯（阿伽门农的儿子）跟厄里戈涅（希腊神话中埃癸斯托斯和克吕泰涅斯特拉之女，被阿耳忒弥斯救出，在阿提卡当女祭司）结婚了。

② 参考第 4 章第 2 节注释。

③ Hsch. 秋千（节）：在雅典（举办）的节庆，有人说是纪念第勒尼安（Τυρρηνοῦ）的女儿的……

④ 作为埃勾斯（希腊神话中的雅典国王）的妻子，美狄亚（希腊神话中科尔喀斯国王之女，以巫术著称）是雅典临时的女祭司。阿勒蒂斯＝珀尔塞福涅，"从而（他们）研磨着麦子把某种糕点献给她，就这样（为她准备了）旅途上的供应；Apollonios，*FGrHist* 365F4；Hsch. *Et. M. s.v.*；Deubner（1932：113）；Nilsson（1955：595）。

⑤ Arist. fr. 515；Ath. 618e；Poll. 4.55；Plat. com. fr. 212（*CAF* 1659）＝Hsch.

⑥ Paus.10.29.3；Serv. *Aen.*6.741；Serv.*Georg.* 2.389；G. Devereux，*Mélanges C. Lévi-Strauss*（1970：1246）。

⑦ 参考第 1 章第 7 节注释。

⑧ Ov. *Met.* 6.125；E. Panofsky，*A Mythological Painting by Poussin in the Nationalmuseum Stockholm*（Stockholm，1960：23-28）。

构副本，王后作为全雅典女子中最为重要的人，在秋千节的前一晚被献给神。神话中的恐怖情节却转化成为仪式中迷人的部分：为了纪念厄里戈涅——"出生早的人"，在微风中荡秋千，起起落落，不再受缚于土地，移除了从"污染日"就开始克服的最后的杂质。在度过了难以言说的时期，人们便可以在春日的花丛中高兴地庆祝，这也说明了安特斯特里亚节这一名字的由来。

六 普洛忒西拉俄斯

较早之前，在史诗《伊利亚特》中，我们发现了一个故事，在特洛伊战争刚发生时，也出现在史诗《塞浦路亚》中，讲的是第一个希腊人是如何从船上跳到特洛伊海岸上的，并且成为第一个战死的希腊人。他就是普洛忒西拉俄斯（Protesilaos）[①]，他的名字暗示了他的命运，"第一个男人"。5世纪，我们得知普洛忒西拉俄斯的影响没有因他的死亡而终止。在欧里庇得斯的悲剧《普洛忒西拉俄斯》[②]中，年轻的寡妇拉俄达弥亚（Laodameia）无法接受丈夫的死亡。加上有限的改动，后来的文本几乎都述说着同样的故事：拉俄达弥亚在卧室中摆放了一座用蜡或木头做的死去丈夫的雕像。她对着雕像倾诉，在雕像前哭泣，带着它参加酒神节狂欢仪式，并且在雕像前放置了花冠。她的痛苦足以使死去的丈夫离开冥府，某个时候，普洛忒西拉俄斯出现在她的面前并和她共度一夜。根据某个版本[③]，那座雕像在第二天早晨便被烧掉了。所有的文本都有一个共同之处，就是拉俄达弥亚后来自杀了。[④]

有个吸血鬼的故事由斐勒贡（Phlegon）讲述[⑤]，只是其中的男女主角调转了过来。这也是歌德的诗篇《科林斯的新娘》的灵感来源，大概讲述了

[①] *Il.* 2.695-702；Kypria fr.17 Allen=15 Bethe=Paus. 4.2.7；Hes. fr.199.6；Türk, *RML* Ⅲ 3155-3571；*PR* Ⅱ 60-64；L. Radermacher, "Hl ppolytos und Thekla", *SB Wien* 182.3（1916：99-111）；G. Herzog-Hauser, *Mélanges Boisacq*（1937：471-478）.

[②] *TGF* P.563；Schol. Aristid p.671. 30 Dindorf.

[③] Hyg. *Fab.*104；103.

[④] Apollod. *Epit.* 3.30；Eust. 325.22-26；Philostr. *Im.* 2.9.5；Luk. *Dial. mort.* 23；cf. Ov. *Her.* 13；*Arch. Zeitg.* 1864；*RML* Ⅲ 3163；*JdI* 73（1958：68-70）；*Bonn. Jb.* 161（1961），216.

[⑤] O. Keller, *Rerum naturalium scriptores Graeci minores*（1877：57-62）= *FGrHist* 257 F 36 1.

一个民间传说。然而，普洛忒西拉俄斯不仅是一个史诗英雄，而且色萨利的一块神圣区域是献给他的，人们在那里举行竞赛（根据品达的描述）①也是为了向他致敬。最重要的是宏伟和奢华的普洛忒西拉俄斯圣所坐落在色雷斯的凯索内苏斯（Chersonnesus），他的墓也在这里。他被人们当作神一样崇拜。②在属于普洛忒西拉俄斯的时代，他什么也没留下，只有耸立的雕像，但他仍然不可思议地被人膜拜。相比之下，在薛西斯入侵时期，波斯总督阿特克底（Artayktes）从祭品中掠走了大量的珍宝，也正因为如此，希腊人获得胜利后他遭遇了可怕的死亡，人们认为这是对他的一种公正的惩罚。这个故事尤其强调他将女人带到神庙的内殿纵欲③，对于希腊人来说，在神庙中交媾是最不能容忍的行为。④但是也存在一些细节，让波斯人有了一种将神庙变成闺房的想法。阿特克底对婚礼的亵渎预设了某种风俗或者至少在普洛忒西拉俄斯神庙中结婚是神圣的幻想。在这种情况下，普洛忒西拉俄斯的坟墓和拉俄达弥亚经历的致命的欢爱一夜就不仅存在于小说的字里行间了。罪人经历的奇迹才是最重要的：腌鱼活了过来，一种危险的力量从死者身上爆发出来。

这种仪式也在勒纳节花瓶上有所反映，勒纳节花瓶呈现了饮酒的女人围着戴着狄俄尼索斯面具的雕像（正在修建）行进，雕像前面还有一群异常激动的跳舞的女人，一直跳直到雕像苏醒过来。这样的行为是以拉俄达弥亚的神话作为前提的。两个神话中都有雕像，都是通过祭祀恢复力量的行为。同样地，普洛忒西拉俄斯的死属于与仪式相似的特殊形式：为了进入新的阶段或是赢得新的领地，就会有受害者。⑤死亡使人有机会获得与神享有同等的被永久崇拜的权利。用建造雕像的方法使逝者永生的类似故事与阿克泰翁、阿提斯以及狄俄尼索斯密切相关。⑥

因此，对普洛忒西拉俄斯的崇拜呈现一种酒神的色彩就不足为奇了。

---

① Pind. *Isthm.* 1.58-59；Philostr. *Her.* 2.3（II 143.19 ed. Teubn.）；Konon, *FGrHist* 26 F 1.13.

② Hdt.7.33，9.116，120；Thuk.8.102；Lyk.532-534；Strabo 7 p.331；Plin. n.h.4.49，16.238；Arr. *Anab.*1.11.5；Philostr. *Her.* 2.1.

③ Hdt.9.116-120；Philostr. *Her.* 2.1.

④ 参考第 1 章第 7 节注释。

⑤ 参考第 1 章第 5 节注释。

⑥ 参考第 2 章第 4 节注释。

普洛忒西拉俄斯的父亲伊菲克勒斯（Iphiklos）与墨兰波斯的故事有关。在史诗《塞浦路亚》中，他的妻子是阿托利亚的纽俄斯（Oineus）的孙女。① 普洛忒西拉俄斯将他变成酿酒人最信任的朋友。一个来自罗马帝国的大理石棺描绘了普洛忒西拉俄斯的归来，是直接基于对赫尔墨斯的献祭。另一个故事讲述的是普洛忒西拉俄斯在短暂的归来后再次离开了，拉俄达弥亚在狄俄尼索斯的面具前彻底崩溃。②

公元前3世纪，古希腊历史学家菲拉尔克斯（Phylarchus）讲述了一个名叫埃雷昂（Elaius）的城市的奇特故事，他没有忘记提及这里安葬着普洛忒西拉俄斯。这座城市每年都要向家邦守护神献上一名处女。关于谁的女儿应该去送死，国王和一个父亲展开争论，最终一切结束于一场极其可怕的祭祀。玛忒索斯（Matusios）"杀死国王的女儿，将她的血与酒混在一起盛在一只碗里，在国王到来的时候端给他喝"。当这个诡计被发现，玛忒索斯连同碗直接被丢进大海。这个故事揭示了"玛忒索小丘"这一名称的来源。③ 通过这种方法，关于可怕行为的记忆变得永恒和神圣。

在狄俄尼索斯神圣的祭祀坑中饮酒被看作饮血，并且与用女孩献祭相关联。准确地说，这是众神的意志，人们称这些神为家邦守护神佩纳特斯（Penates），这是拉丁语中的叫法，但明显的，伟大的神或低级的神卡比里，与萨莫色雷斯、利姆诺斯以及特洛伊相联系。④ 饮酒在有关低级神卡比里的神话仪式中占有重要的地位。菲拉尔克斯讲述的恐怖故事反映了与伟大的神相关的神话的固定模式。更进一步地说，在一次难以言说的祭祀发生之后投入大海已成为琉科忒亚神话的既定模式。⑤

没有简单的方法可以将普洛忒西拉俄斯的祭仪和玛忒索斯故事暗示的仪式相关联，尽管两者都独立地揭示了其与阿提卡的安特斯特里亚节的多处巧合：建造雕像的人，神圣的婚礼，年轻女子的死亡，把饮酒当作饮血与用女孩献祭。但是在玛忒索斯的故事中，女孩的死亡是最先发生的，而

① *PR* II 58-60.
② R. Wolfram, *Zeitschr. f. Völkerkunde* 42（1932：145）.
③ *FGrHist* 81 F 69=*Hyg. Astr.* 2.40；Strabo 7 p.331.
④ Hemberg（1950），他没有讨论这一来源；参考第2章第6节相关内容及第3章第6节注释。
⑤ 参考第3章第7节相关内容。

在普洛忒西拉俄斯的故事中死亡是后来发生的。我们更加不能将普洛忒西拉俄斯的死和饮祭祀坑中的酒相联系。三手的神话材料太离谱，以至于我们不能通过它做出任何精准的判断。但是有一座奇怪的桥梁从普洛忒西拉俄斯通往卡比翁：一个底比斯的卡比翁雕刻花瓶刻画了普洛忒西拉俄斯，并且放在狄俄尼索斯的面具旁边。[①] 总之，"第一个男人"是第一个凡人，第一个死去，将这转换至英雄出身，他是普洛忒西拉俄斯，第一个在特洛伊倒下的人，狄俄尼索斯被肢解也同样与人类的起源联系在一起。当然，这些只是推测，但是在任何情况下，安特斯特里亚节都带领我们又一次地走近了介于希腊和史前希腊世界的灰暗领域。我们是否必须分析从小亚细亚输入的有关色雷斯的或前色雷斯的资料，这又是另一个问题。

[①]　Nilsson（1955：48.1）；*AM* 13（1888：421）；O.Kern, *Hermes* 25（1890：7）.

第 5 章　厄琉息斯

一　史实与秘密

神秘主义、神秘以及神秘的，这些词语在今天依然很常见。它们源于古希腊祭祀仪式，尤其是最著名的厄琉息斯秘仪。然而，这些词语的现代用法却一直具有误导性。[①] 如果神秘主义意味着个人的内省，好像一束幽光照进灵魂，使灵魂得到更深层次的打开，那么厄琉息斯秘仪恰恰就是非神秘主义的了。在一个封闭的入会大厅里，数千名参与者参与秘仪。人们所看到的火和光，毫无疑问是真实的。神秘主义概念首次出现是柏拉图在其《斐德罗篇》（*Phaedrus*）和《对话录》（*Symposium*）中使用神秘的隐喻表达哲学家的精神冥想，这个概念后来通过新柏拉图派哲学和禁欲主义传承了下来。只有局外人才会觉得庆祝仪式是神秘的。新加入者会得到相应的解释，但是神圣的誓言禁止他们向外界透露任何信息。"新加入者""使其初步了解""传授仪式或地点"这些词组反映的基本现象是这样的：通过特定的例行仪式，一个人成为一个祭仪组的新成员，例行仪式的功能恰恰是启蒙。于是，当我们将希腊神秘仪式理解成启蒙时，就是简单地用了这一古老的翻译方式。这种神秘元素，也就是秘密，与许多人依赖个人启蒙这样一个事实相关联。在基督教中，献祭，即最初的圣餐和坚振礼，也是获得圣餐的条件；确实，早期的基督教作家就发现将洗礼和圣餐描述为教徒

---

① 神秘主义的概念参考 H. Schlöetermann, *Mystik in den Religionen der Völker*（1958）; R. C. Zaehner, *Mysticism, Sacred and Profane*（1957）; D. Sabbatucci, *Saggio sul misticismo greco*（1965）——然而有人假设了一种真实的神秘经历先于外界的证据（155-161）。

对秘仪的忠诚，这是很自然的事。① 但是除了诺斯底派，基督徒们都放弃了这种秘密。

关于厄琉息斯的祭祀活动并不缺乏文献，相对而言，有关希腊其他地方的祭祀活动却没有如此丰富的资料。帕萨尼亚斯未进行描绘的圣殿，多亏了精细的挖掘工作，人们才能看到它。最著名的是泰勒斯台里昂（Telesterion）神庙，它有着恢宏的入会大厅，从中能看出它从庇西特拉图时代到帕特农时代的发展，还有奇怪的、形状不规则的贵宾室和圣职者宝座。来自圣殿的供奉品、浮雕和瓶画，再加上在其他地方发现的类似图片，为我们提供了丰富的有关厄琉息斯秘仪的内容。尤其是出口到俄罗斯南部的阿提卡花瓶的所有存货都描绘了厄琉息斯的神和英雄。大量的铭文，包括政府法令、账务信息、荣誉证书以及葬礼祭文，都使我们更加了解圣所的行政管理、祭司身份、经济活动，甚至在少数幸运的情况下，还能了解神秘庆典本身。公元 220 年前后的一次公民投票记录了整个节日活动的过程，因为它是"根据古代习俗"确定的，而一直到波德罗米昂月的第 19 天的厄琉息斯游行后，秘仪之夜才开始。

另外，我们还有文学证据。古老的《献给得墨忒耳的赞歌》已经为神话谱写了一段厄琉息斯插曲，毫无疑问涉及仪式的某些方面。② 当地的历史学家们甚至编纂了关于厄琉息斯秘仪的书，当然在没有冒犯这个秘仪的前提下，可以言说的细节已足够多了。③ 谈论典故中的秘仪而又避免讲述秘密本身几乎成为演说家的一项运动，索帕特鲁斯关于一个朋友在梦中经历了整个入会仪式的虚幻演说成为这一运动的高潮。④ 更重要的是将神秘语言和

① 已经出现在《新约全书》中，《福音书》是神秘的：Matt.h. 13：11；Röm. 16：25；Koloss. 1：26-27；Ephes. 6：19，3：9；Bornkamm, *Kittels Theol. Wörterbuch* Ⅳ 809-834；克莱门，见本节的注释；安布罗修斯讲述的是洗礼和圣餐；J. C. M. Fruytier, "Het woord ΜΥΣΤΗΡΙΟΝ in de Catechezen Van Cyrillus van Jerusalem", *Diss. Nijmwegen*, 1947.

② 1. 28. 7.

③ F. Noack, *Eleusis, die baugeschichtliche Entwicklung des Heiligtums*（1927）；Deubner（1932：69-91）；O. Kern, *RE* XVI（1934：1211-1263）；Kerényi（1962）.

④ Pringsheim（1905）；B. Grossmann, "The Eleusinian Gods and Heroes in Greek Art", *Diss. Washington Univ.*, Saint Louis（Missouri），1959（Microfilm）；Kerényi（1962）；E. Simon, *Neue Deutung zweier Eleusinischer Denkmäler Des 4. Jh. v. Chr.*, *AK* 9（1966：72-92）；Metzger（1951：231-265；1965：1-53）.

意象挪用到哲学中，柏拉图和他的追随者们在这方面走得很远。[①] 哲学之路被认为是一种启蒙，而纯洁心灵的冥想被比作神秘的开端。故而将"比喻"翻译成"比喻缘起于现实"应该不是完全没有可能的。

基督教的柏拉图主义把基督教描述成为一种秘教，基督则是导师。[②] 伪异教徒秘教很自然地受到更猛烈的攻击。另外，亚历山大的克莱门的任务是，在《劝告》（*Protrepticus*）中揭开秘密的面纱，揭露秘仪之夜隐藏的秘密[③]，展现所有的怜悯、谋杀、猥亵、性和罪恶。学者们已经开始怀疑他提出的这些观点[④]，然而有效的争辩至少要包含真理的精髓。此外，克莱门的憎恨与柏拉图式的对秘仪语言的怜悯相结合。事实上，二者并不同，但人们总是忽略不同，比如罗马的希波吕托斯（Hippdytus）著的《异教邪说之反驳》（*Refutation of All Heresies*）总是忽略这些不同。[⑤] 这并不是基督的主教在此言说，克莱门引用了一个诺斯底教徒的说法，他声称，所有的秘仪和诺斯底教派基督教教义是基本一致的。阿提斯的奥秘对此事件有决定性的影响。很有可能，这样一个诺斯底教派，像其他古代晚期的人类宗教一样，已经开始了尽可能多的神秘活动，并意识到了"神之子的自由"，诺斯底教徒感觉到自己凌驾于所有传统的戒律和禁忌之上。[⑥] 尽管一个认同仪式的新入会者会将秘仪讲出来显得不可思议，但事实似乎确实是这样。从那时起，厄琉息斯"伟大、精彩而又最完美的秘密"已经众所周知——圣职人员会展示一束割下的麦子。[⑦] 那么，他们展示的果真只有这些吗？

---

① *Hy*. Dem. 96-302；F. Wehrli，"Die Mysterien von Eleusis，*ARW* 31（1934：77-104）；G. E. Mylonas，*The Hymn to Demeter and Her Sanctuary at Eleusis*（University of Washington Publications 12，1942）。

② Clem. *Pr*. 120.1，我参与着诸天与神的秘仪，达到了最高阶段，（因）被引入秘仪正变得圣洁；而主耶稣是导师，并以光明指引着（我们），使秘仪参与者获得确信。

③ 2.12.1，14.1，22.4，7.

④ 最激进的质疑克莱门和希波吕托斯的研究者是米伦那斯（Mylonas），他强调厄琉息斯秘仪的唯一性。

⑤ 文本作为"希波吕托斯"被讨论，Foucart（1914：420，433，479）；Deubner（1932：85）；Kern，*RE* XVI 1236，1240；Mylonas（1961：305-310）；Kerényi（1962：98）；Des Places（1969：212）；R. Reitzenstein，*Poimandres*（1904：81-102）；*Studien zum antiken Synkretismus*（1926：105-109，161-173）。

⑥ Porph.Abst.1.42.

⑦ Hippol. Ref. 5. 8. 39；参考第 5 章第 4 节注释。

很显然，这个秘密是一个特例。秘仪的秘密从来不曾被侵犯，这无疑是比事实更虔诚的宣传。事实上，当一件事每年都要展现在数千人面前时，怎样才能保守秘密呢？就在伟大的泰勒斯台里昂神庙建造之际，厄琉息斯的秘密因为被第一位无神论者、米洛斯的哲学诗人狄亚哥拉斯公然挑衅而暴露了。他"告诉所有人有关厄琉息斯秘仪的事，使秘仪变得粗鄙庸俗，而且还劝阻那些想要入会的人"①。狄亚哥拉斯到处散布说，厄琉息斯的秘密既没有福祉也没有回报，而且是一种虚空，就像在神话中金子在白天会变成煤炭一样。雅典人诅咒狄亚哥拉斯去死，并且对他进行全城追捕。尽管如此，厄琉息斯秘仪在狄亚哥拉斯之后的 800 年内还是继续被信奉。狄奥多罗斯（Diodorus）描述说，在厄琉息斯、萨莫色雷斯岛以及俄耳甫斯教仪式中发现了同样的秘密，并且"克里特岛的克诺索斯（Cnossos）秘仪被大众公开地传承了下来，而其他那些在秘密状态下传承下来的秘密对于那些不想了解它的人来说都是隐秘的。"② 然而，人们就是去厄琉息斯而不去克诺索斯。

关于厄琉息斯秘仪的传闻不尽相同，由于一个舞台剧演员回忆起了仪式的一些细节，所以埃斯库罗斯以亵渎秘仪罪而被带进法庭接受审讯。在他的辩解陈词中，他声称他不知道那是秘密。③ 久而久之，人们变得顾虑重重，比如，帕萨尼亚斯声称一个梦阻止了他描述厄琉息斯的圣所④，新毕达哥拉斯主义者努墨尼乌斯（Numenius）梦到厄琉息斯的众女神打扮得像妓女一样站在妓院前，她们告诉他，他在类似于柏拉图的"解析"一书那样的哲学解释中出卖了厄琉息斯的秘密。⑤ 越来越多的规则规定神职人员就是"神职人员"，而且他个人的名讳不应该被提及⑥，最高秘密掩盖了秘仪神秘的力量。

---

① Krateros, *FGrHist* 342 F 16=Schol. Aristoph. *Av.* 1073；Melanthios, *FGrHist* 326 F 2-4；F. Jacoby, *Diagoras*.

② 5.77.3.

③ "不知道那是不可言说的"，Arist. *EN* 1111 a 9；有关这场骚动和指控，"因为传播秘仪内容的事，审判某人"，参考 Herakleides fr. 170 Wehrli = *Comm. v.h. Arist. Gr.* XX 145；因为某种行为他被传唤接受不虔敬之审判 Ael. *v.h.* 5.19.

④ 1.38.7.

⑤ Fr.39 Leemans=Macr.Somn.Sc.1.2.19.

⑥ Luk. *Lexiph.* 10；Eunap. p.52 Boiss；*IG* Ⅱ/Ⅲ² 3811；规则追溯到罗马时代会有很多例外。

就是在秘密不再依附于内容而被绝对遵守的状态下，秘密最基本的特点之一暴露了出来：秘密大白于天下就变得毫无意义，而被当作秘密来保守才是最重要的。神秘被通过不谙此道时非秘教成员区分开来。入会者的内部圈子和圈外人士形成鲜明对比，而人们关于"内"和"外"二分的看法几乎本能地反映了他们渴望进入内部圈子。甚至孩子们也不断发现保守秘密能得到尊重和有一种权力感：有归属感的人是有福的。因此，很有可能从远古时代开始，那些脱离社会及其文化圈的群体总是将自己确立为秘密组织。没有国家机密就不会有绝对统治，没有秘密就不会有排外的社会。这决定了谁属于某个群体而谁又被排斥在外，内部的排他性和外部的攻击性是一致的。

一个群体只要继续接纳新成员就能延续下来，准入越严格，越不可更改，这个群体就越能强大和持久。通过入会仪式理解和破除障碍是互相关联的：保守秘密和举行入会仪式是人类社会最成功的结构形式之一。一些群体通过确认其具有神圣的超人权威而绵延了数千年。

作为一个封闭的组织，神秘团体能够通过城邦国家确认身份。在米克诺斯（Mykonos），女性居民和入会的外来移民在得墨忒耳①崇拜中被认为是平等的，而且在雅典，众多城邦与厄琉息斯的关系最为密切。秘仪受"国王"也就是②城邦执政官监督，所以"国王"总是能成为一名新入会者。对于组织节日游行的男青年们来说情况也是如此。赫拉克勒斯在厄琉息斯接受秘仪③之前被 Pylius 收养的故事与需要举行入会仪式而加入家庭式城邦的人有着密切的联系。在仅有成人能入会的仪式中有一个男孩例外。④因此，祭奠仪式仍然标志着向成人世界的过渡。通常来说，希腊人是

---

① *SIG* 1024=*LS* 96. 20-22；意思有很多的争论，在美塞尼（Messene）被解救之后，安达尼亚（Andania）的秘仪重新被认为是"阿里斯托米尼斯（Aristomenes）的遗产"：Paus. 4. 26. 8。

② Arist. Ath. Pol.57.1。

③ Plut. Thes. 33.2，Apollod. 2.122；Iul. *Scyth.* 8. Jul. Or. 7.2386；加入秘仪者，必须在之前被登记为公民而成为雅典人，Lobeck（1829：20，38-39）；Hdt. 8.65；维鲁斯（Verus）和康茂德大帝被欧墨尔波斯家族接纳为其成员；*IG* II/III² 3592=*SIG* 869.25；*IG* II/III² 1110=*SIG* 873。

④ L SS 3 C 20-22，加入秘仪者必须是成年人，除了已从家灶引入（城邦）者不（接受）任何人。

神秘主义者。大儒学派哲学家戴摩纳克斯（Demonax）给人留下了不愉快的印象，因为他将自己从神秘中解脱出来。[①]然而，厄琉息斯的神秘组织与城邦完全分离，在城邦之外也有影响力：女性、奴隶和外来者也都可以参与其中。在罗马，厄琉息斯秘仪一度成为时尚，从哈德良到康茂德，这些帝王使泰勒斯台里昂神庙享有最后的辉煌。[②]

尽管这个秘密仪式有着广泛的吸引力，但它也受限于其背景，被两大家族欧墨尔波斯家族（Eumolpidai）和克律克斯家族垄断，祭司和神职人员主要来自这两大家族。厄琉息斯秘仪的特色很大程度上归因于它在世界和地方之间达成的谨慎平衡。由于它给所有人提供了一个途径，因此得以在整个古代世界传播，而且由于它自身的地方传统，它并不随着时间和风尚的变化而变化，也就是说，它并不依赖书本，即哲学教条而存在。很长一段时间以来，贸易交流使人们会聚到厄琉息斯的市场，因为厄琉息斯是阿提卡、皮奥夏和伯罗奔尼撒的交汇点。雅典的教育[③]，通过不断在哲学和诗歌中描绘厄琉息斯的众神而占有一席之地。

从社会学和结构学的角度来说，可以将厄琉息斯秘仪描述为一个秘密社会通过入会仪式进行自我更新的方式，但这种描述仅仅触及了其表面功能。当然，不是任何口令或标志都能够成为秘密，而只有释放、塑造和引导人类灵魂力量的事物才可以。另外，女神得墨忒耳的恩赐造就了两类厄琉息斯主题：[④]一方面，是来自谷物的滋养，摒弃了野蛮的同类相食的恶习，人们逐渐变得温文尔雅；另一方面，是为人们死后的生活带来"美好的希望"。《致得墨忒耳荷马福音》记载："世上无论是谁看到了这些都是有福的，但是没有参与神圣仪式的人，当他在黑暗中消磨时光时会有另外的命运。"这些话得到了索福克勒斯的回应："那些已经见证仪式并来到冥府的人有三倍的福气。在这里，只有他们才有生命；而对其他人来说，所有的一切都是地狱。"很显然，"内"和"外"的两分已经顺理成章地投射到了来世的生

---

① Luk.Dem.11.

② *RE* XVI 1255-1258；参考第 5 章第 5 节注释。

③ Wilamowitz（1932：59）.

④ Isokr. 4；Cic. Leg. 2.36；Hy. Dem. 480-482；Soph. fr. 837 Pearson；Krinagoras，Ap 11. 42.

活中。那么，学者们是否试图将得墨忒耳的这两种恩赐分开，把谷物的滋养看作原始的农业魔法，将战胜死亡看作来生的希望呢？[①]事实上，从公元前 6 千纪农业传入希腊到大约公元前 600 年的"个体的发现"，历史进程中的核心发生了转变。尽管如此，就人类历史而言农业还是"年轻的"，而且，滋养、死亡、生存的主题已经在旧石器时代复杂的狩猎和祭祀仪式中被发现。同样地，秘密的男性社会是非常古老的。祭祀仪式尤其是动物祭祀强调了属于得墨忒耳的秘仪。就像在其他地方一样，象征主义以一种可变更的行动方案为前提：谷物的象征意义来源于祭祀仪式，就像大女神已经超越了旧石器时代一样。[②]

目前而言，这只是一种推测。在任何情况下，我们都不会孤立地而是从历史的角度看待它，以相关的秘仪作为参考。得墨忒耳的秘仪是希腊最负盛名的仪式之一，比如美塞尼亚的安达尼亚镇以及阿卡迪亚的利库苏拉镇的秘仪偶然也会因为具有严密性而出名[③]，而意大利南部和西西里岛尽管也提供了丰富的素材，但很少有细节上的补充[④]。在有地方差异的前提下，我们假设有一个共同的结构基础从希腊向外延伸至小亚细亚的米特秘仪。自人们发现农业是从小亚细亚传入希腊的，以及库柏勒是卡托·胡玉克的大女神的延续，历史宗教研究就不得不考虑这些问题。古典主义者在厄琉息斯仪式的独特严肃性和纯洁性中看到了其特质，而当下的现实主义者将其视为雅典文化宣传的某种特征而不屑一顾。无论优点和机会以何种方式结合在一起，对于我们来说厄琉息斯都是最重要的、令人印象深刻的一个复杂的例子。

秘密的存在给了怀疑者巨大的力量来揭开秘密。人们认为，能从证据中得到的恰恰不是秘密，因为它是众所周知的。[⑤]当然，没有一个批评家能

---

① Nilsson（1955：661）.

② 参考第 1 章第 8 节相关内容。

③ *LS* 65=*SIG* 736=*IG* V 1.1390；*LS* 68=*SIG* 999=*IG* V 2.514；Paus. 4.33.4-6，8.37；Nilsson（1955：478）；Stiglitz（1967：30-46）.

④ 金色的麦穗经常出土于西西里岛的墓冢中，Nilsson（1955：pl. 42.2）；P. Wolters, *Festchr. J. Loeb*（1930：111-129）；阿普利亚（Apulian）花瓶上有带有金色小麦穗的庙宇，Nilsson（1955：pl. 42.3）；Kerényi（1962：158）.

⑤ 5.4.4.

摆脱被称作无知者的可能。但是如果一个人耐心地从更多的文本中收集残存的信息，加上进行神话学和哲学的各种反思，那么人们将从字里行间辨认出那些产生社会学、历史学、心理学意义的形式。这样的努力比"艺术不可知论"更招人喜爱：重建的努力是值得的，即使只能了解一部分奥秘。

二　赫拉的神话和猪祭

所有参加厄琉息斯入会仪式的人都必须带一只祭祀用的猪。这好像不是秘密的一部分，甚至有点像开玩笑。因此，一位阿里斯托芬式的反英雄人物用一些机敏的讨价还价的插科打诨回答了死亡的威胁："借给我 3 个德拉克马去买一头小猪。我死之前必须入会。"[①]当一个奴隶听到了伊阿科斯的入会[②]歌曲时，他会闻到一股诱人的烤猪的味道，这些小猪是由崇拜者特别是赫拉克勒斯这个厄琉息斯入会仪式的典型神秘人物带入仪式现场的。[③]

为得墨忒耳献祭活猪是所有得墨忒耳秘仪最普遍的特点。从小亚细亚到克里特岛，再到西西里岛，得墨忒耳的圣所里都有崇拜者献祭的猪或猪雕像。祭猪首先是地母节（Thesmophoria）的一部分，它是得墨忒耳节的一种常见形式，在这个节日里，女人们离开男人独自庆祝。不过，并没有烤猪。取而代之的是，猪被扔进地下室或坑里。在雅典就有这样的文献证据，在普里埃内（Priene）也有类似的祭祀坑。

猪是最便宜的祭祀动物，也是最容易饲养的动物，但正因如此，它并不是最完美的祭品。这场大狂欢发生在地母节的第一天。有些时候，仪式的传承具有通过自我否定和自我顺从来获得更大的成就感的功能。没有证据显示在波德罗米昂月的第 19 天的秘仪大游行中人们带着猪，因为在行进途中它们会变成麻烦。因此，猪祭属于秘仪的基本仪式，除了市政广场祭祀，"加入厄琉息斯、在圣所广场和城市祭祀"都需要进行猪祭。但是，

---

① Aristoph. *Pax* 374；Plat. *Resp.* 378a；*IG* Ⅱ/Ⅲ² 1672，207；1673. 24.

② Aristoph.*Ran.* 337.

③ Metzger（1965）；Nilsson（1955）；Clinton（1974：103）.

"只要还没到'宫殿',你就没有入会"。在向厄琉息斯行进的途中,人们会获得入会的基本满足感,而猪祭是准备性的祭祀仪式。

神秘祭祀有别于"正常"的祭祀,在神秘祭祀中,动物是单独分配给入会者的,即每个人都必须提供自己的祭祀猪。在波德罗米昂月的第16天,有一个秘密仪式,即"到海中",我们不知道这是不是准备日的规则,但我们知道猪必须和接近神圣的入会者一样干净。希腊人明确地提到,入会者献祭动物是让动物"代替他"去死,用生命交换生命。① 这也不是什么秘密。在南太平洋的农耕文化中,猪祭在节日祭祀中是非常普遍的,这也许反映了与得墨忒耳秘仪遥远的历史联系。② 在希腊语中,xolpo 这个词的词根和意象有着阿里斯托芬都不能反驳的密切关系:xolpo 是俚语,意指女性生殖器;裸猪和性结合在一起。在《阿卡奈人》一书中,阿里斯托芬描述了一个麦加拉人将自己的女儿装在袋子里当作"神秘小猪"出售。③ 联想的暗流在一片笑声中显现。要死的动物在祭祀的基础环节代替入会者本人,动物作为女性实体经历这一切:猪祭有少女祭的特点。

希腊神话事实上把猪祭解释成少女堕落到地狱,对应了冥王哈得斯强行占有了珀尔塞福涅。在冥王哈得斯带着他抢来的新娘遁入土地中时,牧羊人欧布勒俄斯的猪也被拉了进去。所以在地母节上,女人把猪丢进地狱。④ 在另一个版本中,得墨忒耳再也找不到她被偷的女儿的踪迹,因为一群猪破坏了痕迹。⑤ 珀尔塞福涅已经消失了,在她消失的地方猪正在刨土。所以猪必须死在得墨忒耳的圣殿,就像珀尔塞福涅已经落入地狱一样。

科尔 – 珀尔塞福涅被强行占有是众所周知和广为流传的希腊神话故

---

① Schol. Aristoph. *Ach*. 747;Porph. *Abst*. 2.28.

② H. Nevermann, "Die Religionen der Südses", *die Religionen der Menschheit* V 2(1968:54, 57, 97);A. E. Jensen, *Beschneidung und Reifezeremonien bei Naturvölkern*(1933:90-91).

③ Aristoph. *Ach*. 729-817;Aristoph. *Vesp. 1353*, 1364;Cook II(1924:132);O. Rubensohn, *AA*(1929:195-204).

④ Schol. Luk. pp. 275.23-276.24, Clem. *Pr*. 2.77.1;参考本节注释。

⑤ 跟随着卡利马库斯;猪是耕地的敌人;Ftyg. *Fab*. 277;Serv. *Georg*. 2.380;Schol. Aristoph. *Ran*. 388.

事①，但这一神话绝不是厄琉息斯式的。赫拉堕落的那棵无花果树在厄琉息斯被展出②，但厄琉息斯有更出名的地方，即哈得斯带着他的新娘遁入土地中，比如 Ennian 湖③和位于雪域附近的 Kyane 泉。④像猪祭一样，这一神话只是遍及希腊世界甚至是超出希腊的得墨忒耳崇拜的普遍特色之一。

自古代起，作为对农业循环的描述，科尔的神话就简单明了并且易于理解：科尔是一种必须在泥土下面生长的谷物⑤，所以从看似死亡的过程中，新的果实出现了。当科尔消失时，饥荒出现了，但是让众神和人们高兴的是，她又回来了，带着得墨忒耳的谷物福音。在雅典甚至有一个流行的转喻，人们将谷物和面粉称为珀尔塞福涅。⑥然而，《荷马史诗》中的细节却与农业规律有出入。⑦传说科尔在地下生活四个月，在地上生活八个月，然而谷物在播种几周后就会发芽。事实上，在地中海附近，谷物不可能在土壤中待四个月：谷物在秋天发芽，而不是在春天。此外，厄琉息斯秘仪的庆典既不是在播种季节也不是在发芽时节或收割季节而是大约在秋天播种前的一个月。

所以马丁·R.尼尔森有一种更符合自然规律的解读。⑧科尔进入地下世界的通道是谷物的储藏室，具体来说，这些种子夏季存放在地下的谷仓里。就这一点而言，在地中海的夏季所有的蔬菜似乎都死了。然后，在第一场秋雨时节，整个地区的库存从地下仓库被搬出：科尔又返回地上世界，植物生长的循环周期又一次开始了。在新石器时代，城镇中的粮仓极有可能扮演了重要而神圣的角色，根据考古发现的米诺斯 – 迈锡尼时代的大墓

① R. Föerster 进行了彻底的讨论，参考 R. Föerster, *Der Raub und die Rückkehr der Persephone* (1874)；*PR* I 747-806；L. Bloch, *RML* II 1284-1379；最古老、最重要的证明见于《献给得墨忒耳的赞歌》中，参考第 1 章第 8 节注释。

② Paus. 1.38.5; Phanodemos, *FGrHist* 325 F 27.

③ Firm. *Err.* 7.35; Ov. *Fast.* 4.445-450.

④ Cic. *Verr.* 4.107; Ov. *Met.* 5.412-424; *PR* I 758-759; *RML* II 1313-1315.

⑤ Metzger (1951).

⑥ 花瓶绘画者让小麦穗绕在珀尔塞福涅的头上。

⑦ Apollod. 1.33; Ov. *Fast.* 4.614; *Met.* 5.567; Hyg. *Fab.* 146.

⑧ *ARW* 32 (1935: 106-114) = Opuscula II (1952: 577-588); L. Malten, *Gnomon* 20 (1944: 121).

穴中的储藏容器可知，粮仓和地下世界的概念之间是有联系的。可以这样解释这四个月。然而，没有证据表明历史时期的希腊人是这样理解这个神话的。《荷马史诗》明确设定科尔在春天回归。由于过于笼统和仓促，尼尔森的论点还是基本被否定了。

就我们所见的，神话能够以两种或者更多种的方式与一年内发生的真实事件相联系，每次都能获得特别的意义并更容易理解。然而，从整体上讲，神话并不能从自然条件中获得，比如，农夫的什么行为能具有这样的本质而深刻的特性，一方面像科尔在草地上采花，另一方面又像得墨忒耳寻找女儿的徘徊呢？神话不是通过自然现象而是通过纯粹的人类主题形成的：婚姻和死亡、痛苦和愤怒以及最终的和解。无论如何，可以肯定的是，得墨忒耳－科尔崇拜和这些主题是一致的。采花节，"向下的旅行"和"向上的旅行"（阿诺多斯和卡托多斯）经常在希腊世界① 得到验证而且都与季节有松散的联系。例如，在雅典，人们在播种前要举办地母节，当然人们也可能在夏季过了一半再举办。② 无论在哪里举行，节日都是根据日历设置的，甚至固定的"四个月"也更加符合历法而不是植物生长周期。传统上认为，仪式在人际功能上是自给自足的，因此神话尽管针对节日仪式和自然事件，但核心仍是人类戏剧。

比如，与所有植物的生长周期相对，神话不关心循环。发生的事是不能挽回的。没有人能战胜死亡，从这一点来说，哈得斯实现了他的目标。哈得斯和宙斯的对立证明了地上世界和地下世界的双重存在，而两个世界中后者的权力不容侵犯。生命已经获得了死的维度，但这也意味着死亡包含着生的维度。

珀尔塞福涅被哈得斯强行占有，和他结婚，简单地说就意味着死亡。③ 科尔神话和宙斯认可的少女的死相关联：因为神话描述少女的祭祀。就像几乎所有的祭祀神话一样，少女的悲剧只是为接下来要发生的事做准备：对于

---

① Paus. 2.35.5.

② Nilsson（1955：465-466）.

③ Eur. *Herakles*. 484；*Tro.*（307-341）；Or. 1109；*Iph. Aul.* 461；Soph. *Ant.* 816，891；*AP* 7.13.

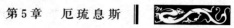

猎人来说，这是一次伟大的狩猎，是一次可怕的自由杀戮的行为；对于渔夫来说，则意味着钓到了大鱼。如果得墨忒耳是谷物女神，那么对于她来说，获得谷物的滋养就是牺牲少女的目的。得墨忒耳神话和祭祀象征着古老祭祀仪式向农耕仪式的过渡，丰收节取代了祭祀餐。当然，新主题只在既定结构中作为替代品而发挥作用，因此与实际农业的联系只是局部和松散的。节日礼仪能够再次与季节分离并且依靠自身的力量构建已经完成的事，即构建社会秩序及确定其更迭；随着个人的发展，人们甚至能在面对死亡时形塑个人的信仰。

值得注意的是，一些科尔神话的变体，与农业的联系完全消失了。意大利南部洛克里的一些祈祷浮雕上出现了一种奇怪的"带子"。一个年轻人（当地英雄？）绑架了少女，然后把她交给了一个严肃的留着胡须的老人，那冥界之神。在处女祭中，禁欲的特征是非常明显的：年轻人怀里抱着的少女，已经献给了死神。在洛克里有一种奇怪的处女祭祀仪式。在宏伟的阿佛洛狄忒神庙里，城里的年轻女性不得不把自己献给外族人。这也意味着一种自我克制，即从处女到女人的关键过渡中的一种角色转换。外族人的夜间特权自然是有限的；白天的秩序掌握在洛克里人手中。因此，在阿拜多斯，人们讲述了那些在阿佛洛狄忒色情神庙中享受过阿佛洛狄忒乐趣的人的失败和被驱逐的故事。[①] 洛克里人将他们军事上的胜利归功于他们的阿佛洛狄忒。通过入会仪式实现的少女祭祀，又再一次成为一种预期的节欲的伟大胜利。

苏美尔神话中有关于伊南娜（Inanna）到地府的故事，这是最古老的关于"向下"的文字记载，虽然与谷物并没有直接的联系，但不是与科尔神话全然没有关联。[②]1951 年，神话故事的结尾广为人知，那真是令人称奇。在此之前，学者们一直把伊斯哈堕入冥府和杜木兹－塔木兹（Dumuzi-Tammuz）的复活联系起来，并再次涉及植物循环。然而，神话发生了较大的反转，主要描述了一个通向死亡的仪式，一个少女的献祭。"纯洁的伊南

---

① 参考第 3 章第 1 节注释。

② ANET 52；S. N. Kramer, *Journ. Cuneif. Stud.* 5（1951）；与科尔相类似的神话被 Guépin（1968：120-127）所描绘。

娜"按照自己的意志去了冥界。她装扮一新向着不归之地出发。冥界的七扇门为她而开，她每通过一扇门，就会失去一样物品：皇冠、手杖、项链、胸链、戒指、胸甲和腰带。冥界的七位审判官用死亡的眼神注视着她，然后将她吊死在一根横梁上。在地上世界，她的仆人伊娜娜带着哀歌，从一个镇到另一个镇埃库尔（Ekur）再到乌尔（Ur）和埃利都（Eridu）去寻找她。恩基创造的神奇生物让伊南娜起死回生。"伊南娜从地下世界回来"这句话就像口令一样被一遍又一遍地重复着，她被不吃也不喝只会破坏的阿伯加鲁陪伴着回到地上世界。在他们面前，所有人都匍匐在地上。只有杜木兹始终坐在王座上，因此阿伯加鲁抓住了他，把他带到阴间。

这个故事中没有母女戏，只有一个"纯洁女神"的死亡、变形和回归。到目前为止，还没有任何仪式可以与这个神话相吻合，然而通往希腊世界的桥梁似乎是由安纳托利亚的母神库柏勒和她被激怒的随从加洛瓦所铸造的。①正是她阉割了不忠的阿提斯并给他带去了死亡，众神之母仍然是一个猎手而不是谷物的赐予者，她和她狂野的追随者一起咆哮着穿过群山。只有她听到来自公牛祭祀的扬琴声，她的愤怒才会慢慢平息（在巴比伦，卡鲁祭司被传授了在秘密的祭祀仪式上制作扬琴的技艺）②。因为与得墨忒耳一样，母亲的愤怒和疯狂的猎杀都是被女儿的丢失激化的：现在还和以前一样，处女祭祀就是一场准备，释放凶猛的力量，向祭祀者施加压力，地上和地下世界通过此法达到充满张力的平衡。

当美洲的印第安人讲述少女之死、母亲的愤怒、从地下世界不成功的返回，死亡的最终确立，以及男人伴随着扬琴在跳舞；③当日本和波利尼西亚神话的主题以女神之死作为获得滋养的条件；④当新石器时代卡托·胡玉克的两位女神似乎作为母亲和女儿出现，前者与谷物相联系⑤——人们开

---

① 也许在希腊，男人的列队游行应该被认为与法国人和伊南娜的游行列队相似。

② 参考第1章第1节注释；Eur. Hel. 1346-1352; Bacch. 123-129; IG IV I² 131, Poetae Mel. Gr. 935.

③ 切罗基人（北美易洛魁人的一支）的神话参考 C. Lévi-Strauss, Mythologiques Ⅲ（1968: 229）。

④ Japan: K. Florenz, Die historischen Quellen der Shinto-Religion（1919）；关于波利尼西亚参考第1章第5节注释。

⑤ Mellaart（1967: 236, 238；（1970: 170-171）；参考第5章第4节注释。

始感到在孤立的对象中存在相似的主题，岛屿像下沉的山峰一样一字排开。厄琉息斯尽管有其特殊性，但在死亡、痛苦、期望、寻找、失败以及再寻找的主题中，并不是唯一的。而且，对于新入会的人来说，例行的"神秘猪"祭祀总是有着更深层的含义：一个人站在死亡的边缘，摧毁了代替他的生命；杀戮的行为是不可挽回的，然而必须给出一个答案。生命平衡的天平已经倾斜，如果在生命的中心存在一种平衡，天平必须再一次调整。这是入会者的希望，通往死亡之路意味着新的生命的开始。

三 秘仪和综合线索

一些迹象表明，关于厄琉息斯的秘密宗教仪式疑问较多，因为此仪式包含各种不同的步骤和阶段。在厄琉息斯获准参加仪式的团体被分为低级仪式团体和高级仪式团体。一个人可以通过一年之后第二次参加伟大的宗教节日庆典成为高级宗教人士①。次级祭祀和大秘仪之间也有很大的区别，时间、地点、举办的圣所有所不同，仪式的级别也不一样。小秘仪式发生在"城市"，即伊利索斯沿岸的阿格拉附近，在那里，众神之母——得墨忒耳女神的小神庙屹立至今。庆祝仪式的日子是在阿提卡历八月（花月节），即在大秘仪②之前的七个月举行。事实上，伊利索斯发生了些什么，我们无从得知，我们只能看到一些关于净化③和初步献祭的笼统陈述。尽管赫拉克勒斯入会的故事在厄琉息斯广为人知，但人们普遍认为小秘仪主要是为赫拉克勒斯④创立的。在古典时期，庆典仪式是由厄琉息斯的神职人员

---

① "加入最高阶秘仪与（参加）大（节庆）之间有一年的最短间隔"，Plut. *Demetr*. 26；当然，西塞罗在雅典只居住了半年，罗马人不太可能去厄琉息斯两次，西勒提到了下面的步骤：净化、入会传递（=μύησις?）、最高阶入会、联结和戴花冠，从而能在两人之间传递（身份）。

② 大秘仪 – 小秘仪，*LSS* 1；*LSS* 3 B 32；这里所提及的小秘仪和大秘仪的时间间隔是确定的，两种仪式确切的宗教日一定是在月中……大秘仪，即与狩猎女神（阿耳忒弥斯）联系的秘仪，*IG* II/III²。

③ Schol. Aristoph. *Plut*. 845，就像举行秘仪前的沐浴和净化；Jul. Or. 5.173bc；前置祭祀：他们到伊利索斯附近……完成净化；小秘仪为珀尔塞福涅举行，大秘仪为得墨忒耳举行的说法参考 Schol. Aristoph. *Plut*. 845。

④ Schol. Aristoph. *Ran*. 501；*Plut*. 845；参考本节注释。

管理的。神职人员、得墨忒耳神庙的祭司会得到相应的报酬。①清扫神庙的奴隶也因此原因②在小秘仪上匆忙入会。至少到4世纪，要参加大秘仪③，先参与小秘仪是强制性的。后来，这一规定显然不再被遵守。在雅格拉，既没有泰勒斯台里昂神庙也没有厄琉息斯秘仪，却有狩猎女神阿耳忒弥斯崇拜，这不太可能是一种巧合④，因为在安纳托利亚和其他地方，米特秘仪与狩猎之间的联系相当密切。与厄琉息斯相关的组织或许可以说明雅典市区祭祀和周边更加奢华的祭祀之间在保持着一种相对的平衡。在雅典人看来，秘仪一直以来都是在厄琉息斯举办的。

可以确定地说，大秘仪包括入会、宗教礼以及与厄琉息斯有关的猪祭。⑤希腊编年史家赫西基奥斯（Hessychius）在注释中提到的一个仪式准备活动属于厄琉息斯秘仪的一部分："那些将要开始的入会仪式。"柏拉图将其与得墨忒耳崇拜⑥联系在一起。然而，绘画传统对诸如"入座"活动的准确描绘与赫拉勒斯⑦的入会联系在一起。在来自罗马帝国时期的两个浮雕，即托雷诺瓦的石棺和所谓的洛瓦特利骨灰盒上，有三个画面呈现了入会仪式的场景。这些图案与罗马建筑或所谓的坎帕纳浮雕上的个别场景相呼应。首先献祭的是一头猪，接着是核心场景，入会者头戴面纱，赤着脚坐在一个奇怪形状的皮质凳子上。其中一个抄写员误认为是赫拉克勒斯的狮子皮，但一只公绵羊的头或它脚下的角清楚地表明了是羊皮的意思。一个女祭司从后面接近戴面纱的入会者。骨灰盒上描绘的是她拿着一把簸扬扇对着入会者；石棺上描述的则是她将燃烧着的火把递到入会者手中。这一仪式的古老名字很明确：空气净化——就像谷物在簸扬扇的作用下被风净化一样，当然还会被火净化。仪式的心理影响也显而易见，宗教仪式

① *LSS* 1；3C.
② *IG* Ⅱ/Ⅲ 1672.207，1673.24，在安特斯特里亚节（雅典人纪念酒神的节日）之后。
③ 小秘仪在罗马时代已经不再得到认可。
④ Kerényi（1962：64）解释了当地的设计，该"秘仪"得名"自阿提卡的某种入会仪式，它在狩猎/追逐中被解散"。
⑤ 参考第5章第2节注释和第3节注释；相关歌曲和烤猪仪式参考 Aristoph. *Ran.* 338；Kerényi（1962：68-69），讨论猪的祭献仪与阿拉格相联系。
⑥ 在萨莫色雷斯岛的阿纳科陶伦的发现暗示了相应的仪式。
⑦ 厄琉息斯的赫拉克勒斯入会仪式现在已经得到确认。

中反复出现的被束缚或掩饰并非偶然。茫然、无助、被遗弃，入会者要承受很多未知。他迷茫且无知，被一群活跃的知情者包围着。经历了之前的被孤立，变得不安和惊恐之后，接下来要经历的就是揭下面纱，他将有全新的视野，如沐自由的春风。他与现实的新接触为他对神的沉思做好了准备。

《献给得墨忒耳的赞歌》证实了王位而不是小秘仪与厄琉息斯人的联系。女神得墨忒耳来到厄琉息斯，亲自上演了这一幕。她的行为，从心理上和艺术上说都显得毫无动机，是那些要入会的人的楷模。当她进入克利奥斯国王的大厅时，"她拒绝坐在闪亮的座位上，而是低垂着眼睑，保持沉默，直到伊阿谟巴知道了她的职责，摆了一个凳子，并在凳子上铺了一块闪闪发光的公羊皮。然后她坐了下来，用手托着面纱遮住脸。她悲伤地在凳子上坐了很长时间"。这儿也有一个凳子，一块公羊皮，鞠躬的人和面纱。唯一的区别是，这里描绘的是低级入会仪式，但神话讲述的是神。

阿里斯托芬曾戏仿过这一行为：他让苏格拉底这一假祭司把一名新人斯瑞西亚阿得斯引入他新奇的气象秘社。"坐在圣椅上"，"戴上这个花环"，"但是，请不要杀我"，新人忧心忡忡地哭喊道。——"安静"！尘土掉落在他身上，人们唱着祈祷歌，斯瑞西亚阿得斯把披风提到头顶，以免被淋湿，因为现在，众神——乌云——出现①。多年之后，在一场大的宗教仪式丑闻之后，阿里斯托芬估计不敢再写这一场景了。然而，在被告知宗教奥秘之前，蒙面而坐仍然只是入会的开始，并且只能将此看作入会仪式笼统、粗略的外在形式，体现不出任何宗教奥秘，正因为这一原因，这一形式可以在一些艺术品中被描绘出来。

① A. Dieterich，*RhM* 48（1934：275-283）=*Kl. Schr*（1911：117-124），意识到阿里斯托芬是戏仿宗教仪式，可以肯定地说，他提到厄琉息斯宗教仪式的戏仿对他来说似乎难以想象。但是确切地对应宗教仪式只在厄琉息斯得以确认；参考同样在那里使用的"宙斯的羊毛"（他们从事……且厄琉息斯的持火炬者 δαδαῦχος → δαδοῦχος……），然而，这位喜剧诗人使否认任何参考变为可能，厄琉息斯式的宗教仪式不是独一无二的，Aristoph. *Thesm*，236-248。

浮雕中的第三幕也是最后一幕展现的是完全不同的场景①：入会者开始接近得墨忒耳。他衣着华丽，身缚细枝，可见他是伊阿科斯（酒神狄俄尼索斯的绰号）秘仪的参与者。女神坐在一个编制的篮子上，一条蛇蜷曲在里面。得墨忒耳朝后望去，一个年轻女人手举火把匆忙向她走去，这是从冥府回来的珀尔塞福涅。神圣的神话在这里与一种仪式的工具，木棺和一个非常普遍的象征蛇联系在一起。这些暗示是给那些知情者的，不向入会者泄露。蛇引起了人们对死亡的恐惧力。然而，对入会者来说，蛇不再是危险的。他可以毫无畏惧地触摸它。接近得墨忒耳，体验科尔的回归，将死亡的恐惧转变为平静的信心——这些都是厄琉息斯秘仪第九夜的主题。但真正发生的事情却隐藏在希腊神话辉煌的艺术表象背后。

我们知道，遇见木棺是入会的一部分②，亚历山大的克莱门在一个被广泛讨论的说法中提到过它。他把它描述成厄琉息斯秘仪的暗语。"我已食圣餐，已饮圣水"，"我将其从木棺中取出，做好，放入篮子，又从篮子中取出放入木棺"。③ 有人提出，亚历山大的克莱门不熟悉雅典，几乎无从得知如此具体的信息。对"篮子"的提及，似乎暗示得墨忒耳的庆典在亚历山大市也举行过。然而，那里的得墨忒耳秘仪并没有被证实，克莱门也不应该期望亚历山大人会公开接受"厄琉息斯"式的亚历山大④。而这一说法似乎真正成为一种暗语，因为它确实什么都没有泄漏出来。他只是告诉相关人士，他按照正确的顺序，完成了预先设定的仪式。具体是哪些仪式，其实都隐藏在几句笼统而又难以启齿的话语背后："盖好的篮子，打开的篮子，取出，'劳作'，放回。"几代学者一直在试图搞清楚在木棺和篮子（kalathos）中存放的到底是什么，克莱门以不满的语气暗示存放的是性物，象征性交或生育，男性、女性或者两者都有的性物是所有解释性组合中可能性最大的。⑤

---

① 普遍认为，檐壁从左到右描绘着入会仪式的顺序，Dieterich, *RhM* 48, 276；Harrison（1922-546）；Kerényi（1962：70）；第三幅图描绘的入会的特征和第一幅是有分歧的，在瓮上搞错了入会者的身份，后者在左边的浮雕中加上了，然而入会者被遗忘了。

② Metzger（1965：33-36）.

③ Delatte（1955：12-23）.

④ Pringsheim（1905：49, 300-301）；Nilsson（1955：659）.

⑤ L. Ziehen, *Gnomon* 52（1929）；S. Eitrem, *Symb. Osl.* 20（1940）.

一个人可以支持所有这些解析。性交是宗教仪式中一种常见的隐喻，或者远不止于一个隐喻。阿佛洛狄忒秘仪和婚前准备息息相关。[1]有这么一种传统：被肢解后的狄俄尼索斯的生殖器会被存放在木棺中。[2]利用簸扬扇暴露阳具是狄俄尼索斯仪式中最核心的部分。而厄琉息斯以其独特的纯净而闻名，所以庆典是在女性神圣力量的庇护下举行的。所以，后来有位权威人士把女性生殖器称作厄琉息斯的象征，并且阿里斯托芬在其近于直白的暗示中也提及了生殖器和木棺的联系：当女人和男人和解时，利西翠妲告知遭受性折磨的男性："现在请你们保持清洁之躯，以至于我们这个城市里的女人可以用我们的[3]……来取悦你们。"自净和禁欲的宗教暗语意味着即将到来的美妙节日。生殖符号是最不恰当的生育象征，因为没有人有意去经历自己的出生，重生也一样并不适合用令人印象深刻的象征性符号来替代。

围绕这些解释产生的分歧也反映出阐述者并不十分清楚宗教的象征性。对于清教徒来说，赤裸的性行为令人神往并且可以改造一个人，就像一个神奇的奥秘一样。然而，纵欲却会很快耗尽性事的乐趣。雅典大街上的阴茎路标，只有在被破坏之后才会被关注。间接的、暗示性的、模棱两可的事物带来的影响才更为久远。有一次，克莱门在狄俄尼索斯·巴萨柔斯[4]秘仪中发现了蛇篮中的奥秘。芝麻蛋糕、金字塔形蛋糕、球状蛋糕、多圆石蛋糕、盐块、石榴、无花果枝、教堂前廊、常春藤、圆蛋糕、罂粟籽蛋糕，篮子里的东西可谓五花八门，并且在这些东西上面，理所应当盘踞着一条蛇。因此，希腊化时代田园诗首创者忒奥克里托斯（Theocritus）描绘了信徒们从他们的 kistai 中取出各种烤好的食物，并且将其放入祭坛中，因此木棺中的物品与食物及祭品有关，而木棺的功能则是储藏和封存这些食物。木棺，一直以来都是一种古老的容器，或者说比陶器的发明还要早。[5]

厄琉息斯木棺里的东西可能多种多样，有很多难以辨识。唯一具体的

---

① Disterich（1923：121-134）；R. Merkelbach, *Roman and Mgsterium*（1962：16-18）.

② 生殖器被放在一个象牙做的盒子里，参考第 1 章第 7 节相关内容。

③ Aristoph. Lys.1182-1184；G.W.Elderkin Clph 35（1940：395）.

④ 芝麻蛋糕……金字形塔蛋糕、球形蛋糕和有许多突起的粗糙 / 颗粒状圆蛋糕，盼望着狄俄尼索斯·伊阿科斯（巴克斯的别名）。

⑤ Burkert（1967：292-293）.

暗示，或许，就藏在……这个词中，"我劳作"。也许，纺纱或织布的场景
会浮现在人们的脑海中，因为二者脱离日常生活进入神话世界之前，都经
常用于筹备活动中。在蛇攻击科尔之前①，她就在织布机前劳作。亚里士多
德的学生泰奥普拉斯托斯提出了另一种解释，若论及得墨忒耳作为谷物女
神，则他的解释更加合理。在他的文化历史作品《论虔诚》中，他写道，
人们在发明农耕和掌握研磨谷物的方法之后，将其劳作的工具秘密藏起
来（也可以说是谷物），并且认为它们是神圣的。②泰奥普拉斯托斯谈到这
些被藏起来的与谷物相关的神圣之物只可能指得墨忒耳秘仪，因为他身在
雅典写作，他所暗指的一定是厄琉息斯。人们劳作的工具，最简单的就是
臼和杵。谷物被磨好并且加上调料煮，一种为入会者准备的 kykeon（一种
致幻饮料）就完成了，就像得墨忒耳蒙着面纱沉默地坐在克里奥斯的大厅
里③。因此，我们可以猜想时而盖上时而敞开的篮子里应该有一些谷粒、一
个臼和一个杵。入会者需要碾麦子，至少象征性地劳作一下，帮助制作出
更多的致幻饮料。在阳光下，这么做显得很平常，却是一种破坏行为——
然而为了获取养料非常有必要这么做。臼和杵的性联想也是显而易见的。
这里再次讨论了人类的基本主题：斗争、对食物的需求、性行为。在合适
的心情下，一个人可以体验到一些原本简单的事情的本质。作为基督教中
的最高仪式，牧师所执事的礼仪和可追溯到安纳托利亚 – 赫梯文化中的仪
式也颇为相似，即分面包。④

　　与厄琉息斯秘仪神奇的相似之处都源于罗马的人教风俗，即婚姻合约
中最庄严的形式，这个仪式是"通过一种对朱庇特的祭祀来执行的，这个
仪式也会用到被施过咒的面包"⑤。用于祭祀的羊会被宰掉，并且按照惯例，
用两块羊皮连在一起的凳子会被摆放好，头戴面纱⑥的新婚夫妇被允许在

---

① 参看 F. 加库比，希腊历史学家的点滴，244，图 89。
② Porph. Abst. 2.6；真的，劳作的各种工具，（是神）传递给了（人类）、隐藏到了禁忌（之
　处）的来自神的有益生活的助力，在神庙中呈现出来。泰奥普拉斯托斯的证据的重要意
　义被 Delatte（1955）认可。人们在新石器时代的坟墓中发现磨光的石头以及研钵。
③ 嘲笑者变形为蜥蜴，参考 Delatte（1955：30-35）。
④ 参考第 1 章第 5 节注释。
⑤ 婚礼上的阿提卡芝麻蛋糕参考第 1 章第 5 节注释。
⑥ Festus 114 M；Plut.Q.Rom 271f。

"共食婚"期间坐在凳子上。这里，再次出现了坐在羊皮上、头戴面纱的仪式，紧随其后的是集体礼仪，即用最古老的自新石器时代起就有的谷物做面包，分成很多份，大家共同吃掉，可以说，集体祭祀带来了社会凝聚力。如果考虑到瓦罗关于猪祭的评论，罗马入会仪式与厄琉息斯秘仪的联系就更密切了。作为婚礼的序幕，古代伊特鲁里亚的王公贵族，包括新郎、新娘都会宰一头猪来确保联姻。生活在意大利的古拉丁人和希腊人似乎也用同样的方式来庆祝婚礼。① 因此，婚姻和宗教入会仪式有着共同的顺序：最先的猪祭、坐在羊皮上、集体用餐。瓦罗没有忘记提及 initia Cereris。在希腊也是这样，得墨忒耳和赫拉的对立，在改变和维持社会现状方面，都得到了坚定的证明。② 在新石器时代，通过祭祀建立社区有各种基本的形式。结婚和组建神秘团体是宗教仪式的两个副产物，借由此人成为全新的社会存在。

四　泰勒斯台里昂神庙的祭祀

入会的目的在于寻找一条通向厄琉息斯之路，并且目睹神圣之夜在盛大的神庙里会发生什么，其中，部分仪式与准备活动包含了神话和哲学寓言方面的启示③，虽然很难说明它们与弥撒仪式在多大程度上相关。猪祭和王权都涉及个体的净化，结果却推进了秘仪的发展。此外，基本活动一旦完成，就应该向入会者保证在仪式结束时他们能看到"篮子"和"木棺"中的东西。没有什么证据显示入会者在什么时候喝致幻饮料，④ 也没有迹象表明喝致幻饮料可能是秘仪的核心。

秘仪的执行人和目击人的共存使重建更加复杂。应当强调的是，秘仪是一个人人生中决定性的一步，因为这是唯一的只举行一次的仪式。所有的承诺都与秘仪相关。目击人对由秘仪所奠定的基础进行重复、更新和深

---

① Varro *r.r.* 2.4.9.

② Serv. auct. *Aen.* 4.58.

③ 在泰勒斯台里昂神庙，未入会的埃托利亚人暴露了自己，Livy 31. 14.8。

④ Kerényi（1962：77；1967：65）将 kykeon 立即放在后面，并可能将其带到船上，参考 Kerényi（1967：181-186）；奥维德没有提到 kykeon，但是提到了罂粟花（531-554）。

化。秘仪执行人已获得准许，可以看到幸福的"景象"。① 而目击人则可以看到更多、更重要的或更不同的景象。因为在秘仪中，目击人必须"遭受"和被动地接受事件的影响。作为"观察员"，他持有更综合、更冷静的看法。现今，没有证据可以表明秘仪执行人和目击人是如何被同时组织起来的。此外，秘仪的执行人需要离开泰勒斯台里昂神庙，直到仪式的第二项活动开始才能出现。被送出去更能使人们感觉到他的不利地位——一个厄琉息斯秘仪入会者不再是一个受教者。一方面，似乎只有一种可能：在一个特定的中心仪式上，入会者必须蒙上面纱，允许祭司做他们该做的事。另一方面，目击人可以首次自由地观察所谓的奇异事件。入会者由赞助人，即秘法家②，陪同进入泰勒斯台里昂神庙，他们将引导他做正确的事情。

厄琉息斯留给我们太多的启示，只是缺乏其各部分之间的联系与内在融合的信息，幸运的是，神话可以帮助我们深化理解。得墨忒耳来到厄琉息斯寻找她的女儿，秘仪入会者也追随她寻找。从母亲世界出发的伟大队列前往厄琉息斯与寻找（科尔）相对应。随后是整个寻找过程：得墨忒耳再次发现她的女儿在厄琉息斯。③ "黑夜里，人们举着燃烧的火把寻找珀尔塞福涅。当找到珀尔塞福涅时，整个仪式在欢呼声中和挥舞的火把中宣告结束。"④ 人们的心情由对死亡的恐惧而表现出的焦虑转化成体验幸福和喜悦。

此外，可以肯定的是，这种转变与从黑夜到光明的转变是同步的。主祭司们在泰勒斯台里昂神庙中的"巨大的焰火之中"完成入会仪式。⑤ 一定是那个大立柱房边的小房间发挥了作用。更追求精准的作者把

---

① 那"景象"（*Hy. Dem.* 480；Pind. fr. 137；Soph. fr. 837 Pearson）与目击人意思相同；Deubner（1932：83）；"因为我必须先被引入秘仪，然后才死"，Aristoph. *Pax* 375；Aristoph. *Ran.* 456。

② *LSS* 15，esp. 40-41.

③ "得墨忒耳……就在这里发现了她的女儿"Aristid. Or. 22.11；Himer，6.5 Colonna；Tzet 2. ad Hes. *Erga* 32；*Hymn. Orph.* 18.14。

④ Lact, Inst. epit. 18（23）；Fulgent. *Myth.* 1.11.

⑤ 厄琉息斯的黑夜被明亮的火（变为）盛大而难以言说的秘仪，Hippol. *Ref.* 5.8.40；阴影与光亮交替显现着，Dio Chrys. Or. 12.33；而您，哦，（是）火的女主人（指女神），得墨忒耳的女儿……父亲未指引……她未看到众持火炬者的火，显示了对贯穿厄琉息斯的火的渴望。而里面发生了变化，并且看到了亮光，因为神庙正被打开……所以，真的，夜与火值得这笔开销……在神秘的火焰和祭祀用的那些松木火炬下。

它称作"宫殿"，实际上，这个不精准的称呼已被用于整个泰勒斯台里昂神庙。[①] "宫殿"的旁边是主祭司的宝座，只允许主祭司一个人进去。[②] 然后从事秘仪工作的人看到他"在闪耀的秘仪之夜出现在'宫殿'中[③]。'宫殿'之门打开时"有一道"亮光"显现。[④] 随后，这里将成为最亮的地方，烟雾从屋顶的一个洞中冒出来。[⑤] 人们把其他地方称作得墨忒耳的正厅，它是"宫殿"的一个古老的表达方式。同样，这也主要是"巨大的焰火"的发生地。在 Lykosura 的户外可以找到这种正厅。[⑥] 上面的烧痕是厄琉息斯祭祀仪式存在的最古老的证据。[⑦] 尽管首次发生在户外的庆祝活动很多，但是，Lykosura 无疑是用墙与外界分离的。此外，在 Lykosura，有证据表明，一些事物对希腊祭祀仪式来说是自然的，但这些证据只因没有被厄琉息斯证实而尚未被考虑。[⑧] 例如，厄琉息斯为神而燃起的节日之火，并不是出于自身利益的考量，而是为了发挥净化功能和体现毁灭性力量。供奉的祭品、祭祀后的残骸、尸体都要经过净化，用火焚烧。因此，泰勒斯台里昂神庙的厄琉息斯之火必须是祭祀仪式的核心部分。如果我们的信息来源中没有提到它，这一定是因为它是一个……依据这一假说可知，厄琉息斯仪式是在希腊祭祀仪式的大背景下产生的，这也为我们提供了进一步的线索。根据这些线索我们可以掌握夜间事件的节奏。

　　在阿提卡历三月的第十三天[⑨]，大游行队伍跟随着愤怒的得墨忒耳在

---

① 关于建筑的残骸，参考 Mylonas（1961：69，83-88，111，120-121）；Kerényi（1967：86-87）。

② 不同的观点参考 K. Kerényi（1967：109-110）；*IG* Ⅱ/Ⅲ² 3811；参考本节注释。

③ *IG* Ⅱ/Ⅲ² 3811；参考本节注释。

④ Plut. 81e；参考本节注释。

⑤ 相关内容在古老的神庙里并不确定；Mylonas（1961：119-120）；这里没有提到是白天破晓时光，而是一道夜光。

⑥ K. Kourouniotes, *Ephem.* 1912, 142-161；Paus. 8.37.3；Ammonios 113，而大厅中环绕着火，得墨忒耳的秘仪在此举行。

⑦ Mylonas（1961：57-58）；Kerényi（1967：93）。

⑧ 参考 Kerényi，它确实将厄琉息斯之火与火葬死者的柴堆联系在一起，并把它定义为发生在厄琉息斯的婆罗门……的自我净化。

⑨ 无论如何他们正歌唱着巴格科斯（巴库斯的神秘别名）……伊利昂的战神"有关道路的祭司们"，Aristoph. *Ran.* 320；伊利昂的玻利蒙，Harpokr；前些天的活动（*IG* Ⅱ/Ⅲ² 1078），参考 Kerényi（1962）关于神的相关内容。

雅典与厄琉息斯之间行进了 30 多公里。人们对集体活动的这种热情是建立在攻击性的基础上的。秘仪会徽上提示了活动的时间，活动的纪念碑上也刻着同样的信息。有一捆树枝，可能叫作 βάκχος①，它们在对诸神的献祭中反复出现，而且基本上反映了原始的前人类真正使用过的一种武器。一根折断的树枝大大增强了人的力量，而吓人的手势更能加深这种印象。它赋予人一种优越的地位。② 咄咄逼人的姿势是针对那些受到惊吓的新手的，他们往往被入会时间久的人控制。在雅典，穿越凯菲索斯（Kephisos）之桥是粗俗的，那是个粗鄙的受嘲笑的地方。曾经有人提到一个妓女站在桥上，显然，这是被阿里斯托芬戏仿了，他让喝醉的爱克利翁（Philokleon）守着一个衣着暴露的妓女，他们手举两支火把开着玩笑，就像"秘仪开始之前"。③ 这好像与神话中老妇人的故事联系了起来，她把自己淫秽地暴露在得墨忒耳面前，以博得哀伤的得墨忒耳开心一笑。④ 但或许我们必须考虑与此相关的各种神话。第一座桥的戏谑不是为了解放思想，而是与接下来要发生的事形成对比，人们必须将自己从习俗中解放出来，才能自由地穿越山谷到达厄琉息斯平原。

有节奏的呐喊⑤ 将年轻人与老年人、奴隶与自由人、雅典人与外族人团

---

① Hsch. 巴格科斯（即巴库斯，酒神的别名）……和入会秘仪上的树枝 Schol. Aristoph. *Eq.* 408；他们曾呼喊着巴格库斯（巴格科斯的变体）……及入会者们携带的那些树枝（引自 Xenophanes, *VS* 21 B 17，然而，在厄琉息斯并没有提到）；祭祀仪式上的其他物品，Strabo 15。

② 参考第 1 章第 3 节注释；Burkert（1979：43）。

③ Aristoph. *Vesp.* 1363；Schol. 1361：因为（他们）恫吓着那些希望参加入会秘仪而被带到了跟前的（新人）；J. S. Rusten, *HSCP* 81（1977：157-161）；Strabo 9；关于 Kephisos：在那里（有）桥和粗俗的嘲讽者；Hsch. 沿路嘲讽的妓女：某种妓女……其他人则不（嘲讽）妇女，而（嘲讽）坐在那里的……正被包裹起来的男人……说着笑话；在意思的转换层面"嘲笑"，Plut. *Sulla* 2.2，6.18，13.1；上面也有一座桥（*IG* I²81.5；Paus. 1.38.1）以及厄琉息斯的凯菲索斯（*IG* Ⅱ/Ⅲ²1191=*SIG*³ 1048；*AP* 9.147）。普鲁塔克引用的韵律所指为何尚无定论：请您，（得墨忒耳的）女儿，走过桥：仍不像……那么……+τριπλεονδε（"已经耕三次的"或"必须耕三次"）。

④ Wilamouitz（1932：53）；Kerényi, *Symb. Osl.* 36（1960：11-16）；Wehrhi，将这种情形与"真正的奥秘党"相联系。

⑤ Aristoph. *Ran*, 316-317；Hdt. 8.65.1，那声音是神秘的伊阿科斯；Himer. Or. 69.7；真的，任何聆听着并且相信的人，都将大声呼喊伊阿科斯；参考第 1 章第 4 节注释。

结起来。女祭司们戴着神圣的花环随同游行队伍向前行进。①"伊阿科斯"不过是一声呐喊，伴着这种呐喊行进的人群会变得更加兴奋。在古典时期，伊阿科斯被认为是一位神或恶魔般的人物，经常与酒神狄俄尼索斯联系在一起。②在后来的时代，一尊伊阿科斯塑像出现了。③游行队伍到达厄琉息斯时，太阳就要下山了。人们点燃火把后，"与伊阿科斯一起进入神庙"④。我们不清楚在春天、在大门口以及在冥王的洞府所发生的事情的具体细节。之前所提及的⑤"漫游者"表明，这漫长的路线指引着这条路或那条路。最后，庆祝者到达旅程的终点："进入举行入会仪式的房子。"例如，泰勒斯台里昂神庙敞开了大门。⑥在拥挤的人群中，火把一定熄灭了。黑暗笼罩着成千上万的人，只有几团小火苗提供了一点光明。前面是神职人员——主祭司、得墨忒耳的女祭司，他们正在履行职责。一些文学资料⑦提及的地狱之旅在厄琉息斯并没有任何实际意义。然而，密闭房间的黑暗可能唤起了人们内心深处无限接近冥府的感觉。

　　然而，真正令人恐惧的是发生在房间里的事情。愤怒的得墨忒耳需要宣泄的对象。神话讲述了得墨忒耳是如何摔死厄琉息斯国王的儿子的。在赞美诗中，他的名字叫得摩丰。在另外的传说中，被放在火中烤的是特里

①　*IG* I² 81.9-11，以便女祭司们进行祭祀，参考 Kerényi（1962）。

②　Strabo 10, p.468；珀尔塞福涅之子的故事，参考 Schol. Aristoph. *Ran.* 324；得墨忒耳以及狄俄尼索斯的故事，参考 Schol. Aristid. p.648.15；21-23 Dindorf；关于伊阿科斯就是狄俄尼索斯的故事，参考 Soph. *Ant.* 1119，1151；fr. 959 Pearson；Eur. *Ion* 1075-1086；*Bacch.* 725；Philodamos 27-36 p.166 powell；Schol. Aristoph. *Ran.* 343,399,404；因此，在 4 世纪，狄俄尼索斯很可能在厄琉息斯占有举足轻重的地位，参考 Metzger（1951：248-257）。

③　*IG* II / III ² 1092 B31，剧场座位参考 *IG* II / III ² 5044 Paus. 1.2.4 提到了由古希腊雕塑家普拉克西特列斯（Praxiteles）雕刻的伊阿科斯的雕塑。拿着火把和穿着狩猎靴子的这位年轻人的形象，经专家鉴别，正是典型的希腊图画，如伊阿科斯［Pringsheim（1905：67-68，78-89）；Metzger（1951：157-158）；Mylonas（1961：211）］，但梅底亚斯（Meidias）所绘的残缺的贮酒罐的铭文中有很多内容，如神话的祭祀；*AJA* 64（1960：268）；Graf（1974：60-66）；Clinton（1974：32-35）。

④　*LSS* 15.42.

⑤　F. Layard, "Totenfahrt auf Malekula", *Eranos Jb.* 4（1937：242-291）；D. C. Fox, "Labyrinth und Totenreich", *Paideuma*（1940：381-394）；K. Kerényi, *Labyrinthstudien*（1950²）。

⑥　接收参加入会秘仪者的房间……Aristoph. *Nub.* 302.

⑦　Luk. *Patapl.* 22；Foucart（1914：401）。

普托勒摩斯（Triptolemos）。① 根据神话传说，得墨忒耳试图通过净化使得摩丰不朽，而宗教研究也为这种火信仰收集了很多可靠的证据。② 然而，得摩丰的母亲执意认为烘烤必然导致死亡。得墨忒耳指责她"缺乏理解"，因为她在实现不朽这条道路上退缩了。

我们为神话与神秘仪式中的某些内容相对应的观点找到了支撑点，即一个孩子，通常是一个年轻的小伙子，在厄琉息斯扮演着一个特殊的角色：在所有成年人的入会仪式中，总会有一个孩子参与。人们把男孩称作"从炉边入会的人"③。因此，能被选中是莫大的荣耀。自豪的父母们往往会将他们的塑像放在神庙里，好像他们会以这种方式得到尊敬。孩子参加入会仪式的"炉子"很可能在城市公共会堂的中心。④ 这表明，孩子代表了社区，而他很可能与神话中的得摩丰相对应，得摩丰这一名字反映了"人民"之意。这个孩子必须密切关注被告知的事情，必须"安抚众神而不是所有的人"⑤。一幅浮雕（不幸被严重毁损）描绘了坐在宝座上的得墨忒耳旁边的两个人，他们手举火把，与蜷缩在中间的孩子非常近。⑥ 因此，火把仪式使人联想到几经描绘的赫拉克勒斯的入会仪式，并

---

① *Hy. Dem.* 226-291，Ov. *Fast.* 529-560；Hyg. *Astr.* 2.14；Soph. fr. 604 Pearson；Hyg. *Fab.* 147，在索福克勒斯的诗歌《特里普托勒摩斯》中，他可能把得墨忒耳描绘成了特里普勒摩斯的看护者。大概在那个时候，特里普托勒摩斯的形象就从留有胡须转变为一个青年。关于 122 个特里普勒摩斯花瓶，参考 Recueil Charles Dugas（1960：132-139）；根据 Pringsheim（1905：21）；人们也把厄琉息斯救赎称作"洗礼"［如 Dellbner（1932：pl.6.3）；Nilsson（1955：pl.45.2）；Kerényi（1962：pl.13）］，它描绘了在对女神祭拜的过程中，一个男孩作为头目的故事。

② J. G. Frazer，*Apollodorus* Ⅱ（1921：311-317）；M. Delcourt，*Pyrrhvs et pyrrha: Recherches sur les valeurs du feu dans las légendes helléniques*（1965）.

③ *IG* Ⅰ² 6=LSS 3.108；在一些尚存的雕像上有很多铭文，参考 Clinton（1974：98-114）；Mylonas（1961）；在 *Hesperia 49*（1980：264）中可以找到新的证据。

④ Foucart（1914：279）.

⑤ Porph. *Abst.* 4.5，（他）代表所有正被引入秘仪的人，使神平静下来，准准地完成被布置（的任务），参考 *IG* Ⅱ/Ⅲ² 4077；"在其他入会者进来之前负责布置花冠、头发（之事）"的儿童。

⑥ Sammlung Este，Vienna 1095；O. Walter，Osterr Jahresh. 30（1936/37：50-70）；Nilsson，*Opuscula* Ⅱ（1952：624-627），"Feuerreinigung des Demophon"；Metzger（1965：38）；"火魔"可以通过加热的酒和火把出现，Hippol. Ref. 4.31，V. E. v. Lippmann，*Beiträge zur Geschichte der Naturwissenscha ften und der Technik*（1923：60-66）；厄琉息斯酒的禁忌，可能秘密使用酒做出回应。

且与火中的神话形象得摩丰-特里普托勒摩斯相叠加。这就是孩子"在火中入会"的情形。在当时的条件下,这并非没有危险。正如卡利马库斯和奥维德所说,得墨忒耳对特里普托勒摩斯所做的可能是仪式的一部分:她用罂粟汁哄他入睡。① 所以,可使用镇静剂平息孩子心中的恐惧。在厄琉息斯,罂粟也是得墨忒耳的象征。②

因此,虽然杀婴主题③在神话中得到升华,在仪式中得以象征化,却在秘仪中出现。这也是许多其他祭祀节日的核心主题,如奥林匹斯山的吕卡亚·珀罗普斯、阿格里阿尼亚仪式和普洛克涅,母亲或看护者杀害小男孩,目的是伤害一个人,或者仅是出于疯狂。这个故事一遍又一遍地被重复,作为难以言说的祭祀的解释和对应物。厄琉息斯仪式也是第二种祭祀仪式,它平息了由初期的少女祭祀所引起的愤怒。

当然,这是通过动物祭祀来完成的,人们未被伤害,又保持了仪式的严肃性。难以言说的祭祀开始,我们可以对所发生的事做一个猜测:得墨忒耳和入会者坐着的羊皮只可能来自祭品。因此,入会者首先面对的是既成事实。所发生的一切最迟在"启示"阶段变得清晰:一只公羊会被杀死、剥皮——这是克律克斯家族的工作,他们效仿了赫尔墨斯,最后在泰勒斯台里昂神庙的"大火"中将祭品烧掉。在另一种情况下,也是在厄琉息斯,公羊被证实是科尔的祭品。④ 最早,我们可以从《奥德赛》中了解到,祭祀的公羊是与死亡世界沟通的纽带。泰勒斯台里昂神庙的角落里的装饰品是公羊的头。⑤ 未入会的人不明白为何是公羊的头挂在那里俯视他们,而不是狮子的头,而入会的人则明白其中的原因。

---

① 在一个特殊的莱基托斯陶瓶(Louvre CA 2190;Metzger(1965:pl.15);Kerényi(1962, 1967)上,一位疲惫的入会者躺在石头的旁边,而特里普托勒摩斯在他的上方飞;P. Friedlaendar, *Studien zur antiken Literatur und kunst*(1969:527)。

② 关于厄琉息斯的雕像上的一束树枝和罂粟的信息,参考 Kerényi(1962);关于雅典或厄琉息斯的硬币上罂粟茎和叶片的信息,参考 Svoronos(1924:104. 38-45);祭司拿着罂粟的托盘的信息,参考 Kerényi(1962)。

③ 参考第 1 章第 8 节注释;在埃及,与此相对应的神话是正被燃烧的名叫荷鲁斯的男孩,尼罗河的水熄灭了火,参考 L. Koenen, *Chronique d'Egypte* 37(1962:167-174),关于伊西斯和得墨忒耳的身份证明,参考 Plut. *Is.* 357b-c。

④ J. Jann, *Muntu*, *Umrisse der neoafrik anischen kultur*(1958:74-81)。

⑤ Mylonas(1961)。

与安纳托利亚秘仪中的得墨忒耳相联系的是克莱门叙述的神话，它反映了仪式的某些细节：①宙斯玷污了得墨忒耳，她很愤怒；也是同样的原因，阿卡迪亚的得墨忒耳对波塞冬很生气。②因此，人们举行祈祷仪式，并挂上了许多缠着羊毛的树枝（对希腊人来说，这是非常熟悉的场景）。接着，随着难以言明的触碰后，祭品的"胆汁会被喝掉"，"心脏被切碎"。很明显，祭司会做祈祷的手势并喝掉苦涩的酒，随后祭祀的动物被杀掉，心脏被剖出来。然后，克莱门揭露了一种难以形容的行为："宙斯扯下了公羊的睾丸，随后，把公羊的睾丸带到得墨忒耳面前，塞到她衣服的褶皱里。借此对自己的强暴行为做了虚假的忏悔，就像阉割了自己一样。"③显然，神话仪式中祭祀动物被赋予了神圣的意义。在此过程中，罪恶和赎罪在两个层面同时上演：作为对性犯罪的惩罚，这种攻击性行为被激化，但是，由于生殖器落到女神的怀抱中，罪恶演变为神圣的婚姻。

　　没有什么使我们对厄琉息斯做出类似的假设，但母神秘仪和得墨忒耳秘仪相关，而且在细节上也有超越公羊祭祀的相似之处。例如，在厄琉息斯秘仪举行的那天，祈祷者所用的树枝是封印死亡的象征。④不仅是纳萨尼亚人声称主祭司是因为喝下了含有剧毒铁杉的饮料而失去性功能的，⑤而且有人提到一段备受争议的"神圣婚姻"：在厄琉息斯，主祭司和女祭司们有着怪异的关系，他们中的每个人和另一个人都有亲密关系。"火把不是熄灭了吗？"人们也会思考：救赎会取决于黑暗中的两个人的所作所为

---

① *Pr* 2.15.1-2. Clement（15.1-17.1），一直以叙述人的口吻讲述得墨忒耳和科尔的故事，并且插入了与祭祀相关的故事：普里吉亚人为库柏勒女神驱邪、库柏勒女神和她的祭司们完成这些程序 15.1；入会秘仪的凭证 15.3；他首次清晰地讲述了与厄琉息斯相关的内容，参考 Arnob. 5.20-21；效仿克莱门而且还加入了更多的信息，如宙斯变成一头牛。

② Paus. 8.25.5-7, Schol. Lyk. 153; Kallim. fr. 652; Paus. 8.42.1.

③ *Pr.* 2.15.2（Arnob. 5.20）; Hdt. 2.42.

④ Andoc. 1.113-116；参考第 1 章第 5 节注释；在神秘仪式中祭司要求谋杀哀求者，这明显是一种亵渎。

⑤ Hippol. *Ref. 5.8.40*，而借助某种毒芹科植物被去势；……Orig. *Cels.* 7.48，雄性功能被某种毒芹科植物毒害了；……根据 Paus. 2.14.1，厄琉息斯的祭司们不能结婚，但是他们与女祭司们结婚了，参考 Isaio S T. 9; *IG* Ⅱ² 3628; Clinton（1974：44f）；明显地，担任祭司之前，他们就已经建立了婚姻关系，参考 Paus. 7.25.13.

吗？①一个更早的例子是围绕厄琉息斯祭司职位的性暗示是画师安多基德斯撤回了针对火炬手卡利色诺斯的指控，他诱奸了自己的继女，从而事实上成为"祭司的母亲和女儿"。②性幻想和性无能的矛盾不能消除，一直是两个极端。也正是因为这个原因，"神圣婚姻"是不正常的，只是在祭祀背景下发生的前所未闻之事。

对于我们只能对无法言说的祭祀之后所发生的事描绘一个轮廓，恐惧感和性冲动最终在建立神圣秩序的过程中被克服。我们不知道在实践中这是如何实现的。神圣的仪式正是通过象征和升华那些过于直接的东西而获得它的稳定性。在泰勒斯台里昂神庙的妇女节上，深红色的石榴汁显然象征着血液。在厄琉息斯，豆子扮演了一个特殊的角色，与得墨忒耳的"戒律"相对立。当然，帕萨尼亚斯只告诉我们，"雅典人不能把豆子的培育归功于得墨忒耳；看过厄琉息斯秘仪入会仪式或读过有关俄耳甫斯著作的人，就会明白我的意思"。在毕达哥拉斯传统中，有关豆类的象征意义和幻想的一些深奥细节被保留了下来：豆类与人的肉体和男性的精液、女性的子宫和孩子的头有关；吃豆子被认为是同类相食。豆子也属于死者的世界。

豆子的幻想让人想起一个俄耳甫斯式的鲍勃故事，她将阴部暴露在得墨忒耳面前，这种方式使豆子看起来像孩子伊阿科斯的脸。③我们在小亚细亚得墨忒耳神庙中的小雕像上发现了这一点，在雕像上，女性的腹部像一张出现在两支向上举起的火把之间的脸。④纳西盎的格列高利嘲笑道，得墨忒耳就是用这种手势来打造她的神秘感。必须说的是，在厄琉息斯没有发现鲍伯的雕像；此外，有一种奇怪的说法，即在"两位女神"的秘仪中小

① Asterios *Hom.* 10, *Migne Patrdogia Graeca* 40.3124；关于他在证词中所提到的"两座神庙"在亚历山大港［Kerényi（1962：109）］以及在厄琉息斯一直以来有很多争议。对前者的反对在于，在厄琉息斯，他的评价仅仅适用于即将发生的判刑，而对后者的反对则在于，没有人能够进入，也没有人能想象到通往下界之门。

② Andoc. 1.124.

③ OF 52=Clem. *Pr.*2.21.1；H. Diels，"Arcana Cerealia"，*Miscellanea A. Salinas*（1907：3-14）；*OF* 49；Asklepiades，*FGrHist* 12 F 4.

④ Diels，"Arcana Cerealia"；F. Winter，*Die Typen der figürliche Terrakotten* Ⅱ（1903：223）；Th. Wiegand，H. Schader，*Priene*（1904：161-163）；Nilsson（1955：pl, 45.3）.

鲨鱼被认为是不纯洁的，因为它用嘴生产。在希腊，口和性的互换性也反映在一种特殊的意义上，即"难以言说的触摸"——最终似乎在厄琉息斯秘仪中扮演了某种角色。神话的另一种变体也指向这个方向。有关得墨忒耳的"论题"成立的一个前提是一种近乎反常的"对立"。可以肯定的是，在纯粹的仪式中，一个象征性的手势就足够了，例如，展示或吃豆子。

"难以言说"有时是在半黑暗中，有时是在完全的黑暗中表现出来的，但神秘的气氛却能启迪人们顿悟。科尔从地下世界归来是庆祝活动的高潮。雅典的阿波多罗斯写道："当科尔被召唤时，主祭司敲打着铜锣。"在他看来，这显然还不是秘密仪式的一部分，这一呼吁也并非无人呼应。沃尔特·F.奥托（Walter F. Otto）和卡尔·凯伦伊（Karl Kerényi）比较了哈德良时代的一篇修辞练习，在这篇练习中，赫拉克勒斯与主祭司发生了争论。赫拉克勒斯不再需要厄琉息斯的秘仪，因为他已经通过地狱之旅开始了他的终极之旅。沃尔特·F.奥托认为这证实了他的基本信念，即希腊人能够直接作为个体与神沟通。这里并未触及粗糙的性象征问题：看到女神是秘仪的高潮。卡尔·凯伦伊把这一点作为诠释厄琉息斯的核心，他假设了一个真实的幻象，一个神秘之夜的幽灵。然而，为了解释秘仪上每年重复出现的景象，他不得不考虑 kykeon 是不是一种致幻剂———种可疑的化学品。

洛贝克早就指出，基督教的歌曲和布道都提到了上帝在弥撒中的绝对存在，仿佛这是一个必然的结果。然而从表面上看，除了祭司、牧师、铃铛、蜡烛、水、面包和酒，什么也没有。在厄琉息斯也是如此，我们只需要期待主祭司、入会者的出现，看到他们"一起"敲锣和燃起火把，用木棺、小麦、工具和容器表演。每个人体验的意愿各不相同，但通过斋戒和通宵守夜等方式可以强化这种意愿。在人类的历史和传统中，集体仪式已经与灵魂联系在一起，能够使灵魂适应它的节奏，因此许多人实际上经历了他们所期待的，而剩下的人则受到孤立并感到羞愧。

现实主义者提出，神的形象，也许是一个特别古老、原始而神圣的形象，可以被展示。类似的事情确实发生在秘仪中。然而，在公元前415年，贵族俱乐部受到指责，这并非完全没有原因，他们看起来在秘密会议上

"进行秘密表演"，没有人会询问一个小雕像的事情，而扮演主祭司也不需要特殊的工具。

我们猜不出在闪烁的白光中发生了什么，或许这是瞬间发生的事情。俄耳甫斯，作为一个神祇，他只能在欧律狄刻消失之前，在"遥远的统治者"哈得斯那里匆匆地瞥她一眼。也许这本身只是一种暗示、一种姿态。一系列的来源都提到秘仪中的"神秘者"，一种手势或舞步。秘仪实际上可以用语言清晰地揭示出来，人们可以"驱使"它们。在一些瓶画中，神话中的主祭司欧摩尔波斯似乎在跳舞。正如索帕特鲁斯的修辞练习所表明的，厄琉息斯秘仪必须包括"人物"和"召唤"。早在很久以前，斯多葛学派的克里安西斯（Cleanthes）就把宇宙比作一个神秘的房间，在那里太阳像火把一样发出光芒，但神是"神秘的人物和神圣的召唤"。写作了《伊壁诺米篇》（*Epinomis*）的柏拉图希望人们在哲学上的虔诚能够确保他们对祭祀和净化有正确的态度，"不是巧妙地运用人物，而是真正地尊重美德"。像克里安西斯一样，柏拉图也在雅典写作。

除了"人物"之外，还有"神圣的召唤"。厄琉息斯的主祭司在火光中表演伟大的、难以言说的仪式，他高声喊道：女主人诞下了一个圣婴，从布里莫（Brimo）到布里莫斯（Brimos）。他补充道，"强者对强者"。其中，布里莫是用来称呼得墨忒耳和赫卡忒这两位女神的。但是，出生的男孩是谁则很难证实，甚至在入会者中，也有不同的解释。我们听到的名字是伊阿科斯 – 狄俄尼索斯——珀尔塞福涅的儿子，或普路托斯（Plutos）——得墨忒耳的儿子。或者是"两位女神"——在艺术作品中，她们被有意塑造成相似的样子，几乎到了无法分辨的程度，事实上她们是同一个人吗？就这样，在奥林匹亚的吕卡翁山上，在帕尔纳索斯山上，孩子的出生与祭祀的杀戮同时存在，女人的成就仅次于男人。在卡托·胡玉克神龛里，人们已经习惯把大女神描绘成正在分娩的样子。大多数时候，她是动物的母亲，但在一个粮仓里发现的小雕像上描绘的是她坐在豹子中间的宝座上，生下一个人类孩子。莫非这是谷物之母吗？墨西哥人用正面姿势描绘了孕育玉米神的伟大女神，很像卡托·胡玉克神龛中的雕像。无论这反映了一种历史联系或者仅是巧合，形象、附属的思想、经验和仪式行为都对人类生活的平衡起着同样的作用。普路托斯，即财神，代表了以粮食形式存在的财富，为一年的耕作提供收获，为人们提供食物来源。跟随更古老的狩猎节的脚步，这个过程在祭祀中被戏剧化了。

在厄琉息斯，我们可以看到主祭司在一片寂静中用刀割下的麦穗。这个刀片对应于阿提斯，阿提斯在秘仪中被称为"发芽，割麦穗的刀片"，但这一解释很少被认真对待，最多被用来质疑该说法的真实性。但诺斯底派并不知情，杜木兹已经成为伊南娜的受害者，她从冥府返回，并代表割麦穗的刀片。当赫西俄德讲述著名的乌拉诺斯阉割神话时，他用了"他割"这个词。克洛诺斯挥舞着镰刀，就像母神－得墨忒耳一样。从历史的角度来看，把割小麦等同于阉割，这种看似离谱的幻想不过是把狩猎行为转移到农业上——这就解释了为什么丰收节仍然包括动物祭祀。当然，当主祭司展示这把刀的时候，这一切早已过去了，但这证明了一种解放式的转变：因为在黑暗中阉割公羊时所出现的东西在闪烁的火焰中暴露无遗，就像割麦子一样。这种不可思议的、具有挑衅性的生殖来源被转化为大地的果实，而大地本身就拥有使生命永恒的力量。一个关于密特拉的浮雕的常见特征是公牛在祭祀中死去，它的尾巴变成了麦片。即使是"培育"的植物也必须经过难以言说的祭祀才能成为人们的食物。要吃掉食物，刀片必须再一次经受火的洗礼。

圣母的回归、孩子的出生和刀片，在三个层次上象征着生命的恢复和更新。午夜时分，"'宫殿'之门打开了"，主祭司从门里走出来，"火"熊熊燃烧。当然，事件的顺序是不确定的，我们肯定错过了许多细节。也许现在 kykeon 被喝掉了，入会者接触了木棺和篮子。但是，当这些物品被放回木棺中，所发生的一切将再次成为尘封的秘密。生命和营养都源于恐惧，这是一种集体体验，与死亡和毁灭的遭遇，将入会者凝聚在一起，为他们的生活增加了新的维度。

在泰勒斯台里昂神庙甚至是神庙的外面，夜间节日结束了。狭窄的空间无法容纳这样的体验。在草地上，入会的人挥舞着火把，跳着欢快的舞蹈，令人印象深刻地唱起了阿里斯托芬的合唱曲。人群也许会涌向被称为"莱昂"的田野，在那里播种并收获第一粒谷子。根据赫耳墨西阿那克斯

（Hermesianax），欧摩尔波斯的母亲，得墨忒耳的女祭司的神话模型，在狂欢的地点莱昂田野，人们发出神秘的欢笑之声。舞蹈可能仍由主祭司的手势引导，但在这一点上，人们必须小心，以免泄露秘仪本身。残月已经升起，像天上的火把一样照亮田野，直到黎明来临。这里仍将举行盛大的祭祀，提供充足的肉——这也是一般的祭祀形式在日常生活中的体现。 男青年的碑文上提到了厄琉息斯秘仪上的公牛祭祀——这已经不再是秘密了，而且在入会仪式结束后，这也是必然会发生的事：饱腹之人是不合适当"观众"的。青年男性将"举起"祭祀用的公牛，以炫耀他们青春的力量，这事实上已经逐渐演变为竞赛，即斗牛比赛。① 年轻一代在古老习俗中所扮演的角色也是节日结束的一部分。那些获得特殊荣誉的人，在分配肉的时候，得到的是与欧摩尔波斯家族相同的份额。② 仅仅靠分得墨忒耳的礼物很难让人们感到世俗的快乐。

庄严的奠酒仪式是整个仪式的最后一部分，它在白天进行。两个特殊形状的壶，即一种特殊容器（Plemochoai），被装满又倒空，一个向东，另一个向西 ③——拥抱整个世界的姿势。正如特里普托勒摩斯的神话所讲述的，得墨忒耳的礼物确实传遍了整个世界。也许在这个过程中，人们会朝着上天呼喊"下雨吧"，朝着大地祈求"孕育吧"④！这与秘仪之夜人们所经历的一样，本质上仍然影响着生命的轮回，甚至谷物也来源于死者。⑤ 没有这些补充，生活将是不圆满的：入会是一种沟通。

五　征服死亡和面对死亡：入会和祭祀

无论是现在还是过去，厄琉息斯秘仪都留给我们很大的想象空间，使我们可以对其细节做出猜测或假设，考察其基本维度。即使我们可以制作一部影片详尽地描绘泰勒斯台里昂神庙的庆典仪式，我们也仍然不能完全

① *Hesperia* 24（1955：220-239）.

② *IG* II / III² 1231. 9-13；1078. 33-36.

③ Ath. 496a；Deubner（1932：91）；Kerényi（1962：135）.

④ Kerényi（1962：135）；Hippol. *Ref.* 5.7.34.

⑤ Hippokr. *De victu*. 4.92.

解释"三次祝福"的情形，而这正是入会者对另一个世界的希望之所在。①
人们通过传统的方式形成社区，这是一个基本的现象，很容易复制，但很
难进行理性的理解。

我们倾向于认为，一定有某种特定的厄琉息斯信息留存。它虽然是一
种秘密，但对征服死亡做出了独特的宣告。不管怎样，在厄琉息斯，没有
提到永生，也没有提到灵魂的转世，更没有提到神化，这让受柏拉图主义
影响的人非常惊讶。罗马帝国的皇帝将他们等同于特里普托勒摩斯，甚至
伽俐埃努斯（Gallienus）将自己等同于得墨忒耳。②然而，在希腊时期的厄
琉息斯信仰中，关于永恒的神和终有一死的人的区别一直保留下来。早在
毕达哥拉斯主义③和柏拉图之前，厄琉息斯秘仪就已定形了。

所有试图重建厄琉息斯信仰的尝试都被古老解释的多样化挫败了，
这反映了在厄琉息斯发生的所有事情都是模棱两可的。人们可以援引瓦
罗的观点，认为厄琉息斯秘仪"仅仅"和谷物的培植有关。④人们可以
用欧赫墨儒斯（Euhemerus）的方式来理解得墨忒耳现身的神话，说它
蕴含了从无文化到有文化过渡的回忆。那些受过哲学教育的人可以提供
一种灵性的解释，认为谷物中的生命力，即元气，是厄琉息斯秘仪揭示
的真正神性。柏拉图派走得更远，把自然放在一边，在神秘的庆典中寻
找精神和物质以及它的起落的戏剧化表达，欧里庇得斯的悲剧《希波吕
托斯》也是如此。与基督教神学或其他宗教学相比，通过口头教学给予
入会者的解释在时间的长河中可能经历了非常大的变化。可以说，厄琉
息斯没有教条。

事实上，即使是希腊宗教的前哲学形成，拟人化的"荷马"神话，似
乎也只是对厄琉息斯的神秘做了浅显的说明。神确实在这里出现过，但是

---

① 参考第 5 章第 1 节注释；Epiktet 3.21.13-16.

② Ch. Picard, "La patère d'Aquileia et l'éleusinisme à Rome aux débuts de l'époque impériale",
ACl 20（1951），351-381；Cook I（1914：228）；A. Furtwängler, *Antike Gemmen* III（1900），
A. Alföldi, *Zeitschr. f. Numism.* 38（1928）.

③ 古希腊哲学论述的汇编者将永生论追溯到泰勒斯（Thales）（*VS* 11 A 1.24, A 22a）或
Pherekydes（*VS* 7 A 5）；关于灵魂的轮回及毕达哥拉斯主义的信息，参考 W. Burkert
1962。

④ Aug. *Civ.* 7.20.

他们被称作什么，他们之间的关系是什么，仍然是不确定的和模糊的。欧布勒俄斯、伊阿科斯，很可能有秘密神话，但是基本的元素显然在神话之外，或者更确切地说，没有达到口述的水平，也没有达到哲学思辨的水平。

地方、传统、祭司家庭以及仪式作为特色交流和形成的经验永远保留了下来。围绕那些遭遇死亡的事物，在祭祀中人们也进行了庆祝活动。甚至对于入会的人来说，死亡也是事实，无法逃脱。人们入会的希望是，在同样不可回避的死亡中，他可以被祝福；他了解到，如帝国时代的陪葬警句所揭示的那样死是简单而令人记忆深刻的事："对于凡人来说，死亡不是坏事而是好事。"①令人惊奇的是，地狱可怕的神都有一副友好的面孔。神秘的事物与死亡和解，因此，那些入会者通过"会得到幸福"的信仰，来互相强化他们的信念。

关于节日的约定是古老的，对于精英阶层来说，他们把入会的"祈福"与未入会者"会躺在泥淖中"进行对比。②具有讽刺意义的是，希罗多德对革泰人的不朽信仰做了类似的描述，这些人被扎尔莫克西斯 (Zalmoxis) 说服，即"他和他的酒友以及他们的后代不会死"：作为部落的一员，在节日盛宴上大吃大喝，使一个人对死后的世界抱有希望。我们可以从原始社会引用一些例子来说明，一个人的入会、举行青春期的仪式或进入秘密社会是如何决定了他在现世和死后的地位的。毕竟，在具有凝聚力的古老社会，人们自然会把自己想象成与逝者生活在一起，逝者在他们的生活中起着决定性的作用。为了通过入会仪式进入一个新的生存境界，一个人通常必须经历"痛苦"，一种与死亡的遭遇，通过这种遭遇，死亡被战胜：在祭祀中、在杀戮中，生存的意志战胜了惨败的受害者。在这之后，真正的死亡似乎只是一次重复的过程，这是人们在很久以前就预料到的。这种仪式以一种特殊的方式转移焦虑，使形成的合力维持着社会的发展，继而形成了现在的社会。

从入会仪式开始解释比仅基于农业魔法的解释更好理解。毕竟，新

---

① IG Ⅱ/Ⅲ² 3661.5-6；（他认为）死亡对凡人来说不仅不是坏事，甚至是好事。

② Plat. *Phd.* 69C；*Resp.* 363cd；Diog Laert. 6.39；Plut. fr. 178.17 Sandbach；参考第 5 章注释。

石器时代的农业是由更古老的传统塑造的。对于有文化的、居住在城市的希腊人和罗马人来说，通向厄琉息斯的道路是向谷物女神的回归，是向植物世界不断增长的力量的回归。在这期间，回归经历了更多，超越了农业而走向狩猎和祭祀仪式。如果我们使用了"原始"这个词，它的意思不是"不完美"、"愚蠢"或"有缺陷"的，更准确地说应该是"基本的"。这说明了一个简单而不言自明的道理：一个人不可能独自生存，他要依赖于社会群体。个人的死亡是集体生活的重要组成部分，也正因为如此，死亡才不可避免。反过来，这又可以激发生存的喜悦和死亡的意愿。事实上，在生命历程中，我们可以代替另一个人，养活自己，生老病死，这是无法改变的事实——的确，对于希腊人来说，这是"神圣的"①，人们只希望在这个过程中神是慈悲的。

我们研究过各种各样的令人惊奇的仪式和祭祀场所、神话和命名，我们的谜团并未因此减少。但是，它们同样的动态结构却几乎是单一规则的重复。祭祀作为一种与死亡的相遇，一种同时保证生命和食物永存的杀戮行为，源于旧石器时代猎人的狩猎行为，一直是神圣仪式的核心。此外，它还是神话故事背后的一个参照系和一种推动力量。这个核心解释了很多：食人狂想、食人经历、狼人社会、年末"杀"公牛、神圣而可怕的饮酒仪式和秘仪之夜所进行的祭祀活动。这一核心同样决定了序幕与结局、犹豫的开始与痛苦的结局、初步的禁欲与喜悦、胜利的满足。准备阶段和禁欲阶段涉及少女的悲剧——卡利斯托和伊娥，菲罗米拉和伊诺，但最重要的是科尔－珀尔塞福涅。结束的仪式发生于全副武装的男青年的游行队伍中，从吕卡亚节和奥林匹亚竞技会，到泛雅典娜节和壶日再到厄琉息斯的"斗牛"。反过来，这也与人们当下愉快地吃着食物相联系，不管是祭祀用的羊、一网鱼，还是得墨忒耳的礼物。这些区别是古老而重要的，但所有这些都被包罗万象的仪式所涵盖，这既不是不证自明的，也并不平庸，既令人恐惧又无比强大。

现代世界令人自豪之处在于，个体获得了全面解放，传统仪式被逐渐

---

① Nilsson（1955：675-676），引自 Plat. *Symp*. 207d，208b。

打破。与此同时，也把死亡推到了生存和思考的边缘。然而，随着理想主义传统的堕落，在看似理性的秩序中，神秘的社团、狂喜的行为、对暴力和死亡的热衷以更加疯狂和破坏的方式呈现出来。仪式不能人为地产生，更不用说它的超越性取向了，它不再被迷信和神秘所笼罩。一个人新的、非暴力的理想是对抗暴力和焦虑传统的希望。但是很难预见，个人的、以自我为中心的智慧如何能够服从集体的需要，从而使人类能够在代际分裂中继续延续下去。最终，在这种社会形式下，人类古老的灵魂很可能会维护自己的权利。我们只能期望不会发生肆无忌惮的原始主义和暴力行为。无论在什么情形下，对传统的了解都可以证明过去的存在。因此，虽然我们生存在人类发展的不同阶段，但在发展的过程中，我们不该因琐事和错误以及对未来的迷茫而迷失自我。

参考文献

M. C. Astour, Hellenosemitica. An ethnic and cultural study in West Semitic impact on Mycenacan Greece. Leiden 1965.

A. Brelich, Paides e Parthenoi.Rom 1969.

F. Brommer, Vasenlisten zur griechischen Heldensage. Marburg（1956）.

W. Burkert, Grek tragedy and mcrificial ritual. Greek Roman and Byzantine Studies7（1966）.

W. Burkert, Urgeschichte der Technik im Spiegel antiker Religion. Technikgeschichte 34（1967）.

W. Burkert, Orpheus und die Vorsokratiker. Antike und Abendland 14（1968）.

A. Cambitoglou, A. D.Trendall,, Apulian red-figured vase-painters of the Plain Style.Archaeological Institute of America 1961.

J. Casabona, Recherches sur le vocabulaire des sacrifices en Grec des origines ala fin de I6poque classique. Aix-en-Provence 1966.

A. B.Cook, Zcus, vol.I.II.II.Cambridge 1914.1924.

F.Cumont, Die orientalischen Religionen im r6mischen Heidentum.Leipzig 1930（Nachdruck Darmstadt 1959; Les religions orientales dans le paganisme romain, Paris 1906; 19294）.

A. Delatte, Le cyc6on, breuvage rituel des mysteres d'Eleusis.Paris 1955（= Bulletin de l'Académie Royale de Belgique, Cl.d.Lettr.5.sér.40, 1954）.

E.Des Placs, La religion Grecque, Paris1969.

L. Deubner, Attische Feste. Berlin 1932.

A. Diterich, Eine Mithrasiturgie.Leipzig（1903）（Nachdruck Darmstadt 1966）.

E. R Dodds, The GreksandtheIrrational.Berkeley1951.

G.Dumézil, Le probleme des Centaurs.Paris 1929.

R. Eisler, Orphisch-Dionysische Mysteriengedanken in der christlichen Antike. Leipzig 1925（Vorträge der Bibliothek Warburg 1922/3 II.Nachdruck Hildesheim 1966）.

Eibl-Eibesfeldt, Liebe und Haβ.Zur Naturgeschichte elementarer Verhaltensweisen.Manchen 1970.

S. Eitrem, Opferritus und Voropfer der Griechen und Römer. Kristiania 1916.

Eibl- Eibesfeldt, Beitrage zur Religionsgeschichte II. Skrift.Videnskapsselskap Kristiania 1917, 2.

L. R. Farnell, The cults of the Greek states, vol.I.II. III.IV.V. Oxford 1896.1907.1909.

E. Fehrle, Die kultische Keuschheit im Altertum. Gieβen 1910（Religionsgeschichtliche Versuche und Vorarbeiten 6; Nachdruck Berlin 1966）.

J. Fontenrose, Python. A study of Delphic myth and its origins. Berkeley 1959.

P. Foucart, Le culte de Dionysos en Attique, Paris 1904（（Mémoires de l'Académie des Inscriptions et Belles Lettres 37）.

P. Foucart, es mystères d'Eleusis. Paris 1914.

M. Gérard-Rousseau, Les mentions religieuses dans les tablettes mycéniennes.Roma 1968（Incunabula Graeca 29）.

J.P.Guépin, The tragie paradox. Myth and ritual in Greek tragedy. Amsterdam 1968.

J. E. Harrison, Prolegomena to the study of Greek Religion. Cambridge（1903）（Nachdruck 1955）.

J. E. Harrison, Themis.A study of the social origins of Greek religion. Cambridge（1912）（Nachdruck 1962）.

B. Hemberg, Die Kabiren. Uppsala 1950.

H. Hepding.Attis, seine Mythen und sein Kult. Gießen 1903 （Religionsgeschichtliche Versuche und Vorarbeiten 1.Nachdruck Berlin 1967）.

G. Hock, Griechische Weihegebräuche.Diss. München 1905.

O. Höfler, Kultische Geheimbunde der Germanen. I. Frankfurt 1934.

G. van Hoorn, Choes and Anthesteria.Leiden 1951.

F.Imhoof-Blumer, P.Gardner, Numismatic commentary on Pausanias I-III. London（reprinted from the Journal of Hellenic Studies）1885.1886.1887.

H. Jeanmaire, Couroi et Courètes. Essai sur l'éducation spartiate et sur les rites d'adolescence dans l'antiquité hellénique. Lille 1939.

W. Judeich, Topographie von Athen. München（1905）（Handbuch der Atertumswissenschaft）.

K. Kerényi, Die Jungfrau und Mutter in der griechischen Religion. Eine Studie über Pallas Athene.Zarich 1952.

K. Kerényi, Die Mysterien von Eleusis.Zürich 1962.

K. Kerényi, Eleusis. Archetypal image of Mother and Daughter. New York 1967.

G. S. Kirk, Myth.Its meaning and functions in ancient and other cultures. Berkeley, Los Angeles 1970.

W.Krämer, Prähistorische Brandopferplätze, in: Helvetia antiqua, Festschr.E. Vogt（Zurich 1966）.

W. La Barre, The ghost dance. The origins of religion. New York 1970.

K. Latte, Römische Religionsgeschichte.München 1960（Handbuch der Altertumswissenschaft）.

G. Lippold, Die griechische Plastik.München1950（Handbuch der Altertumswissenschaft）.

C. A.Lobeck, Aglaophamus sive de theologiae mysticae Graecorum causis.

Königsberg 1829（Nachdruck Darmstadt 1961）.

K. Lorenz, Das sogenannte Böse.Zur Naturgeschichte der Aggression. Wicn（1963）.

W. Mannhardt, Wald-und Feldkulte I：Der Baumkultus der Germanen und ihrer Nachbarstämme, Mythologische Untersuchungen. Berlin 1875.

J. Mellaart, Çatal Hüyük. Stadt aus der Steinzeit. Bergisch Gladbach 1967 （Çatal Hüyük, a neolithic town in Anatolia. London 1967）.

J. Mellaart, Excavations at Hacilar I/II. Edinburgh 1970.

H. Metzger, Les représentations dans la ceramique attique du IVe siècle. Paris 1951.

H. Metzger, Recherches sur l'imagérie Athénienne.Paris 1965.

K. Meuli, Griechische Opferbräche.Phyllobolia（Festschrift Peter Von der Mühll）.Basel 1946.

An Karl Schefold. Gestalt und Geschichte（Festachr. K.Schefold）.Bern 1967（AK Beiheft）.

A. Mommsen, Feste der Stadt Athen im Altertum.Leipzig 1898.

D. Morris, The naked ape.A zoologist's study of the human animal. New York 1967.

H. Müller-Karpe, Handbuch der Vorgeschichte I：Altsteinzeit. München 1966.

H. Müller-Karpe, II：Jungsteinzeit.München 1968.

G. E. Mylonas, Eleusis and the Eleusinian mysteries. Princeton 1961.

M. P. Nilsson, Grechische Feste von religiöser Bedeutung mit Ausschluß der attischen. Leipzig 1906（Nachdruck Darmstadt 1957）.

M. P. Nilsson, The Minoan-Mycenaean religion and its survival in Greek religion. Lund（1927）.

M. P. Nilsson, Gechichte der Griechischen Religion I. München（1940）（Handbuch der Altertumswissenschaft）.

M. P. Nilsson, The Dionysiac mysteries of the Hellenistic age.Lund 1957.

H. Otten, Hethitische Totenrituale. Berlin 1958.

W. F. Otto, Dionysos.Mythos und Kultus.Frankfurt 1933.

H. W. Parke, D.E.W.Wormell, The Delphic oracle I/II. Oxford 1958.

A. Pickard-Cambridge, Dithyramb, tragedy, and comedy. Oxford（1927）.

A. Pickard-Cambridge, The dramatic festivals of Athens.Oxford（1952）.

H. G. Pringsheim, Archäologische Beiträge zur Geschichte des Eleusinischen Kultes. Diss. Bonn. München 1905.

E. Rohde, Psyche.Seelencult und Unsterblichkeitsglaube der Griechen. Freiburg（1894）1898.

G. Roux, Pausanias en Corinthie.Paris 1956.

A. Rumpf, Attische Feste-Attische Vasen, Bonner Jahrbücher 161（1961）.

K, Schefold, Frühgriechische Sagenbilder.München 1964.

F. Schwenn, Die Menschenopfer bei den Griechen und Römern. Gießen 1915（Religionsgeschichtliche Versuche und Vorarbeiten 15, 3. Nachdruck Berlin 1966）.

E. Simon, Die Götter der Griechen.München 1969.

W. Robertson Smith, Die Religion der Semiten. Tübingen 1899（Lectures on the religion of the Semites, Cambridge 1889）.

P. Stengel, Opfergebräuche der Griechen. Leipzig 1910.

P. Stengel, Die griechischen Kultusaltertümer.München（1890）（Handbuch der Klassischen Altertumswissenschaft）.

R. Stiglitz, Die großen Göttinnen Arkadiens.Der Kultname ΜΕΓΑΛΑΙΘΕΑΙ und seine Grundlagen.Wien 1967.

J. N. Svoronos, Les monnaies d'Athènes.Athen 1924.

图书在版编目(CIP)数据

古希腊献祭仪式与神话人类学 / (德) 瓦尔特·伯克
特著；吴玉萍，高雁译. -- 北京：社会科学文献出版
社，2021.5（2024.3重印）
（文明起源的神话学研究丛书）
书名原文：HOMO NECANS —Interpretationen
altgriechischer Opferriten und Mythen
ISBN 978-7-5201-8292-8

Ⅰ.①古… Ⅱ.①瓦… ②吴… ③高… Ⅲ.①宗教仪
式-研究-古希腊 Ⅳ.①B929.545

中国版本图书馆CIP数据核字（2021）第076247号

·文明起源的神话学研究丛书·
古希腊献祭仪式与神话人类学

著　者 / ［德］瓦尔特·伯克特（Walter Burkert）
译　者 / 吴玉萍　高　雁

出 版 人 / 冀祥德
组稿编辑 / 高　雁
责任编辑 / 陈凤玲
责任印制 / 王京美

出　　版 / 社会科学文献出版社（010）59367226
　　　　　地址：北京市北三环中路甲29号院华龙大厦　邮编：100029
　　　　　网址：www.ssap.com.cn
发　　行 / 社会科学文献出版社（010）59367028
印　　装 / 三河市东方印刷有限公司

规　　格 / 开　本：787mm×1092mm 1/16
　　　　　印　张：16.25　字　数：248千字
版　　次 / 2021年5月第1版　2024年3月第4次印刷
书　　号 / ISBN 978-7-5201-8292-8
著作权合同
登 记 号 / 图字01-2017-8405号
定　　价 / 89.00元

读者服务电话：4008918866